中华人民共和国民法典释论丛书

中国民法典

继承编释论

主编　王歌雅

副主编　李　幡　陈　璐

本书撰稿人

（以撰写章节顺序为序）

王歌雅　陈　璐　刘旭峰

张　健　王玥琪　李玉莹

法律出版社

LAW PRESS·CHINA

北京

图书在版编目(CIP)数据

中国民法典. 继承编释论 / 王歌雅主编. -- 北京 : 法律出版社, 2022
(中华人民共和国民法典释论丛书 / 杨震主编)
ISBN 978-7-5197-7370-0

Ⅰ. ①中… Ⅱ. ①王… Ⅲ. ①民法-法典-法律解释-中国②继承法-法律解释-中国 Ⅳ. ①D923.05

中国版本图书馆 CIP 数据核字(2022)第 231091 号

中国民法典·继承编释论
ZHONGGUO MINFADIAN · JICHENGBIAN SHILUN

王歌雅 主编

策划编辑 徐 菲
责任编辑 徐 菲
装帧设计 汪奇峰

出版发行 法律出版社
编辑统筹 法律出版社
责任校对 王 丰 郭艳萍
责任印制 胡晓雅
经 销 新华书店

开本 710 毫米×1000 毫米 1/16
印张 18.5 字数 281 千
版本 2022 年 12 月第 1 版
印次 2022 年 12 月第 1 次印刷
印刷 天津嘉恒印务有限公司

地址:北京市丰台区莲花池西里 7 号(100073)
网址:www.lawpress.com.cn
投稿邮箱:info@lawpress.com.cn
举报盗版邮箱:jbwq@lawpress.com.cn

销售电话:010-83938349
客服电话:010-83938350
咨询电话:010-63939796

书号:ISBN 978-7-5197-7370-0 定价:82.00 元
凡购买本社图书,如有印装错误,我社负责退换。电话:010-83938349

中华人民共和国民法典释论丛书

编委会

作 者 简 介

王歌雅

黑龙江大学二级教授，博导；黑龙江大学民商法学研究中心研究员；中国法学会婚姻家庭法学研究会副会长，中国婚姻家庭研究会副会长，教育部法学专业教学指导委员会委员，中国法学会《民法典·婚姻家庭编》《民法典·继承编》编纂项目组专家成员；入选国家高层次领军人才，曾获国家教学名师等称号；国家精品视频公开课：性别与法律主讲人；国家线上一流课程：婚姻家庭法主讲人，继承法慕课主讲人。

代表性著作：《扶养与监护纠纷的法律救济》《中国现代婚姻家庭立法研究》《中国婚姻伦理嬗变研究》《中国近代的婚姻立法与婚俗改革》《中国亲属立法的伦理意蕴与制度延展》《社会排挤与女性婚姻家庭权益的法律保障》《〈民法典·继承编〉立法研究》等。

代表性论文：《关于完善我国夫妻财产制的建议》《中国区际收养立法的历时性审视》《〈民法典·婚姻家庭编〉的编纂策略与制度走向》《民法典婚姻家庭编的价值阐释与制度修为》《论继承法的修正》《疏离与回归：女性继承权的制度建构》《〈民法典·继承编〉：编纂争议与制度抉择》《〈民法典·继承编〉：规范补益与制度精进》等。

总　序

2020年5月28日，令人难以忘怀。《中华人民共和国民法典》(以下简称《民法典》)由第十三届全国人民代表大会第三次会议通过并公布，自2021年1月1日起施行。《民法典》是中华人民共和国成立以来第一部以“法典”命名的法律，是新时代我国社会主义法治建设的重大成果。《民法典》的颁行，是我国法治建设的里程碑，对推进国家治理体系和治理能力现代化具有重大意义。

中华法系，源远流长。中华法系是中国古代法制文明与法治建设的瑰宝。在人类法制文明与法制建设中，中华法系以礼法合治、以礼辅法、德法兼修、以德善治的品质流传后世。《法经》《唐律疏议》承载着中华法制文明的法典追求，彰显中华法制文化的规范思想；诸法合体、刑民不分凝聚着中华法制文明的深厚底蕴和独特魅力，显示出中华法制文化的律令特色与格致特质；礼法结合、民惟邦本映衬着中华法制文明的隆礼重法和以民为贵，展现出中华法制文化的明德慎罚与德主刑辅；天下无讼和以和为贵昭示着中华法制文明的政教之本和德礼教化，体现出中华法制文化的恤刑思想与和善理念。习近平总书记指出：“我国古代法制蕴含着十分丰富的智慧和资源，中华法系在世界几大法系中独树一帜。”①

草拟民律，变法图强。草拟民律是近代民事立法与法律变革的缩影。在“西学东渐”“船坚炮利”“师夷长技”“以夷制夷”的特定情境下，变法图

① 中共中央文献研究室编：《习近平关于全面依法治国论述摘编》，中央文献出版社2015年版，第32页。

存、济世安邦、吸纳西法、革故鼎新成为中国法制近代化的思想基础与观念指征。《大清民律草案》的起草、《民国民律草案》的纂修、《中华民国民法》的施行,预示着中国古代法律体系的转型,显露出中国法律制度渐融世界民事立法行列的进程。"吸收世界各国大同之良规,兼采近世最新之学说"的修法信念,"凡我旧律义关伦常诸条,不可率行变革"的改良执念,促成了刑民分立、中西合璧、观念杂糅、习惯碰撞的民事立法样态与民事法律体系;演绎出推崇社会契约、呼吁个性解放、恪守公序良俗、更新国民道德的法律纂修取向和礼法嬗变特征。因为一定的文化是一定社会的政治和经济的反映。

法典编纂,人民至上。编纂民法典是新时代民事立法与法治改革的创举。在新中国法制建设史上,《民法典》无疑是民事立法的卓越典范与无上荣光。因为编纂一部真正属于中国人民的民法典,是新中国几代人的夙愿;形成一部适应新时代中国特色社会主义发展要求,符合我国国情和实际的体例科学、结构严谨、规范合理、内容完整、协调一致的民法典,是一项系统且重大的立法工程。《民法典》作为我国法律体系中条文最多、体量最大、编章结构最复杂的一部法律,系统整合了中华人民共和国成立70余年来长期实践形成的民事法律规范,汲取了中华民族5000多年优秀法律文化,借鉴了人类法治文明建设的有益成果,是一部体现我国社会主义性质、符合人民利益和愿望、顺应时代发展要求的民法典;是一部体现对生命健康、财产安全、交易便利、生活幸福、人格尊严等各方面权利平等保护的民法典;是一部具有鲜明中国特色、实践特色、时代特色的民法典。《民法典》以其7编1260条、10万多字的编章结构与规范内涵,回应了人民的期待,突出了以人民为中心的底色。

民法学人,共谱华章。奉献智慧、精益求精是民法学人久久为功、善作善成的写照。在我国先后四次启动民法制定工作以及长达五年的民法典编纂进程中,学界前辈展现了矢志不渝、博采众长的学术情怀与立法智慧,民法同人呈现了底蕴深厚、观点明晰的学术思想与立法范例。多方论证、集思广益、数易其稿、系统整合,成为科学立法、民主立法、依法立法的表征;条分缕析、观点争鸣、字斟句酌、编订纂修,成为体例设计、规范表述、价值内蕴的基础。无论是中国法学会民法典编纂项目领导小组组织专家起草的《民法典》(专家建议稿),还是全国人大常委会法制工作委员会形成的《民法典(草案)》,均仰赖民法典编纂所具备的制度基础、实践基础、理论基础和社会基础,均凸显出民法典在国家治理体系中的功能定位——《民法典》是实现社会治理现代化、促进社会和谐有序的基本法,是保障和促进社会主义市场经济建设健康发展的基本法,是推动政府依法行政、提升政府治理能力的基本法。只有讲好、用好《民法典》,方能展现其以人为本的人民性、与时俱进的时代性、立足国情的民族性、求真严谨的科学性。

弦歌不辍,共赴星光。跻身民事立法前沿、攻克民法理论难题,是黑龙江大学民商法学教学科研团队的初心与使命。2012 年 3 月,黑龙江大学成立民法典编纂课题组,着力研究民法典编纂中的热点、难点问题,期冀通过民法理论研讨提升民事立法智慧、助益民事司法实践。黑龙江大学民法典编纂课题组成立后,以杨震教授、王歌雅教授、孙毅教授、申建平教授、李憣副教授、杨振宏副教授为主要成员的课题组所有同人勤勉奋发、勠力同心、集思广益、取长补短,携手走过了相互鼓励、彼此劝勉、业精于勤、跬步千里的十年时光,相继起草了多个民事立法专家建议稿,共同呈现了民事立法智慧。2012 年 5 月,起草了《中华人民共和国继承法》(专家建议稿),共计 5 章 97 条。2015 年 5 月,起草了《民法典 · 总则编》(专家建议稿)中民事法律行为和代理两章,分别为 38 条和 26 条。2016 年 10 月和 2017 年 1 月,先后起草了《民法典 · 继承编》(专家建议稿)(一)和(二)中遗嘱继承和遗赠一章,分别为 36 条和 34 条。2017 年 7 月,起草了《中华人民共和国人格权法》(专家建议稿),共计 8 章 60 条。王歌雅教授作为中国法学会婚姻家庭法学研究会副会长参与起草了《民法典 · 婚姻家庭编》(专家建议稿)……时光荏苒,春华秋实。

青山明月,丹心道同。踔厉奋发、笃行不怠是黑龙江大学法学院民法同人的坚守与豪情。在《民法典》编纂进程中,民法同人多方研讨、献计献策。第十二届、第十三届全国人大代表杨震教授全程参与了《民法典(草案)》的讨论和修改,十年间先后向全国人大提交制定民法典的议案 40 余件,特别是 2018 年提交的《关于制定中华人民共和国人格权法》的议案,被第十三届全国人民代表大会第一次会议列为第290号议案，为人格权法的独立成编倾注了热诚与智慧。围绕《民法典(草案)》的起草和修改，黑龙江大学民法典编纂课题组陆续提出修改意见和建议……尺寸素心，金石为开。

释论记叙，希以弘扬。传播民法精神、诠释法典文化，是黑龙江大学民法典编纂课题组的情怀与责任。在《民法典》实施进程中，理解《民法典》、感悟《民法典》、解读《民法典》、实践《民法典》，是回应中国之问、世界之问、人民之问、时代之问的基点；弘扬核心价值、释明法律规范、秉持公平正义、践行人本理念，是信守中国之路、中国之治、中国之理的基石。《中华人民共和国民法典释论》将以8册系列图书，系统展现《民法典》的鲜明特色与创新发展，科学阐释《民法典》法源样态的多元性、原则理念的思想性、体系结构的创造性、制度规范的传承性、功能定位的价值性、权益保障的适用性。其中，总则编1册，物权编1册，合同编2册，人格权编1册，婚姻家庭编1册，继承编1册，侵权责任编1册。各编主编、合著、独著作者为：总则编——杨震；物权编——申建平；合同编——孙毅；人格权编——杨振宏、张小余；婚姻家庭编——王歌雅；继承编——王歌雅；侵权责任编——杨震。《中华人民共和国民法典释论》系列丛书总字数达260万余字。

思想引领，价值为基。《中华人民共和国民法典释论》系列丛书，以习近平法治思想为理论指导，以社会主义核心价值观为理念统领，以《民法典》及其司法解释为阐释要点，记录了《民法典》的编纂历程、编纂智慧、编纂成果、编纂贡献，梳理了《民法典》的学术思想、学术观点、学术理路、学术创新，展现了《民法典》的实践意义、实践特点、实践思考、实践效用，呈现了《民法典》的法治信仰、法治精神、法治文化、法治追求。

初心如磐，情怀不改。

不负历史，不负时代。

黑龙江大学民法典编纂课题组

2022年5月1日

前　言

伴随《民法典》的施行,1985 年颁布并施行的《继承法》被《民法典·继承编》所替代。《民法典·继承编》不仅秉承了《继承法》的立法传统,优化、完善了制度体系、规范设计,也遵循了继承规律、彰显了民族精神、反映了时代特色、回应了社会关切,成为全面展现我国继承法律制度发展成果的法律规范。

本书以《民法典·继承编》的体例为编写顺序,主要对《民法典·继承编》的价值追求、制度内涵、体系构建、规范适用等进行分析和评述。与国内现有的《民法典·继承编》相关各类论著相比较,本书强化了基础理论与实践应用的兼顾与结合。在基础理论方面,重点阐释了我国继承法律制度的基本概念、规范内涵、价值内蕴、法理本源;在实践应用方面,充分关注了继承法律规范的适用效果,多维探讨了继承领域的适用难题,以检视继承法律规范的实践性与应用性。即通过分析典型案例、比较同案异判,探寻继承法律规范的完善路径,弥补司法实践的适用缺口,进而实现继承法律制度的功用进阶。

《民法典·继承编》是调整继承关系、维护继承秩序的重要法律规范。希冀《中国民法典·继承编释论》的出版,能为法律学习者提供学习素材,为理论研究者提供研究参考,为实务工作者提供司法参酌。

本书撰写分工如下(按照所撰写章节的顺序排序):

王歌雅,第一章;陈璐,第二章;刘旭峰,第三章第一节至第五节;张健,

第三章第六节至第八节、第四章第一节;王玥琪,第四章第二节至第五节;李玉莹,第五章。

全书由副主编统稿、主编定稿。

本书编者

2022年10月

本书缩略语表

《中华人民共和国民法典》	《民法典》①
《中华人民共和国宪法》	《宪法》
《中华人民共和国继承法》	《继承法》
《中华人民共和国婚姻法》	《婚姻法》
《中华人民共和国收养法》	《收养法》
《中华人民共和国信托法》	《信托法》
《中华人民共和国公证法》	《公证法》
《中华人民共和国民事诉讼法》	《民事诉讼法》
《中华人民共和国妇女权益保障法》	《妇女权益保障法》
《中华人民共和国侵权责任法》	《侵权责任法》
《最高人民法院关于适用〈中华人民共和国民法典〉总则编若干问题的解释》	《总则编解释》
《最高人民法院关于适用〈中华人民共和国民法典〉继承编的解释(一)》	《继承编解释(一)》
《最高人民法院关于适用〈中华人民共和国民法典〉婚姻家庭编的解释(一)》	《婚姻家庭编解释(一)》

① 书中所涉《民法典》之分编,分别简称为《民法典·总则编》、《民法典·物权编》、《民法典·合同编》、《民法典·人格权编》、《民法典·婚姻家庭编》、《民法典·继承编》及《民法典·侵权责任编》。

《最高人民法院关于贯彻执行〈中华人民共和国继承法〉若干问题的意见》	《继承法意见》
《最高人民法院关于适用〈中华人民共和国民法典〉时间效力的若干规定》	《时间效力规定》
《最高人民法院关于适用〈中华人民共和国民事诉讼法〉的解释》	《民事诉讼法解释》

CONTENTS 目　录

第一章　一般规定

第二章 法定继承

第三章 遗嘱继承与遗赠

第一章

一般规定

2020年5月28日，第十三届全国人民代表大会第三次会议通过了《民法典》，该法典于2021年1月1日起施行。《民法典》共计7编84章1260条，包括总则编、物权编、合同编、人格权编、婚姻家庭编、继承编、侵权责任编。《民法典》被喻为民众生活的百科全书，反映了民众的权益诉求，彰显了人民至上的立法理念。

第一节　继承编概述

继承编是《民法典》中的第六编，包括一般规定、法定继承、遗嘱继承和遗赠、遗产的处理，共4章45条。《民法典·继承编》在传承原《继承法》[①]立法理念与制度优势的同时，遵循民主立法、科学立法、依法立法的原则，为完善我国的继承制度、维护民众的继承权益作出了积极贡献。

一、继承编的编纂历程

自2015年全国人大启动《民法典》编纂工作后，中国法学会即成立了《民法典》编纂项目重点课题组，其中包括《民法典·继承编》编纂项目课题组。

① 1985年4月10日第六届全国人民代表大会第三次会议通过《中华人民共和国继承法》。

（一）《民法典·继承编》专家建议稿的拟定

自中国法学会《民法典·继承编》编纂项目课题组成立后，项目组专家参加了全国人大常委会法工委、中国法学会、最高人民法院、最高人民检察院、各省人大等组织的多场民法典编纂研讨会，围绕《民法典·继承编》编纂的热点、难点问题，开展了广泛调研，进行了科学论证，形成了《民法典·继承编》（专家建议稿），并提交全国人大常委会法工委。

《民法典·继承编》专家建议稿，共分5章：通则、法定继承、遗嘱继承和遗赠、遗赠扶养协议和继承协议、遗产的处理，共计89条。该建议稿的立法宗旨集中表现为：传承继承法的立法传统，弥补继承法的立法空白，实现继承立法的制度创新，展示继承立法的价值功能，顺应继承立法的发展趋势，达至继承立法的体系融合。

（二）《民法典·继承编（草案）》的拟定

全国人大常委会法工委在《民法典》编纂进程中，拟定了《民法典·继承编（草案）》，共分4章：一般规定、法定继承、遗嘱继承和遗赠、遗产的处理，45条。该草案吸纳了《民法典·继承编》专家建议稿的相关立法建议，并分别于2018年和2019年进行了两次审议。

二审后的《民法典·婚姻家庭编（草案）》以原《继承法》为基础，在坚持国家保护自然人的继承权、继承权男女平等等基本原则的前提下，结合社会发展需要，修改完善了继承制度，增加了诸多新规定，以满足人民群众处理遗产的现实需要。《民法典·继承编（草案）》历经二审，反映出民众对继承立法的期待、对继承权益保障的诉求、对继承法治建设的关注。

（三）《民法典·继承编（草案）》的颁行

《民法典·继承编（草案）》在经过二审后，提交第十三届全国人民代表大会第三次会议审议，并于2020年5月28日审议通过。通过后的《民法典·继承编》自2021年1月1日起施行，《继承法》同时废止。

为配合《民法典·继承编》的实施，《继承编解释（一）》已于2020年12月25日由最高人民法院审判委员会第1825次会议通过，自2021年1月1日起施行。

二、继承编的立法说明

《民法典·继承编》是对原《继承法》的继承与发展，同时也吸纳了最高人民法院的相关司法解释，呈现继承立法的创新与亮点。继承编的立法说明，包括四方面。

（一）一般规定

《民法典·继承编》第一章是一般规定，其在沿袭原《继承法》第一章总则规定的基础上，重申了国家保护自然人的继承权，规定了继承的基本制度，并在原《继承法》的基础上，增加了如下内容：一是增加规定相互有继承关系的数人在同一事件中死亡，且难以确定死亡时间的继承规则。二是增加规定对继承人的宽恕制度，对继承权法定丧失制度予以完善。[①]

（二）法定继承

《民法典·继承编》第二章是法定继承，其在原《继承法》第二章法定继承规定的基础上，对有关规范与制度进行了明确与完善：一是明确了继承权男女平等原则。二是规定了法定继承人的顺序和范围，以及遗产分配的基本制度。三是完善了代位继承制度，增加规定被继承人的兄弟姐妹先于被继承人死亡的，由被继承人的兄弟姐妹的子女代位继承。[②]

（三）遗嘱继承和遗赠

《民法典·继承编》第三章是遗嘱继承和遗赠，包括遗嘱继承和遗赠的一般规定、遗嘱的形式等。根据社会发展需要和继承关系的变化，其在原《继承法》制度建构的基础上，完善了有关内容：一是增加了打印、录像等新的遗嘱形式。二是修改了遗嘱效力规则，删除了原《继承法》关于公证遗嘱效力优先的规定，

---

① 参见王晨：《关于〈中华人民共和国民法典（草案）〉的说明——2020 年 5 月 22 日在第十三届全国人民代表大会第三次会议上》，载《中华人民共和国民法典》（大字版），中国法制出版社 2020 年版，第 292～293 页。

② 参见王晨：《关于〈中华人民共和国民法典（草案）〉的说明——2020 年 5 月 22 日在第十三届全国人民代表大会第三次会议上》，载《中华人民共和国民法典》（大字版），中国法制出版社 2020 年版，第 293 页。

切实尊重遗嘱人的真实意志。[①]

（四）遗产的处理

《民法典·继承编》第四章是遗产的处理，其在原《继承法》的立法基础上，进一步完善了有关遗产的处理制度：一是增加了遗产管理人制度。为确保遗产得到妥善管理、顺利分割，更好地维护继承人、债权人利益，该制度明确了遗产管理人的产生方式、职责和权利等内容。二是完善了遗赠扶养协议制度，适当扩大了扶养人的范围，明确了继承人以外的组织或者个人均可以成为扶养人，以满足养老形式多样化需求。三是完善了无人继承遗产的归属制度，明确归国家所有的无人继承遗产应当用于公益事业。[②]

三、继承编的制度完善

《民法典·继承编》的制度完善，既填补了继承立法空白，也优化了继承制度的立法设计与规范表达，在回应民众继承权益保障诉求的基础上，呈现继承立法的发展性。同时，充分吸纳了《继承法意见》（已失效）的相关规定，使我国的继承制度更加完善、继承规范更加科学。梳理《民法典·继承编》的制度完善，有助于把握我国继承立法的制度发展进程与规范完善路径，探究继承立法的价值取向与规范追求。

（一）一般规定的完善

《民法典·继承编》第一章是一般规定，共7条，规定了继承制度的基本规则，重申了国家保护自然人的继承权的基本原则，规定了继承的基本制度。具体包括：继承权的保护，继承开始的时间，遗产的范围，继承的方式，继承和遗赠的接受和放弃，继承权的丧失和例外。其立法完善体现在以下五方面。

1. 增加了死亡时间的推定制度

相互有继承关系的数人在同一事件中死亡，难以确定死亡时间的，如何确

① 参见王晨：《关于〈中华人民共和国民法典（草案）〉的说明——2020年5月22日在第十三届全国人民代表大会第三次会议上》，载《中华人民共和国民法典》（大字版），中国法制出版社2020年版，第293页。

② 参见王晨：《关于〈中华人民共和国民法典（草案）〉的说明——2020年5月22日在第十三届全国人民代表大会第三次会议上》，载《中华人民共和国民法典》（大字版），中国法制出版社2020年版，第293～294页。

定死亡的先后顺序,各国继承立法不同。有关立法例往往根据年龄和性别的不同来确定死亡的先后顺序。例如,《俄罗斯联邦民法典》第 1134 条、《法国民法典》第 725－1 条、《埃塞俄比亚民法典》第 832 条等均有相关规定。我国《民法典》第 1121 条在吸纳《继承法意见》第 2 条的基础上,明确规定:"继承从被继承人死亡时开始。相互有继承关系的数人在同一事件中死亡,难以确定死亡时间的,推定没有其他继承人的人先死亡。都有其他继承人,辈份不同的,推定长辈先死亡;辈份相同的,推定同时死亡,相互不发生继承。"这一规定遵循了人类的生理规律,体现了人类生存的自然属性;吻合人类的伦理辈份,反映了人类生活的社会属性。①

2. 概括规定了遗产的范围

原《继承法》第 3 条对遗产范围的规定,采取的是例示主义立法例,即"列举＋概括";对遗产的界定,采取的是积极遗产的定位。《民法典》第 1122 条则在延续积极遗产定位的同时,对遗产范围的规定采取了概括主义立法例,即"遗产是自然人死亡时遗留的个人合法财产。依照法律规定或者根据其性质不得继承的遗产,不得继承"。这一规定的立法意义主要有两点:一是适应了遗产的范围、种类逐步扩大的趋势。伴随民众物质生活水平的提高,财产的范围、种类不断扩大,遗产的范围、种类随之拓宽。由于继承立法无法穷尽遗产种类的列举,故采取概括主义的立法例对遗产范围予以界定,有助于避免立法的局限性与滞后性。二是阐释了遗产的性质与范围。即只要是被继承人的个人合法财产,均可依法继承。不得继承的遗产,主要包括两类:法律规定不得继承的遗产与根据其性质不得继承的遗产。②

3. 增加了继承权的丧失事由

《民法典》第 1125 条对继承权的丧失事由作了两项补充规定:一是隐匿遗嘱,情节严重;二是以欺诈、胁迫手段迫使或者妨碍被继承人设立、变更或者撤回遗嘱,情节严重。时代不同,丧失继承权的法定事由也不同。根据侵权行为的变化,适时增加丧失继承权的法定事由,有助于维护继承人、遗嘱人的合法权益,实现继承行为的公平公正,稳定继承秩序。

---

① 参见王歌雅:《〈民法典·继承编〉立法研究》,黑龙江人民出版社 2021 年版,第 136 页。

② 参见王歌雅:《〈民法典·继承编〉立法研究》,黑龙江人民出版社 2021 年版,第 136 页。

4. 增加了对继承人的宽恕制度

完善了继承权法定丧失制度，是《民法典·继承编》的立法亮点之一。《民法典》第1125条第1款规定："继承人有下列行为之一的，丧失继承权：(一)故意杀害被继承人；(二)为争夺遗产而杀害其他继承人；(三)遗弃被继承人，或者虐待被继承人情节严重；(四)伪造、篡改、隐匿或者销毁遗嘱，情节严重；(五)以欺诈、胁迫手段迫使或者妨碍被继承人设立、变更或者撤回遗嘱，情节严重。"《民法典》第1125条第2款规定："继承人有前款第三项至第五项行为，确有悔改表现，被继承人表示宽恕或者事后在遗嘱中将其列为继承人的，该继承人不丧失继承权。"即第1款中第1项、第2项行为是绝对丧权事由，第3至5项行为是相对丧权事由。①

5. 明确了丧失受遗赠权的法定事由

《民法典》第1125条第3款规定：受遗赠人有《民法典》第1125条第1款规定行为的，丧失受遗赠权。遗赠是单方法律行为，是遗赠人无偿或者附负担的给予受遗赠人财产利益的行为。由于受遗赠人接受遗赠无对价或者低于所附负担，故民众对受遗赠人的行为往往予以较高的道德要求。倘若受遗赠人实施法定违法行为，不仅与传统道德规范不符，而且严重伤害继承人、遗嘱人的道德情感。为此，各国继承法均有关于受遗赠人丧失受遗赠权的法定事由的规定，不仅通常准用丧失继承权的法定事由，而且对丧失受遗赠权规定了较为严格的丧权事由。《民法典》第1125条第3款对受遗赠人丧失受遗赠权的法定事由的规定，属于绝对的丧权事由。②

(二)法定继承的完善

《民法典·继承编》第二章是法定继承，共7条，规定了法定继承制度的基本规范。具体包括：继承权男女平等原则，继承人的范围及继承顺序，代位继承，丧偶儿媳、女婿的继承权，遗产分配规则，酌情分得遗产权，继承的处理方式。其立法完善体现在以下两方面。

1. 完善了代位继承制度

在延续原《继承法》有关代位继承规定的基础上，《民法典》第1128条第2

① 参见王歌雅：《〈民法典·继承编〉立法研究》，黑龙江人民出版社2021年版，第136~137页。

② 参见王歌雅：《〈民法典·继承编〉立法研究》，黑龙江人民出版社2021年版，第137页。

款规定:“被继承人的兄弟姐妹先于被继承人死亡的,由被继承人的兄弟姐妹的子女代位继承。”该规定的立法意义有两方面:一是将被继承人的兄弟姐妹的子女规定为代位继承人,拓展了代位传承人的范围。即被继承人无第一顺序继承人,且其第二顺序继承人中的兄弟姐妹先于其死亡的,其侄子女、甥子女可以继承其遗产。二是有助于遗产的代际传承。将法定继承人的范围扩大到侄子女、甥子女,既可以使遗产在法定的亲属范围内实现代际传承,又可以适当减少遗产归国家所有的情形,践行国家保护自然人的继承权的宗旨,发扬赡老育幼的继承理念。

2. 完善了遗产酌分请求权的法定条件

关于受扶养人的遗产酌分请求权的法定条件,《继承法》第 14 条规定得较为严格,即受扶养人应为“双缺乏”人——缺乏劳动能力又没有生活来源。《民法典》第 1131 条规定:“对继承人以外的依靠被继承人扶养的人,或者继承人以外的对被继承人扶养较多的人,可以分给适当的遗产。”该规定删除了对受扶养人应为“双缺乏”人的表述,使受扶养人的遗产酌分请求权的法定条件的表述更为简洁。因为,依靠被继承人的“扶养”,则意涵受扶养人缺乏劳动能力又没有生活来源。倘若有劳动能力或者有生活来源,则无须他人扶养。法律规范的严谨表述,成为《民法典·继承编》规范表达的要素之一,体现了法律规范的严谨文意内涵。①

(三)遗嘱继承和遗赠的完善

《民法典·继承编》第三章是遗嘱继承和遗赠,共 12 条,规定了遗嘱继承和遗赠制度的基本规范。具体包括:遗嘱继承和遗赠的一般规定,自书遗嘱,代书遗嘱,打印遗嘱,录音录像遗嘱,口头遗嘱,公证遗嘱,作为遗嘱见证人的消极条件,必留份规定,遗嘱的撤回、变更及效力,遗嘱无效的情形,附义务的遗嘱。其立法完善体现在以下四方面。

1. 增加了打印、录像遗嘱形式

《民法典》第 1136 条规定:“打印遗嘱应当有两个以上见证人在场见证。遗嘱人和见证人应当在遗嘱每一页签名,注明年、月、日。”《民法典》第 1137 条规定:“以录音录像形式立的遗嘱,应当有两个以上见证人在场见证。遗嘱人和见

---

① 参见王歌雅:《〈民法典·继承编〉立法研究》,黑龙江人民出版社 2021 年版,第 138 页。

证人应当在录音录像中记录其姓名或者肖像,以及年、月、日。”打印、录像遗嘱的增加,顺应了时代和社会发展的需要,在丰富遗嘱形式的同时,有助于实现遗嘱人的意思自治。①

2. 完善了口头遗嘱的要求

《民法典》第 1138 条规定:“遗嘱人在危急情况下,可以立口头遗嘱。口头遗嘱应当有两个以上见证人在场见证。危急情况消除后,遗嘱人能够以书面或者录音录像形式立遗嘱的,所立的口头遗嘱无效。”这一规定,源于对原《继承法》第 17 条第 5 款关于口头遗嘱规定的完善,即在危急情况解除后,所立遗嘱无效的情形,增加了遗嘱人能够采用录像形式立遗嘱。②

3. 完善了遗嘱见证人的消极条件

遗嘱见证人适格,对判断遗嘱的效力至关重要。为确保遗嘱的真实、有效,各国继承立法均对遗嘱见证人的资格或者条件予以规定。在延续原《继承法》第 18 条规定的基础上,《民法典》第 1140 条对遗嘱见证人的消极条件予以完善。即通过增加“其他不具有见证能力的人”的规定,进一步限缩了遗嘱见证人的资格或条件;同时,也使遗嘱见证人的消极条件的界定更为全面。至于“其他不具有见证能力的人”,包括具有完全民事行为能力但却因残疾等而不具有见证能力的人。如盲人、聋哑人不具有见证某些遗嘱形式的能力。③

4. 修改了遗嘱的效力规则

针对原《继承法》第 20 条规定的局限,《民法典》第 1142 条进行了完善:一是将遗嘱撤销修改为遗嘱撤回,使法律用语更加严谨、准确。即遗嘱的撤销与撤回,虽然仅为一字之差,但法理内涵、时间节点导致的效力差异有所不同。二是删除了“自书、代书、录音、口头遗嘱,不得撤销、变更公证遗嘱”的规定。代之以“遗嘱人可以撤回、变更自己所立的遗嘱”。三是增加了以相反行为撤回遗嘱的拟制规定。代之以“立遗嘱后,遗嘱人实施与遗嘱内容相反的民事法律行为的,视为对遗嘱相关内容的撤回”。四是修改了公证遗嘱效力优先的规定,确立了多种遗嘱形式效力并行的立法模式。《民法典》第 1142 条第 3 款规定:“立有

---

① 参见王歌雅:《〈民法典·继承编〉立法研究》,黑龙江人民出版社 2021 年版,第 138 页。

② 参见王歌雅:《〈民法典·继承编〉立法研究》,黑龙江人民出版社 2021 年版,第 138 ~ 139 页。

③ 参见王歌雅:《〈民法典·继承编〉立法研究》,黑龙江人民出版社 2021 年版,第 139 页。

数份遗嘱,内容相抵触的,以最后的遗嘱为准。”该规定既尊重了遗嘱人的真实意思,也便于遗嘱人实现遗嘱自由。

(四)遗产处理的完善

《民法典·继承编》第四章是遗产的处理,共19条,规定了遗产处理的程序和规则。具体包括:遗产管理人的选任,申请指定遗产管理人,遗产管理人的职责,遗产管理人的责任,遗产管理人的报酬,继承开始的通知,遗产的保管,转继承,遗产的认定,法定继承的适用范围,胎儿必留份,遗产分割的原则和方法,再婚时对所继承遗产的处理,遗赠扶养协议,继承遗产与清偿债务,无人继承又无人受遗赠的遗产的处理,限定继承,清偿债务优先于执行遗赠,法定继承人、遗嘱继承人、受遗赠人清偿税款债务的顺序和比例。其立法完善体现在以下七方面。

1. 增加了遗产管理人制度

为确保遗产的妥善管理、顺利分割,更好地维护继承人、债权人的利益,《民法典·继承编》增加了遗产管理人制度。该制度由5个法律规范组成,分别规定了遗产管理人的产生方式、遗产管理人指定的申请、遗产管理人的职责、遗产管理人的责任和遗产管理人的报酬。初具规模的遗产管理人制度,弥补了原《继承法》的立法空白,完善了我国的继承制度。①

2. 规定了转继承制度

原《继承法》并未规定转继承。《继承法意见》第52条规定:“继承开始后,继承人没有表示放弃继承,并于遗产分割前死亡的,其继承遗产的权利转移给他的合法继承人。”这一司法解释成为《民法典·继承编》转继承制度的立法雏形。《民法典》第1152条规定:“继承开始后,继承人于遗产分割前死亡,并没有放弃继承的,该继承人应当继承的遗产转给其继承人,但是遗嘱另有安排的除外。”转继承制度的确立和完善,顺应了遗产继承方式的多元化,实现了继承权益保障的充分化。

3. 完善了法定继承的适用范围

在原《继承法》第27条规定的基础上,《民法典》第1154条对法定继承的适用范围进行了完善:一是将“受遗赠人丧失受遗赠权”纳入法定继承的适用范围;二是将受遗赠人“终止”纳入法定继承的适用范围。严谨界定法定继承的适

① 参见王歌雅:《〈民法典·继承编〉立法研究》,黑龙江人民出版社2021年版,第140页。

用范围,有助于维护民众的法定继承权益。①

4. 完善了遗赠扶养协议制度

原《继承法》第 31 条规定,公民可以与扶养人、集体所有制组织签订遗赠扶养协议。按照协议,扶养人、集体所有制组织承担该公民生养死葬的义务,享有受遗赠的权利。《民法典》第 1158 条规定:"自然人可以与继承人以外的组织或者个人签订遗赠扶养协议。按照协议,该组织或者个人承担该自然人生养死葬的义务,享有受遗赠的权利。"依据该规定,扶养人应为"继承人以外的组织或者个人",且"组织"不以"集体所有制组织"为限。适当扩大扶养人的范围,有助于拓宽扶养渠道,满足养老形式多样化的需求。②

5. 增加了"双缺乏"继承人必留份的优先保障

妥善处理遗产分割与清偿债务的关系,是各国继承立法共同面对的问题。原《继承法》第 33 条仅规定了限定继承原则,未规定遗产分割时,保障"双缺乏"继承人的必留份应优先于清偿被继承人所欠的税款和债务。《继承法意见》第 61 条规定:"继承人中有缺乏劳动能力又没有生活来源的人,即使遗产不足清偿债务,也应为其保留适当遗产,然后再按继承法第三十三条和民事诉讼法第一百八十条③的规定清偿债务。"这一司法解释被《民法典·继承编》所吸纳。《民法典》第 1159 条规定:"分割遗产,应当清偿被继承人依法应当缴纳的税款和债务;但是,应当为缺乏劳动能力又没有生活来源的继承人保留必要的遗产。"这一规定弥补了原《继承法》的立法欠缺,明确了分割遗产时"双缺乏"继承人的必留份优先于被继承人所欠的税款和债务,体现了对"双缺乏"继承人的生存保障与人文关怀。④

6. 完善了无人继承又无人受遗赠的遗产的归属制度

原《继承法》第 32 条未规定无人继承又无人受遗赠的遗产在归国家所有后的用途。《民法典》第 1160 条则规定:"无人继承又无人受遗赠的遗产,归国家所有,用于公益事业;死者生前是集体所有制组织成员的,归所在集体所有制组织所有。"该规定明确了无人继承又无人受遗赠的遗产在归国家所有后,其用途

---

① 参见王歌雅:《〈民法典·继承编〉立法研究》,黑龙江人民出版社 2021 年版,第 140 页。

② 参见王歌雅:《〈民法典·继承编〉立法研究》,黑龙江人民出版社 2021 年版,第 140~141 页。

③ 现行《民事诉讼法》已删除该条。

④ 参见王歌雅:《〈民法典·继承编〉立法研究》,黑龙江人民出版社 2021 年版,第 141 页。

为公益事业。

7. 增加了继承人、受遗赠人清偿税款和债务的顺序和比例

原《继承法》未规定继承人、受遗赠人清偿税款和债务的顺序和比例。《继承法意见》第 62 条规定："遗产已被分割而未清偿债务时，如有法定继承又有遗嘱继承和遗赠的，首先由法定继承人用其所得遗产清偿债务；不足清偿时，剩余的债务由遗嘱继承人和受遗赠人按比例用所得遗产偿还；如果只有遗嘱继承和遗赠的，由遗嘱继承人和受遗赠人按比例用所得遗产偿还。"这一司法解释被《民法典·继承编》吸纳和发展，成为调整法定继承人、遗嘱继承人、受遗赠人清偿税款和债务的顺序和比例。《民法典》第 1163 条规定："既有法定继承又有遗嘱继承、遗赠的，由法定继承人清偿被继承人依法应当缴纳的税款和债务；超过法定继承遗产实际价值部分，由遗嘱继承人和受遗赠人按比例以所得遗产清偿。"该规定明确了法定继承、遗嘱继承和遗赠对遗产债务清偿责任承担的顺序、比例，完善了我国的遗产债务清偿制度，有助于继承人、受遗赠人、债权人权益的保障。①

四、继承编的规范适用

《民法典》是中华人民共和国成立后第一部以法典命名的法律，是我国法制建设的里程碑。《民法典·继承编》的编纂，实现了原《继承法》的法典化回归。实施《民法典·继承编》，是维护自然人的继承权的现实需要，是调整继承法律关系的客观要求，是实现财产传承、增进人民福祉、维护最广大人民根本利益的必然要求。

（一）规范解读

《民法典》颁布后，立法界、司法界、学术界、律师界等均开展了关于《民法典》各项制度与法律规范的阐释、解读活动。对《民法典》规范的解读，涉及四方面：编纂《民法典》的重大意义、编纂《民法典》的总体要求和基本原则、《民法典》的编纂工作情况、《民法典》的主要内容。围绕《民法典》的主要内容，法律界进行了立法体例以及各编的立法亮点、立法目的、立法意义的解读。

关于《民法典·继承编》的规范解读，主要包括四方面：一是《民法典·继承

① 参见王歌雅：《〈民法典·继承编〉立法研究》，黑龙江人民出版社 2021 年版，第 142 页。

编》的编纂背景;二是《民法典·继承编》的编纂进程;三是《民法典·继承编》的立法完善;四是《民法典·继承编》的规范适用。通过对《民法典·继承编》的规范解读,宣传了《民法典·继承编》的制度架构与规范完善,有助于揭示我国继承法律制度的完善路径与立法变化。①

(二)普法宣讲

1985年11月,中共中央、国务院批转了《中宣部、司法部关于向全体公民基本普及法律常识的五年规划》,开启了"一五普法"。此后,以每五年为期,全国范围的普法活动一直推进至今。

2021年6月15日,中共中央、国务院转发《中央宣传部、司法部关于开展法治宣传教育的第八个五年规划(2021－2025年)》,开启了"八五普法"的序幕。"八五普法"规划立足新发展阶段,面向新发展目标,具有鲜明的时代特色:突出全民普法中的思想引领,注重普法与法治实践的深度融合,强调法治与发展和治理的关系,重视党内法规的宣传。"八五普法"的工作原则:坚持党的全面领导,坚持以人民为中心,坚持服务大局,坚持与法治实践深度融合。"八五普法"规划的重点内容:一是突出学习宣传习近平法治思想;二是突出宣传宪法;三是突出宣传《民法典》;四是深入宣传与推动高质量发展密切相关的法律法规;五是深入宣传与社会治理现代化密切相关的法律法规;六是深入宣传党内法规。②

为贯彻实施"八五普法"规划,突出宣传《民法典》,在阐释好《民法典》中国特色社会主义的特质以及基本制度、基本规范、基本要求的同时,也要阐释好《民法典·继承编》一系列新规定、新概念、新精神,通过组织开展《民法典·继承编》主题宣讲,让《民法典·继承编》走到群众身边,走进群众心里。

通过《民法典·继承编》普法宣讲,继续提升公民的继承法制素养,推动继承法治实践养成,完善继承法律制度保障;推进继承法治文化阵地建设,繁荣发展社会主义继承法治文艺,推动中华优秀传统继承法律文化创造性转化、创新性发展,加强红色继承法治文化保护、宣传、传承,加强继承法治文化国际传播和国际交流。③

---

① 参见王歌雅:《〈民法典·继承编〉立法研究》,黑龙江人民出版社2021年版,第142页。
② 参见王歌雅:《〈民法典·继承编〉立法研究》,黑龙江人民出版社2021年版,第143页。
③ 参见王歌雅:《〈民法典·继承编〉立法研究》,黑龙江人民出版社2021年版,第143页。

(三)司法解释

为确保《民法典·继承编》的顺利实施,2020 年 12 月 25 日,最高人民法院审判委员会第 1825 次会议通过了《继承编解释(一)》,自 2021 年 1 月 1 日起施行。《继承编解释(一)》包括一般规定、法定继承、遗嘱继承和遗赠、遗产的处理,共 45 条。

1. 一般规定

一般规定共 9 条,主要包括:

(1)明确宣告死亡的继承开始时间。宣告死亡的,根据《民法典》第 48 条规定确定的死亡日期,为继承开始的时间。

(2)明确尚未取得的承包收益的价额作为遗产。承包人死亡时尚未取得承包收益的,可以将死者生前对承包所投入的资金和所付出的劳动及其增值和孳息,由发包单位或者接续承包合同的人合理折价、补偿。其价额作为遗产。

(3)明确遗赠扶养协议与遗嘱的效力次序。被继承人生前与他人订有遗赠扶养协议,同时又立有遗嘱的,继承开始后,如果遗赠扶养协议与遗嘱没有抵触,遗产分别按协议和遗嘱处理;如果有抵触,按协议处理,与协议抵触的遗嘱全部或者部分无效。

(4)明确通过遗嘱继承或法定继承方式取得遗产。遗嘱继承人依遗嘱取得遗产后,仍有权依照《民法典》第 1130 条的规定取得遗嘱未处分的遗产。

(5)人民法院依法裁决丧失继承权的纠纷。在遗产继承中,继承人之间因是否丧失继承权发生纠纷,向人民法院提起诉讼的,由人民法院依据《民法典》第 1125 条的规定,判决确认其是否丧失继承权。

(6)明确丧失继承权的判断标准。一是"虐待被继承人情节严重",可以从实施虐待行为的时间、手段、后果和社会影响等方面认定。虐待被继承人情节严重的,无论是否追究刑事责任,均可确认其丧失继承权。二是继承人故意杀害被继承人的,无论是既遂还是未遂,均应当确认其丧失继承权。三是继承人有故意杀害被继承人或者为争夺遗产而杀害其他继承人的行为,而被继承人以遗嘱将遗产指定由该继承人继承的,可以确认遗嘱无效,并确认该继承人丧失继承权。四是继承人伪造、篡改、隐匿或者销毁遗嘱,如侵害了缺乏劳动能力又无生活来源的继承人的利益,并造成其生活困难的,应当认定为"情节严重"。

2. 法定继承

法定继承共 14 条，主要包括：

(1)不同类型的子女承受遗产的权利。一是养子女依法定情形可享有对生父母的遗产酌分请求权。被收养人对养父母尽了赡养义务，同时又对生父母扶养较多的，除可以依照《民法典》第 1127 条的规定继承养父母的遗产外，还可以依照《民法典》第 1131 条的规定分得生父母适当的遗产。二是继子女、继父母依法享有双重继承权。继子女继承了继父母遗产的，不影响其继承生父母的遗产。继父母继承了继子女遗产的，不影响其继承生子女的遗产。

(2)兄弟姐妹之间的继承权。一是养子女与生子女之间、养子女与养子女之间，系养兄弟姐妹，可以互为第二顺序继承人。被收养人与其亲兄弟姐妹之间的权利义务关系，因收养关系的成立而消除，不能互为第二顺序继承人。二是继兄弟姐妹之间的继承权，因继兄弟姐妹之间的扶养关系而发生。没有扶养关系的，不能互为第二顺序继承人。继兄弟姐妹之间相互继承了遗产的，不影响其继承亲兄弟姐妹的遗产。

(3)代位继承的相关规定。一是代位继承人不受辈数限制。被继承人的孙子女、外孙子女、曾孙子女、外曾孙子女都可以代位继承，代位继承人不受辈数的限制。二是不同类型子女的代位继承权。被继承人的养子女、已形成扶养关系的继子女的生子女可以代位继承；被继承人亲生子女的养子女可以代位继承；被继承人养子女的养子女可以代位继承；与被继承人已形成扶养关系的继子女的养子女也可以代位继承。三是代位继承人多分遗产的条件。代位继承人缺乏劳动能力又没有生活来源，或者对被继承人尽过主要赡养义务的，分配遗产时，可以多分。四是不得代位继承或者酌分遗产的情形。继承人丧失继承权的，其晚辈直系血亲不得代位继承。如该代位继承人缺乏劳动能力又没有生活来源，或者对被继承人尽赡养义务较多的，可以适当分给遗产。五是尽了主要赡养义务的丧偶儿媳、女婿的继承权与其子女代位继承权的并存。丧偶儿媳对公婆、丧偶女婿对岳父母，无论其是否再婚，依照《民法典》第 1129 条规定作为第一顺序继承人时，不影响其子女代位继承。

(4)主要赡养义务或主要扶养义务的确认。对被继承人生活提供了主要经济来源，或者在劳务等方面给予了主要扶助的，应当认定其尽了主要赡养义务或主要扶养义务。

(5)遗产酌分请求权的适用。一是酌分遗产的份额。依照《民法典》第1131条的规定可以分给适当遗产的人,分给他们遗产时,按具体情况可以多于或者少于继承人。二是酌分遗产权的救济。依照《民法典》第1131条的规定可以分给适当遗产的人,在其依法取得被继承人遗产的权利受到侵犯时,本人有权以独立的诉讼主体资格向人民法院提起诉讼。

(6)继承人遗产份额的确定原则。一是被继承人不要求继承人扶养时的遗产分配。继承人有扶养能力和扶养条件,愿意尽扶养义务,但被继承人因有固定收入和劳动能力,明确表示不要求其扶养的,分配遗产时,一般不应因此而影响其继承份额。二是继承人少分或者不分的情形。有扶养能力和扶养条件的继承人虽然与被继承人共同生活,但对需要扶养的被继承人不尽扶养义务,分配遗产时,可以少分或者不分。

3. 遗嘱继承和遗赠

遗嘱继承和遗赠共6条,主要包括:

(1)遗嘱见证人资格的界定。继承人、受遗赠人的债权人、债务人,共同经营的合伙人,也应当视为与继承人、受遗赠人有利害关系,不能作为遗嘱的见证人。

(2)必留份对遗嘱自由的限制。遗嘱人未保留缺乏劳动能力又没有生活来源的继承人的遗产份额,遗产处理时,应当为该继承人留下必要的遗产,所剩余的部分,才可参照遗嘱确定的分配原则处理。继承人是否缺乏劳动能力又没有生活来源,应当按遗嘱生效时该继承人的具体情况确定。

(3)遗嘱无效的认定。遗嘱人以遗嘱处分了国家、集体或者他人财产的,应当认定该部分遗嘱无效。

(4)遗书视为自书遗嘱的条件。自然人在遗书中涉及死后个人财产处分的内容,确为死者的真实意思表示,有本人签名并注明了年、月、日,又无相反证据的,可以按自书遗嘱对待。

(5)遗嘱人能力的界定。遗嘱人立遗嘱时必须具有完全民事行为能力。无民事行为能力人或者限制民事行为能力人所立的遗嘱,即使其本人后来具有完全民事行为能力,仍属无效遗嘱。遗嘱人立遗嘱时具有完全民事行为能力,后来成为无民事行为能力人或者限制民事行为能力人的,不影响遗嘱的效力。

(6)附义务的遗嘱继承或者遗赠的履行效力。附义务的遗嘱继承或者遗赠,如义务能够履行,而继承人、受遗赠人无正当理由不履行,经受益人或者其他继承人请求,人民法院可以取消其接受附义务部分遗产的权利,由提出请求的继承人或者受益人负责按遗嘱人的意愿履行义务,接受遗产。

4. 遗产的处理

遗产的处理共15条。主要包括:

(1)为无法通知的继承人保留遗产。人民法院在审理继承案件时,如果知道有继承人而无法通知的,分割遗产时,要保留其应继承的遗产,并确定该遗产的保管人或者保管单位。

(2)胎儿必留份的保留。应当为胎儿保留的遗产份额没有保留的,应从继承人所继承的遗产中扣回。为胎儿保留的遗产份额,如胎儿出生后死亡的,由其继承人继承;如胎儿娩出时是死体的,由被继承人的继承人继承。

(3)放弃继承的处理。一是放弃继承的效力。继承人因放弃继承权,致其不能履行法定义务的,放弃继承权的行为无效。二是放弃继承的形式。继承人放弃继承应当以书面形式向遗产管理人或者其他继承人表示。在诉讼中,继承人向人民法院以口头方式表示放弃继承的,要制作笔录,由放弃继承的人签名。三是放弃继承表示的期间。继承人放弃继承的意思表示,应当在继承开始后、遗产分割前作出。遗产分割后表示放弃的不再是继承权,而是所有权。四是放弃继承反悔的处理。遗产处理前或者在诉讼进行中,继承人对放弃继承反悔的,由人民法院根据其提出的具体理由,决定是否承认。遗产处理后,继承人对放弃继承反悔的,不予承认。五是放弃继承的时间效力。放弃继承的效力,追溯到继承开始的时间。

(4)转遗赠的效力。继承开始后,受遗赠人表示接受遗赠,并于遗产分割前死亡的,其接受遗赠的权利转移给他的继承人。

(5)烈属和享受救济的自然人的遗产的继承。由国家或者集体组织供给生活费用的烈属和享受社会救济的自然人,其遗产仍应准许合法继承人继承。

(6)遗赠扶养协议解除的效力。继承人以外的组织或者个人与自然人签订遗赠扶养协议后,无正当理由不履行,导致协议解除的,不能享有受遗赠的权利,其支付的供养费用一般不予补偿;遗赠人无正当理由不履行,导致协议解除的,则应当偿还继承人以外的组织或者个人已支付的供养费用。

(7)对"双无遗产"的酌分。遗产因无人继承又无人受遗赠归国家或者集体所有制组织所有时，按照《民法典》第1131条的规定可以分给适当遗产的人提出取得遗产的诉讼请求，人民法院应当视情况适当分给遗产。

(8)特定遗产分割的原则。人民法院在分割遗产中的房屋、生产资料和特定职业所需要的财产时，应当依据有利于发挥其使用效益和继承人的实际需要，兼顾各继承人的利益进行处理。

(9)酌情减少应继承的遗产。人民法院对故意隐匿、侵吞或者争抢遗产的继承人，可以酌情减少其应继承的遗产。

(10)继承诉讼当事人的确定。继承诉讼开始后，如继承人、受遗赠人中有既不愿参加诉讼，又不表示放弃实体权利的，应当追加为共同原告；继承人已书面表示放弃继承、受遗赠人在知道受遗赠后60日内表示放弃受遗赠或者到期没有表示的，不再列为当事人。

《继承编解释(一)》是对《民法典·继承编》的理解与适用。对于细化继承法律规范、明确继承法律规范的适用情形、判断继承效力、维护当事人的权益具有法律意义。

五、继承编的价值阐释

《民法典·继承编》是在《继承法》及其《继承法意见》的基础上编纂完成，其传承了《继承法》的立法体系与制度架构，沿袭了《继承法》切实可行的制度与规范，吸纳了《继承法意见》中行之有效的相关继承规范，实现了对我国原《继承法》的完善与发展，完成了对我国继承制度的沿袭与修复。

(一)秉持立法传统

《民法典·继承编》在体系设计与制度建构层面，体现出中国特色——法律与道德的兼容、关怀与资源的衡平、公平与正义的追求、私益与公益的兼顾。上述特色，将有效维护继承秩序和社会秩序的稳定，并将促进继承观念和继承传统的形成。

1. 法律与道德的兼容

《民法典·继承编》延展了原《继承法》的伦理特质，实现了法律与道德的兼容。例如，为实现"老吾老以及人之老，幼吾幼以及人之幼"的伦理观照，延续了胎儿继承份额的保留以及遗赠扶养协议制度；为彰显诚实守信、扶弱济困的伦理意涵，完善了继承权丧失事由以及遗产酌分请求权的界定；为体现权利与义务相一致的伦理追求，完善了遗产分配原则、保留了丧偶的儿媳与女婿的继承资格；为凸显出养老育幼、和睦团结的伦理情怀，完善了遗嘱有效要件的规制、遗产分割方法的选择。上述法律规范内蕴的伦理情怀，构成了《民法典·继承编》基本原则的核心内涵——保护自然人的继承权，继承权男女平等，养老育幼、照顾病残，互谅互让、和睦团结，权利与义务相一致。①

2. 关怀与资源的衡平

《民法典·继承编》编纂的价值导向，是在经济成分多元、利益主体多元的市场经济社会，继续保持性别关怀与财产继承、代际关怀与资源配置的衡平。为此，《民法典·继承编》坚守了“继承权男女平等”原则，以确保男女两性在法定继承人的范围和顺序的确定、继承遗产的份额、代位继承的适用、丧失继承权的规定等方面的形式平等与实质平等，以推进性别关怀与财产继承的衡平。同时，为实现社会资源的综合利用与代际分配，确保代际关怀与资源配置的衡平，明确规定继承人应在继承遗产的实际价值范围内清偿被继承人依法应当缴纳的税款和债务；无人继承又无人受赠的遗产，应当归国家所有，用于公益事业。上述规定，体现了中华民族推己及人、推己及群的价值取向。因为，男女两性的平等，既表现为政治权利、社会地位的平等，也表现为继承权利与继承地位的平等。而被继承人财富的积聚，则仰赖于个人的勤劳付出、家族的协同扶持及国家的资源支持，故被继承人需用遗产承担社会道义。②

3. 公平与正义的追求

《民法典·继承编》的编纂，既是继承法律制度的完善过程，也是继承伦理道德的教化过程。因为，继承法文化本质上是一种精神，是一种公平公正的秩序，是一种“底线伦理”。正如霍韬晦先生在《新时代·新文化》中所述，“中国文化要建立的是内心的秩序，以良知作为人参与各种社会活动和文化活动的根据”，以确立人的存在庄严。然而，人的存在庄严，不仅需要人的良知与“心法”的约束，而且也需要法律的公平与正义的保障。《民法典·继承编》承担了追求公平与公正的历史使命，实现了自律与他律的有机结合。即《民法典》第1129条、第1130条、第1144条、第1161条、第1162条分别沿袭了原《继承法》第12

---

① 参见王歌雅：《〈民法典·继承编〉立法研究》，黑龙江人民出版社2021年版，第149~150页。

② 参见王歌雅：《〈民法典·继承编〉立法研究》，黑龙江人民出版社2021年版，第150页。

条、第13条、第21条、第33条、第34条的规范，明确规定了丧偶的儿媳或女婿的继承权的取得、遗产分配的原则、附义务的遗嘱和遗赠的执行，以及继承遗产与清偿债务、接受遗赠与债务清偿的关系。上述规定，具有中国特色，符合中华民族的继承传统；有助于继承领域公平与公正秩序的确立与传承，有助于继承关系当事人的公平与公正习惯的养成与实践。① 正所谓："辞让之心，礼之端也。"②

4. 私益与公益的兼顾

张汝伦先生在《当代中国的文化命运》一文中指出："今天人类最大的问题，在于利字当先，以义服利，即以义为利服务，义服从利。这样一来，整个世界就没有正义可言。"进而引发道德危机和社会公平危机，个人主义、功利主义、自由主义得到响应与支持。《民法典·继承编》的编纂，则秉持了私益与公益兼顾的价值取向，且保持、坚守了相关继承制度。因为，遗产酌分请求权的赋予，体现出个人利益与公共利益的兼顾，它使继承人以外的人，基于与被继承人生前形成的某种扶养关系，依法享有可以分得适当遗产的权利。遗产酌分请求权的确立，是我国家庭生活状况和扶养关系的现实体现，也是对被继承人生前意愿的尊重和社会责任的承担。至于必留份制度，则彰显出个人利益与公共利益的衡平——它使遗嘱人在处分遗产时，须为"双缺乏"继承人保留必要的遗产份额。必留份制度的确立，既是对遗嘱自由的限制，也是对"双缺乏"继承人的保障；既是中华民族赡老育幼美德的体现，也是减轻社会负担的体现。③ 正如孟子所述："无恒产则无恒心。"④

（二）实现制度改革

近年来，我国国力快速增长，民众财富日益增多。民众财产观念的变化，引发继承观念的转变，导致继承关系的复杂。改革现行继承制度，维护继承权益，并在尊重继承权的个人主义立法原则的同时，植入社会救济、社会福利、社会关怀、社会质量等价值取向，是《民法典·继承编》编纂与实施的历史使命。

---

① 参见王歌雅：《〈民法典·继承编〉立法研究》，黑龙江人民出版社2021年版，第150～151页。

② 《孟子·公孙丑上》。

③ 参见王歌雅：《〈民法典·继承编〉立法研究》，黑龙江人民出版社2021年版，第151页。

④ 《孟子·滕文公上》。

1. 立法体例延续传统

原《继承法》的立法体例，表现为五章制：总则、法定继承、遗嘱继承和遗赠、遗产的处理、附则。为体现继承制度建构的层次性、严谨性和科学性，《民法典·继承编》的立法体例修正为：一般规定、法定继承、遗嘱继承和遗赠、遗产的处理。一般规定规范了继承权的保护、继承开始的原因和时间、遗产的范围、继承的方式、继承和遗赠的接受和放弃、继承权的丧失等，从而为继承制度的立法展开奠定了通则性的基础。法定继承、遗嘱继承和遗赠两章，在秉持原《继承法》立法体例的同时，延展了代位继承制度，丰富了遗嘱形式，明确了遗嘱的撤回、变更及其效力，拓展了遗嘱无效的情形，体现了崇尚私权保护和守望意思自治的理念，为当事人的遗产继承提供了充分依据。遗产的处理一章，则明确规定了遗产管理人的选任、指定、职责、报酬，继承开始的通知，转继承，遗产分割的原则和方法、遗产保管和遗产债务的清偿等。上述立法体例，使一般规定、法定继承、遗嘱继承和遗赠、遗产的处理诸制度紧密衔接，共同构成了遗产继承与遗产处理的法制链条。①

2. 法定继承顺应期待

法定继承制度，被喻为是对被继承人意愿的合理推定制度。调整法定继承人的范围和顺序，是实现继承人合理期待的路径：一是将兄弟姐妹的子女规定为代位继承人。为确保《民法典·继承编》与《民法典·婚姻家庭编》相关制度的配套与衔接，《民法典·继承编》除将孙子女、外孙子女作为代位继承人外，还将侄子女、甥子女列入代位继承人的范围，以便其能以代位继承人的身份，继承被继承人的遗产。二是延续了“代表权说”的代位继承制度。即继承人丧失继承权的，其晚辈直系血亲不得代位继承。如该代位继承人缺乏劳动能力又没有生活来源，或者对被继承人尽赡养义务较多的，可以适当分给遗产。三是明确了继承的处理方式。即继承人应当本着互谅互让、和睦团结的精神，协商处理继承问题。遗产分割的时间、办法和份额，由继承人协商确定；协商不成的，可以由人民调解委员会调解或者向人民法院提起诉讼。②

---

① 参见王歌雅：《〈民法典·继承编〉立法研究》，黑龙江人民出版社2021年版，第152页。

② 参见王歌雅：《〈民法典·继承编〉立法研究》，黑龙江人民出版社2021年版，第152页。

3. 遗嘱继承遵循自治

为尊重遗嘱人的意思自治,《民法典·继承编》进行了立法改革:一是充实了遗嘱形式。伴随计算机网络的普及和影像技术的发展,被继承人订立遗嘱的比例增多。在保留原《继承法》规定的遗嘱形式的基础上,增加了打印遗嘱和录像遗嘱,并对上述遗嘱形式的法定要件予以明确规范,以顺应社会发展进程和民众实际需要。二是确立了遗嘱形式效力平行的规则。即取消了公证遗嘱的优先效力,明确了立有数份遗嘱,内容相抵触的,以最后的遗嘱为准的规则。三是明确了遗嘱的撤回、变更及其效力冲突的解决规范,以完满地实现遗嘱的功能。①

4. 遗产处理保障权益

遗产的处理,关乎当事人的意愿与利益。为实现当事人利益的最大化,《民法典·继承编》对遗产处理制度进行了完善:一是完善了遗产管理制度。明确了遗产管理人的选任与指定、职责、责任与报酬。如继承开始后,遗嘱执行人为遗产管理人;没有遗嘱执行人的,继承人应当及时推选遗产管理人;继承人未推选的,由继承人共同担任遗产管理人;没有继承人或者继承人均放弃继承的,由被继承人生前住所地的民政部门或者村民委员会担任遗产管理人。二是规定了转继承制度。即继承开始后,继承人于遗产分割前死亡,并没有放弃继承的,该继承人应当继承的遗产转给其继承人,但是遗嘱另有安排的除外。②

(三)优化立法表达

《民法典·继承编》以原《继承法》为立法基础,以满足民众的继承需要为立法目的,以保护民众的继承权益为立法宗旨,以传播诚信、自由、平等、公平的继承法治文化为立法方向。

1. 优化立法理念

从原《继承法》到《民法典·继承编》,立法理念的变化较为显著,即由国家权力优位转变为民众权益保障优先。如原《继承法》第 32 条规定,“双无遗产”归国家所有。而《民法典》第 1160 条有关“双无遗产”的处理,则展现出立法理念的变化。即除集体所有制组织成员以外的“双无遗产”归国家所有,用于公益

① 参见王歌雅:《〈民法典·继承编〉立法研究》,黑龙江人民出版社 2021 年版,第 152 ~ 153 页。
② 参见王歌雅:《〈民法典·继承编〉立法研究》,黑龙江人民出版社 2021 年版,第 152 ~ 153 页。

事业,体现了我国发展公益事业、维护人民权益、增进人民福祉的理念,符合社会主义核心价值观。此外,《民法典》第1128条第2款有关第二顺序法定继承人的代位继承的规定,既有助于遗产在一定范围的亲属间流动,也有利于赡老育幼继承理念的发扬。①

2. 优化立法技术

从原《继承法》到《民法典·继承编》,立法技术的完善主要表现为由粗放型立法转变为精细型立法。如《民法典》第1122条对遗产范围的界定,不再采取《继承法》第3条例示制(概括+列举式)的规定,而是采取了概括+排除式的规定,在明晰了"遗产是自然人死亡时遗留的个人合法财产"的同时,规定了"不得继承"的遗产的内涵与外延——"依照法律规定或者根据其性质不得继承的遗产",不仅立法路径简洁明确,而且对遗产的界定相对周延,从而将可以继承的遗产全部囊括在内。在民法学界,围绕网络虚拟财产能否继承的问题,一直存在争论。如何立法,不仅是立法技术问题,更是立法理念转变问题。依据《民法典》第1122条的规定,凡依照法律规定或者根据其性质能够继承的遗产,继承人均可依法继承,从而回应了民众的继承诉求,体现了立法技术的提升。②

3. 优化制度建构

从原《继承法》到《民法典·继承编》,制度建构的优化表现为对继承立法空白的填补。首先,遗产管理人制度的增加,是《民法典·继承编》的一大立法亮点。其立法价值,不亚于《民法典·人格权编》的独立成编。该制度的增加,不仅完善了我国的继承立法与继承制度,而且有助于维护民众的继承权益与利害关系人的合法权益。其次,遗嘱形式的增加与遗嘱效力的完善,是《民法典·继承编》的又一立法亮点。如打印遗嘱、录像遗嘱、遗嘱效力的平行设计等,均体现出对原《继承法》和继承制度的优化。最后,《民法典》第1152条规定的转继承,通过制度填补完善了我国的继承立法,弥补了原《继承法》对转继承未予规定的遗憾。③

① 参见王歌雅:《〈民法典·继承编〉立法研究》,黑龙江人民出版社2021年版,第154页。
② 参见王歌雅:《〈民法典·继承编〉立法研究》,黑龙江人民出版社2021年版,第154页。
③ 参见王歌雅:《〈民法典·继承编〉立法研究》,黑龙江人民出版社2021年版,第154页。

4. 优化规范表达

从原《继承法》到《民法典·继承编》，规范表达的优化表现为对法律规范的修复。例如，原《继承法》第 20 条规定了遗嘱的撤销、变更。《民法典》第 1142 条则规定了遗嘱的撤回、变更及其效力冲突的解决。遗嘱的撤销与撤回，虽然仅为一字之差，但法理内涵、时间节点导致的效力差异则有所不同。继承法律规范的严谨表达，实现了继承立法的科学性、严谨性与规范性。①

《民法典·继承编》的编纂与实施，牵涉 14 亿民众的继承利益和财产利益。对继承当事人权益的维护，既是对其财产利益的维护，也是对其人身利益的维护，更是对其人格独立、人格平等、人格尊严、人格自由的尊重。

第二节　继承编的基本原则

《民法典·继承编》的基本原则，是指贯穿于继承编始终，体现继承编的基本精神，且在处理继承问题时必须遵循的基本准则。

《民法典·继承编》的基本原则，并非采取逐条列举式的立法模式。而是采取明确规定与蕴含嵌入相结合的立法模式。即有的原则采取明确规定的立法模式，如《民法典》第 1126 条规定：继承权男女平等。其他原则，则采取蕴含嵌入的立法模式，即将基本原则的理念旨趣蕴含嵌入于具体的法律规范中。例如，《民法典》第 1130 条、第 1132 条的规定，则体现了养老育幼、照顾病残，互谅互让、和睦团结，权利义务相一致的原则。这些基本原则既是我国继承立法的指导思想和理念灵魂，也是继承法规范适用的基本依据与价值考量。②

根据《民法典·继承编》的有关规定，基本原则主要包括：一是国家保护自然人的继承权原则；二是继承权男女平等原则；三是养老育幼、照顾病残原则；四是互谅互让、和睦团结原则；五是权利义务相一致原则。

---

① 参见王歌雅：《〈民法典·继承编〉立法研究》，黑龙江人民出版社 2021 年版，第 155 页。
② 参见王歌雅：《〈民法典·继承编〉立法研究》，黑龙江人民出版社 2021 年版，第 162 页。

一、国家保护自然人的继承权原则

《民法典》第 1119 条规定："本编调整因继承产生的民事关系。"保护自然人的继承权是宪法赋予的使命与职责，也是《民法典 · 继承编》的立法宗旨。《民法典》第 1120 条规定："国家保护自然人的继承权。"

国家保护自然人的继承权原则，贯串于《民法典 · 继承编》的相关规范中，具体意涵如下：

第一，凡是自然人死亡时遗留的个人合法财产，都可以作为遗产由继承人依法继承。《民法典》第 1122 条规定："遗产是自然人死亡时遗留的个人合法财产。依照法律规定或者根据其性质不得继承的遗产，不得继承。"自然人可以继承的个人合法财产，包括动产、不动产以及其他能够继承的财产权利等。

第二，保护继承人的继承权不被非法剥夺。《民法典》第 1124 条第 1 款规定："继承开始后，继承人放弃继承的，应当在遗产处理前，以书面形式作出放弃继承的表示；没有表示的，视为接受继承。"如果继承人未以书面形式作出放弃继承的表示，则视为接受继承。只有发生《民法典》第 1125 条规定的绝对丧失继承权的法定事由，即故意杀害被继承人、为争夺遗产而杀害其他继承人时，才丧失继承权。

第三，为自然人的继承权、受遗赠权的行使提供法律依据。自然人均可成为继承权主体，享有继承权不受民事行为能力的限制。根据《民法典 · 总则编》规定，首先，无民事行为能力人的继承权、受遗赠权，由其法定代理人代为行使。其次，限制民事行为能力人的继承权、受遗赠权，由其法定代理人代为行使，或者征得法定代理人同意后行使。再次，法定代理人代理被代理人行使继承权、受遗赠权，不得损害被代理人的利益。最后，法定代理人一般不能代理被代理人放弃继承权、受遗赠权。损害被代理人利益的，应认定其代理行为无效。

第四，充分保障自然人的继承权得以实现。为保障继承人及时行使继承权，《民法典》第 1150 条规定了继承开始的通知；为避免继承权因遗产毁损而无法实现，《民法典》第 1151 条规定了遗产的保管；为保障继承人顺利继承遗产，《民法典 · 继承编》规定了遗产管理人制度。

第五，继承权受到他人的不法侵害时，有权予以法律救济。向人民法院请求保护继承权的诉讼时效期间为 3 年，自继承人知道或者应当知道权利被侵犯以及义务人之日起计算。但是,自继承权受到损害之日起超过 20 年的,人民法院不予保护,有特殊情况的,人民法院可以根据权利人的申请决定延长。①

二、继承权男女平等原则

继承权男女平等原则,是我国原《继承法》和《民法典·继承编》共同倡导、践行的基本原则,符合社会主义核心价值观。我国《宪法》第 49 条第 1 款规定:"婚姻、家庭、母亲和儿童受国家保护。"习近平总书记指出:"在中国人民追求美好生活的过程中,每一位妇女都有人生出彩和梦想成真的机会。中国将更加积极贯彻男女平等基本国策,发挥妇女'半边天'作用,支持妇女建功立业、实现人生理想和梦想。"②"妇女权益是基本人权。我们要把保障妇女权益系统纳入法律法规,上升为国家意志,内化为社会行为规范。"③"追求男女平等的事业是伟大的。纵观历史,没有妇女解放和进步,就没有人类解放和进步。"④贯彻男女平等基本国策,确保继承权男女平等,切实维护女性继承权益,是《民法典·继承编》的重要内涵与实践要求。继承权男女平等原则内涵如下:

第一,继承权男女平等,即继承权不因性别而有所差异。我国《宪法》第 48 条第 1 款规定:"中华人民共和国妇女在政治的、经济的、文化的、社会的和家庭的生活等各方面享有同男子平等的权利。"该规定确立了男女平等的宪法原则,且在相关法律中有所贯彻。《民法典》第 1126 条规定:"继承权男女平等。"

继承权男女平等,意指妇女享有与男子平等的继承权。妇女依法行使继承权,不受歧视。丧偶妇女有权依法处分继承的财产,任何组织和个人不得干涉。⑤

《民法典》第 1157 条规定:"夫妻一方死亡后另一方再婚的,有权处分所继承的财产,任何组织或者个人不得干涉。"破除封建宗法思想残余,消除社会生

---

① 参见王歌雅:《〈民法典·继承编〉立法研究》,黑龙江人民出版社 2021 年版,第 162 ~ 163 页。

② 习近平:《促进妇女全面发展 共建共享美好世界——在全球妇女峰会上的讲话》,载新华网,http://www.xinhuanet.com/politics/2015-09/28/c_128272780.htm。

③ 习近平:《促进妇女全面发展 共建共享美好世界——在全球妇女峰会上的讲话》,载新华网,http://www.xinhuanet.com/politics/2015-09/28/c_128272780.htm。

④ 习近平:《促进妇女全面发展 共建共享美好世界——在全球妇女峰会上的讲话》,载新华网,http://www.xinhuanet.com/politics/2015-09/28/c_128272780.htm。

⑤ 《妇女权益保障法》第 58 条、第 59 条。

活和继承领域中的性别歧视，才能保障继承权的男女平等。

第二，在法定继承人的范围和顺序上男女平等。《民法典·继承编》根据继承人与被继承人间的血缘关系的亲疏远近和生活关系的密切程度，确定了继承人的范围和顺序。

在法定继承人的范围和顺序中，女性和男性是继承地位和继承顺序平等的继承人。例如，配偶互为第一顺序继承人。子与女、父与母均为第一顺序继承人。兄弟与姐妹、祖父与祖母、外祖父与外祖母均为第二顺序继承人。丧偶儿媳对公婆、丧偶女婿对岳父母，尽了主要赡养义务的，作为第一顺序继承人。

第三，同一顺序的继承人继承遗产的份额平等。同一顺序的继承人继承遗产份额的多少，关系到继承人的继承权能否真正实现。《民法典》第1130条第1款规定："同一顺序继承人继承遗产的份额，一般应当均等。"继承权男女平等，才能助力社会性别平等。

第四，在代位继承和转继承的适用上男女平等。被继承人的子女、兄弟姐妹先于被继承人死亡的，由被继承人的子女的晚辈直系血亲、兄弟姐妹的子女代位继承。代位继承人一般只能继承被代位继承人有权继承的遗产份额。即被继承人、被代位继承人、代位继承人不论男女，只要符合法定条件，均可发生代位继承。

《民法典》第1152条规定："继承开始后，继承人于遗产分割前死亡，并没有放弃继承的，该继承人应当继承的遗产转给其继承人，但是遗嘱另有安排的除外。"即被转继承人、转继承人性别平等。

第五，继承权的丧失男女平等。继承权不因性别而被剥夺。在符合丧失继承权的法定事由时，不论男女，均丧失继承权。即《民法典》第1125条关于丧失继承权的有关规定，平等适用于男女两性。

第六，遗嘱继承男女平等。订立遗嘱的权利男女平等，即男女两性均有按照遗嘱继承的有关规定订立遗嘱，处分自己的财产。遗嘱继承人男女平等，即遗嘱人不得应性别歧视而取消缺乏劳动能力又没有生活来源的继承人的必要的遗产份额，以遵循《民法典》第1141条规定。

第七，分割遗产男女平等。在分割遗产时，如果没有遗产分割协议，应将夫妻共有财产的一半分出为配偶所有，另一半为被继承人的遗产。

三、养老育幼、照顾病残的原则

尊老育幼、照顾病残，是中华民族的传统美德，也是《民法典·继承编》的基本原则和基本要求。《民法典·继承编》确立养老育幼、照顾病残的原则，是为了保障生活有特殊困难又缺乏劳动能力的继承人的继承权益。同时，鼓励、促进对老年人的赡养、扶助和对未成年人的抚养、教育、保护，以发扬中华民族的传统美德，确保婚姻家庭的赡老扶幼职能的实现和亲属之间守望相助情义的传承。

第一，法定继承人的范围和顺序规定保护老年人。将祖父母、外祖父母规定为第二顺序法定继承人，是因在实际继承时，往往是其子女，也即孙子女、外孙子女的第一顺序继承人（父母）已经死亡，其已失去直接的赡养人。将其规定为第二顺序法定继承人，对老年人的生活保障具有重要意义。将对公婆、岳父母尽了主要赡养义务的丧偶儿媳、女婿作为第一顺序法定继承人，也是为了确保子女已死亡的老年人的赡养与扶助。

第二，保护被继承人已经死亡的子女的晚辈直系血亲。对于父母已经死亡的子女，允许其代位继承。代位继承人一般只能继承被代位继承人有权继承的遗产份额。

第三，对胎儿利益予以特殊保护。应当为胎儿保留的遗产份额没有保留的，应当从继承人所继承的遗产中扣回。为胎儿保留的遗产份额，如胎儿出生后死亡的，由其继承人继承；如胎儿娩出时是死体的，由被继承人的继承人继承。

第四，遗产分配时，对老幼病残者予以照顾。具体体现在以下四方面：

（1）遗产分配，应照顾无劳动能力的老人、无独立生活能力的未成年人以及无劳动能力又无生活来源的病残者。即对生活有特殊困难又缺乏劳动能力的继承人，分配遗产时，应当予以照顾。

（2）对继承人以外的依靠被继承人扶养的人，或者继承人以外的对被继承人扶养较多的人，可以分给适当的遗产。

（3）对代位继承人给予保护。继承人丧失继承权的，其晚辈直系血亲不得代位继承。如该代位继承人缺乏劳动能力又没有生活来源，或者对被继承人尽赡养义务较多的，可以适当分给遗产。

(4)丧偶儿媳对公婆、丧偶女婿对岳父母,无论其是否再婚,依照《民法典》第1129条规定作为第一顺序继承人时,不影响其子女代位继承。

第五,遗嘱自由应遵循"必留份"规定。根据《民法典》第1141条的规定,遗嘱应当为缺乏劳动能力又没有生活来源的继承人保留必要的遗产份额。否则,遗嘱无效。

第六,遗赠扶养协议有助于赡老扶幼。自然人可以与继承人以外的组织或者个人签订遗赠扶养协议。按照协议,该组织或者个人承担该自然人生养死葬的义务,享有受遗赠的权利。遗赠扶养协议将有助于老年人、残疾人等在其生前获得稳定、良好的扶养、照料,维护其生命健康权益,促进社会主义精神文明建设。

第七,继承人以所得遗产实际价值为限清偿被继承人依法应当缴纳的税款和债务。但是,应当为缺乏劳动能力又没有生活来源的继承人,保留必要的遗产。《民法典》第1159条规定,有助于保障老弱病残者的生活来源,维护其生存权益。

四、互谅互让、和睦团结的原则

《民法典》第1132条规定:"继承人应当本着互谅互让、和睦团结的精神,协商处理继承问题。遗产分割的时间、办法和份额,由继承人协商确定;协商不成的,可以由人民调解委员会调解或者向人民法院提起诉讼。"这一原则,反映出家庭建设方向和道德风尚要求。互谅互让、和睦团结的原则体现在以下五个方面:

第一,遗产份额的确定原则均等,但应兼顾特殊情况。同一顺序继承人继承遗产的份额一般应当均等。但继承人协商同意的,也可不均等。当继承人的条件大体相同时,确定继承份额,既要尊重继承人的意愿,又要鼓励继承人间的互谅互让、和睦团结。

第二,遗产分割的时间、办法应协商确定。遗产分割应当有利于生产和生活需要,不损害遗产的效用。人民法院在分割遗产中的房屋、生产资料和特定职业所需要的财产时,应当依据有利于发挥其使用效益和继承人的实际需要,兼顾各继承人的利益进行处理。不宜分割的遗产,可以采取折价、适当补偿或者共有等方法处理。

第三，继承权的保护彰显了互谅互让、和睦团结的原则精神。违反原则规定，实施了丧失继承权的法定行为，将丧失继承权。例如，故意杀害被继承人、为争夺遗产而杀害其他继承人的，丧失继承权。遗弃被继承人，或者虐待被继承人情节严重；伪造、篡改、隐匿或者销毁遗嘱，情节严重；以欺诈、胁迫手段迫使或者妨碍被继承人设立、变更或者撤回遗嘱，情节严重的。上述继承人确有悔改表现，被继承人表示宽恕或者事后在遗嘱中将其列为继承人的，不丧失继承权。

第四，遗产酌分请求权的确立，彰显了互谅互让、和睦团结的道德风尚。《民法典》第 1131 条规定："对继承人以外的依靠被继承人扶养的人，或者继承人以外的对被继承人扶养较多的人，可以分给适当的遗产。"该规定有助于指导、规范民众本着互谅互让、和睦团结的道德风尚，公平处理遗产酌分请求问题，维护当事人的合法权益。

第五，放弃继承或放弃受遗赠，体现了互谅互让、和睦团结的道德追求。《民法典》通过赋予继承法律关系主体放弃继承权或受遗赠权的方式，帮助其他亲友，从而体现谦让、友爱、和睦、互助、团结的道义追求，促进社会的和谐。

五、权利和义务相一致原则

权利和义务相一致，是我国社会主义法治的基本原则。将这一原则应用于继承法领域，就要求继承法律关系的建立、变更、终止应遵循权利和义务相一致原则。遵循权利和义务相一致原则，对于发挥婚姻家庭职能、协调继承关系、维护继承权益具有重要意义。其含义体现在以下六方面：

第一，法定继承人的范围和顺序的确定，体现了权利和义务相一致原则。无论是第一顺序继承人，还是第二顺序继承人，均是《民法典·婚姻家庭编》中规定的具有抚养、扶养、赡养权利义务关系的人。基于权利和义务相一致原则，相互具有继承权。

确定继承人和继承顺序，除应考虑彼此之间的血缘关系外，还要考虑扶养关系。根据《民法典·婚姻家庭编》的规定，祖父母、外祖父母与孙子女、外孙子女之间，兄弟姐妹之间是第二顺序的扶养权利义务关系人，故祖父母、外祖父母、兄弟姐妹的继承顺序也为第二继承顺序，符合权利和义务相一致原则。根据《民法典》第 1129 条的规定："丧偶儿媳对公婆，丧偶女婿对岳父母，尽了主要赡养义务的,作为第一顺序继承人。”该规定也体现了权利和义务相一致原则。

第二,遗产分配体现了权利和义务相一致原则。《民法典》第1130条第3款、第4款规定:“对被继承人尽了主要扶养义务或者与被继承人共同生活的继承人,分配遗产时,可以多分。有扶养能力和有扶养条件的继承人,不尽扶养义务的,分配遗产时,应当不分或者少分。”该规定充分体现了权利和义务相一致的原则。

第三,遗产酌分请求权的确立体现了权利和义务相一致原则。继承人以外的对被继承人扶养较多的人,可以分给适当的遗产。如被收养人对生父母所尽扶养义务较多时,除可依法对养父母的遗产享有继承权外,也可依法对生父母的遗产享有遗产酌分请求权,以践行权利和义务相一致原则。

第四,遗赠扶养协议制度的创设遵循了权利和义务相一致原则。遗赠扶养协议制度是我国继承法中独具特色的制度,体现了我国民间素有的尊老、爱老、敬老、慰老以及扶助病残的优良传统。当自然人欠缺法定的扶养义务人或者其扶养义务人因其他原因不能履行扶养义务时,继承人以外的组织或者个人可以与之签订遗赠扶养协议。按照协议,该组织或者个人承担该自然人的生养死葬的义务,享有受遗赠的权利。

第五,限定继承体现了权利和义务相一致原则。具体体现在两方面:

(1)继承人以所得遗产实际价值为限清偿被继承人依法应当缴纳的税款和债务,超过遗产实际价值部分,继承人自愿偿还的不在此限。

(2)继承人放弃继承的,对被继承人依法应当缴纳的税款和债务可以不负清偿责任。

第六,权利和义务相一致原则,还体现在遗嘱继承和遗赠方面。《民法典》第1144条规定:“遗嘱继承或者遗赠附有义务的,继承人或者受遗赠人应当履行义务。没有正当理由不履行义务的,经利害关系人或者有关组织请求,人民法院可以取消其接受附义务部分遗产的权利。”

第三节　继承制度

继承制度是民事法律制度的重要组成部分,其作为特定社会经济基础之上的上层建筑,具有调整继承关系、维护继承权益、实现继承目的、发挥遗产价值的功能。时代、国度、文化、习俗等不同,继承制度的内涵也不同,且其与婚姻家庭、伦理道德、风俗习惯等密不可分。探寻继承制度的内涵,对于深刻把握《民法典·继承编》的一般规定,具有重要意义。

一、继承的含义和功能

何为继承,理解不一。若从社会学意义来理解,继承,泛指后代对先辈所创造的物质财富和精神财富的承袭与发扬,也专指生者对死者生前所享有的权利和义务的承继,是身份继承与财产继承的统一。若从法律意义来理解,继承,是指继承人依法继承遗产的民事法律行为。

(一)继承的概念与产生

继承,是指财产所有人在死亡(生理死亡或被宣告死亡)时,依据法律规定或有效遗嘱指定将其遗留的财产转移给他人所有的法律制度。其中,遗留财产的人,称为被继承人;遗留的财产或财产权利,称为遗产;有权继承遗产的人,称为继承人。①

继承作为一种财产转移的手段,早在原始社会就存在了。但具有法律意义的继承制度,却是私有制产生的结果。② 在原始社会初期,生产力水平低下,没有剩余生产物,也没有继承。当母系氏族形成后,生产力水平有了初步提高,死者往往留有少量财物,该财物由其氏族成员共同继承。

母系氏族社会后期,生产力逐步发展,对偶婚制家庭形成,逐步确立了父系氏族制,继承便由过去的依据母亲血缘转为依据父亲的血缘来确定,但这种改变并未使原始公有制性质的继承发生根本的转变,继承关系仍由原始习惯调整。

父系氏族社会后期,生产力有了较大发展,剩余产品逐步增多,私人占有财产已成为当时社会的普遍现象,氏族内部的阶级分化也日趋激烈,以私有制为基础、以男子为中心的一夫一妻制家庭得以形成。

在一夫一妻制家庭中,男子死后,必然要给其私有财产包括奴隶找到新的继承人。而由出自同一父亲的子女继承他们共同父亲的遗产,则成为必然要

① 参见王歌雅:《〈民法典·继承编〉立法研究》,黑龙江人民出版社 2021 年版,第 157 页。

② 参见蓝承烈、杨震主编:《继承法新论》,黑龙江教育出版社 1993 年版,第 1 页。

求。于是,继承制度随之产生。

伴随阶级分化,代表奴隶主阶级利益的国家开始以法律形式调整私有财产的继承关系。为了奴隶主阶级统治的延续,继承制度从一开始就把象征权力、政治地位、祭祀权利的身份继承和私有财产继承结合在一起。至此,继承作为一种行为规范而不再仅是一种习惯,其逐步演变为代表统治阶级意志,以国家强制力保证其实现的法律制度。继承制度是私有制的产物,继承权是私有财产权的延伸。①

(二)继承的性质与功能

关于继承的性质,学界多有探讨。史尚宽先生在《继承法论》中,基于继承发生根据的不同,主要介绍了四种学说:一是意思说。自然法学派认为,一切权利及其变动无不出于人的意思。继承的根据在于对被继承人意思的尊重。二是家庭协同说。历史浪漫派认为,继承产生于家庭成员的协同生活。如果没有一体的协同生活和协同感者,应排除于继承之外。三是死后扶养说。负有扶养义务的人,其扶养义务的履行不限于生存之时,死后也须继续履行。继承权是继承人在被继承人死亡后仍享有受扶养权的体现。四是无主财产归属说。人格因死亡而消灭,自然人生存时所有的财产也因主体的不复存在而成为无主财产。无主财产的归属,应由国家立法来决定。②

根据辩证唯物主义和历史唯物主义原理,结合经济基础与上层建筑的辩证关系,继承的本质可作如下阐释:继承是历史范畴,受特定社会的经济基础所制约,并反映特定经济基础的客观要求。继承是以法律、道德、宗教、风俗、习惯等予以确认和调整的遗产转移关系。其核心内容包括:

一是继承属于一定社会经济基础所决定的上层建筑,反映了法律对于生产关系的依存性,同时又反作用于经济基础。

二是财产私有制是继承制度产生和存在的根源。继承权从财产私有权中所派生,私有制是原因和前提,继承制度是结果和手段。

三是继承制度与同一经济基础上的其他上层建筑和意识形态互相作用、互相制约。婚姻家庭制度、伦理道德、宗教、统治阶级的政治思想、民族观念等均

① 参见王歌雅:《〈民法典·继承编〉立法研究》,黑龙江人民出版社2021年版,第157页。
② 参见史尚宽:《继承法论》,中国政法大学出版社2000年版,第4~6页。

对继承制度具有不同程度的影响和制约。它们相互影响、相互补充,共同服务于赖以存在的经济基础。①

时代、观念、立法等不同,继承的功能也不同。在市场经济条件下,继承制度仍有存在的客观必然性。因为,市场经济承认参与者的主体资格,只要存在私有财产,遗产继承便不可避免。

一是履行赡老扶幼的义务。在市场经济条件下,社会运行仍然需要家庭来进行人口再生产以及家庭成员间的互相扶养。有财产的自然人应以个人财产来承担对其他家庭成员的扶养、扶助义务。

二是时代不同,继承的客体也不同。继承的存在,有利于鼓励市场经济主体参与市场活动和进行生产交易的积极性。

三是时代不同,继承功能展现的路径也不同。伴随国家法律对私有财产的充分保护,家庭的财产传承,既可通过继承来实现,也可通过遗产信托来实现。

四是推动继承观念的变革。对继承行为的规范和保护,既有助于继承法律制度的健全和继承立法的完善,也有助于继承观念的更新与转变,进而推动社会的移风易俗进程。②

二、继承法律关系

继承法律关系,是指由继承法所调整的,因转移死者遗产或遗产权利而发生于民事主体之间的权利义务关系。

继承法律规范,是继承法律关系产生、变更和消灭的前提。被继承人死亡的法律事实,是继承法律关系发生的必要原因。如果没有被继承人死亡这一法律事实,继承法律关系就无从产生。③

被继承人死亡包括生理死亡和宣告死亡。被继承人死亡并且留有遗产,继承法律关系才可现实地发生。如果某种特定的法律事实出现,使继承法律关系的主体、客体或者内容发生变化,将引发继承法律关系的变更。而当遗产分割完毕或遗产因不可抗力等法律事实发生灭失时,继承法律关系将终止。

---

① 参见王歌雅主编:《婚姻家庭继承法学》(第2版),中国人民大学出版社2013年版,第172页。
② 参见王歌雅:《〈民法典·继承编〉立法研究》,黑龙江人民出版社2021年版,第158~159页。
③ 参见蓝承烈、杨震主编:《继承法新论》,黑龙江教育出版社1993年版,第10页。

（一）继承法律关系的分类和特点

继承法律关系分为继承关系和继承法上的非继承关系。继承关系，是指基于法律规定和被继承人的合法有效的遗嘱而发生的法定继承关系和遗嘱继承关系。继承法上的非继承关系，是指继承法规定的，但不属于继承关系的其他遗产转移关系，包括遗赠、酌情分得遗产、遗赠扶养协议、无人继承又无人受遗赠财产的归属以及债务的清偿等遗产转移上的权利义务关系。

继承关系和继承法上的非继承关系不同。继承关系中的法定继承关系和遗嘱继承关系，是严格意义上的继承关系，遗产归属于继承人。继承法上的非继承关系，并无继承意义，但却是继承法规定的遗产转移的其他方式，遗产归属于继承人以外的人。①

（二）继承法律关系的特点

继承法律关系具有如下特点：一是继承法律关系不同于一般的民事法律关系，其不适用民法上的等价有偿原则。二是引起继承法律关系发生的是特定的法律事实，即被继承人死亡并留有遗产。三是继承法律关系的权利主体是特定的，权利内容限定为继承权。四是继承法律关系的客体仅限于被继承人所遗留的个人合法财产。其范围特定，包括动产、不动产等。②

（三）继承法律关系的要素

继承法律关系包括主体、客体和内容三个要素。

1. 继承法律关系的主体

继承法律关系的主体，是指在继承法律关系中，享有权利或者承担义务的人。

第一，继承法律关系的权利主体，是继承人。继承人分为法定继承人和遗嘱继承人，其是与被继承人生前存有婚姻关系、血缘关系或扶养关系的自然人。法人不能成为继承法律关系的权利主体。

第二，在继承法上的非继承关系中，权利主体的范围则相对广泛。如酌情分得遗产的人可以是继承人以外的自然人；受遗赠人可以是法定继承人以外的自然人、法人或非法人组织；遗赠扶养协议中的扶养人可以是法定继承人以外

① 参见王歌雅：《〈民法典·继承编〉立法研究》，黑龙江人民出版社 2021 年版，第 159～160 页。

② 参见王歌雅：《〈民法典·继承编〉立法研究》，黑龙江人民出版社 2021 年版，第 160 页。

的个人或组织。

第三,继承法律关系的义务主体更为广泛,继承人和受遗赠人都可能成为义务主体。例如,当被继承人留有应当缴纳的税款和未清偿的债务时,继承人和受遗赠人都具有在遗产实际价值限度内清偿税款和债务的义务。在遗嘱附有义务时,遗嘱继承人和受遗赠人负有完成遗嘱要求的义务。由于取得遗产的权利是一种绝对权,权利主体以外的任何人都负有不得侵犯他人的继承权、受遗赠权、酌情分得遗产权的义务,是不作为义务的义务主体。①

2. 继承法律关系的客体

继承法律关系的客体,是指继承法律关系主体的权利义务所共同指向的对象,包括被继承人的遗产、依法应当缴纳的税款、应当清偿的债务,以及某种应履行的行为。

遗产是继承法律关系必不可少的要素。没有遗产,继承法律关系就不会产生。被继承人死亡时若留有债务,或者在遗嘱中附有某种义务性的要求,则该债务和义务也是继承法律关系的客体。②

3. 继承法律关系的内容

继承法律关系的内容,是指继承法律关系的主体享有的权利和承担的义务。③ 继承法律关系的内容,主要表现为:继承人享有的继承被继承人遗产的权利;受遗赠人享有的接受遗赠的权利;酌情分得遗产人享有的承受死者适当遗产的权利;国家、集体所有制组织取得无人继承又无人受遗赠的遗产的权利;等等。继承权,属于财产权、绝对权,义务主体一般不特定。继承法律关系的义务基本属于不作为的义务,即任何社会组织和个人都不得干涉、妨碍继承人遗产权利的实现。④

三、继承权

(一)继承权的含义

继承权,是指继承人依照法律规定或有效遗嘱指定,承受被继承人遗产的

① 参见王歌雅:《〈民法典·继承编〉立法研究》,黑龙江人民出版社2021年版,第160页。

② 参见王歌雅:《〈民法典·继承编〉立法研究》,黑龙江人民出版社2021年版,第161页。

③ 参见蓝承烈、杨震主编:《继承法新论》,黑龙江教育出版社1993年版,第13页。

④ 参见王歌雅:《〈民法典·继承编〉立法研究》,黑龙江人民出版社2021年版,第161页。

资格或权利。继承权有两种：一是继承期待权；二是继承既得权。[①]

1. 继承期待权的概念和特征

继承期待权，又称客观意义上的继承权，是指继承开始前，继承人依法享有的承受被继承人遗产的资格。继承期待权，也被理解为“应为继承人之权利”或继承人的继承权利能力，即继承被继承人遗产的资格。继承期待权人，也被称为继承期待人。

继承期待权仅为“期待继承”的资格，主要特征如下：一是继承期待权根据法律规定而产生，不以法律事实的存在为要件。二是继承期待权具有严格的人身属性，既不能转让也不能抛弃。三是继承期待权仅为将来得为继承人的法律地位，并不具有直接的财产内容。四是继承期待权一般不能成为侵权行为的客体，不适用时效制度。[②] 继承期待权虽被冠以“权利”，但仅为继承开始时成为实际继承人的一种“资格”，与民事权利能力的含义相当。

继承期待权能否转化为继承既得权，需要一定的法律事实。影响继承期待权转化为继承既得权的法律事实主要有：一是期待继承人先于被继承人死亡；二是期待继承人实施了应当丧失继承权的法定违法行为；三是期待继承人被合法有效的遗嘱取消继承权；四是被继承人无遗产；五是优先顺序继承人出现。

2. 继承既得权的概念和特征

继承既得权，又称主观意义上的继承权，是指继承开始后，继承人依照法律规定或有效遗嘱指定，承受被继承人遗产的权利。[③] 继承期待权仅为期待继承人的一种“法律地位”或“资格”；继承既得权则为继承人依法继承被继承人遗产的一种民事权利。继承既得权人，也称为实际继承人。

继承既得权的主要特征如下：一是继承既得权以继承期待权为基础和前提。二是继承既得权以遗产或遗产权利为客体，具有直接的物质内容。三是继承既得权可以放弃。四是继承既得权可以成为侵权行为的侵害客体。

继承既得权与继承期待权，既有联系又有区别。社会生活中常说的继承权，主要指继承既得权。继承期待权转化为继承既得权，必须具备一定条件。

---

① 参见王歌雅主编：《婚姻家庭继承法学》（第2版），中国人民大学出版社2013年版，第183页。

② 参见蓝承烈、杨震主编：《继承法新论》，黑龙江教育出版社1993年版，第31页。

③ 参见王歌雅主编：《婚姻家庭继承法学》（第2版），中国人民大学出版社2013年版，第183页。

具体包括:第一,被继承人已经死亡。近代以来的继承立法通例,即"任何人均不能成为生存者之继承人",故被继承人死亡,是继承期待权转化为继承既得权的前提和基础。第二,被继承人留有遗产。继承既得权以遗产为客体。无遗产,继承权将失去意义。第三,继承人于继承开始时尚生存。继承人仅限于继承开始时尚生存之人,是各国立法通例。第四,无影响继承期待权转化为继承既得权的其他客观事由发生。这些事由包括:继承人实施了丧失继承权的法定违法行为;继承人被合法有效的遗嘱取消继承权;优先顺位的继承人存在并接受继承等。①

3. 继承权的特征

第一,继承权的主体仅限于自然人。国家保护自然人的继承权。继承权以一定身份为前提,特定的亲属之间才享有继承遗产的权利。依照法定继承和遗嘱继承享有继承权的主体只能是自然人。

第二,继承权的客体仅限于财产。遗产是自然人死亡时遗留的个人合法财产。现代继承立法,承认财产继承而否认身份继承。故继承的遗产为财产或财产权利。有关人格权、身份权不能继承。例如,著作权中的财产权利属于著作权人遗产的范围,可以由其继承人依法继承。但著作权中的人身权不能继承。自然人死亡后,其署名权、修改权和保护作品完整权可由继承人或者受遗赠人予以保护,但不得继承。

第三,继承权的取得不以继承人的意思表示为要件。当继承开始的原因发生后,继承人不仅直接取得对遗产的支配权,还包括在继承权受到侵犯时可以行使继承恢复请求权。继承的接受和放弃,是对继承权的行使。这与其他民事权利的取得需要权利人的意思表示为要件不同。

第四,继承权应属财产权、绝对权、支配权。继承权以身份权为基础,继承权的客体是遗产,故继承权的义务主体是不特定的人。②

(二)继承权的行使

1. 继承权的内容

继承权的内容,包括接受继承的权利、放弃继承的权利和请求恢复继承的

① 参见蓝承烈、杨震主编:《继承法新论》,黑龙江教育出版社1993年版,第32页。

② 参见王歌雅:《〈民法典·继承编〉立法研究》,黑龙江人民出版社2021年版,第185页。

权利。

(1)接受继承的权利

接受继承的权利,是指继承开始后,继承人享有作出接受被继承人遗产的意思表示,并实际取得被继承人遗产的权利。接受继承的权利包括两方面:

第一,作出接受被继承人遗产的意思表示的权利。继承开始后,继承人享有接受或放弃继承的权利。继承人在继承开始后接受继承的,视为从继承开始时起,即取得其应继份额的所有权。

第二,实际取得被继承人遗产的权利。继承人表示接受继承的,即有权直接参加或由其代理人代为参加遗产的分割;有权请求遗嘱执行人或遗产管理人实际交付并受理其有权继承的遗产份额。继承人行使了接受继承的权利,其继承权就转化为所有权,对其应当继承的遗产份额有权实际占有、使用、收益和处分。①

(2)放弃继承的权利

放弃继承的权利,是指在继承开始后至遗产处理前,继承人享有的拒绝接受被继承人遗产的权利。关于放弃继承,应关注以下几点:

第一,无论是接受继承,还是放弃继承,均是继承人的权利,取决于继承人的意志,属于继承人的单方法律行为,无须经他人同意。

第二,继承人放弃继承的意思表示,应在继承开始后、遗产分割前作出。遗产分割后表示放弃的不再是继承权,而是所有权。继承人放弃继承应当以书面形式向遗产管理人或者其他继承人表示。放弃继承的效力,追溯到继承开始的时间。

第三,在诉讼中,继承人向人民法院以口头方式表示放弃继承的,要制作笔录,由放弃继承的人签名。

第四,法定代理人一般不能代理被代理人放弃继承权,明显损害被代理人利益的,应认定其代理行为无效。

第五,放弃继承的继承人,对被继承人遗留的债务不负清偿责任。但继承人因放弃继承权,致其不能履行法定义务的,放弃继承权的行为无效。

第六,遗产处理前或者在诉讼进行中,继承人对放弃继承反悔的,由人民法

---

① 参见王歌雅:《〈民法典·继承编〉立法研究》,黑龙江人民出版社2021年版,第186页。

院根据其提出的具体理由，决定是否承认。遗产处理后，继承人对放弃继承反悔的，不予承认。

第七，被继承人在生前对继承人所为的赠与、指定继承人为保险金受益人等，不因继承人放弃继承权而受到影响。

(3)请求恢复继承的权利

请求恢复继承的权利，又称继承恢复请求权，是指合法继承人的继承权受到不法侵害时，其有请求确认自己享有继承权并返还遗产的权利。

赋予继承人以继承恢复请求权，目的在于完整、充分地保障继承人行使其继承权，制裁侵害继承权的违法行为，维护正常的财产继承秩序。[①]

2. 继承权的行使

继承权的行使，受民事行为能力限制。民事行为能力不同，继承权的行使也不同。

(1)完全民事行为能力人对继承权的行使

完全民事行为能力人可以独立行使继承权。具体包括：一是决定接受或放弃继承，参加遗产的保管、分配和处理等。二是继承人行使继承权，排除任何非法干涉。

(2)限制民事行为能力人对继承权的行使

第一，8 周岁以上的未成年人是限制民事行为能力人，其继承权的行使，应由其法定代理人代理或者经其法定代理人同意、追认。

第二，法定代理人代理被代理人行使继承权、受遗赠权不得损害被代理人的利益。

第三，法定代理人一般不能代理被代理人放弃继承权、受遗赠权。明显损害被代理人利益的，应认定其代理行为无效。

第四，限制民事行为能力人可以独立实施纯获利益的遗赠行为或与其年龄、智力相适应的继承法律行为。

(3)无民事行为能力人继承权的行使

第一，不满 8 周岁的未成年人、不能辨认自己行为的精神病人是无民事行为能力人。其继承权、受遗赠权，应由其法定代理人代为行使。

---

① 参见王歌雅：《〈民法典·继承编〉立法研究》，黑龙江人民出版社 2021 年版，第 186～187 页。

第二，法定代理人应维护被代理人的继承权、受遗赠权。侵害继承人继承权益的，应承担损害赔偿责任。[1]

（三）继承权的丧失

1. 丧失继承权的概念

丧失继承权，是指继承人由于实施了法定违法行为，而依法当然丧失取得被继承人遗产的权利。

丧失继承权，是依法剥夺继承人的继承权，其不以继承人的意志为转移。当法定的丧失继承权的事由发生时，继承人即丧失继承权。丧失继承权，是丧失既得继承权。

2. 丧失继承权的法定事由

丧失继承权的法定事由，分为绝对的丧权事由和相对的丧权事由。绝对的丧权事由，是指该丧权事由发生后，继承人便肯定的丧失继承被继承人遗产的权利，即便被继承人表示宽恕，也应当确认其丧失继承权。此类丧权事由的效力是绝对的、当然的。相对的丧权事由，是指该丧权事由发生后，尚不能确定继承人在继承开始时当然丧失继承权。如果被继承人表示宽恕，该继承人仍可取得继承权。此类丧权事由的效力是相对的、不确定的。[2]

《民法典》第 1125 条规定："继承人有下列情形之一的，丧失继承权：（一）故意杀害被继承人；（二）为争夺遗产而杀害其他继承人；（三）遗弃被继承人，或者虐待被继承人情节严重；（四）伪造、篡改、隐匿或者销毁遗嘱，情节严重；（五）以欺诈、胁迫手段迫使或者妨碍被继承人设立、变更或者撤回遗嘱，情节严重。继承人有前款第三项至第五项行为，确有悔改表现，被继承人表示宽恕或者事后在遗嘱中将其列为继承人的，该继承人不丧失继承权。受遗赠人有本条第一款规定行为的，丧失受遗赠权。"

对继承人而言，第一项和第二项事由，为绝对丧权事由；第三项至第五项事由，为相对丧权事由。受遗赠人丧失受遗赠权，则是绝对的丧权事由。

（1）故意杀害被继承人

继承人故意杀害被继承人，无论是既遂还是未遂，均应当确认其丧失继承

---

① 参见王歌雅：《〈民法典·继承编〉立法研究》，黑龙江人民出版社 2021 年版，第 187～188 页。

② 参见王歌雅：《〈民法典·继承编〉立法研究》，黑龙江人民出版社 2021 年版，第 189 页。

权。即只要继承人故意杀害被继承人,不论是否既遂,不论是主犯还是从犯,不论其是否基于谋夺遗产的动机,不论是否被追究刑事责任,均丧失继承权。即使被继承人以遗嘱将遗产指定由该继承人继承,也可以确认该遗嘱无效,并确认该继承人丧失继承权。

(2)为争夺遗产而杀害其他继承人

继承人为争夺遗产而杀害其他继承人的,应当确认其丧失继承权。构成这一法定事由的条件有三:一是继承人实施了杀害其他继承人的行为。二是继承人主观上有杀害其他继承人的故意。三是继承人杀害其他继承人的主观动机是为争夺遗产。只要具备以上条件,不论继承人的杀害行为是否既遂,均丧失继承权。即便被继承人以遗嘱将遗产指定由该继承人继承的,也可以确认遗嘱无效,并确认该继承人丧失继承权。

(3)遗弃被继承人,或者虐待被继承人情节严重

遗弃被继承人,是指继承人有能力和条件履行扶养义务而故意不履行扶养义务,从而使没有独立生活能力的被继承人陷入困苦之中。遗弃被继承人,丧失继承权,不以"情节严重"为必要。

虐待被继承人,是指继承人对被继承人故意进行肉体或精神上的折磨与摧残。虐待被继承人情节是否严重,可以从实施虐待行为的时间、手段、后果和社会影响等方面认定。虐待被继承人情节严重的,无论是否追究刑事责任,均可确认其丧失继承权。

遗弃被继承人,或者虐待被继承人情节严重,如确有悔改表现,被继承人表示宽恕或者事后在遗嘱中将其列为继承人的,该继承人不丧失继承权。

(4)伪造、篡改、隐匿或者销毁遗嘱,情节严重

继承人伪造、篡改、隐匿或者销毁遗嘱,情节严重,应当确认丧失继承权。

情节严重,是指继承人伪造、篡改、隐匿或者销毁遗嘱,侵害了缺乏劳动能力又无生活来源的继承人的利益,并造成其生活困难。若继承人确有悔改表现,被继承人表示宽恕或者事后在遗嘱中将其列为继承人的,该继承人不丧失继承权。

(5)以欺诈、胁迫手段迫使或者妨碍被继承人设立、变更或者撤回遗嘱,情节严重

继承人以欺诈、胁迫手段迫使或者妨碍被继承人设立、变更或者撤回遗嘱,情节严重,丧失继承权。若继承人确有悔改表现,被继承人表示宽恕或者事后

在遗嘱中将其列为继承人的,该继承人不丧失继承权。[①]

3. 丧失继承权的确认及效力

(1)丧失继承权的确认

《民法典·继承编》对丧失继承权的确认,采取自然失权主义。即丧权事由一旦成立,继承人则当然丧失继承权,无须通过诉讼程序加以确认。

在遗产继承中,继承人之间因是否丧失继承权发生纠纷,向人民法院提起诉讼的,由人民法院依据《民法典》第1125条的规定,判决确认其是否丧失继承权。

(2)丧失继承权的效力

丧失继承权的效力,表现在两方面:一是丧失继承权的时间效力。继承人一旦被确认丧失继承权,即从继承开始时起,丧失继承权。二是丧失继承权对人的效力。丧失继承权对人的效力,包括对丧权者本人的效力和对第三人的效力。

对丧权者本人的效力,体现在两方面:第一,丧失继承权,仅限于实施了丧权行为的继承人本人,其配偶、子女和其他亲属的继承权不受影响。第二,丧失继承权,仅限于丧失对实施了丧权行为的特定被继承人的遗产继承权,并不丧失对其他被继承人的遗产继承权。如故意杀害其父的,仅丧失对其父遗产的继承权,并不因此丧失对其母、配偶、子女的遗产继承权。

对第三人的效力,是指继承权的丧失,对善意第三人不发生效力,不得以继承人的继承无效而对抗善意第三人。如有权取得遗产的人,不能请求善意第三人返还该项财产时,转让该项遗产的丧权人,应向有权继承人承担返还不当得利和赔偿损失的责任。[②]

(四)继承权的保护

1. 继承恢复请求权的含义

继承恢复请求权,是指当合法的继承人的继承权受到他人非法侵害时,继承人所享有的请求确认其继承权并返还遗产的权利。继承恢复请求权具有三个特点:

---

① 参见王歌雅:《〈民法典·继承编〉立法研究》,黑龙江人民出版社2021年版,第189~190页。

② 参见王歌雅:《〈民法典·继承编〉立法研究》,黑龙江人民出版社2021年版,第191页。

第一，继承恢复请求权为特别独立的请求权。其请求权的基础是继承权。

第二，继承恢复请求权为包括的原状恢复请求权。对于被他人非法侵占的遗产，继承人既可以就其中的个别遗产请求返还，也可以就该项遗产整体包括的请求返还。

第三，继承恢复请求权包括继承权确认和遗产返还。确认继承权是前提和基础，返还遗产是目的和归宿。

继承恢复请求权的成立，应具备三个条件：一是不当继承人事实上已占有或处分遗产；二是不当继承人对遗产的占有没有合法根据，属无权占有；三是不当继承人否认真正继承人的继承权。

继承恢复请求权的主体，包括权利主体和义务主体，即权利人和义务人。

继承恢复请求权的权利主体包括四类：一是真正的继承人，包括法定继承人和遗嘱继承人；二是继承人的继承人，即转继承人；三是应继份的受让人；四是遗产管理人。

继承恢复请求权的义务主体包括四类：一是僭称继承人，即本无继承权，自称有继承权且占有遗产的一部分或全部的人。二是表见继承人，即放弃继承权或丧失继承权，以及无效或被撤销的遗嘱所指定的继承人，仍以继承人的资格而占有遗产的一部或者全部的人。三是僭称继承人或表见继承人的继承人。四是有不当继承人受让遗产的第三人，但善意第三人的合法权益应予以保护。①

2. 继承恢复请求权的行使

继承恢复请求权，可以通过诉讼形式行使，也可以通过非诉讼形式行使。即继承人行使继承恢复请求权，可直接向侵权行为人提出相应要求，亦可通过诉讼方式请求强制侵权行为人恢复继承人的继承权，返还非法占有的遗产。

3. 继承恢复请求权的时效

依据《民法典·总则编》的规定，继承权纠纷提起诉讼的期限为3年。诉讼时效期间自继承权人知道或者应当知道权利受到损害以及义务人之日起计算。但是，自继承权受到损害之日起超过20年的，人民法院不予保护，有特殊情况的，人民法院可以根据权利人的申请决定延长。②

---

① 参见王歌雅：《〈民法典·继承编〉立法研究》，黑龙江人民出版社2021年版，第192～193页。

② 参见王歌雅：《〈民法典·继承编〉立法研究》，黑龙江人民出版社2021年版，第193页。

四、继承的开始

继承的开始，是指继承法律关系的发生。[①] 继承开始的原因，即被继承人的死亡。被继承人的死亡，可分为自然死亡和宣告死亡。自然死亡又称生理死亡，是指公民的生命自动终止。宣告死亡，是指人民法院根据利害关系人的申请，在自然人下落不明满4年；或因意外事件下落不明满2年；或因意外事件下落不明，经有关机关证明该自然人不可能生存的情形下，依法宣告其死亡。[②] 宣告死亡，与自然死亡具有同等的法律效力。即与自然死亡的法律后果相同，是继承开始的原因。

（一）继承开始的时间

继承开始的时间，是指继承发生法律效力的时间。《民法典》第1121条第1款规定："继承从被继承人死亡时开始。"被继承人死亡时间，可分为自然死亡时间和宣告死亡时间。

第一，自然死亡时间。《民法典》第15条规定，自然人的死亡时间，以死亡证明记载的时间为准；没有死亡证明的，以户籍登记或者其他有效身份登记记载的时间为准。有其他证据足以推翻以上记载时间的，以该证据证明时间为准。

第二，宣告死亡时间。《民法典》第48条规定："被宣告死亡的人，人民法院宣告死亡的判决作出之日视为其死亡的日期；因意外事件下落不明宣告死亡的，意外事件发生之日视为其死亡的日期。"

继承开始的时间在继承法上具有重要意义，主要表现如下：一是继承开始的时间，是期待继承权转变为既得继承权的时间。二是继承开始的时间，是确定实际继承人的时间界线。即继承开始时，只有生存的继承人，才能实际继承被继承人的遗产。三是继承开始的时间，是确定遗产内容的时间界线。继承开始的时间，是最终确定遗产的范围及价值的时间，也是分割夫妻共同财产或将被继承人的遗产从家庭共有财产中分割出来的时间界线。四是继承开始的时间，是确定保护继承权的诉讼时效期间的时间界线。五是继承开始的时间，是

---

① 参见《民法学》编写组编：《民法学》，高等教育出版社2022年版，第254页。

② 《民法典》第46条。

确定遗嘱是否有执行效力的时间界线。即遗嘱应当为“双缺乏”继承人保留必要的遗产份额。六是继承开始的时间,对确定继承人继承遗产的份额具有重要的意义。①

确定继承开始的时间,应注意以下问题:一是继承开始的时间不同于遗产分割的时间。继承开始的时间,即被继承人死亡的时间,具有确定性,不能变更。而遗产分割的时间,是指继承人实际获得遗产的时间,具有协议性,可由继承人相互协议确定。二是相互有继承关系的数人在同一事件中死亡,难以确定死亡时间的,推定没有其他继承人的人先死亡。都有其他继承人,辈份不同的,推定长辈先死亡;辈份相同的,推定同时死亡,相互不发生继承。

(二)继承开始的地点

继承开始的地点,既是继承人依法行使继承权并实际获得应继遗产的地点,也是明确诉讼管辖地的依据。确定继承开始的地点,通常依据以下原则:一是以被继承人生前的最后住所地为继承开始的地点。二是以被继承人主要遗产所在地为继承开始的地点。

(三)继承开始的通知

继承开始的通知,有助于继承人、遗嘱执行人在知晓继承开始的前提下,行使权利、履行义务,并对遗产的分割进行有效监督,避免擅自处分遗产或哄抢遗产等侵权行为的发生。

1. 继承开始的通知种类

《民法典》第1150条规定:“继承开始后,知道被继承人死亡的继承人应当及时通知其他继承人和遗嘱执行人。继承人中无人知道被继承人死亡或者知道被继承人死亡而不能通知的,由被继承人生前所在单位或者住所地的居民委员会、村民委员会负责通知。”依据这一规定,继承开始的通知分为两类:一是继承人所为的通知。二是被继承人生前所在单位或住所地的基层组织所为的通知。

2. 继承开始的通知方式

继承开始的通知方式可依据及时准确、有利继承的原则,采取灵活多样、高效快捷的通知形式。如口头通知、书面通知、公告通知等。通知中应说明继承

① 参见王歌雅主编:《婚姻家庭继承法学》(第2版),中国人民大学出版社2013年版,第224页。

开始的时间、地点等有关事项。应当通知而不予通知,导致继承人等财产损失的,应当承担损害赔偿责任。①

五、遗产

遗产,是自然人死亡时遗留的个人合法财产。《民法典》第 1122 条第 2 款规定,“依照法律规定或者根据其性质不得继承的遗产,不得继承”。

(一)遗产的特征

把握遗产的特征,既有助于确认遗产的范围、明晰遗产的边界,也有助于维护继承权人和利害关系人的利益。

第一,遗产应当是财产和财产权利,具有财产性。首先,遗产仅指财产和财产权利,不包括被继承人遗留的债务。根据权利义务相一致的原则,继承遗产,必须以所得遗产的实际价值为限清偿被继承人依法应当缴纳的税款和债务,超过遗产实际价值部分,继承人自愿偿还的不在此限。因此,继承人对被继承人遗留债务的清偿,并非“父债子还”,而是履行行使继承权所产生的法律义务。其次,遗产的财产性质,决定了被继承人的人身权不属于遗产。如名誉权、姓名权等人格权及身份权不能作为遗产由继承人继承。日常生活中所说的“精神遗产”“精神遗志”等,虽具有人文性、价值性、思想性、传承性等,但由于不具有财产属性,不能成为继承法上的遗产。②

第二,遗产应当是被继承人的个人财产,具有特定性。首先,遗产是自然人死亡时遗留的个人财产,故国家、集体、他人的财产不能作为遗产继承。其次,合伙财产、家庭共有财产、夫妻共同财产等共有财产均不属于被继承人的遗产。只有从共有财产中分离出来属于被继承人的个人财产或财产份额,才属于遗产。最后,土地承包经营权、宅基地使用权中的土地,其所有权主体是农村集体经济组织或国家,故土地不属于被继承人的遗产,不得继承。但具有财产属性的收益权、用益权等,可以继承。③

第三,遗产应当是被继承人的合法财产,具有合法性。遗产的合法性,既指

---

① 参见王歌雅:《〈民法典·继承编〉立法研究》,黑龙江人民出版社 2021 年版,第 173～174 页。
② 参见王歌雅:《〈民法典·继承编〉立法研究》,黑龙江人民出版社 2021 年版,第 174～175 页。
③ 参见王歌雅:《〈民法典·继承编〉立法研究》,黑龙江人民出版社 2021 年版,第 175 页。

被继承人对生前的财产享有合法权利，也指被继承人的遗产可以合法地转移给继承人继承。首先，遗产应是被继承人生前合法所有的财产。偷窃、抢劫、诈骗、受贿等非法取得的财产，不得作为遗产继承。其次，遗产应是依据继承法规范能够转移给继承人继承的财产。具有严格人身依附属性的权利，因其不能离开特定的人身而存在，故其不能转移给继承人。如自然人享有的抚养费、赡养费等请求权，虽具有财产属性，但其与特定权利主体的人身不可分，故其不能转移给继承人继承。[①]

第四，遗产应当是被继承人死亡时遗留的财产，具有时间性。被继承人死亡，是划分被继承人生前财产和死后遗产的法定时间界限。只有自然人死亡时遗留的个人合法财产才是遗产，被继承人死亡前的个人财产不能称为遗产。首先，被继承人生前可以用遗嘱对其个人的全部或部分财产进行预先处分，但被预先处分的财产仍然是遗嘱人的个人财产，不属于遗产。其次，在自然人生存期间，任何人都无权要求"继承遗产"，否则是对自然人财产权的侵犯。最后，遗产应是被继承人死亡后仍然存在的财产。被继承人生前已处分的财产或已经灭失的财产均不属于遗产。[②]

（二）遗产的范围

遗产的范围，是自然人遗留的个人合法财产的范围。继承立法不同，遗产的范围也不同。关于遗产的范围，大陆法系国家沿用罗马法中的"概括继承"制度，将财产、财产权利和债务都列入遗产范围；英国继承法规定，被继承人的全部财产在扣除其生前所负的债务后，才作为遗产继承。[③] 我国《民法典·继承编》有关遗产范围的规定，既不包括债务，也不同于英国法规定的先扣除债务再继承遗产的立法例，其具体包括以下几类财产。

1. 所有权

所有权，是指所有人对自己的不动产或者动产，依法享有占有、使用、收益和处分的权利。《民法典》第 124 条规定："自然人依法享有继承权，自然人合法的私有财产，可以依法继承。"《民法典》第 266 条规定："私人对其合法的收入、

① 参见王歌雅：《〈民法典·继承编〉立法研究》，黑龙江人民出版社 2021 年版，第 175 页。
② 参见王歌雅：《〈民法典·继承编〉立法研究》，黑龙江人民出版社 2021 年版，第 175 页。
③ 参见蓝承烈、杨震主编：《继承法新论》，黑龙江教育出版社 1993 年版，第 59 页。

房屋、生活用品、生产工具、原材料等不动产和动产享有所有权。”依据法律规定,可以作为遗产的自然人的财产包括:合法收入;房屋、储蓄和生活用品;林木、牲畜和家禽;文物、图书资料;生产工具、原材料;其他合法财产。

2. 他物权

他物权包括用益物权、担保物权。用益物权包括土地承包经营权、建设用地使用权、宅基地使用权、居住权、地役权。担保物权包括抵押权、质权、留置权。由于某些用益物权的设定对权利人有特殊要求,故能否继承具有一定的特殊性。根据权利的属性,能够作为遗产继承的他物权,包括两类:

(1)个人土地承包经营收益。个人享有的土地承包经营收益,应为个人享有。作为个人合法财产,可以作为遗产继承。以户为单位的土地承包经营权,在承包人死亡后,其继承人可以在承包期内继续承包。但其应得的承包收益,可以作为遗产继承。依法采取出租、入股、抵押或者其他方式流转的土地经营权产生的收益,可以作为遗产继承。

(2)担保物权。担保物权是为保障债权实现而设立的一种他物权,其作为从权利附随于主债权。当主债权由继承人继承时,当然亦包括继受附随于其上的担保物权。抵押权人、质权人、留置权人死亡后,其继承人可以依法继承抵押权、质权、留置权,可以对抵押物、质物、留置物依法进行处分,实现优先受偿。①

3. 可以继承的财产债权

金钱债权可以继承。其他财产债权除依法或者依其性质不得继承的外,均可依法继承。可以继承的财产债权包括:因合同所生的债权、因侵权行为所生的债权、因无因管理所生的债权、因不当得利所生的债权。

4. 有价证券载有的财产权利

有价证券,是指设定并证明持券人有权取得一定财产权利的凭证。有价证券包括票据、债券、股票、提单等。被继承人死亡时遗留的有价证券,由于具有财产属性,可以由继承人继承。但在继承时,应遵循相关法律规定。

(1)无记名有价证券,包括国库券、无记名股票等,由于在证券上没有记载该证券权利人的姓名或名称,所以当有价证券的持有人死亡时,其继承人可以

---

① 参见王歌雅:《〈民法典·继承编〉立法研究》,黑龙江人民出版社2021年版,第177页。

继承该有价证券上设定的财产权利。

(2)记名有价证券,如记名的支票、本票、汇票、股票、存单、仓单等。由于在证券上记载了该证券权利人的姓名或名称,故在死亡人确系证券持有人或者能够证明其是合法受让人的情况下,其继承人才能继承记名有价证券及其设定的财产权利。

(3)指示有价证券,包括指定人提单或指定人支票等。由于其是在证券上指明第一个权利人的姓名或名称的有价证券,故其转让均需背书,以指明下一持券人,即指示有价证券中设定的权利只能由证券中指定的人享有。当指示有价证券的权利取得人死亡时,则该指示有价证券设定的财产权利便可作为遗产,由其继承人继承。①

5. 股权或合伙中的财产权益

(1)根据我国《公司法》的规定,自然人股东死亡后,其合法继承人可以继承股东资格;但是,公司章程另有规定的除外。

股份有限公司"具有资合性",故股份有限公司的股东死亡时,其股权可以由继承人继承。但有限责任公司股东死亡时,其继承人只有在其他股东过半数同意或者不同意的股东放弃优先购买该转让股权的情形下,才能继承该股权。否则,继承人只能对转让该股份所获得的价金进行继承。

(2)合伙人死亡或者被依法宣告死亡的,对该合伙人在合伙企业中的财产份额享有合法继承权的继承人,按照合伙协议的约定或者经全体合伙人一致同意,从继承开始之日起,取得该合伙企业的合伙人资格。但对于继承人不愿意成为合伙人,法律规定或者合伙协议约定合伙人必须具有相关资格,而该继承人未取得该资格或者有合伙协议约定的不能成为合伙人的其他情形的,合伙企业应当向合伙人的继承人退还被继承合伙人的财产份额。

合伙人的继承人为无民事行为能力人或者限制民事行为能力人的,经全体合伙人一致同意,可以依法成为有限合伙人,普通合伙企业依法转为有限合伙企业。

全体合伙人未能一致同意的,合伙企业应当将被继承合伙人的财产份额退

---

① 参见王歌雅:《〈民法典·继承编〉立法研究》,黑龙江人民出版社 2021 年版,第 175 ~ 177 页。

还该继承人。继承人则可继承相应的遗产份额。[①]

6. 知识产权中的财产权

知识产权,是对具有创造性的智力成果的法律确认,兼具人身权和财产权双重属性,但人身权因具有严格的人身属性,不具有可转让性,故其不能作为遗产。只有知识产权中的财产权,才可作为遗产。具体包括以下四类:著作权中的财产权;专利权中的财产权;商标权中的财产权;发现权、发明权、技术进步权、合理化建议权等知识产权中的财产权利。

在自然人死亡后,上述权利中的财产权在保护期内,可以由其继承人依法继承。发现权、发明权、技术进步权、合理化建议权的权利人享有的领取奖金和其他物质奖励的权利,可以由继承人享有。即继承人有权继承相关的奖金及其他物质奖励。[②]

7. 被继承人享有的人格权衍生的财产利益

《民法典》第 110 条第 1 款规定:"自然人享有生命权、身体权、健康权、姓名权、肖像权、名誉权、荣誉权、隐私权、婚姻自主权等权利。"除上述人格权外,自然人享有基于人身自由、人格尊严等产生的一般人格权益。基于人格权及其一般人格权益衍生的财产利益,可以作为遗产由继承人继承。

8. 互联网中的虚拟财产

《民法典》第 127 条规定:"法律对数据、网络虚拟财产的保护有规定的,依照其规定。"互联网中的虚拟财产,可以依法继承。但涉及被继承人的个人信息、隐私权的互联网虚拟财产不属于遗产,不得继承。

9. 自然人的其他合法财产权益

被继承人的专属性权利和依法、依其性质不得继承的权利不属于遗产。具体包括以下内容:

(1)凡具有人身专属性的债权不能作为遗产。主要是指基于扶养、抚养、赡养关系、继承关系产生的给付请求权,以及劳动报酬、退休金、养老金、抚恤金、安置费、人寿保险、人身伤害赔偿请求权等权利。

(2)非财产损害赔偿请求权不能继承。精神损害赔偿请求权不得继承,但

---

① 参见王歌雅:《〈民法典·继承编〉立法研究》,黑龙江人民出版社 2021 年版,第 178 页。

② 参见王歌雅:《〈民法典·继承编〉立法研究》,黑龙江人民出版社 2021 年版,第 178~179 页。

是已经协议承诺或者已经起诉的除外。

(3)在人身保险合同中,没有指定受益人,或指定的受益人是被保险人本人,或指定的受益人先于被保险人死亡,或受益人依法丧失受益权或者放弃受益权的,则保险金作为遗产由被保险人的继承人继承。①

① 参见王歌雅:《〈民法典·继承编〉立法研究》,黑龙江人民出版社2021年版,第179页。

第二章

法定继承

法定继承是在被继承人生前未订立遗嘱或遗嘱无效时所适用的遗产流转、遗产分配的法律制度。法定继承制度由于牵涉被继承人的个人意志、继承人的财产权益、弱势群体的生存发展、婚姻血缘的道德伦理等多重价值,故世界各国继承立法对法定继承制度的合理性与正当性都极为重视。

在《民法典·继承编》的立法体例中,法定继承被规定在第二章,即位于"一般规定"与"遗嘱继承和遗赠"之间,体现出对《继承法》原有立法体例的传承。尽管在《民法典》编纂进程中,有专家建议将"法定继承"一章置放于"遗嘱继承和遗赠"一章之后规定,以从形式上体现遗嘱继承对于法定继承的优先地位①,但《民法典·继承编》依然保持了法定继承在前、遗嘱继承和遗赠在后的立法模式。《民法典》第1123条规定:"继承开始后,按照法定继承办理;有遗嘱的,按照遗嘱继承或者遗赠办理;有遗赠扶养协议的,按照协议办理。"该规定不仅体现出遗嘱继承对于法定继承具有优先性,同时也表明法定继承在我国社会生活中尚属常见的、基础性的继承方式。

法定继承一章共有7个法律规范,具体包括继承权男女平等原则、法定继承人的范围与顺序、代位继承制度、丧偶儿媳与丧偶女婿的继承权、遗产分配的原则、遗产酌分请求权、继承纠纷解决方式等,构建了兼具继承立法基础理论与中国特色社会主义法治理念的法定继承制度。

---

① 参见陈甦主编:《中国社会科学院民法典分则草案建议稿》,法律出版社2019年版,第384页。

第一节　法定继承概述

基于对民事主体意思自治的重视，注重保护被继承人的个人意愿逐渐成为现代继承法的发展趋势。法定继承作为与遗嘱继承相对应的继承方式，其具有稳定的传递遗产的功能。因而，《民法典·继承编》延续了原《继承法》关于法定继承的原有制度架构，并对其具体规范进行了优化、完善。阐释、解读法定继承制度的基础理论与基本规范，有利于促进《民法典·继承编》的准确适用，以实现立法目的。

一、法定继承的概念与特征

法定继承，是指“根据法律直接规定的继承人的范围、继承人继承的顺序、继承人继承遗产的份额及遗产的分配规则继承被继承人遗产的继承制度”[①]。法定继承的产生要早于遗嘱继承，即在《汉谟拉比法典》中就已有法定继承的雏形。但法定继承的概念则来自罗马法的“successio ab intesta”，意为“无遗嘱继承”。[②] 如《十二铜表法》（又称《十二表法》）第5表4与第5表5规定：在死者未立遗嘱，又无正统继承人时，由其最近的族亲继承遗产；而当无族亲时，则由其宗亲继承遗产。

（一）法定继承的特征

相较于西方国家习惯通过遗嘱继承的方式传递遗产而言，我国民众更加适应以法定继承的方式实现遗产流转。因此，基于法定继承在我国继承法律制度中的重要地位，应当对其进行全面、深入的理解，以明晰法定继承的特征。法定继承具有以下特征：

第一，法定继承是遗嘱继承的补充。自然人虽然可以通过订立遗嘱处分个人财产，但在现实生活中，并非所有被继承人均订立了遗嘱或所立遗嘱均合法有效。故而需要法定继承方式在被继承人没有订立遗嘱或遗嘱无效时适用。

---

① 魏振瀛主编：《民法》（第8版），北京大学出版社、高等教育出版社2021年版，第748页。

② 参见李俊主编：《婚姻家庭继承法》，中国政法大学出版社2010年版，第198～199页。

因此,法定继承也称为无遗嘱继承或非遗嘱继承,即法定继承是无法适用遗嘱继承时依照法律规定将遗产转移给继承人的一种遗产继承方式。

第二,法定继承与遗嘱继承相互限制。首先,遗嘱继承以其优先效力对法定继承的适用进行了限制。同时,为了维系家庭抚养功能,保护弱势群体的利益,继承立法也多通过制定必留份、特留份等制度保障法定继承人权益,进而限制了遗嘱继承的绝对化适用。如《民法典》第1141条规定:"遗嘱应当为缺乏劳动能力又没有生活来源的继承人保留必要的遗产份额。"

第三,法定继承基本反映了被继承人的意思自治。法定继承与遗嘱继承均可反映和尊重被继承人生前处分其财产之意愿,被继承人的"意思自治"亦是法定继承制度中重要的精神内核。虽然法定继承不直接基于被继承人的意思表示处理遗产继承问题,但法定继承通过推定的方式维护了被继承人的意思表示。从人类的原始需求来说,人因"性"结合、因"种"延续、因"群"依赖,产生了"夫妻相爱""骨肉相亲"的亲伦关系。[①] 因此,法定继承源于一种浓厚的"家庭观念"[②],法律关于继承人愿意将个人财产移转给与本人关系最为紧密的家人或亲属,以维持家庭共同体成员的生存和发展的推定具有正当性[③]。

第四,法定继承具有突出的身份表征。继承人与被继承人之间具有一定的亲属关系,是继承人对被继承人遗产享有法定继承权的前提。即法定继承是在特定亲属之间进行财产流转的方式。因而,法定继承所规制的财产秩序由人伦秩序所衍生。在法定继承制度中,法定继承人范围的确定依据,是继承人与被继承人之间的身份关系;法定继承顺序的设定根据,是继承人与被继承人之间身份关系的亲疏远近。

第五,法定继承具有确定性和稳定性。法定继承以身份关系作为确立基础,具体包括婚姻关系和血缘关系。相较于其他社会关系的临时性和暂时性,婚姻关系、亲子关系等身份关系具有确定性与稳定性,因而,法定继承亦具有确定性和稳定性。

第六,法定继承具有法定性和强行性。法定继承的内容——法定继承人的

---

① 参见张作华:《亲属身份行为基本理论研究》,法律出版社2011年版,第67~68页。

② 参见杨大文主编:《亲属法与继承法》,法律出版社2013年版,第335页。

③ 参见张作华:《亲属身份行为基本理论研究》,法律出版社2011年版,第67~68页。

范围、法定继承顺序、遗产分配原则等均由法律明文规定，具有强制力，违背强制性规定不具有法律效力。具体而言，法定继承人放弃继承权，是法律赋予法定继承人的权利，不属于对法定继承人范围的更改；法定继承人丧失继承权，则是因法定事由的出现其被依法剥夺了继承权，体现出法定继承规范所具有的法定性和强行性。但就遗产分配规则而言，则存在可由继承人商议的空间。即遗产分配规则并不排除任意性规范的适用，同一继承顺序继承人继承遗产的份额在一般情况下应当均等，但继承人也可以基于协商一致进行不均等分配。

(二)法定继承的性别视角

基于性别平等的现代法治理念，法定继承坚持继承权男女平等原则。继承权男女平等原则具体包括：男女享有平等的法定继承权；在同一顺序上的法定继承人中，男性继承人与女性继承人继承遗产份额均等；男女两性在获得代位继承人之资格时地位平等；夫妻具有相互继承遗产的平等权利。

我国古代的继承制度，以宗祧继承制度为主。基于宗祧继承制度的演变，我国古代的继承制度经历了从“父死子继、长子优先”到“父死子继、诸子平分”的转变过程。[①] 而在此变化过程中，宗祧继承制度的原则未变，即继承原则上仅限于男性，女性往往被排除于继承人范围之外，但可以获得一定数量的妆奁。伴随时代的发展、社会文明的开化，女性的社会地位、家庭地位逐步提升，女性的法定继承地位也发生了本质变化。中华人民共和国成立以后，国家陆续颁行的《婚姻法》《宪法》《继承法》《妇女权益保障法》等法律规范均确立了男女平等原则。

我国《民法典·总则编》确立了平等原则[②]，明确规定自然人的民事权利能力平等[③]。在民法基本原则的统领和指导下，《民法典·继承编》规定了继承权男女平等。[④] 尽管有观点认为该条规定宣誓意义过重，实用意义较小，应予删除，但立法机关明确表示此法律规范的设置具有必要性。[⑤] 目前，我国社会依然存在众多侵犯女性继承权的行为，尤其是在严重歧视和排挤外嫁女的地区。因

① 参见李俊主编：《婚姻家庭继承法》，中国政法大学出版社 2010 年版，第 199 页。

② 《民法典》第 4 条规定：“民事主体在民事活动中的法律地位一律平等。”

③ 《民法典》第 14 条规定：“自然人的民事权利能力一律平等。”

④ 《民法典》第 1126 条规定：“继承权男女平等。”

⑤ 参见黄薇主编：《中华人民共和国民法典继承编释义》，法律出版社 2020 年版，第 35～36 页。

此，该条宣誓性条款的保留，不仅可以奠定保护女性继承权的法律基调，还可以为受害女性维护自身合法权益提供明确的法律依据。

二、法定继承的适用范围

"在我国现实生活中，法定继承是人们继承遗产的一种主要方式"[①]，该法定继承方式的适用具有一定的范围。具体包括法定继承适用的一般情形和法定继承适用的特殊情形。

（一）法定继承适用的一般情形

遗嘱继承的效力优于法定继承，只有在被继承人没有设立遗嘱或所立遗嘱无效时才可适用法定继承。意思自治原则是民事法律制度的基本精神和内在灵魂，作为民事法律制度重要组成部分的继承法律制度亦将意思自治作为根本原则和法理基础，以充分尊重和保护自然人的意志自由。因此，遗嘱继承优先于法定继承适用是国际继承立法的通例。除了遗嘱继承外，遗赠扶养协议也体现了民事主体的意思自治，其本质为被继承人和扶养义务人之间的双务契约。遗赠扶养协议的订立关乎被继承人生前人身利益的保障、个人财产处分权的行使，以及扶养义务人的财产利益。因此，基于遗赠扶养协议所涉及的多元法律价值和多重法益保护，其应优先于任何一种继承方式适用。我国关于法定继承适用的一般情形规定于《民法典》第 1123 条[②]，其主旨含义在于，法定继承适用于不存在遗赠扶养协议与遗嘱继承的情形，即被继承人生前未签订遗赠扶养协议和未订立遗嘱是启动法定继承的先决条件。

（二）法定继承适用的特殊情形

除了被继承人生前未签订遗赠扶养协议和订立遗嘱外，《民法典》第 1154 条规定，在某些特殊情形下，应当适用法定继承。

第一，遗嘱继承人放弃继承或受遗赠人放弃受遗赠。继承和受遗赠是权利而不是义务，继承人或受遗赠人可以在继承开始后或知道受遗赠后的一定期间内放弃继承或受遗赠。当继承人或受遗赠人放弃继承或受遗赠后，原应通过遗

① 马忆南：《婚姻家庭继承法学》（第 4 版），北京大学出版社 2019 年版，第 281 页。

② 《民法典》第 1123 条规定："继承开始后，按照法定继承办理；有遗嘱的，按照遗嘱继承或者遗赠办理；有遗赠扶养协议的，按照协议办理。"

嘱继承或遗赠所应承受的遗产应按照法定继承方式继承。

第二,遗嘱继承人丧失继承权或受遗赠人丧失受遗赠权。法律不保护非法行为,因而继承立法规定了继承人丧失继承权、受遗赠人丧失受遗赠权的法定事由。当遗嘱继承人丧失继承权或受遗赠人丧失受遗赠权后,原应通过遗嘱继承或遗赠所应承受的遗产应按照法定继承处理。

第三,遗嘱继承人、受遗赠人先于遗嘱人死亡或终止。在现实生活中,并非所有的遗嘱人均可时刻了解遗嘱继承人和受遗赠人的情况。因此,可能出现遗嘱继承人或受遗赠人先于遗嘱人死亡或终止(受遗赠人为组织)的情形。如遗嘱人生前因对遗嘱继承人或受遗赠人死亡或终止的事实并不知情,且未对遗嘱作出相应修改,则遗嘱或遗赠中所指定的财产应适用法定继承处理。

第四,遗嘱无效部分所涉及的遗产。遗嘱是民事主体基于自由意志对个人财产所作的安排。基于民事法律行为生效要件之要求①,无民事行为能力人或限制民事行为能力人订立的遗嘱、遗嘱人受欺诈所立的遗嘱、遗嘱人受胁迫所立的遗嘱、伪造的遗嘱无效,被篡改的遗嘱中被篡改的遗嘱部分无效。当遗嘱全部无效时,遗嘱所涉及的遗产均按法定继承处理;当遗嘱部分无效时,无效部分所涉及的遗产适用于法定继承。

第五,遗嘱未处分的遗产。继承人虽然设立了遗嘱,但在其遗嘱中并未对其所有遗产进行处分,则将出现遗漏的部分遗产无法从遗嘱中找到被继承人的情形。为保障继承有序进行和顺利完成,该部分遗产应当按照法定继承处理。

第二节 法定继承人的范围与继承顺序

当被继承人生前立有遗嘱时,遗嘱所指定的继承遗产的人即为继承人,但当被继承人并未订立遗嘱或遗嘱无效时,就需要通过法律规范确定被继承人的遗产由何人继承以及如何继承,以保证继承的公平、正义、安全、有序。因此,法定继承人范围和法定继承顺序是法定继承制度中最主要和重要的内容。

---

① 参见魏振瀛主编:《民法》(第 8 版),北京大学出版社、高等教育出版社 2021 年版,第 169 ~ 171 页。

一、确定法定继承人范围的依据

确定法定继承人的范围是法定继承制度的首要任务,其将决定遗产流转的去向。法定继承人,则指由法律直接规定的,可以依法继承被继承人遗产的人。即法定继承人是享有法定继承权的主体。法定继承人具有一定的范围,该范围不依被继承人的意思表示和其他人的协商一致来确定,而由法律规范直接限定。确定法定继承人范围的前提是明晰法定继承人范围的依据。基于法理和继承立法规范,确定法定继承人范围的依据是婚姻关系、血缘关系和扶养关系。

(一)婚姻关系

基于婚姻关系而取得的法定继承权被称为配偶继承权。对于配偶继承权的理解,应以婚姻法原理为基础。依据婚姻法原理,男女双方缔结婚姻后,形成夫妻关系,相互享有夫妻之间的权利,承担夫妻之间的义务。例如,日常家事代理权、知情权、忠诚义务、同居义务等。夫妻相互扶养义务是夫妻义务中的一项重要内容,夫妻扶养义务不因夫妻一方死亡而停止,死亡一方的遗产应当继续满足生存一方受扶养的权利和需求。因此,我国婚姻法规范对配偶相互继承遗产进行了明确赋权,使之成为一项法定继承权。

《民法典》第 1061 条规定:"夫妻有相互继承遗产的权利。"依据该规定,可对配偶继承权进行详细的阐释。首先,享有配偶继承权的主体为夫妻,即配偶继承权以主体存在合法的婚姻关系为前提,非婚同居关系、同性伴侣关系不会产生配偶继承权。其次,配偶继承的遗产范围不包括夫妻共同财产中的己方份额。即死亡一方的遗产包括夫妻共同财产中的个人份额以及其个人财产,配偶在夫妻共同财产中的个人份额并非被继承人遗产的范围。因此,在继承开始后,应当先对夫妻共同财产进行依法分割,以确定被继承人的遗产范围,而后再由各继承人依法对被继承人的遗产进行继承。最后,配偶继承权与再婚权并不冲突。婚姻自由是婚姻法的基本原则,亦是一项基本人权。在被继承人死亡时,只要生存配偶与被继承人之间具有合法的婚姻关系,生存配偶即享有配偶继承权。配偶继承权与配偶再婚权均受法律保护。在现实生活中,夫妻双方的子女、被继承人的父母以及其他继承人,以返还所继承的财产为由胁迫生存配偶不得再婚或要求再婚后的生存配偶返还所继承的财产等行为,均属违法行为。

（二）血缘关系

生育是缔结婚姻、组建家庭的重要目的之一，因此婚姻关系往往派生出血缘关系。婚姻关系在家庭关系中居于核心地位，而血缘关系在家庭关系中处于重要地位，尤其在我国宗法制度影响下，家族血脉的延续、家庭成员的繁衍对一个家族或家庭具有非凡意义。血缘关系是确定法定继承人范围的重要依据，因血缘关系而产生的法定继承权被称为血亲继承权。血亲继承权产生于长辈血亲、晚辈血亲以及旁系血亲之间。例如，父母和子女是彼此最近的直系血亲，因而具有相互继承遗产的权利。[①] 除了血缘延续的人伦观念外，家庭作为社会的细胞，还具有养老育幼的职能，被继承人的遗产被视为被继承人对生前所负义务的继续履行，这也是血亲继承权产生的另一原因。

（三）扶养关系

婚姻关系和血缘关系是确定法定继承人范围的主要依据，也是国际继承立法通例。但随着社会文明的发展、家庭模式的多元，家庭扶养职能的发挥也并不限于具有婚姻关系和血缘关系的亲属之间，具有扶养关系的人之间也可以享有继承权。例如，《俄罗斯联邦民法典》第 1148 条第 2 款规定，在继承开始时，无劳动能力且在被继承人死亡前至少一年受被继承人供养和与之共同生活的人与参加继承的该顺序的继承人享有同等继承权。[②] 该规定体现了遗产对受被继承人扶养的无劳动能力人之生存所具有的重要意义，继而推定了被继承人具有以遗产继续扶养受扶养人的意思表示。其中“一年”时间的限定，体现出被继承人与受扶养人之间的扶养关系的相对稳定性和持续性。我国亦将扶养关系作为法定继承人范围的确定依据，其典型例证即为《民法典》第 1129 条规定，其赋予了对公婆、岳父母尽了主要赡养义务的丧偶儿媳、丧偶女婿的法定继承权，并且规定了对公婆、岳父母尽主要赡养义务的丧偶儿媳、丧偶女婿为第一顺序法定继承人[③]，以此褒扬丧偶儿媳、丧偶女婿赡养公婆、岳父母的优良行为。

---

① 《民法典》第 1070 条规定：“父母和子女有相互继承遗产的权利。”

② 参见《俄罗斯联邦民法典》，黄道秀译，北京大学出版社 2007 年版，第 397 页。

③ 《民法典》第 1129 条规定：“丧偶儿媳对公婆，丧偶女婿对岳父母，尽了主要赡养义务的，作为第一顺序继承人。”

二、我国法定继承人的范围

在明晰法定继承人范围的确定依据后,即可厘定我国继承立法所规定的法定继承人范围。我国法定继承制度不仅关系到被继承人的财产自决权,还涉及家庭成员间扶养义务的履行与家庭扶养职能的实现。依据我国《民法典》第1127条、第1129条之规定,可以确定我国法定继承人为配偶、子女、父母、兄弟姐妹、祖父母、外祖父母以及对公婆或岳父母尽了主要赡养义务的丧偶儿媳或丧偶女婿。

(一)配偶

配偶,是指被继承人死亡时,与被继承人保持合法婚姻关系的人。在古代社会,继承权是丈夫对妻子享有的单方权利,即妻子不享有对丈夫遗产的继承权。在现代社会,基于男女平等思想的发展,配偶相互间享有继承权成为各国继承立法通例。我国立法亦明确赋予配偶享有法定继承权。关于配偶继承权,尚有以下问题需要进一步明确:

第一,我国以是否完成结婚登记确定配偶身份的取得。虽然在我国举办结婚仪式是一项对民众影响深远的传统风俗,但结婚仪式并不具有结婚的法律效力,男女双方只有完成结婚登记才可取得对方配偶的身份。仅举办结婚仪式的男女双方无论是否已共同生活以及孕育子女,都非彼此的配偶,因而双方均不享有配偶继承权。即当一方死亡时,另一方不得以法定继承人身份参加法定继承,但构成事实婚姻的除外。相反,完成结婚登记的男女双方,不论是否举办结婚仪式、是否已实际共同生活,其均已取得对方配偶的身份,享有配偶继承权。即当一方死亡时,另一方可作为法定继承人参加法定继承。

第二,夫妻于离婚冷静期、离婚诉讼过程中依然享有配偶继承权。当被继承人死亡时,婚姻关系已经解除的,原夫妻双方即不互享法定继承权。婚姻关系解除具有法定的程序要求,即完成离婚的相关程序。我国离婚方式分为协议离婚与诉讼离婚,《民法典》第1076条规定了夫妻双方自愿离婚的,应当签订书面离婚协议,并亲自到婚姻登记机关申请离婚。与此同时,为了减少我国社会中草率离婚的现象,《民法典》第1077条新增了适用于协议离婚的离婚冷静期制度。即夫妻双方到婚姻登记机关申请离婚,符合离婚条件的,婚姻登记机关仅接受离婚登记申请,暂时不发放离婚证。夫妻在提交离婚登记申请后30日内,重新考虑是否离婚。如仍通过协商一致决定离婚的,双方应于 30 日届满后,再次前往离婚登记机关申请离婚;而未再次前往婚姻登记机关申请离婚的,视为撤回之前提交的离婚申请,从而不发生离婚的任何法律后果,即双方依然为合法的夫妻关系。随着离婚冷静期制度的建立,与之有关的法律问题均需予以明确,其中就包括离婚冷静期内的配偶继承权问题。依据离婚冷静期的规范可知,夫妻双方的合法婚姻关系在离婚冷静期内并未发生变化。因此,如夫妻一方在离婚冷静期内死亡,另一方依然为其遗产的法定继承人。

对于诉讼离婚而言,虽然我国立法并未在诉讼离婚中设置离婚冷静期,但诉讼离婚也应遵循法定程序。即人民法院须在一定的期限内完成调解、调查、庭审等法定程序。在人民法院未作出离婚判决或虽作出离婚判决但其还未生效前,夫妻双方仍因所具有的配偶身份享有配偶继承权,即夫妻一方在诉讼过程中死亡的,另一方有权作为法定继承人参与法定继承。例如,《越南民法典》第 655 条第 2 款规定:“夫妻申请离婚而未结案或虽已获得法定判决或裁定离婚,但判决、裁定尚未产生法律效力的情况下,如果其中一人死亡,则活着的另一方仍然可以继承遗产。”[①]对此问题,《德国民法典》持不同态度,《德国民法典》第 1933 条规定,基于尊重和保护被继承人的意思表示,被继承人死亡时,其已提出申请离婚或已同意离婚,且离婚的要件已经具备的,则生存配偶的继承权就须被排除。[②] 我国继承法一向认为法定继承人的确定不能仅考虑被继承人的意愿,就配偶继承权而言,还应当基于家庭扶养职能以及夫妻于婚姻共同体内所做的贡献进行考量。况且,被继承人的离婚意愿与不愿对方继承自己的遗产之间并不具有高度盖然性。因此,当配偶之间尚未解除婚姻关系的,其法定继承权不应被剥夺,否则将有失公平。

第三,关于事实婚姻中的双方是否享有配偶继承权的问题。事实婚姻因不具有法律规定的结婚形式要件,而与法律婚姻成为对应概念。我国《婚姻家庭编解释(一)》第 7 条规定,对未依据《民法典》第 1049 条[③]规定办理结婚登记而

---

① 《越南民法典》,伍光红、黄氏惠译,商务印书馆 2018 年版,第 193 页。

② 参见《德国民法典》,陈卫佐译,法律出版社 2020 年版,第 652 页。

③ 《民法典》第 1049 条规定:“要求结婚的男女双方应当亲自到婚姻登记机关申请结婚登记。符合本法规定的,予以登记,发给结婚证。完成结婚登记,即确立婚姻关系。未办理结婚登记的,应当补办登记。”

以夫妻名义共同生活的男女的婚姻关系要予以区别认定：(1)1994 年 2 月 1 日民政部《婚姻登记管理条例》[1]公布施行以前，男女双方已经符合结婚实质要件的，按事实婚姻处理。(2)1994 年 2 月 1 日民政部《婚姻登记管理条例》公布施行以后，男女双方符合结婚实质条件的，人民法院应当告知其补办结婚登记。未补办结婚登记的，当事人仅可以提起关于同居期间财产分割或者子女抚养权的诉讼，而无法提起解除同居关系的诉讼。依据该规定，法律认可 1994 年 2 月 1 日以前的事实婚姻，即事实婚姻中的双方具有对方配偶的法律地位，其中包括配偶继承权的享有[2]；而 1994 年 2 月 1 日以后的未办理登记而以夫妻名义共同生活的，为非婚同居关系，男女双方不具有对方配偶的身份，也就不享有配偶继承权。

第四，关于重婚情况下是否存在配偶继承权的问题。重婚是刑事犯罪行为，触犯重婚罪的男女双方都将受到刑罚处罚。重婚的双方因不具有合法有效的婚姻，而不产生身份关系。即彼此未取得配偶身份，亦不享有配偶继承权。但对于 1950 年《婚姻法》颁布之前，我国社会所存在的一夫多妻制家庭因未被当时的法律所禁止，而与重婚性质不同。因此，司法实践对于此历史遗留问题应当予以特别对待，如丈夫死亡时，妾与其之间的婚姻关系并未解除的，则妾属于法定继承人的范围，享有与妻相同的继承权。[3]

(二)子女

子女是被继承人最近的晚辈直系血亲，其作为法定继承人是国际继承立法通例，但各国继承法对法定继承人的子女范围的规定有所不同。我国《民法典》第 1127 条将享有法定继承权的子女，规定为婚生子女、非婚生子女、养子女和有扶养关系的继子女。

1. 婚生子女

婚生子女是男女双方在合法的婚姻关系存续期间所生育的子女。婚生子

① 《婚姻登记管理条例》(已失效)第 24 条规定："未到法定结婚年龄的公民以夫妻名义同居的，或者符合结婚条件的当事人未经结婚登记以夫妻名义同居的，其婚姻关系无效，不受法律保护。"

② 《最高人民法院关于人民法院审理未办结婚登记而以夫妻名义同居生活案件的若干意见》(已失效)第 13 条规定："同居生活期间一方死亡，另一方要求继承死者遗产，如认定事实婚姻关系的，可以配偶身份按继承法的有关规定处理；如认定非法同居关系，而又符合继承法第十四条规定的，可根据相互扶助的具体情况处理。"

③ 陈苇：《改革开放三十年(1978－2008)中国婚姻家庭继承法研究之回顾与展望》，中国政法大学出版社 2010 年版，第 428 页。

女享有继承父母遗产的权利。其作为法定继承人,需关注以下问题:

第一,子女是否享有法定继承权与其是否与被继承人共同生活无关。在现实生活中,当夫妻双方婚姻解体后,子女必然只能跟随父或母一方生活,无论子女与父母一方是否共同生活,双方之间的父母子女关系均不受任何影响也不产生任何改变。因此,父母双方离异或分居生活的,子女不论与父共同生活,还是与母共同生活,均享法定继承权,以继承父母双方的遗产。且子女在结婚后,往往脱离原生家庭生活,但无论其是否与父母共同生活均具有法定继承人的资格。

第二,姓氏的选择与确定对继承权不产生任何影响。婚生子女不论随父姓,还是随母姓,均有权继承父母的遗产。姓名权是自然人享有的受法律保护的人格权,依据《民法典》规定,自然人可以随父姓,也可以随母姓,并且还可以在特定情形下选取父姓和母姓之外的姓氏。[①] 基于我国目前实施的三孩生育政策[②],生育二孩或三孩的家庭越来越多,也引发了子女姓氏选取问题。有的父母经过协商一致,为二孩或三孩选取了母姓或祖母、外祖母的姓氏。因此,在未来我国社会中,亲生兄弟姐妹之间姓氏不同的情况可能越来越多。我国应当对此问题予以重视,加大关于姓名权与子女继承权关系的法律宣传力度,以保障继承开始后,子女作为法定继承人所享有的继承权不因姓氏问题而被他人非法剥夺或区别对待。

第三,继承权平等是继承法律规范的基本原则。儿子和女儿平等地享有法定继承权是继承权平等原则最主要的体现。目前,在我国一些受传统观念影响较深的地区依然存有重男轻女的思想,进而产生了非法剥夺女性继承权的行为,尤其是外嫁女成为法定继承权被侵害的主要对象,司法实践应当加强对外嫁女继承权的关注和保护。

第四,法定继承权的享有与我国户籍制度无关。我国户籍制度是一种用于

---

① 《民法典》第 1015 条规定:“自然人应当随父姓或者母姓,但是有下列情形之一的,可以在父姓和母姓之外选取姓氏:(一)选取其他直系长辈血亲的姓氏;(二)因由法定扶养人以外的人扶养而选取扶养人姓氏;(三)有不违背公序良俗的其他正当理由。少数民族自然人的姓氏可以遵从本民族的文化传统和风俗习惯。”

② 《人口与计划生育法》第 18 条第 1 款规定:“国家提倡适龄婚育、优生优育。一对夫妻可以生育三个子女。”

国家人口管理的行政制度，其不涉及民事主体之间在婚姻、家庭与继承方面的权利义务关系。因此，任何人不得因子女与父母不在同一“户”而限制或剥夺子女的法定继承权。

2. 非婚生子女

非婚生子女是与婚生子女相对应的概念。“非婚生子女，是指没有婚姻关系的男女所生的子女，俗称‘私生子’，包括未婚男女或已婚男女与他人所生的子女。”[①]就继承立法演进历史而言，非婚生子女并非与婚生子女享有同等的法定继承权，即在不同时代或不同国家均有对非婚生子女的法定继承权进行剥夺或限制的规定。[②] 我国《婚姻法》《继承法》《民法典》等历来重视对非婚生子女的权利保护，《民法典》第1071条规定，非婚生子女享有与婚生子女同等的权利，任何组织或者个人不得加以危害和歧视。《民法典》第1127条依据血缘关系确定非婚生子女为法定继承人，并与婚生子女享有同等的法定继承权。该规定不仅坚持了继承权平等的基本原则，还践行了消除身份歧视的人格平等理念。

3. 养子女

《民法典》第1127条规定，法定继承范围中的子女包括养子女，即养子女具有作为法定继承人的资格。养子女是指被收养的子女，收养关系是《民法典·婚姻家庭编》第五章“收养”所规制的内容，具体包括收养关系的成立、收养关系的效力和收养关系的解除。养父母与养子女在我国为法律拟制的血亲关系，自收养关系成立之日起，养父母与养子女之间的权利义务关系与亲生父母子女之间的权利义务关系一致。因此，养子女与亲生子女享有同等的法定继承权。即养子女同亲生子女一样不仅为其(养)父母遗产的法定继承人，还具有继承(养)父母近亲属遗产的法定资格。而在我国社会生活中，除了存在养子女外，还存在养孙子女，即由于收养人与被收养人之间的年龄差距过大，双方在收养关系成立后以孙子(外孙子)、孙女(外孙女)和祖父(外祖父)、祖母(外祖母)相称。但实际上，被收养人与收养人所具备的依然是养子女与养父母的法律身份，产生养子女与养父母之间的权利义务关系。

---

① 魏振瀛主编：《民法》(第8版)，北京大学出版社、高等教育出版社2021年版，第683页。

② 参见马忆南：《婚姻家庭继承法学》(第4版)，北京大学出版社2019年版，第284页。

被收养人享有继承养父母遗产权利的同时，是否还享有对生父母遗产的法定继承权？依据收养法原理，收养关系的建立不仅是养子女与生父母在生活上的分离，更是养子女与生父母之间人身关系的脱离。《民法典》第1111条规定，收养关系成立后，被收养人与生父母之间不再保有父母子女之间的权利义务关系。故而养子女也就不再享有继承生父母以及生父母近亲属遗产的法定权利。[①] 依据《继承编解释(一)》第10条的规定，养子女除作为养父母的法定继承人外，还可以依法适当分得生父母的遗产。[②] 即遗产酌分请求。《俄罗斯联邦民法典》第1147条规定，被收养人及其后代在被收养人的生父母和其他亲属死亡后不享有法定继承权。[③]

在社会生活中，还存在"养父母"和"养子女"之间并未办理合法收养手续的情况。如果在1999年4月1日《收养法》实施前，当事人双方即长期以养父母子女关系共同生活且群众也承认的，则可以认定该事实收养关系成立。1999年4月1日《收养法》实施后，没有办理合法收养手续的收养，均不认定为具有法律效力的收养关系。因此，在1999年4月1日《收养法》实施后，对于生父母因家庭扶养有困难而将子女寄养在亲属或朋友处的情况，尽管被寄养人与寄养人共同生活、关系亲密，甚至在日常生活中以父母和子女相称，但只要寄养不具有合法的收养手续，寄养双方就不产生养子女与养父母间的法定权利义务关系，即彼此之间不享有法定继承权。但如果彼此之间扶养较多的，可以酌情分得适当的遗产。

此外，在我国有些地区还存在"过继子女"的情形，而过继又分两种情况：第一种为生前过继，生前过继的目的是扶养以及家族香火的延续，即"养儿防老"与"传宗接代"。在以扶养为目的的过继中，过继子女中包括过继女，而以传宗接代为目的的过继主要为过继子。如果过继的时间在《收养法》实施之前，过继

---

① 《民法典》第1111条规定："自收养关系成立之日起，养父母与养子女间的权利义务关系，适用本法关于父母子女关系的规定；养子女与养父母的近亲属间的权利义务关系，适用本法关于子女与父母的近亲属关系的规定。养子女与生父母以及其他近亲属间的权利义务关系，因收养关系的成立而消除。"

② 《继承编解释(一)》第10条规定："被收养人对养父母尽了赡养义务，同时又对生父母扶养较多的，除可以依照民法典第一千一百二十七条的规定继承养父母的遗产外，还可以依照民法典第一千一百三十一条的规定分得生父母适当的遗产。"

③ 参见《俄罗斯联邦民法典》，黄道秀译，北京大学出版社2007年版，第396页。

后当事人双方长期以养父母子女关系共同生活且群众也承认的,可认定该事实收养关系成立,过继子女享有对被继承人遗产的法定继承权。而如果过继发生于《收养法》实施之后,且未履行合法的收养手续,则法律不承认过继双方成立合法有效的收养关系,过继子女也不享有对被继承人遗产的法定继承权,但过继子女对被继承人扶养较多的,可以酌分适当遗产。第二种为死后过继,该过继的目的仅为"传宗接代"。由于过继时被继承人已经死亡,过继子与被继承人之间并未建立任何身份上的法律关系,其并不具有法定继承人资格。但过继子在被继承人生前对被继承人承担了较多扶养义务的,则可以酌分适当遗产。如被继承人在遗嘱中指定其死后的过继子为继承人的,则按照遗嘱继承或遗赠的相关规定进行处理。

4. 有扶养关系的继子女

继子女,是指妻子与其前夫或者丈夫与其前妻所生的子女。继子女与继父母之间具有姻亲关系,而非血缘关系。即继子女与继父母之间本无任何权利义务关系。但如果继子女与继父母之间形成了扶养关系,则双方即为拟制血亲。《民法典》第 1072 条第 2 款规定:"继父或者继母和受其扶养教育的继子女间的权利义务关系,适用本法关于父母子女关系的规定。"继子女与继父母之间具有等同于亲生父母子女间的权利义务关系。[1] 因此,形成扶养关系的继子女为继父母遗产的法定继承人。

从国际继承立法例上看,赋予继子女法定继承权的国家极少。例如,瑞士、德国、葡萄牙等国都没有在婚姻家庭法律规范和继承法律规范中,规定继子女与继父母之间具有权利义务关系。而俄罗斯民法虽然赋予了继子女以法定继承人的资格,但相较于我国,其对继子女继承权的保护要相对薄弱,如《俄罗斯联邦民法典》第 1145 条将继子、继女规定于法定继承中的第七顺序。[2] 并且,并未将享有法定继承权的继子女限定为"与继父母有扶养关系"的继子女。由于俄罗斯民法将继子女的法定继承人顺序规定得与亲生子女的法定继承顺序相差甚远,致使其对继子女的法定继承权赋权的实质意义小于我国。我国继承立

---

① 《民法典》第 1072 条规定:"继父母与继子女间,不得虐待或者歧视。继父或者继母和受其抚养教育的继子女间的权利义务关系,适用本法关于父母子女关系的规定。"

② 参见《俄罗斯联邦民法典》,黄道秀译,北京大学出版社 2007 年版,第 397 页。

法将有扶养关系的继子女纳入继父母遗产的法定继承人中，并且规定该类继子女与亲生子女享有同等的继承权，是对继子女继承利益最大的保护，是极具我国本土特色的法律规定。至于我国继承立法所限定的“有扶养关系”的认定标准，我国婚姻家庭法与继承法均未作出明确的规定。对此，可以参考《继承编解释(一)》第19条关于“主要赡养义务与主要扶养义务”的解释[①]，但该解释过于模糊。因此，在处理法律纠纷时，需要法官依据继子女与被继承人共同生活的时间以及双方的亲密程度等具体情况进行自由裁量。

关于继子女的法定继承权，还有两点应予扩展说明：第一，我国继承立法赋予了受继父母扶养的继子女以“双重继承权”。具有扶养关系的继父母子女关系与养父母子女关系虽然都是法律拟制的血亲关系，但继子女与其生父母之间的血缘关系并不因继子女和继父母之间的扶养关系而消除。受继父母扶养的继子女享有继承继父母遗产权利的同时，并不丧失对亲生父母遗产的法定继承权。如《继承法意见》第21条第1款规定：“继子女继承了继父母遗产的，不影响其继承生父母的遗产。”该规定被《继承编解释(一)》第11条所承继。第二，我国旧社会所遗留的一夫多妻家庭也会产生子女遗产继承的问题，即子女是否可以继承父亲其他妻子(妾)的遗产。虽然在此种婚姻家庭关系中，子女对于父亲其他妻子(妾)而言，并不是继子女，但可以类推适用继子女对继父母的规定，以平衡双方的权利义务关系，并与我国继承立法的内在精神相一致。即在1950年《婚姻法》实施之前的一夫多妻制家庭中，子女可以作为与之形成扶养关系的其父之妻(妾)的法定继承人。

(三)父母

父母是子女最近的长辈直系血亲，父母与子女之间具有密切的人身关系和财产关系。父母与子女之间的权利义务是对等的，父母有扶养、教育子女的义务，也有接受子女赡养、照顾的权利。子女有接受父母扶养、教育的权利，亦有赡养、照顾父母的义务。父母子女互为对方的法定继承人，即子女有继承父母遗产的权利，父母也有继承子女遗产的权利。[②] 依据我国《民法典》第1127条的

---

① 《继承编解释(一)》第19条规定：“对被继承人生活提供了主要经济来源，或者在劳务等方面给予了主要扶助的，应当认定其尽了主要赡养义务或主要扶养义务。”

② 《民法典》第1070条规定：“父母和子女有相互继承遗产的权利。”

规定,作为法定继承人的父母包括生父母、养父母和有扶养关系的继父母。

1. 生父母

在继承法律关系中,依据血缘关系可确定生父母对其生子女拥有继承权。但有两个问题应当明确:

第一,如果生子女已经与他人形成了收养关系,生子女与养父母之间形成了拟制血亲关系,则被收养人与生父母及其他近亲属间的权利义务关系,因收养关系的成立而消除。在收养关系解除之前,生父母无权享有生子女的继承权。至于被收养人与其养父母收养关系解除后,被收养人的生父母是否享有法定继承权,则须依法分别认定,即《民法典》第1117条规定收养关系解除后,未成年被收养人与其生父母间的法律关系自行恢复,成年被收养人与其生父母间的法律关系是否恢复,则由双方协商确定。如果被收养的子女与生父母已恢复法律上的权利义务关系,生父母即有权继承生子女的遗产;被收养的子女与生父母并未恢复法律上的权利义务关系的,父母即不享有继承生子女遗产的权利。

第二,生子女依据是否在父母合法的婚姻关系存续期间出生,分为婚生子女和非婚生子女。生父母对婚生子女的遗产享有继承权,对非婚生子女的遗产同样享有继承权。即父母享有对子女遗产的法定继承权并不以父母对子女履行了扶养义务为条件。因此,对于非婚生子女跟随生父母一方生活,或由生父母一方的父母进行实际扶养的,均不影响生父母的法定继承权。但如非婚生子女已被他人合法收养的,则在收养关系解除前,生父母不享有对子女遗产的法定继承权;收养关系解除后,视非婚生子女与生父母的权利义务关系是否恢复确定生父母是否享有法定继承权。

2. 养父母

养父母与养子女之间是法律拟制的直系血亲关系。收养关系依法成立后,养父母与养子女之间形成了与亲生父母子女关系相同的权利义务关系。养子女死亡前,收养关系并未解除的,养父母对养子的遗产享有法定继承权,即养父母对法定继承权的享有以收养关系的成立和存续为前提。并且,养父母离婚,养子女跟随养父母一方生活时,不与养子女共同生活的养父母一方只要未与养子女解除收养关系,就依法享有法定继承权。而收养关系解除后,养父母与养子女间的权利义务关系随之解除,养父母即不再具备作为(原)养子女遗产的法定继承人之资格。基于权利义务相一致原则和对弱势群体的人文关照，对于受到养父母扶养的成年养子女在收养关系解除后，对于缺乏劳动能力又缺乏生活来源的养父母应当履行必要的赡养义务。① 因此，基于经养父母扶养的成年养子女在解除收养关系后，对缺乏劳动能力又缺乏生活来源的养父母负有的赡养义务，如该养子女死亡，养父母可依据《民法典》第1131条规定，请求酌分遗产。②

3. 有扶养关系的继父母

继父母与继子女双方本无法律上的权利义务关系，但如继父母与继子女形成了扶养关系，则为法律拟制的直系血亲关系，继而产生了权利义务关系。即继父母与继子女之间的权利义务关系，取决于他们之间是否形成了扶养关系，而非继父或继母与其生母或生父之间的婚姻关系。形成了扶养关系的继父母与继子女之间互相享有法定继承权。同时，继父母与继子女之间，也均具有"双重继承权"。即《继承编解释(一)》第11条第2款规定，继父母继承了继子女遗产的，不影响其继承生子女的遗产。

(四)兄弟姐妹

兄弟姐妹是最近的旁系血亲。在日常生活中，兄弟姐妹关系紧密，往往彼此帮扶、相互照顾。我国民事立法对兄弟姐妹关系也作出了相应的规定，包括《民法典·婚姻家庭编》所规定的兄弟姐妹在特定情形下具有的扶养义务③，以及《民法典·继承编》所规定的兄弟姐妹间享有互相继承遗产的权利。根据《民法典》第1127条的规定，具有法定继承人资格的兄弟姐妹为广义上的兄弟姐妹，包括同胞兄弟姐妹、同父异母或同母异父的兄弟姐妹、养兄弟姐妹及有扶养关系的继兄弟姐妹。

1. 同胞兄弟姐妹

同胞兄弟姐妹基于彼此之间具有的全血缘关系，而享有继承对方遗产的权

---

① 受到养父母扶养的成年养子女在收养关系解除后，应当负担缺乏劳动能力又缺乏生活来源的养父母的生活费用，该费用标准一般应不低于当地居民的普通生活费用标准。

② 《民法典》第1131条规定："对继承人以外的依靠被继承人扶养的人，或者继承人以外的对被继承人扶养较多的人，可以分给适当的遗产。"

③ 《民法典》第1075条规定："有负担能力的兄、姐，对于父母已经死亡或者父母无力抚养的未成年弟、妹，有扶养义务。由兄、姐扶养长大的有负担能力的弟、妹，对于缺乏劳动能力又缺乏生活来源的兄、姐，有扶养的义务。"

利。多国继承立法赋予了同胞兄弟姐妹以法定继承权。例如,《俄罗斯联邦民法典》第1143条规定,被继承人同父同母兄弟姐妹享有法定继承权。[①]《菲律宾民法典》第967条规定,具有全血缘关系的兄弟姐妹相互为法定继承人。[②]

2. 同父异母及同母异父的兄弟姐妹

"全血缘关系是存在于同父同母的人们之间的关系。半血缘关系是存在于同父异母或同母异父的人们之间的关系。"[③]作为具有半血缘关系的同父异母和同母异父的兄弟姐妹,其在各国继承法律制度中的法律地位有所差别。有的国家虽然赋予了同父异母和同母异父的兄弟姐妹享有法定继承权,但对该法定继承权进行了一定的限制。例如,《日本民法典》第900条[④]和《意大利民法典》第570条[⑤]规定了同父异母、同母异父的兄弟姐妹在继承份额上只能是同胞兄弟姐妹的一半。而有的国家则赋予了同父异母、同母异父的兄弟姐妹与同胞兄弟姐妹享有完全平等的法定继承权。例如,《俄罗斯联邦民法典》第1143条第1款规定:"如果没有第一顺序继承人,则第二顺序的法定继承人是被继承人的同父同母兄弟姐妹和同父异父(同母异父)兄弟姐妹、被继承人的祖父母和外祖父母。"同时,其第1141条第2款规定:"同一个顺序的继承人继承的份额均等,但代位继承的继承人除外。"[⑥]我国继承法与俄罗斯继承立法的规定相同,均赋予了同父异母、同母异父的兄弟姐妹与同父同母兄弟姐妹在继承地位与继承份额上以完全平等的法定继承权。

3. 养兄弟姐妹

《民法典》第1127条规定了养兄弟姐妹相互享有法定继承权。《继承编解释(一)》第12条第1款规定:"养子女与生子女之间、养子女与养子女之间,系养兄弟姐妹,可以互为第二顺序继承人。"我国继承立法赋予养兄弟姐妹以法定继承权,是基于收养关系在我国民事立法中所具有的绝对效力。即收养关系一经成立,被收养人与养父母及其养父母近亲属间的权利义务关系随之产生,其

---

① 参见《俄罗斯联邦民法典》,黄道秀译,北京大学出版社2007年版,第395页。

② 参见《菲律宾民法典》,蒋军洲译,厦门大学出版社2011年版,第135页。

③ 《菲律宾民法典》,蒋军洲译,厦门大学出版社2011年版,第135页。

④ 参见《日本民法典》,刘士国、牟宪魁、杨瑞贺译,中国法制出版社2018年版,第229页。

⑤ 参见《意大利民法典》,陈国柱译,中国人民大学出版社2010年版,第115页。

⑥ 参见《俄罗斯联邦民法典》,黄道秀译,北京大学出版社2007年版,第395页。

中就包括被收养人与养父母的生子女及其他养子女之间的权利义务关系。与此同时,《继承编解释(一)》第12条第2款规定,被收养人与养父母的收养关系成立后,被收养人与亲兄弟姐妹之间的权利义务关系随即解除,被收养人只能成为其养兄弟姐妹遗产的法定继承人,不再成为其亲兄弟姐妹遗产的法定继承人。①

4. 有扶养关系的继兄弟姐妹

继父母与继子女之间并不当然地享有法定继承权,继兄弟姐妹之间亦如此,即继兄弟姐妹之间有条件的享有法定继承权。继兄弟姐妹关系较之养兄弟姐妹关系而言,关系更加疏远,权利义务关系也更加薄弱。因此,我国继承法以扶养关系作为继兄弟姐妹之间权利义务关系的连结因素。即我国原《继承法》以及《民法典·继承编》均规定了具有扶养关系的继兄弟姐妹之间享有法定继承权。同时,《继承编解释(一)》第13条第2款规定了继兄弟姐妹之间相互继承了遗产的,不影响其继承亲兄弟姐妹的遗产的权利。

(五)祖父母与外祖父母

祖父母是父亲的父母,外祖父母是母亲的父母。祖父母、外祖父母是除父母以外最近的尊亲属,故我国《民法典·继承编》规定了祖父母、外祖父母享有法定继承权。目前,我国《民法典·继承编》以及《继承编解释(一)》并未对具有法定继承人资格的祖父母和外祖父母的范围进行规定,根据收养和婚姻法律规范,具有法定继承人资格的祖父母和外祖父母除其指代亲祖父母和亲外祖父母以外,还包括养祖父母、养外祖父以及形成扶养关系的继祖父母、继外祖父母。

首先,养祖父母、养外祖父母享有法定继承权具有应然的法律依据。养子女与养父母的近亲属之间在相互取得了亲属身份后,即发生权利义务关系,这是收养的拟制效力之一。即《民法典》第1111条规定,收养关系成立后,养子女与养父母的近亲属之间的关系,等同于子女与父母的近亲属之间的关系。因此,与亲祖父母和亲外祖父母为孙子女遗产的法定继承人相对应,养祖父母、养外祖父亦具有作为养孙子女遗产的法定继承人的资格。

---

① 《继承编解释(一)》第12条第2款规定:"被收养人与其亲兄弟姐妹之间的权利义务关系,因收养关系的成立而消除,不能互为第二顺序继承人。"

其次，除了亲祖父母、亲外祖父母和养祖父母、养外祖父以外，我国主流观点认为，享有法定继承权的祖父母、外祖父母还包括形成了扶养关系的继祖父母、继外祖父母。[①]《民法典》第1072条第2款规定："继父或者继母和受其扶养教育的继子女间的权利义务关系，适用本法关于父母子女关系的规定。"但该规定并未规定与继父母形成了扶养关系的继子女与继父母的近亲属的权利义务关系等同于子女与父母的近亲属的权利义务关系。即受继父母扶养的继子女与继父母的近亲属之间并未依据继父母与继子女之间的扶养关系而产生权利义务关系。进而继祖父母、继外祖父母不能成为继孙子女遗产的法定继承人。但我国主流观点认为，根据我国婚姻法关于有扶养关系的继父母与继子女之间权利义务关系规定的内在精神，可知家庭成员间形成权利义务关系并非仅基于血缘，还可基于事实扶养行为。[②] 而基于继祖父母、继外祖父母扶养继孙子女、继外孙子女是我国社会现实生活中的客观存在，立法和司法不宜一律排除继祖父母、继外祖父母对继孙子女、继外孙子女的遗产享有法定继承权。而应当比照适用关于形成扶养关系的继父母与继子女之间的权利义务关系的法律规定。即如果继祖父母、继外祖父母扶养了继孙子女、继外孙子女，则双方即构成了等同于亲祖父母、亲外祖父母与孙子女、外孙子女间的权利义务关系，进而继祖父母、继外祖父母享有对继孙子女、继外孙子女遗产的法定继承权。

（六）对公婆或岳父母尽了主要赡养义务的丧偶儿媳或丧偶女婿

继承法律规范制定时，除了尊重遗产继承规律以外，还应在继承法规则中体现必要的价值判断，以此反映我国优良的社会道德风尚。我国关于赋予承担主要赡养义务的丧偶儿媳或女婿以法定继承人身份的规定就极具代表性。因为，儿媳与公婆、女婿与岳父母之间属于姻亲关系，儿媳对公婆、女婿对岳父母本无法定的赡养义务。在儿媳、女婿的配偶生存期间，儿媳、女婿对公婆、岳父母的赡养、照顾、扶助等行为，实际上是基于夫妻间的权利义务关系所代替配偶履行的义务。而当儿媳、女婿的配偶死亡后，夫妻关系终止，丧偶儿媳和丧偶女婿则无须继续替代已故配偶履行赡养义务。

在我国社会生活中，丧偶儿媳赡养公婆、丧偶女婿赡养岳父母的情况较为

① 参见马忆南：《婚姻家庭继承法学》（第4版），北京大学出版社2019年版，第287页。
② 参见马忆南：《婚姻家庭继承法学》（第4版），北京大学出版社2019年版，第287页。

常见。在本不负有赡养义务的前提下,丧偶儿媳、丧偶女婿继续赡养公婆、岳父母的行为更显可贵。因而,我国原《继承法》第12条基于权利义务相一致的原则,以扶养关系的构建为依据,确定了对公婆或岳父母尽了主要赡养义务的丧偶儿媳或丧偶女婿为第一顺序法定继承人[①],《民法典》第1129条对该规范予以保留,在为老年人老有所养、安度晚年提供法律保障的同时,有利于推进优良家风的树立、家庭美德的弘扬、和谐家庭关系的构建。只要丧偶儿媳对公婆或者丧偶女婿对岳父母尽了主要赡养义务,无论其是否再婚、无论其子女是否为代位继承人,均不影响其享有的法定继承权。

三、法定继承顺序

具有法定继承人的资格并不意味着一定能继承被继承人的遗产,是否实际继承还取决于法定继承人处于哪一继承顺序。法定继承顺序,是指法律直接规定的法定继承人参加继承的先后次序[②],即法定继承人在法定继承中的顺位。

(一)法定继承顺序的特征

法定继承顺序具有四种特征,即法定性、强行性、排他性和限定性。

第一,法定性。法定继承顺序为法律所明确规定,而非以被继承人生前意思表示或继承人共同协商来确定。继承开始后,法定继承人根据法律规定的先后顺序依次继承。

第二,强行性。在法定继承中,任何人不得改变继承顺序。即便是继承人主张放弃继承权,其也仅可以放弃继承权,而不能放弃自己的继承顺序,否则将破坏法定继承秩序,造成继承秩序混乱。

第三,排他性。在法定继承顺序中,前一顺序的继承人对后一顺序的继承人具有绝对的排斥效力。即只要有前一顺序的继承人继承,后一顺序的继承人就不能继承。后一顺序的继承人只能在前一顺序的继承人无法继承时,才可以继承。其中,前一顺序继承人无法继承的具体情形包括前一顺序继承人不存在、前一顺序继承人丧失继承权、前一顺序继承人放弃继承权。

---

① 《继承编解释(一)》第19条规定:"对被继承人生活提供了主要经济来源,或者在劳务等方面给予了主要扶助的,应当认定其尽了主要赡养义务或主要扶养义务。"

② 参见魏振瀛主编:《民法》(第8版),北京大学出版社、高等教育出版社2021年版,第751页。

第四,限定性。即法定继承顺序仅可以适用于法定继承中,遗嘱继承依据的是被继承人的意思表示,其不受法定继承顺序的规制。[①]

(二)国际立法例关于法定继承顺序的规定

血缘关系是国际继承法确定法定继承人范围的通行依据。对于由血缘关系确定的法定继承人之间的继承顺序,国际继承立法规律则是与被继承人血缘关系越近的法定继承人的继承顺序越靠前,即法律以血亲继承人与被继承人血缘关系的远近确定血亲继承人的继承顺序。而为了保证遗产向被继承人的后代流转,防止遗产逆向倒流[②],多数国家的继承法规定卑亲属的继承顺位在尊亲属的继承顺位之前,旁系血亲的继承顺位在直系血亲的继承顺位之后。例如,《法国民法典》第734条规定,在没有有继承权的配偶的情况下,亲属按照以下顺序继承遗产:(1)子女和他们的直系卑血亲;(2)父母;兄弟姐妹以及他们的直系卑亲;(3)父母之外的直系尊血亲;(4)除兄弟姐妹以及他们的直系卑亲以外的旁系亲属。以上四类亲属各成一个继承人顺序,并排除其后各顺序继承。[③]

婚姻关系是国际继承法律确定法定继承人范围的另一通行依据,但现代继承法在配偶的继承顺序上的立法分歧较大,通常存在两种立法模式:第一,将配偶规定为固定顺序的法定继承人。例如,《俄罗斯联邦民法典》第1142条第1款规定:"第一顺序的法定继承人是被继承人的子女、配偶和父母。"[④]《越南民法典》第651条规定,被继承人的配偶、生父母、养父母、亲子女、养子女为第一顺序继承人。[⑤] 第二,将配偶规定为无固定顺序的法定继承人。例如,《日本民法典》第890条规定,被继承人配偶可与任一顺序继承人同时继承。[⑥]《德国民法典》第1931条规定,配偶无固定继承顺序,可与第一顺序、第二顺序、第三顺序共同继承。[⑦]

---

① 参见魏振瀛主编:《民法》(第8版),北京大学出版社、高等教育出版社2021年版,第751页。

② 参见孙毅、刘耀东编著:《〈中华人民共和国民法典·继承编〉释义》,人民出版社2020年版,第33页。

③ 参见《法国民法典》,罗结珍译,北京大学出版社2010年版,第208页。

④ 参见《俄罗斯联邦民法典》,黄道秀译,北京大学出版社2007年版,第395页。

⑤ 参见《越南民法典》,伍光红、黄氏惠译,商务印书馆2018年版,第191~192页。

⑥ 参见《日本民法典》,刘士国、牟宪魁、杨瑞贺译,中国法制出版社2018年版,第226页。

⑦ 参见《德国民法典》,陈卫佐译,法律出版社2020年版,第661页。

（三）我国关于法定继承顺序的规定

我国《民法典》第1127条第1款规定："遗产按照下列顺序继承：（一）第一顺序：配偶、子女、父母；（二）第二顺序：兄弟姐妹、祖父母、外祖父母。"《民法典》第1129条规定："丧偶儿媳对公婆，丧偶女婿对岳父母，尽了主要赡养义务的，作为第一顺序继承人。"通过以上规定可知，我国继承法确定各法定继承人继承顺序的依据是：法定继承人同被继承人之间亲属关系的亲疏远近、法定继承人与被继承人之间的相互依赖程度及我国传统风俗与习惯。

首先，关于血亲继承人的继承顺序，我国继承法基于保障被继承人的遗产尽量在其支系内永续流转的目的，采取了亲等近者优先的国际通用原则。因此，父母、子女是较兄弟姐妹及祖父母、外祖父母而言与被继承人更近的血亲，即处于第一顺位。但我国并未规定晚辈血亲优先于长辈血亲，而是将父母与子女列为同一顺位中，其原因是我国除了保障遗产向后代正向流转外，还同时注重家庭养老育幼功能的实现。对此问题，我国有部分学者提出应当将父母调整为第二顺序的立法建议。理由是如果父母作为第一顺序继承人，被继承人的遗产在被父母继承后就可能最终向旁系流转，即父母继承的遗产又由被继承人的兄弟姐妹或其他亲属继承，这与被继承人关于自己的财产在直系血亲内流转的意愿不符。[①] 该观点主要借鉴了德国、日本关于法定继承顺序的规定，具有一定的合理性，但该立法方式与我国目前的国情不符。第一，"重孝道"是我国的历史传统，遗产仅向下流转并不一定符合我国民众的内心期望。第二，如今我国社会人口老龄化现象严重，且在广大农村地区，老年人主要依靠家庭赡养。如果将父母位于法定继承人的第二顺序，则使其继承遗产的可能性大大减小，不利于老年人生存权的保障。

其次，婚姻是家庭的基础，夫妻之间具有亲密的生活关系和法定的权利义务关系。我国继承法将配偶与子女、父母共同列为法定继承人的第一顺序，平等地保障了配偶、子女、父母的继承权。而国际上虽多有将配偶规定为无固定顺序法定继承人的立法例，但该立法模式基于的是，在子女为第一顺序继承人、父母为第二顺序继承人的前提下，为了避免被继承人无子女时，其遗产全部由配偶继承，继而导致父母无法继承任何遗产的情况出现。但我国继承立法并没

---

① 参见陈甦主编：《中国社会科学院民法典分则草案建议稿》，法律出版社2019年版，第413页。

有选择将子女与父母分列于两个继承顺序中,因而将配偶规定为无固定顺序法定继承人在我国目前的立法模式下没有法律意义。

最后,较之他国继承立法而言,我国继承立法更加重视赋予和保护与被继承人有扶养关系之人的继承权。国外继承法往往仅赋予与被继承人有血缘关系的人享有法定继承权,而并未赋权于与被继承人有扶养关系的人以继承权,这是因为国外立法大多认为血缘关系与扶养关系是一致的。而我国继承立法关注的则是不具有扶养义务的人之间形成的扶养关系,即通过为结成此种扶养关系的当事人之间构建相应的权利义务关系,以符合我国民众生活需求和社会传统风俗。具体而言,关于法定继承顺序的设定,我国继承立法即将对公婆尽了主要赡养义务的丧偶儿媳、对岳父母尽了主要赡养义务的丧偶女婿列入法定继承的第一顺序,而将有扶养关系的继子女与继父母列为第一顺序法定继承人,有扶养关系的继兄弟姐妹列为第二顺序法定继承人。

第三节　代位继承

代位继承制度是法定继承制度中极为重要的制度,也是继承法律制度中不可或缺的制度。代位继承制度历史悠久,早在罗马市民法中就有相关规定,即先于被继承人死亡或受家父权免除继承权之子的儿子,取得其父的应继份。[①] 罗马法关于代位继承的规定,对世界各国继承法尤其是大陆法系国家的继承法产生了深远影响。我国《继承法》明确规定了代位继承制度,《民法典·继承编》也对这一重要的继承法律制度予以保留,并加以调整和完善。《民法典》第 1128 条规定:“被继承人的子女先于被继承人死亡的,由被继承人的子女的直系晚辈血亲代位继承。被继承人的兄弟姐妹先于被继承人死亡的,由被继承人的兄弟姐妹的子女代位继承。代位继承人一般只能继承被代位继承人有权继承的遗产份额。”

---

① 参见马忆南:《婚姻家庭继承法学》(第 4 版),北京大学出版社 2019 年版,第 293 页。

一、代位继承的概念和特征

代位继承，是指继承人先于被继承人死亡时，由死亡的继承人的晚辈直系血亲继承其应继承的遗产份额的继承制度。[①] 该制度以子股衡平继承和按支继承为原则[②]，即被继承人的各子女应当均衡地继承遗产。当子女先于被继承人死亡时，该子女的直系血亲进行代替性继承，不仅维持了各子女继承遗产的均衡状态，也符合遗产在先于被继承人死亡的子女之支系流转的继承规律。在代位继承中，先于被继承人死亡的继承人，称为被代位继承人或被代位人，代替先于被继承人死亡的继承人继承遗产的晚辈直系血亲，称为代位继承人或代位人，代位继承人享有的代替先于被继承人死亡的继承人继承遗产的权利称为代位继承权。代位继承是法定继承的一种特殊形式，其具有以下显著特征：

第一，代位继承具有限定性。代位继承只适用于法定继承，遗嘱继承无法适用代位继承。盖因遗嘱继承有极强的指向性，只能由被继承人在遗嘱中指定的人继承。

第二，代位继承具有法定性。代位继承的发生原因、代位继承人的范围、代位继承人继承的遗产份额均由法律所明确规定，任何人无权变更。

第三，代位继承具有强制性。代位继承发生后，其他继承人应严格遵守代位继承制度，即代位继承人的代位继承权受法律保护，任何人无权剥夺和阻碍他人行使代位继承权继承被继承人遗产。

二、代位继承的性质

关于代位继承的性质，一直是个具有争议性的问题。即代位继承究竟是代位继承人以本身固有的权利参与继承，还是代表被代位继承人行使法定继承权。前者即为固有权说，后者即为代位权说或代表权说，两种学说的法律后果极为不同。如果按照固有权说为标准，则继承人放弃或丧失继承权时也将引发代位继承，盖因代位继承权为代位继承人个人的权利，继承人放弃或丧失继承

---

① 参见魏振瀛主编：《民法》（第8版），北京大学出版社、高等教育出版社2021年版，第751页。

② 参见孙毅、刘耀东编著：《〈中华人民共和国民法典·继承编〉释义》，人民出版社2020年版，第34页。

权不影响代位继承人的代位继承权。而代位权说认为,代位继承人享有的代位继承权为继承人之继承权所派生出来的权利,并非独立的权利。当继承人的继承权丧失或被继承人放弃之时,代位继承权因其权利来源或权利本体的不复存在而无法产生,即代位继承人此时已无位可代。从继承立法例看,德国、日本、意大利等国立法采固有权说,法国、俄罗斯、埃塞俄比亚等国立法则采代位权说。我国《民法典》第1128条仅规定了特定的继承人先于被继承人死亡是代位继承启动的条件,且《继承编解释(一)》第17条规定,继承人丧失承权的,其晚辈直系血亲不得代位继承。依据以上规定,我国司法解释采纳的是代位权说。然而,从上述两种学说所引发的法律后果来看,我国采固有权说更为适当、合理。

首先,固有权说更符合遗产流转的规律。遗产流转的一般规律为:"被继承人的财富在家庭内部永续传递,并确保遗产分配基本公平。"[①]遗产流转的一般规律与被继承人的主观意愿相一致,盖因法定继承规则在本质上就是基于社会一般观念对被继承人主观意愿进行的推定。[②] 遗产流转的一般规律要求,"遗产应尽可能地在被继承人直系卑亲属传递,而避免遗产流向旁支"[③]。因此,孙子女、外孙子女及其晚辈直系血亲作为被继承人的直系卑血亲继承遗产具有正当性。我国立法并未将孙子女、外孙子女及其晚辈直系血亲规定为法定继承人,如果司法解释又以代位权说为理论依据,规定孙子女、外孙子女及其晚辈直系血亲因继承人丧失继承资格或放弃继承而不具有代位继承权,将使我国法定继承规则与遗产流转规律及被继承人的主观愿望渐行渐远。

其次,代位继承权为法律直接赋予。立法规定了一定范围的人具有代位继承权。例如,《越南民法典》第652条规定:"被继承人的子女比被继承人先死亡或与被继承人同时死亡的情况下,则孙子女和外孙子女可以继承其父亲或母亲生前可以享有的部分遗产;如果孙子女和外孙子女也比被继承人先死亡或与被继承人同时死亡的话,则曾孙和外曾孙可以享有其父亲或母亲生前可以享有的部分遗产。"[④]《日本民法典》第887条规定,被继承人子女死亡的,该子女的子

① 陈甦主编:《中国社会科学院民法典分则草案建议稿》,法律出版社2019年版,第384页。

② 参见陈甦主编:《中国社会科学院民法典分则草案建议稿》,法律出版社2019年版,第384页。

③ 陈甦主编:《中国社会科学院民法典分则草案建议稿》,法律出版社2019年版,第384页。

④ 《越南民法典》,伍光红、黄氏惠译,商务印书馆2018年版,第191~192页。

女为代位继承人。[1] 可见,享有代位继承权的代位继承人由法律所直接确定,即代位继承权为法律直接赋予。正因法律的直接赋权,才使一部分法定继承人的直系卑血亲有资格成为代位继承人,而其他部分法定继承人的直系卑血亲则无资格成为代位继承人。如果按照代位权说,则任何法定继承人的直系卑血亲在该法定继承人无法继承时,均可以代表其参与继承。例如,父母为继承立法所规定的第一顺序法定继承人,当被继承人的父母先于被继承人死亡时,依据代位权说,父母的子女或子女的直系卑血亲将成为代位继承人,父母为被代位继承人。但该理解似乎有违继承法原理。

最后,代位权说认为代位继承人按照被代位人的继承顺序和继承份额进行继承,是因为其在代替被继承人继承。但实际上,法律要求代位继承人按照被代位人的继承顺序和继承份额进行继承,是基于子股平衡继承和按支继承原则所制定的法技术性规范。即为了保证被继承人各子女继承份额的均等,被继承人的代位继承人只能以被继承人的继承顺位继承被继承人的应继份。

三、代位继承的条件

代位继承是代位继承人行使代位继承权继承被继承人遗产的继承方式,代位继承权是代位继承人的法定权利,即代位继承权是继承开始前的期待权,此期待权的实现需要符合我国继承立法所规定的条件:

第一,发生继承人先于被继承人死亡的事实。只有在被代位人先于被继承人死亡时才能够发生代位继承。如继承人在被继承人死亡后、遗产分割前死亡,则无法引发代位继承,而是适用转继承。需要注意的是,由于我国采用了代位权说,而非固有权说,因而我国立法并未将继承权丧失以及放弃继承权规定为代位继承发生的条件。学界主流观点认为,在代位继承中,固有权说更为合理[2],且有相关立法例作为参考。例如,《葡萄牙民法典》第2039条规定,继承人不能或不愿接受遗产时,法律即赋权予其直系卑亲属代位继承。[3]《日本民法典》第887条规定,被继承人死亡,或者因法定事由而被废除继承权的,继承人

① 参见《日本民法典》,刘士国、牟宪魁、杨瑞贺译,中国法制出版社2018年版,第225页。

② 参见马忆南:《婚姻家庭继承法学》(第4版),北京大学出版社2019年版,第293~294页。

③ 参见《葡萄牙民法典》,唐晓晴等译,北京大学出版社2009年版,第372页。

的子女代位继承。[①] 因此,我国继承立法和司法解释应当对代位继承制度重新进行考量,以作出最适当的规定。

第二,被代位继承人限于被继承人的子女和被继承人的兄弟姐妹。我国原《继承法》第11条仅将被代位继承人规定为被继承人的子女。而外国立法多将代位继承权赋权于被继承人的兄弟姐妹的直系卑亲属,即被代位继承人不限于被继承人的子女,还包括被继承人的兄弟姐妹。例如,《葡萄牙民法典》第2042条规定,死者兄弟姐妹之直系血亲卑亲属可代位继承。[②] 日本立法关于被继承人的兄弟姐妹的代位继承人范围的规定小于葡萄牙立法,即《日本民法典》第887条、第889条规定,被继承人兄弟姐妹的代位继承人为其子女。[③] 我国《民法典》第1128条在原《继承法》第11条规定的基础上,将被继承人的兄弟姐妹增加为被代位继承人,且将代位继承人限定为被继承人的兄弟姐妹的子女。即被继承人的侄子女、外甥子女将有权利且极有可能继承被继承人的遗产。这一立法调整,不仅可以减少遗产因无人继承又无人受遗赠而归于国家的情形,同时也保证了实际继承遗产者与被继承人的血缘关系不至于过于疏远。

第三,代位继承人限于被代位继承人的晚辈直系血亲。该条件则为国际立法通例。例如,《德国民法典》第1924条第3款规定:"在继承开始时已不再生存的晚辈直系血亲,由因之而与被继承人有血统关系的晚辈直系血亲代替(代位继承)。"[④]《瑞士民法典》第457条第3款规定:"如子女先于被继承人死亡,则由子女的直系卑亲属按照亲等顺序代位继承。"[⑤]我国《民法典》第1128条规定:"被继承人的子女先于被继承人死亡的,由被继承人的子女的直系晚辈血亲代位继承。被继承人的兄弟姐妹先于被继承人死亡的,由被继承人的兄弟姐妹的子女代位继承。代位继承人一般只能继承被代位继承人有权继承的遗产份额。"同时,《继承编解释(一)》第14条规定:"被继承人的孙子女、外孙子女、曾孙子女、外曾孙子女都可以代位继承,代位继承人不受辈数的限制。"

---

① 参见《日本民法典》,刘士国、牟宪魁、杨瑞贺译,中国法制出版社2018年版,第225页。

② 参见《葡萄牙民法典》,唐晓晴等译,北京大学出版社2009年版,第372页。

③ 参见《日本民法典》,刘士国、牟宪魁、杨瑞贺译,中国法制出版社2018年版,第225~226页。

④ 《德国民法典》,陈卫佐译,法律出版社2020年版,第649页。

⑤ 《瑞士民法典》,于海涌、赵希璇译,法律出版社2016年版,第169页。

四、代位继承的遗产分配

代位继承的遗产分配，即代位继承人基于代位继承权所能够继承的遗产份额。立法通例是代位继承人所继承的遗产份额即被代位继承人的法定继承应继份。例如，《日本民法典》第 901 条规定，代位继承人与其直系尊亲属应得份额相同。[①]《葡萄牙民法典》第 2044 条第 1 款规定，发生代位继承时，每一家系可继承之遗产部分为原应由有关直系血亲尊亲属继承之遗产部分。[②]

我国也规定了代位继承人所继承的遗产份额为被代位继承人应继承的遗产份额，即依据《民法典》第 1128 条第 3 款规定，代位继承人一般只能继承被继承人有权继承的遗产。而当代位继承人为数人时，则由数个代位继承人平均分配被代位继承人应继承的遗产份额，而非由被代位继承人的数个代位继承人与其他继承人均分被继承人的遗产。因为法定继承遗产分配的一般规则是按人分配，代位继承作为法定继承的特殊方式，其以按支分配为遗产分配原则，以保障各继承人之间取得遗产实际权益的平衡。因此，尽管被代位继承人已经死亡，但也应维持被代位继承人这一支系所继承遗产的份额与被代位继承人本应继承遗产份额的相同。此外，《继承编解释(一)》第 16 条规定："代位继承人缺乏劳动能力又没有生活来源，或者对被继承人尽过主要赡养义务的，分配遗产时，可以多分。"该规定体现了我国继承立法与继承司法对因事实扶养行为而形成的权利义务关系的关注和保护。

第四节　法定继承的遗产分配

法定继承顺序的确定，对继承人的财产利益将产生直接影响。而法定继承的遗产分配，则将对继承人的财产利益产生实质影响。因此，法定继承的遗产分配与法定继承顺序的确定，均为法定继承制度中至关重要的问题。在法定继承中，如果仅有一名适格的继承人参加继承时，则由其继承被继承人的全部遗

---

① 参见《日本民法典》，刘士国、牟宪魁、杨瑞贺译，中国法制出版社 2018 年版，第 229 页。

② 参见《葡萄牙民法典》，唐晓晴等译，北京大学出版社 2009 年版，第 372 页。

产。而当存在数名法定继承人时,就产生了同一继承顺序中共同继承人各自应当继承多少份额遗产的问题。因而,继承法律规范需要确定法定继承人所应继承的遗产份额,以保证法定继承制度的完整性。

一、法定继承的遗产分配原则

法定继承的遗产分配原则,是指在同一顺序中两人及两人以上的法定继承人共同继承时,确定各共同继承人所继承的遗产份额的依据。[①] 同一顺序中各共同继承人所应继承的被继承人的遗产份额或比例称为应继份,法定继承的遗产分配原则也称为法定应继份的确定原则。

(一)法定继承遗产分配原则的立法例

继承立法例对于法定应继份的确定存在两种原则:一是均分原则,即将遗产平均分配给同一顺序中的法定继承人,法定继承人之间继承的应继份相等。二是不均分原则,即并不直接将遗产平均分配给同一顺序中的法定继承人,而是依据不同情况进行相应分配,故同一顺序中的法定继承人的应继份并不相等。

关于法定继承人应继份的确定,相关立法例的分歧主要集中在配偶应继份的确定。有关配偶应继份的立法例主要有三种:一是配偶作为固定顺序的法定继承人,其应继份与同一顺序的其他继承人相等。例如,《俄罗斯联邦民法典》第1142条第1款规定:"第一顺序的法定继承人是被继承人的子女、配偶和父母。"第1141条第2款规定:"同一顺序的继承人继承的份额均等,但代位继承的继承人除外。"[②]二是配偶作为无固定顺序的法定继承人,其应继份因处于不同继承顺序而有所不同。例如,《瑞士民法典》第462条规定,生存的配偶和登记的同性伴侣的继承权为:(1)继承1/2遗产,如其与被继承人的直系卑亲属共同继承;(2)继承3/4遗产,如其与被继承人的父亲、母亲或父母亲的继承人共同继承;(3)继承全部遗产,如父系和母系均无继承人。[③] 三是配偶作为无固定顺序继承人,且配偶在法定继承开始前享有先取权,即配偶可预先从遗产中取

---

① 参见魏振瀛主编:《民法》(第8版),北京大学出版社、高等教育出版社2021年版,第754页。

② 参见《俄罗斯联邦民法典》,黄道秀译,北京大学出版社2007年版,第395页。

③ 参见《瑞士民法典》,于海涌、赵希璇译,法律出版社2016年版,第170~171页。

得一定数量的财产，配偶先取后的剩余财产为配偶与其他继承人共同继承的遗产。《德国民法典》第1932条第1款规定："生存配偶和第二顺序直系血亲或祖父母、外祖父母同为法定继承人的，除应继份外，以属于婚姻家计的标的不是土地从物为限，这些标的和结婚礼物作为先取份归属于生存配偶。生存配偶和第一顺序直系血亲同为法定继承人的，这些标的归属于生存配偶，但以生存配偶为维持适当的家计而需要它们为限。"①在此立法模式下，配偶的应继份实际上由以先取权取得的财产份额以及参与共同继承的遗产份额两部分共同组成。

（二）我国法定继承的遗产分配原则

我国立法关于法定继承的遗产分配原则，兼具了国际立法的主流原则与我国立法的本土特色。我国《民法典》第1130条规定："同一顺序继承人继承遗产的份额，一般应当均等。对生活有特殊困难又缺乏劳动能力的继承人，分配遗产时，应当予以照顾。对被继承人尽了主要扶养义务或者与被继承人共同生活的继承人，分配遗产时，可以多分。有扶养能力和有扶养条件的继承人，不尽扶养义务的，分配遗产时，应当不分或者少分。继承人协商同意的，也可以不均等。"依据该规定，我国法定继承的遗产分配应遵循以下四项原则：

第一，均等分配原则。均等分配原则适用于同等条件下的法定继承人，即法定继承人之间应当同时符合如下情形：法定继承人必须处于同一继承顺序；法定继承人之间的经济条件和生活境况基本相同；法定继承人对被继承人所尽扶养义务大体相等。

第二，弱势群体照顾原则。我国继承立法历来具有关怀和保障弱势群体权益的人文意识。因而，生活有特殊困难又缺乏劳动能力的继承人的法定应继份，应多于其他继承人的法定应继份。

第三，基于扶养义务履行的区分原则。我国继承法规范秉持"赏罚分明"立法态度，即对被继承人尽了主要扶养义务或者与被继承人共同生活的继承人，应当多分遗产；有能力和有扶养条件的继承人不尽扶养义务的，应当不分或少分遗产。上述规定是对权利与义务相一致原则的具体体现和严格贯彻。

第四，继承人协商一致原则。意思自治是民法的基本原则，继承法作为民事法律规范的重要部分，已将意思自治原则蕴含其中，明确规定了继承人协商

---

① 《德国民法典》，陈卫佐译，法律出版社2020年版，第652页。

同意的，分配遗产时也可以不均等。

二、遗产份额的确定

继承纠纷在现实生活和司法实践中极为常见，妥善处理继承问题对个人权益、家庭和睦以及社会安定都至关重要。继承关系不仅关乎继承人的财产利益，还内蕴亲属之间的感情牵绊。因此，解决继承问题不能仅追求公平、正义、自由、效率等法价值，还应兼顾亲情及血缘人伦。

我国《民法典》第 1132 条规定："继承人应当本着互谅互让、和睦团结的精神，协商处理继承问题。遗产分割的时间、办法和份额，由继承人协商确定；协商不成的，可以由人民调解委员会调解或者向人民法院提起诉讼。"根据该规定，遗产份额确定的方法分为三种，且具有一定的适用顺序，即当第一种方法无法解决问题时应适用第二、三种方法。具体而言，《民法典》第 1132 条所规定的第一种确定遗产份额的方法并非一项法律规范，而是对法律价值目标的明确。[①]即继承立法鼓励继承人基于亲伦观念，通过协商一致处理继承争端或遗产纠纷。如通过召开家庭会议的方式友好商谈，共同选择出相对适当的继承方案。继承方案应当包含遗产分割的时间、办法和份额，以利继承人协商解决继承问题。

当继承人之间互不让步、形成谈判僵局时，为解决继承纠纷，应当寻求其他方法确定遗产份额。即向人民调解委员会申请调解或向人民法院提起诉讼。人民调解委员会是我国调解民间纠纷的社会组织，其由基层自治组织所下设，即人民调解委员会在村民委员会、居民委员会的组织架构内开展工作。在人民调解委员会调解的过程中，人民法院可以对其提供法律指导和专业帮助。人民调解委员会通过斡旋、教育、劝慰等方式使争议双方达成的调解协议，具有法律约束力，当事人应当依协议履行；如未达成调解协议或对调解协议拒不履行的，当事人可以向人民法院起诉。除了人民调解委员会调解不成的继承纠纷可由当事人向人民法院提起诉讼外，继承人自行协商不成的继承纠纷也可直接向人民法院提起诉讼，即人民调解委员会的调解不是人民法院审理继承纠纷案件的

---

① 参见孙毅、刘耀东编著：《〈中华人民共和国民法典·继承编〉释义》，人民出版社 2020 年版，第 46 页。

前置程序。依据我国《民事诉讼法》第 34 条的规定，因继承遗产纠纷提起的诉讼，由被继承人死亡时住所地或者主要遗产所在地人民法院管辖。而针对继承遗产纠纷诉讼，我国《民事诉讼法解释》还作出追加共同诉讼人的法律规定，体现了遗产继承法律问题的特殊性。[①]

第五节　遗产酌分请求权

遗产酌分请求权，以扶养关系作为连结被继承人与被继承人以外的人之间的权利义务关系的重要因素，从而为依靠被继承人扶养的和对被继承人扶养较多的继承人以外的人提供了获取被继承人遗产的法律依据和正当途径。原《继承法》第 14 条规定了遗产酌分请求权，《民法典·继承编》对此规定予以保留，并进行了相应调整，以实现法律规范的完善。

一、遗产酌分请求权的含义

我国《民法典》第 1131 条规定："对继承人以外的依靠被继承人扶养的人，或者继承人以外的对被继承人扶养较多的人，可以分给适当的遗产。"依据该规定，与被继承人形成扶养关系的继承人以外的人所享有的依法分得适当遗产的权利，即为遗产酌分请求权。

(一) 遗产酌分请求权的主体

享有遗产酌分请求权的人，为遗产酌分请求权人。继承法首先限定了遗产酌分请求权人为继承人以外的人。"需要说明的是，这里的所谓继承人以外的人，是指能够参加继承的继承人以外的人，并非指法定继承人以外的人。"[②]具体而言，遗产酌分请求权人包括两种：一是法定继承人以外的与被继承人形成扶养关系的人，即遗产酌分请求权人不在任一法定继承顺序中。例如，生前与养父母形成收养关系的被继承人的生父母并不在法定继承人范围内，但如生父母

---

① 《民事诉讼法解释》第 70 条规定："在继承遗产的诉讼中，部分继承人起诉的，人民法院应通知其他继承人作为共同原告参加诉讼；被通知的继承人不愿意参加诉讼又未明确表示放弃实体权利的，人民法院仍应将其列为共同原告。"

② 魏振瀛主编：《民法》(第 8 版)，北京大学出版社、高等教育出版社 2021 年版，第 755 页。

长期依靠被继承人扶养或对被继承人扶养较多,则生父母享有遗产酌分请求权。二是虽在法定继承人范围内,但依据继承顺序仅享有继承期待权而不享有继承既得权的与被继承人形成扶养关系的人。例如,位于第二顺序的兄弟姐妹因第一顺序中的配偶、子女、父母的存在而无法继承遗产,但如果其一直依靠被继承人扶养,或对被继承人扶养较多,则可主张分得适当遗产。

(二)遗产酌分请求权的性质

首先,遗产酌分请求权为请求权的一种。"请求权是指权利人请求他人作为或者不作为的权利。"①遗产酌分请求权的性质并非继承权,而是债权。详言之,"遗产酌分请求权就其性质而言,是继承开始后,基于被继承人生前扶养扶助或被扶养扶助事实而产生的法定遗产债权"②。其次,遗产酌分请求权与遗产债务有所不同。遗产债务为被继承人生前所负,而遗产酌分请求权为继承开始后产生。"酌分"体现了遗产酌分请求权与继承权的不同,即继承权有明确的应继份规定;"酌分"则是根据实际情况取得遗产,继承法并未对酌分份额进行规定,而应由继承人与遗产酌分请求权人按照扶养的程度协商确定。协商不成的,可以请求人民调解委员会调解或直接向人民法院提起诉讼。

(三)遗产酌分请求权的法律效力

遗产酌分请求权具有法律效力,但该效力处于哪一位阶值得探讨。即遗产酌分请求权行使次序的确定,是遗产酌分请求权法律效力的主要表现。首先,遗产酌分请求权应优先于法定继承人的继承权。因为,遗产酌分请求权的性质是法定遗产债权,履行该义务的主体为全体继承人。即继承开始后,遗产的所有权已转归参加继承的继承人,故遗产酌分请求权人应向继承人提出酌分主张,继承人则应从继承遗产的范围内酌情给予,继承人不得以自己享有继承权而拒绝满足遗产酌分请求权人关于遗产酌分的请求。其次,遗产酌分请求权的效力应弱于遗嘱或扶养协议。如果被继承人生前通过遗嘱或遗赠扶养协议处分了全部财产,则应当充分尊重被继承人的意思表示。③ 即从效力上,遗嘱或遗赠扶养协议可排除遗产酌分请求权的行使。如果被继承人通过遗嘱或遗赠扶

---

① 魏振瀛主编:《民法》(第8版),北京大学出版社、高等教育出版社2021年版,第653页。

② 孙毅、刘耀东编著:《〈中华人民共和国民法典·继承编〉释义》,人民出版社2020年版,第44页。

③ 参见黄薇主编:《中华人民共和国民法典继承编释义》,法律出版社2020年版,第68页。

养协议处分了部分遗产，那么剩余遗产则应适用法定继承，故遗产酌分请求权人可向法定继承人主张遗产酌分。

二、遗产酌分请求权的分类

按照遗产酌分请求权人与被继承人之间所形成的扶养关系的不同，遗产酌分请求权可分为受扶养人的遗产酌分请求权和扶养人的遗产酌分请求权。

（一）受扶养人的遗产酌分请求权

继承人以外的依靠被继承人扶养的人为遗产酌分请求权人。《继承法》第14条将该类主体限定为缺乏劳动能力又缺乏生活来源的人，但《民法典》第1131条则删除了这一限制性条件。因为，遗产酌分请求权的设立目的是为保障被扶养人的生活、维护被扶养人的利益。尽管扶养在生活中包括物质帮扶和精神慰藉，但遗产酌分请求权所内涵的则是被扶养人对被继承人的经济或物质的需求和依赖。如果其具有劳动力或具有生活来源，则无须依赖被继承人生活。因此，享有遗产酌分请求权的主体，应当是依靠被继承人扶养的缺乏劳动能力又缺乏生活来源的人。因而，继承立法无需对“缺乏劳动能力又缺乏生活来源”予以特别强调，故《民法典》第1131条规定更加精练。

（二）扶养人的遗产酌分请求权

《民法典》第1131条规定，继承人以外的对被继承人扶养较多的人享有遗产酌分请求权。相较于被扶养人只能是自然人而言，扶养人是除了自然人以外，还可以是法人或非法人组织。同时，该规定对扶养人的扶养程度提出了明确要求，即扶养人应对被继承人所尽扶养义务较多。而对于“扶养较多”，要从扶养的质量、时长、程度等方面予以认定。即“如果对被继承人只给予一次性或临时性的扶养或给予扶养（经济上或劳务上）的数量不多，均不是扶养较多”[1]，也就不能享有遗产酌分请求权。

三、遗产酌分请求权的放弃和保护

（一）遗产酌分请求权的放弃

遗产酌分请求权为法定的请求权，即继承开始后，遗产酌分请求权人或其

---

① 马忆南：《婚姻家庭继承法学》（第4版），北京大学出版社2019年版，第301页。

代理人可以向继承人提出酌分遗产的请求。至于遗产酌分请求权的放弃,我国继承法并未明确规定。根据遗产酌分请求权的权利性质,其权利主体享有放弃遗产酌分的权利。由于遗产酌分请求权与继承权的权利性质不同,故放弃遗产酌分请求权与放弃继承权的规则应有所不同。依据法理,遗产酌分请求权的性质是法定遗产债权,即当遗产酌分请求权人未在一定期间内提出实现债权的请求时,应视为放弃请求权。故《继承法意见》第 32 条规定,遗产酌分请求权人的权利受到侵犯的,有权向人民法院提起诉讼。但在遗产分割时,明知而未提出请求的,人民法院一般不予受理;在遗产分割时不知而未提起诉讼,而后在诉讼时效内起诉的,人民法院应予受理。根据上述规定,遗产酌分请求权人有权放弃该权利。但《继承编解释(一)》第 21 条,则将《继承法意见》第 32 条关于遗产酌分请求权放弃的规定作了删除,且并未在其他条款中对遗产酌分请求权的放弃予以规定。为此,有观点主张,继承编的后续司法解释应对此问题予以关注,以解决司法实践中的相关纠纷。

(二)遗产酌分请求权的保护

遗产酌分请求权是法定权利,故遗产酌分请求权受到侵犯时,应予以法律保护和司法救济。为保护遗产酌分请求权人的合法权益,《继承编解释(一)》第 21 条规定,继承人以外的依据扶养关系可以分得适当遗产的人,在其依法取得被继承人遗产的权利受到侵犯时,本人有权以独立的诉讼主体资格向人民法院提起诉讼。至于诉讼时效,应适用《民法典》第 188 条①关于一般诉讼时效的法律规定。

---

① 《民法典》第 188 条第 1 款规定:“向人民法院请求保护民事权利的诉讼期间为三年。法律另有规定的,依照其规定。”

第三章

遗嘱继承与遗赠

从原《继承法》到《民法典·继承编》，实现了继承立法的法典化转型，完成了由原《继承法》向《民法典》的体系化进阶，彰显了继承立法的整体化、系统化、规范化、科学化。遗嘱继承与遗赠是《民法典·继承编》的重要组成部分，其内嵌继承立法的理论、规范、制度、观念。《民法典·继承编》关于遗嘱继承与遗赠的体系设计与规范表达，承载着继承立法的制度追求与价值判断。为切实理解遗嘱继承与遗赠的立法宗旨、制度基础、规范内涵、法律适用，需对其进行理论梳理、制度分析、规范阐释、实践关注。

第一节　遗嘱继承概述

遗嘱继承制度，"既体现出经济基础与上层建筑的制约关系，也体现出继承人与被继承人之间的伦理关怀以及个人与社会之间的资源配置"①。为准确把握《民法典·继承编》的遗嘱继承制度，首先应关注遗嘱的涵义以及遗嘱继承的概念、特征、适用条件等。

一、遗嘱继承的概念和特征

遗嘱继承制度是对当事人利益的维护——既是对当事人财产利益的保护，

① 王歌雅：《论继承法的修正》，载《中国法学》2013年第6期。

也是对当事人人身利益的保障,更是对当事人人格利益的尊重。探讨遗嘱的含义以及遗嘱继承的概念、特征、历史沿革,有助于理解遗嘱继承制度的建构宗旨与规范目的。

(一)遗嘱的含义

遗嘱,既真实表明遗嘱人对自身财产的处分意志,又直接影响遗嘱继承人的继承利益。遗嘱是遗嘱继承的前提条件,为实现遗嘱自由、完备法律规制,确保遗嘱适用的科学化,须对遗嘱的概念和特征予以关注。

1. 遗嘱的概念

遗嘱,是指"自然人生前按照法律的规定处分自己的财产及安排与此有关事务并于死亡后发生法律效力的单方民事法律行为"①。关于遗嘱的概念,各国继承立法均有所规定。如《埃塞俄比亚民法典》第857条第1款规定:"遗嘱是严格的死者的人身性文件。"②《阿根廷共和国民法典》第3606条规定:"一切依法具有意思表示能力的人,均可依照本法典的规定,或以设立继承人的名义,或以遗赠的名义,或以其他适于表示自己意思的名义,通过遗嘱处分其财产。"③《越南民法典》第624条规定:"遗嘱即个人意愿的体现,目的是在自己死后将自己的财产转给他人。"④

2. 遗嘱的特征

继承立法关于遗嘱的界定⑤,意在实现遗嘱自由与利益衡平,用以确保遗嘱的设立与效力。遗嘱具有如下法律特征:

(1)遗嘱是单方民事法律行为

单方民事法律行为,是指"仅由一方行为人的意思表示就能成立的民事法律行为,其特点是无须他人的同意就能发生法律效力"⑥。遗嘱设立行为仅需遗嘱人单方的意思表示即可成立,无须相对人的意思表示,即无论相对人是否作

---

① 魏振瀛主编:《民法》(第8版),北京大学出版社、高等教育出版社2021年版,第757页。

② 《埃塞俄比亚民法典》,薛军译,厦门大学出版社2013年版,第123页。

③ 《最新阿根廷共和国民法典》,徐涤宇译,法律出版社2007年版,第766页。

④ 《越南民法典》,伍光红、黄氏惠译,商务印书馆2018年版,第183页。

⑤ "遗嘱,是指自然人生前按照法律的规定处分自己的财产及安排与此有关的事务并于死亡后发生效力的单方的民事行为。"参见最高人民法院民法典贯彻实施工作领导小组主编:《中华人民共和国民法典婚姻家庭编继承编理解与适用》,人民法院出版社2020年版,第556页。

⑥ 魏振瀛主编:《民法》(第8版),北京大学出版社、高等教育出版社2021年版,第154页。

出意思表示，均不影响遗嘱行为的成立。

遗嘱“仅是遗嘱人自己一方的意思表示，并无相对的一方，无须有相对方的意思表示的一致”①。所以，遗嘱人生前有权依据自己的意思自治，单方撤回或者变更自己所立的遗嘱。如《智利共和国民法典》第 1003 条第 1 款规定：“遗嘱为单独一人的行为。”②《巴西新民法典》第 1858 条规定：“遗嘱是最具人格性的行为，可随时修改之。”③

（2）遗嘱是遗嘱人亲自进行的民事法律行为

遗嘱是遗嘱人生前对其自身财产依法作出处分的法律行为，其只能由遗嘱人本人独立作出意思表示，不能由他人进行意思辅助。即遗嘱人设立遗嘱的行为，属于具有人身性质的法律行为，“不是遗嘱人生前独立作出的真实的意思表示，并非真正的遗嘱”④。

继承立法要求遗嘱必须真实体现遗嘱人的意思自治，故遗嘱订立行为必须由遗嘱人本人亲自完成，不适用民事代理制度。如《德国民法典》第 2064 条规定：“被继承人只能亲自立遗嘱。”⑤《西班牙民法典》第 670 条规定：“遗嘱是单方的个人决定，不能由第三方仲裁人以及其他代理人或委托人订立。也不能让第三方仲裁人提名各种继承人和受遗赠人，或者其指定的继承人和受遗赠人中确定分配份额。”⑥

（3）遗嘱是遗嘱人死亡时生效的法律行为

民事法律行为的生效，是指“已经成立的民事行为因符合法定有效要件而取得法律认可的效力”⑦。遗嘱虽是遗嘱人生前设立的单方民事法律行为，但遗嘱须在遗嘱人死亡时才能发生法律效力。根据《民法典·继承编》的规定，除遗嘱附生效条件外，遗嘱的生效时间，即遗嘱继承开始的时间，是指遗嘱人自然死亡或者被宣告死亡的时间。因而，判断“遗嘱是否有效，一般应以遗嘱人死亡时

① 马忆南：《婚姻家庭继承法学》（第 4 版），北京大学出版社 2019 年版，第 305 页。
② 《智利共和国民法典》，徐涤宇译，北京大学出版社 2014 年版，第 157 页。
③ 《巴西新民法典》，齐云译，中国法制出版社 2009 年版，第 290 页。
④ 魏振瀛主编：《民法》（第 8 版），北京大学出版社、高等教育出版社 2021 年版，第 758 页。
⑤ 《德国民法典》，陈卫佐译，法律出版社 2020 年版，第 680 页。
⑥ 《西班牙民法典》，潘灯、马琴译，中国政法大学出版社 2013 年版，第 200 页。
⑦ 魏振瀛主编：《民法》（第 8 版），北京大学出版社、高等教育出版社 2021 年版，第 169 页。

的情形为准”[①]。

在遗嘱人死亡前,遗嘱只具有设立效力,而不具有执行效力;遗嘱继承人不具有主观意义上的继承权,遗嘱人可以随时撤回或者变更遗嘱。而在遗嘱人死亡后,遗嘱具有执行效力,遗嘱继承人取得主观意义上的继承权。如《日本民法典》第882条规定:“继承,因死亡而开始。”[②]《意大利民法典》第456条规定:“继承,于死亡的瞬间,在死者最后的住所地开始。”[③]

(4)遗嘱是要式民事法律行为

以民事法律行为的成立是否必须依据某种特定的形式为标准,可以将其分为要式法律行为和不要式法律行为。要式法律行为是指依据法律规定或者约定,必须采取一定形式或者履行一定程序才能成立的行为。[④] 根据《民法典·继承编》的规定,遗嘱虽是遗嘱人单方作出意思表示即可成立的民事法律行为,但遗嘱人设立遗嘱的形式若不符合继承法规定,遗嘱仍不能发生法律效力。

遗嘱的形式是否符合继承法规定,应以遗嘱人设立遗嘱时的情形为准。即遗嘱人设立遗嘱的形式“符合当时法律的规定的,虽其后法律作出新的规定,遗嘱仍为有效”[⑤]。如《阿根廷共和国民法典》第3607条规定:“遗嘱属于以法律规定的形式而成立的书面行为,通过该行为,一人可以为其死后处分财产的全部或一部。”[⑥]《智利共和国民法典》第999条规定:“遗嘱基本上为要式行为,依此行为,一人可全部或部分处分其财产并使该处分在其死后取得完全效果,同时保留在其生存期间对此等处分内容的撤销权限。”[⑦]

(5)遗嘱是遗嘱人依据法律规定处分财产的民事法律行为

民事法律行为的生效要件包括实质要件和形式要件。遗嘱的合法有效,不仅需要遗嘱人所立遗嘱的形式必须符合法定的遗嘱形式,还需要遗嘱人所立遗嘱的内容必须符合法律规定。遗嘱人生前根据意思自治,可以在所立遗嘱中自行处分其私有财产,即遗嘱人的遗嘱自由,但遗嘱自由不能突破法律的边界。

---

① 魏振瀛主编:《民法》(第8版),北京大学出版社、高等教育出版社2021年版,第758页。

② 《日本民法典》,刘士国、牟宪魁、杨瑞贺译,中国法制出版社2018年版,第224页。

③ 《意大利民法典》,陈国柱译,中国人民大学出版社2010年版,第96页。

④ 参见魏振瀛主编:《民法》(第8版),北京大学出版社、高等教育出版社2021年版,第155页。

⑤ 马忆南:《婚姻家庭继承法学》(第4版),北京大学出版社2019年版,第306页。

⑥ 《最新阿根廷共和国民法典》,徐涤宇译,法律出版社2007年版,第766~767页。

⑦ 《智利共和国民法典》,徐涤宇译,北京大学出版社2014年版,第157页。

因此，遗嘱人所立遗嘱的内容必须符合法定要求，否则，遗嘱不能发生法律效力。

遗嘱人所立遗嘱的内容不得违反法律、行政法规的强制性规定，不得违背公序良俗。如《越南民法典》第630条第1款规定："合法的遗嘱必须具备下列条件：①遗嘱人在立遗嘱时必须清醒、明智；不被欺骗、威胁、强迫；②遗嘱内容不违反法律禁止条款，不违反社会道德；遗嘱形式不违反法律规定。"[①]《阿根廷共和国民法典》第3608条规定："在遗嘱处分中，一切条件或负担如果在法律上或物理上不可能，或者有违善良风俗，则使它所约束的处分无效。"[②]

（二）遗嘱继承的概念

遗嘱继承，既要切实保护遗嘱人的意志自由，又要充分尊重遗嘱继承人的继承意愿。一方面，遗嘱人生前依据继承法规范对其财产权益进行预先处分，是遗嘱人意思表示的真实体现，也是法律赋予遗嘱人设立遗嘱的意志自由。合法有效的遗嘱是遗嘱继承的前提，故遗嘱自由必须是在法律范畴内的自由，不能超越法律的限度。另一方面，继承法尊重遗嘱继承人是否接受继承的意愿。即非合法有效的遗嘱不会产生遗嘱继承，"但遗嘱合法与遗嘱继承并非一回事，有合法的遗嘱也并不一定就发生遗嘱继承"[③]。因为，遗嘱继承人在法律赋予的权限范围内，有权决定接受或者放弃遗嘱继承。

1. 遗嘱继承的含义

遗嘱继承，又称"指定继承""意定继承"，是指继承开始后，继承人依据被继承人生前所立合法有效的遗嘱，继承被继承人遗产的继承制度。在遗嘱继承中，生前设立遗嘱的被继承人称为遗嘱人，依据遗嘱享有遗产继承权的人称为遗嘱继承人。《民法典》第1133条第1款规定："自然人可以依照本法规定立遗嘱处分个人财产，并可以指定遗嘱执行人。"

遗嘱继承，应当顺应继承当事人的真实意愿与情感期待。遗嘱的设立与效力，表明"个人的主体地位与社会的安排之间有很强的互补性。重要的是同时承认个人自由的中心地位和影响个人自由的程度和范围的社会因素的力量。

---

① 《越南民法典》，伍光红、黄氏惠译，商务印书馆2018年版，第184页。

② 《最新阿根廷共和国民法典》，徐涤宇译，法律出版社2007年版，第767页。

③ 魏振瀛主编：《民法》（第8版），北京大学出版社、高等教育出版社2021年版，第756页。

为了解决我们面临的问题,我们必须把个人自由视为一种社会的承诺"[①]。

2. 遗嘱继承与法定继承的区别

遗嘱继承与法定继承是并列的遗产继承形式。遗嘱继承,是继承人按照被继承人生前所立的合法有效的遗嘱被继承人遗产的继承方式,是被继承人真实意愿的表达。遗嘱继承与法定继承的区别,表现在以下几方面。

(1)继承效力的位阶不同

被继承人死亡后,有遗嘱的,按照遗嘱继承处理;没有遗嘱的,按照法定继承处理。[②] 遗嘱继承的效力高于法定继承,是世界各国继承立法的通例。如《埃塞俄比亚民法典》第 829 条规定:"对死者的继承既可是无遗嘱继承也可是遗嘱继承。此等继承可以是部分的无遗嘱继承,部分的遗嘱继承。死者在遗嘱中未加处分的财产得转移于其法定继承人。"[③]《日本民法典》第 893 条规定:"被继承人以遗嘱表示废除推定继承人[④]的意思时,遗嘱执行人必须毫不迟延地请求法院废除该推定继承人。在此情形,该推定继承人的废除溯及至被继承人死亡时,发生效力。"[⑤]

(2)继承人的产生依据不同

遗嘱继承人的产生依据为遗嘱人在遗嘱中的特别指定。[⑥] 而法定继承人的产生依据为继承立法的直接规定。[⑦] 如《乌克兰民法典》第 1223 条规定:"①遗嘱确定的人享有继承权。②在没有遗嘱、遗嘱被认定无效、根据遗嘱的继承人不接受或者拒绝接受的情形,以及在遗嘱未涵盖所有遗产的情形,根据法律的继承权由本法典第 1261 ~ 1265 条确定的人取得。③继承权产生于继承开始的日。"[⑧]《瑞士民法典》第 481 条规定:"①被继承人在其自由处分权的范围内,可通过遗嘱或继承协议处分其全部或部分财产。②被继承人不得处分的部分,归

---

① [印]阿马蒂亚·森:《以自由看待发展》,任赜、于真译,中国人民大学出版社 2002 年版,第 24 页。

② 参见《民法典》第 1123 条。

③ 《埃塞俄比亚民法典》,薛军译,厦门大学出版社 2013 年版,第 119 页。

④ 推定继承人,指继承开始时可以成为继承人的人。

⑤ 《日本民法典》,刘士国、牟宪魁、杨瑞贺译,中国法制出版社 2018 年版,第 226 页。

⑥ 参见《民法典》第 1133 条。

⑦ 参见《民法典》第 1127 条、第 1128 条、第 1129 条。

⑧ 《乌克兰民法典》,刘鹏译,商务印书馆 2022 年版,第 500 页。

属于法定继承人。”[①]

(3)对继承人的继承顺序限制不同

在遗嘱继承中，遗嘱继承人继承遗产时，不受法定继承顺序的限制，遗嘱人在遗嘱中指定的遗嘱继承人有权同时参与继承。[②] 而在法定继承中，法定继承人继承遗产时，必须受法定继承顺序的限制，不同顺序的法定继承人不能同时参加继承。[③] 如《秘鲁共和国新民法典》第737条[④]规定："无必要继承人的遗嘱人，可以设立一个或数个意定继承人，且可以对其中每一位指定遗产份额。如果没有指定份额，则此等继承人均等继承。”[⑤]其第815条第1款第5项[⑥]规定："在下列情形，遗产属于法定继承人：无必要继承人或在遗嘱中未设立意定继承人的遗嘱人，未在遗赠中处分其所有财产，此情形下的法定继承仅针对其未处分的财产而实施。”[⑦]

(4)遗产分配的方法不同

在遗嘱继承中，遗嘱人通过设立合法有效的遗嘱，分配各遗嘱继承人应当取得的遗产份额。[⑧] 而在法定继承中，须根据继承法规定的遗产分配原则，分配各法定继承人应当取得的遗产份额。[⑨] 如《越南民法典》第659条[⑩]规定："遗产的分割必须根据被继承人的意愿执行；如果遗嘱未能确定每个继承人继承的部分，则遗产将被平均分给每一个继承人，另有协商的情况除外。”[⑪]其第660条[⑫]规定："当分割遗产时，如果有同顺序继承人已经成为胎儿但未出生，则必须留出一份与其他继承人同等的遗产，等其出生且活着的话可继承；如果在出生前死亡，则由其他继承人继承。”[⑬]

---

① 《瑞士民法典》，于海涌、赵希璇译，法律出版社2016年版，第176页。
② 参见《民法典》第1133条。
③ 参见《民法典》第1127条、第1128条、第1129条。
④ 此条款规定内容为继承人依据遗嘱继承。
⑤ 《秘鲁共和国新民法典》，徐涤宇译，北京大学出版社2017年版，第144页。
⑥ 此条款规定内容为继承人依据法律规定继承。
⑦ 《秘鲁共和国新民法典》，徐涤宇译，北京大学出版社2017年版，第159页。
⑧ 参见《民法典》第1133条。
⑨ 参见《民法典》第1130条。
⑩ 此条款规定内容为按照遗嘱分割遗产。
⑪ 《越南民法典》，伍光红、黄氏惠译，商务印书馆2018年版，第194页。
⑫ 此条款规定内容为依法分割遗产。
⑬ 《越南民法典》，伍光红、黄氏惠译，商务印书馆2018年版，第194页。

（三）遗嘱继承的特征

遗嘱继承在践履意思自治原则的同时，也将厉行效力保障作为崇高的价值目标，从而实现继承利益的最大化和最佳化。遗嘱继承具有如下三点法律特征。

1. 遗嘱继承的两个法律事实须同时存在

民事法律事实包括行为和非行为事实。行为，是指人有意识的活动，包括民事法律行为、准民事法律行为、事实行为。非行为事实，是指行为以外的，能够引起民事法律关系发生、变更或者消灭的事实，包括事件与状态。其中，事件是指某种客观现象的发生，如人的出生、死亡等；状态是指某种客观现象的持续，如时间的经过等。①

遗嘱继承的发生需要两个法律事实同时存在：一是被继承人生前设立了合法有效的遗嘱，属于行为中的民事法律行为；二是被继承人死亡（包括自然死亡和宣告死亡），属于非行为事实中的事件。遗嘱虽是引发遗嘱继承的前提条件，但遗嘱与遗嘱继承不同。被继承人生前设立遗嘱的行为，仅须被继承人一方的意思表示即可成立，无须征得他人同意，属于单方民事法律行为。而遗嘱继承则从被继承人死亡（包括自然死亡②和宣告死亡③）时开始。因此，被继承人死亡的时间是发生遗嘱继承的时间，该开始时间具有法定性和强行性。

2. 遗嘱继承是被继承人生前遗愿的直接体现

遗嘱是被继承人生前对其自身所有的财产及其相关事务作出的预先处理，遗嘱继承则是继承人于被继承人死亡时依据遗嘱发生的继承方式。遗嘱继承应当真实体现被继承人的意思表示，即“行为人把进行某一民事法律行为的内心效果意思，以一定的方式表达于外部的行为”④。因而，继承立法赋予被继承人生前设立遗嘱的自由，以充分尊重被继承人生前处分其死后财产的意愿。因为遗嘱人“比其他人更了解自己的家庭情况，能够确定其认为最为合理的财产分配方案，这有利于养老育幼、巩固发挥家庭的作用”⑤。

---

① 参见魏振瀛主编：《民法》（第8版），北京大学出版社、高等教育出版社2021年版，第34～35页。

② 参见《民法典》第15条。

③ 参见《民法典》第48条。

④ 魏振瀛主编：《民法》（第8版），北京大学出版社、高等教育出版社2021年版，第158页。

⑤ 巫昌祯主编：《婚姻与继承法学》（第6版），中国政法大学出版社2017年版，第316页。

“意志自由意味着行为自由。继承的意志自由内涵主体在继承法制的框架下自由地实施继承行为。”①一方面，遗嘱中关于继承人的人数、继承人继承遗产的份额等事项，均由被继承人在法律赋予的权限范围内自行决定，他人不得干涉和妨碍。另一方面，继承人依据被继承人生前所立遗嘱继承遗产，应当是被继承人生前遗愿的直接体现。因此，继承人接受继承后，应按遗嘱内容行使继承权。

3. 遗嘱继承是对法定继承的排斥

作为遗产继承方式，遗嘱继承是法定继承的对称。基于对私权的保障和对国家权利的限制，《民法典·继承编》在制度架构中，注重强化继承当事人的意思自治——意思独立与表示自由。“‘意思自治’乃民法理念，核心价值在于平等、尊严的民事主体可依自己的意愿独立为意思表示、独立为民事行为，排除他人的强制与干涉。”②此种继承立法理念，既是对继承当事人意志自由的私法尊重，也是对继承当事人财产权利的优位保护。

遗嘱继承的效力优于法定继承。即在被继承人死亡后，若被继承人立有合法有效的遗嘱，应当按照遗嘱继承遗产，这是遗嘱自由原则的具体体现。遗嘱自由原则是继承立法对被继承人私有财产权益的法律保护，该原则是指遗嘱人有以遗嘱的方式处分自己身后财产的自由，包括指定继承人、受遗赠人、分配财产数额、变更与撤回遗嘱、设立负担义务等方面。③ 因此，为保障被继承人设立遗嘱的自由与遗嘱意愿的实现，遗嘱继承实际上是对法定继承的一种排斥。

（四）遗嘱继承的历史沿革

“人是社会的产物。人的思维模式除受天然禀赋影响外，与家庭熏陶、习惯影响、观念植入、道德教化等因素有关。而人的继承思维模式的养成，则受上述因素的制约。”④遗嘱继承制度作为一项法律制度，是社会历史发展到一定阶段的产物。“在历史上沿革言之，罗马前代之遗嘱，既非秘密，亦非可撤回，亦非依

---

① 王歌雅：《〈民法典·继承编〉的编纂理念与制度构想》，载《求是学刊》2018 年第 6 期。

② 王歌雅：《俄罗斯联邦继承法的私权守望与价值追求》，载《俄罗斯中亚东欧研究》2009 年第 5 期。

③ 参见夏吟兰主编：《婚姻家庭继承法》（第 2 版），中国政法大学出版社 2017 年版，第 255 页。

④ 王歌雅：《〈民法典·继承编〉：编纂争议与制度抉择》，载《法学论坛》2020 年第 1 期。

文书为之。”①考察遗嘱继承制度的历史沿革，有利于引导民众的继承思维、规范民众的继承习惯、调适民众的继承行为。

“遗嘱法一般谓发源于罗马，在纪元前 5 世纪十二铜表法已有遗嘱法。在纪元前二百年，遗嘱已为普通人所使用。”②《十二铜表法》③第 5 表内容为继承和监护，其中便涉及遗嘱继承。如“凡以遗嘱处分自己的财产，或对其家属指定监护人的，具有法律上的效力。死者未立遗嘱；又无当然继承人，其遗产由最近的族亲继承。如无族亲时，由宗亲继承。遗嘱未指定监护人时，由族亲为法定监护人。以遗嘱解放奴隶而以支付一定金额给继承人为条件的，则该奴隶在付足金额后，即取得自由；如该奴隶已被转让，则在付给让受人以该金额后，亦即取得自由”。上述规定反映了古罗马时期奴隶占有制的社会现状，在此历史背景下，继承立法既实行遗嘱自由，又规定财产在氏族内继承。正如梅因所述，古罗马法中遗嘱继承的目的在于保持人格继承、祭祀继续、家产延续，而不是为了将财产从家族中分离出去。④

“中华古来遗嘱亦称遗命、遗令或遗言。遗嘱含义，较民法用意为广，凡于生前处理事后事宜之意思表示，均称为遗嘱。故不但关于立嗣等身分事项，以及家产处分等财产事项，对于死后丧葬及子孙应遵守事项，均属之。关于遗嘱最早之资料，在左转（哀公三年）及后汉书（卷 32 樊宏传）记载，而法令则有唐令可稽。”⑤唐代《丧葬令》规定：“诸身丧户绝者，所有部曲、客女、奴婢、店宅、资财，并令近亲（亲依本服，不以出降）转易货卖，将营丧事及量营功德之外，余财并与女（户虽同，资财先别者亦准此）。无女均入次近亲，无亲戚者官为检校。若亡人在日，自有遗嘱处分，证验分明者，不用此令。”⑥清代《大清民律草案》关于遗嘱继承的规定，继受大陆法系国家遗嘱制度的基本框架。中华民国时期，民法中明确规定遗嘱作为继承的法定方式之一。⑦

---

① 史尚宽：《继承法论》，中国政法大学出版社 2000 年版，第 393 页。

② 史尚宽：《继承法论》，中国政法大学出版社 2000 年版，第 393 页。

③ 《十二铜表法》，因文法刻在十二块铜表上而得名，是古罗马立法的奠基石，也是罗马成文法的开端。

④ 参见［英］梅因：《古代法》，沈景一译，商务印书馆 1959 年版，第 109 ~ 111 页。

⑤ 史尚宽：《继承法论》，中国政法大学出版社 2000 年版，第 395 页。

⑥ 《宋刑统》，中华书局 1984 年版，第 198 页。

⑦ 参见夏吟兰主编：《婚姻家庭继承法》（第 2 版），中国政法大学出版社 2017 年版，第 255 页。

近现代的遗嘱继承与古代遗嘱继承不同。古代的遗嘱继承,遗嘱是一种手段或者(因为在开始时可能不是成文的)是一种程序,家族财产的移转根据这个程序进行,财产继承的实质是保障家族财产不致分散而统归继承人掌握的手段。[①] 近现代遗嘱继承源于欧洲中世纪遗嘱制度的发展,受制于社会制度、文化传统与宗教神权。即"中世纪遗嘱无疑具有宗教的意义,立遗嘱不是为了还活着的人,而是为了死人"[②]。社会的进步、商品经济的快速发展,推动了资本主义经济时代的到来。受文艺复兴、宗教改革、启蒙运动的影响,人们的自主意识得到觉醒和释放——崇尚人文精神、追求人的价值,社会民众追求政治平等、经济自由、文化繁荣,社会认知已从"君权神授"逐渐转向"天赋人权"。在资本主义社会时期,"天赋人权理论成为人人平等与尊严自由的思想基础,并成为人格平等的精神内涵"[③]。遗嘱成为"个人对自己财产生前作出死后安排的一种手段,遗嘱继承才因建立在个人财产权利基础上得以发展,从而成为遗产继承的一种重要方式"[④]。

中华人民共和国成立后,我国民事法律和司法实践一直承认和保护遗嘱继承。遗嘱继承"为使公民能够充分行使其个人财产所有权提供了法律保证,有利于实现家庭养老育幼的经济职能,能够促进家庭成员之间认真履行相互扶养的义务"[⑤]。有关遗嘱继承的司法规范及其内容包括:(1)1951 年 4 月 17 日《最高人民法院华东分院关于亲属继承等问题的批复》规定,"被继承人生前如无遗嘱,则死后的遗产,应归有继承权的人依法继承"。(2)1956 年 9 月 20 日《司法部关于遗嘱、继承问题的综合批复》规定:"遗嘱人在不违反国家政策、法律、法令与公共利益的情况下可以用遗嘱将他个人财产的一部或全部指定法定继承人中之一人或数人继承,也可以遗赠给国家、合作社、公共团体或其他的人。但依遗嘱处理财产时,必须对未成年的子女保留一定数量的遗产作为教养费用,对依靠遗嘱人生活并无劳动能力的人,亦应酌留一部分遗产加以照顾。"(3)1979 年2 月 2 日《最高人民法院关于贯彻执行民事

① 参见马忆南:《婚姻家庭继承法学》(第 4 版),北京大学出版社 2019 年版,第 304 ~ 305 页。
② 《马克思恩格斯全集》(第 30 卷),人民出版社 1974 年版,第 607 页。
③ 王歌雅:《疏离与回归:女性继承权的制度建构》,载《政法论丛》2015 年第 2 期
④ 马忆南:《婚姻家庭继承法学》(第 4 版),北京大学出版社 2019 年版,第 305 页。
⑤ 王歌雅主编:《婚姻家庭继承法学》(第 2 版),中国人民大学出版社 2013 年版,第 208 页。

政策法律的意见》规定:“遗嘱继承应当承认。但遗嘱不能违背党和国家的政策法律,不能取消未成年人、无劳动能力或生活有困难的法定继承人的继承权。无法定继承人又无遗嘱的,其遗产应收归国有或集体所有。”(4)1984年8月30日《最高人民法院关于贯彻执行民事政策法律若干问题的意见》规定:“公民依法用遗嘱处分自己的财产,应予承认和保护。但所立遗嘱如违反有关法律、政策的规定,或者取消了未成年和无生活来源的法定继承人的份额,处分了不属于他个人的财产,以及违背了遗嘱人的真实意思的,不予保护。”(5)1985年10月1日《继承法》第16条第1款规定:“公民可以依照本法规定立遗嘱处分个人财产,并可以指定遗嘱执行人。”(6)2021年1月1日《民法典》第1133条第1款规定:“自然人可以依照本法规定立遗嘱处分个人财产,并可以指定遗嘱执行人。”

二、遗嘱继承的适用条件

遗嘱继承立法,以满足民众的继承需要为立法目的,以保护民众的继承权益为立法宗旨。继承法规定遗嘱继承的适用条件,其目的在于回应继承关切、保障继承利益。依据我国继承法理、《民法典·继承编》及《继承编解释(一)》相关规定,被继承人死亡后,当具备以下条件时,遗产按遗嘱继承办理。

(一)没有遗赠扶养协议

遗赠扶养协议,是指“被扶养人(遗赠人)与扶养人之间签订的有关扶养与遗赠关系的协议,根据这一协议,扶养人承担被扶养人生养死葬的义务,被扶养人承担将自己的财产于死后转归扶养人所有的义务”[①]。《民法典·继承编》对遗赠扶养协议、遗嘱继承、法定继承三者之间的效力位阶作出了明确划分[②],即遗赠扶养协议的效力优于遗嘱继承,遗嘱继承的效力优于法定继承。

遗赠扶养协议的效力优于遗嘱继承,其具体适用与社会意义如下:首先,继承开始后,被继承人生前与他人已订立遗赠扶养协议,但同时又立有遗嘱的,如果遗赠扶养协议与遗嘱没有抵触,遗产分别按照遗赠扶养协议和遗嘱处理;如

① 陈苇主编:《婚姻家庭继承法学》(第3版),中国政法大学出版社2018年版,第343页。
② 参见《民法典》第1123条。

果遗赠扶养协议与遗嘱有抵触，与遗赠扶养协议相抵触的遗嘱全部或者部分无效，遗产按照遗赠扶养协议处理。[①] 其次，“遗赠扶养协议符合中国国情，具有重要的社会意义。这项制度是权利、义务相一致原则的生动体现，不仅可以减轻社会负担，弥补福利事业的不足，而且能够促进子女赡养父母，使老弱病残者能够得到扶养，有利于社会主义精神文明建设”[②]。

（二）被继承人立有合法有效的遗嘱

遗嘱是单方民事法律行为、要式民事法律行为，遗嘱的设立不能委托他人代理，必须由被继承人本人亲自设立。遗嘱只有符合法律规定的有效要件，才能在被继承人死亡后产生执行效力。如果被继承人生前未设立遗嘱，则不能发生遗嘱继承；如果被继承人生前设立的遗嘱无效，也不能适用遗嘱继承。

合法有效的遗嘱是继承人取得被继承人遗产的权利依据。根据《民法典·继承编》及《继承编解释（一）》规定，合法有效的遗嘱须满足五个要件：一是遗嘱人必须具有设立遗嘱的行为能力，二是遗嘱必须是遗嘱人的真实意思表示，三是遗嘱人设立遗嘱的内容必须合法，四是遗嘱人设立遗嘱的形式必须合法，五是遗嘱人设立遗嘱不得违反必留份的规定。

（三）继承人既未丧失继承权又未放弃继承权

继承权是财产权、绝对权，分为客观意义上的继承权与主观意义上的继承权。客观意义上的继承权的产生依据为继承法的直接规定，具有严格的人身属性，不具有直接的财产内容，继承人身份不能转让、抛弃。主观意义上的继承权的客体为被继承人的遗产，具有直接的财产内容，继承人可以放弃。因此，遗嘱中指定的继承人未丧失继承权，是指继承人不存在继承法规定的丧失继承权的事由，即继承人未丧失客观意义上的继承权。遗嘱中指定的继承人未放弃继承权，是指继承人在继承开始后、遗产处理前，未以书面形式作出放弃继承的意思表示[③]，即继承人未放弃主观意义上的继承权。

① 参见《继承编解释（一）》第3条。

② 王歌雅主编：《婚姻家庭继承法学》（第2版），中国人民大学出版社2013年版，第219页。

③ 参见《民法典》第1124条。

第二节 遗嘱继承人

遗嘱人在遗嘱中指定的继承人是遗嘱继承人。遗嘱人指定遗嘱继承人，是遗嘱人意志自由的体现，“意志自由只是借助于对事物的认识来做出决定的那种能力”①。

一、遗嘱继承人的概念和特征

在继承法律关系中，承受财产权利包括继承权和受遗赠权。依据遗嘱人所立遗嘱而承受财产权利的人，分为遗嘱继承人和受遗赠人。遗嘱继承人与受遗赠人，二者的法律含义并不相同。把握遗嘱继承人的概念和特征，有助于准确认知遗嘱继承人的范围，从而理解遗嘱继承人与受遗赠人的性质界分。

（一）遗嘱继承人的概念

遗嘱继承人，亦称指定继承人，是指“按照发生法律效力的遗嘱而直接承受遗产的人”②。遗嘱继承人的产生依据为被继承人（遗嘱人）在其所立遗嘱中的指定，是被继承人意思表示的真实体现，也是遗嘱自由原则的具体落实。继承立法贯彻遗嘱自由原则，是对自然人个人私益的充分尊重与保护。

“在遗嘱继承中，遗嘱继承人的范围、继承份额、方式等均由被继承人指定，是被继承人对自己财产所作的处分，因而遗嘱继承体现了对被继承人意思自治的尊重。”③各国继承立法对遗嘱继承人均有所规定。如《德国民法典》第 1937 条规定：“被继承人可以以单方的死因处分（遗嘱、终意处分）指定继承人。”④《菲律宾民法典》第 840 条规定：“继承人的指定是遗嘱人在其遗嘱中指定将要继承其财产以及可以移转的权利和债务的人或人们的一项行为。”⑤《阿根廷共和国民法典》第 3711 条规定：“遗嘱人应亲自指定继承人。如果遗嘱人命令由

---

① 《马克思恩格斯选集》（第 3 卷），人民出版社 1974 年版，第 154 页。

② 王歌雅：《〈民法典·继承编〉立法研究》，黑龙江人民出版社 2021 年版，第 214 页。

③ 陈苇主编：《婚姻家庭继承法学》（第 3 版），中国政法大学出版社 2018 年版，第 316 页。

④ 《德国民法典》，陈卫佐译，法律出版社 2020 年版，第 653 页。

⑤ 《菲律宾民法典》，蒋军洲译，厦门大学出版社 2011 年版，第 118 页。

他人代为指定,其设立无效。”①

(二)遗嘱继承人的特征

《民法典》第1133条第1款规定:“自然人可以依照本法规定立遗嘱处分个人财产,并可以指定遗嘱执行人。”其第2款规定:“自然人可以立遗嘱将个人财产指定由法定继承人中的一人或者数人继承。”依据继承法理和继承立法精神,《民法典·继承编》规定的遗嘱继承人具有如下法律特征②:

第一,遗嘱继承人的法律地位具有特定性。遗嘱继承人是遗嘱人所立遗嘱中特别指定的人,其法律地位具有特定性。继承立法对遗嘱继承人的法律地位予以保护,有助于维护遗嘱继承人的合法权益。由于遗嘱继承是对法定继承的一种排斥,故遗嘱继承人不受法定继承规则的约束,如遗嘱继承人不适用代位继承。

第二,遗嘱继承人继承遗产时,虽然不受法定继承顺序的限制,但却受遗嘱人指定继承顺序的限制。即如果遗嘱人在遗嘱中特别指明了遗嘱继承人继承遗产的先后顺序,则遗嘱继承人应按遗嘱指定的先后顺序继承遗产。因为,“遗嘱继承是按照遗嘱进行的继承,它体现的是遗嘱人对其所遗留财产处分的意愿”③。

第三,遗嘱继承人享有遗嘱继承权后,并不排斥其享有法定继承权。即遗嘱继承人依据遗嘱取得遗产后,仍有权依《民法典·继承编》第1154条规定取得遗嘱未处分的遗产,故法定继承是遗嘱继承的法律补充。

二、遗嘱继承人的范围

由于社会制度、历史背景、文化传统、宗教信仰等不同,各国继承立法关于遗嘱继承人的范围界定也略有不同,立法例主要有三种④:

第一,遗嘱继承人可以是法定继承人范围以内的自然人,也可以是法定继承人范围以外的自然人。如《乌克兰民法典》第1235条第1款规定:“立遗嘱人可以指定一个或者若干自然人为自己的继承人,不论其与这些人是否具有家

① 《最新阿根廷共和国民法典》,徐涤宇译,法律出版社2007年版,第790页。

② 参见王歌雅:《〈民法典·继承编〉立法研究》,黑龙江人民出版社2021年版,第214页。

③ 夏吟兰主编:《婚姻家庭继承法》(第2版),中国政法大学出版社2017年版,第254页。

④ 参见马忆南:《婚姻家庭继承法学》(第4版),北京大学出版社2019年版,第303~304页。

庭、亲属关系,也可以指定民事法律关系的其他参加人为自己的继承人。”[①]《瑞士民法典》第 539 条第 1 款规定:“任何人均可以成为继承人,并可以根据遗嘱或继承协议取得遗产,但法律规定没有继承资格的人除外。”[②]

第二,遗嘱继承人可以是法定继承人范围以内的自然人,也可以是法定继承人范围以外的自然人、法人、国家。如《越南民法典》第 609 条第 2 款规定:“非自然人可以根据遗嘱享有继承遗产的权利。”其第 613 条规定:“继承人在继承开始时必须是活着的自然人,或者是在被继承人死亡前已经成为胎儿、继承开始后出生并存活的自然人。遗嘱继承人为非自然人的,则必须于继承开始时存在。”[③]《巴西新民法典》第 1799 条规定:“可召集如下人参与遗嘱继承:(1)遗嘱人指定之人的子女,即使当时还未受孕,只要在开始继承时此等人生存;(2)法人;(3)其组织机构由遗嘱人以财团形式确定的法人。”[④]

第三,遗嘱继承人只能是法定继承人范围之内的自然人。我国继承立法采此种法例,《民法典》第 1133 条第 2 款规定即采此种立法例,即“自然人可以立遗嘱将个人财产指定由法定继承人中的一人或者数人继承”。首先,遗嘱继承人的范围具有限定性。即将其限定在法定继承人范围之内,既包括第一顺序的法定继承人,也包括第二顺序的法定继承人;而法定继承人以外的任何人不能作为遗嘱继承人。其次,遗嘱继承人的人数不具有限定性。即其既可以是法定继承人中的一人,也可以是法定继承人中的数人,且不受法定继承顺序的限制。

《民法典》第 1133 条第 3 款规定:“自然人可以立遗嘱将个人财产赠与国家、集体或者法定继承人以外的组织、个人。”依据该规定,法定继承人以外的自然人、法人、非法人组织、国家,仅为受遗赠人,并非遗嘱继承人。

第三节 遗嘱的内容和形式

遗嘱继承在内容建构与形式设计层面,体现出实体与程序的兼容统一、自

① 《乌克兰民法典》,刘鹏译,商务印书馆 2022 年版,第 504 页。

② 《瑞士民法典》,于海涌、赵希璇译,法律出版社 2016 年版,第 192 ~ 193 页。

③ 《越南民法典》,伍光红、黄氏惠译,商务印书馆 2018 年版,第 179 页。

④ 《巴西新民法典》,齐云译,中国法制出版社 2009 年版,第 281 ~ 282 页。

由与利益的衡平保护、公平与正义的价值追求。因此,遗嘱内容的规范与遗嘱形式的设计,均将有效维护继承秩序。

一、遗嘱的内容

遗嘱内容的规范、明确,有利于遗嘱继承的顺利进行,有利于维护遗嘱继承人及其相关财产承受者的利益。

(一)遗嘱内容概述

遗嘱的内容,是指"遗嘱人生前处理个人遗产及其他事务的意思表示"①。遗嘱的内容应当符合继承法规定,遵循公序善俗。遗嘱内容的具体、明确、翔实,也有利于遗嘱执行人理解与执行遗嘱。遗嘱一般包括以下内容。

1. 指定遗嘱继承人或者受遗赠人

遗嘱人应当在遗嘱中明确指定继承遗产或者接受遗赠的民事主体,并载明遗嘱继承人或者受遗赠人的姓名或名称,这是遗嘱的首要内容。

关于遗嘱继承人,其应为法定继承人中的一人或者数人。关于受遗赠人,其应为法定继承人以外的组织、个人或者国家、集体。其中,"集体不单纯指集体所有制经济组织,而应包括现代经济生活和社会生活中的各种组织体"②。

2. 指明遗产的分配方法或具体份额

遗嘱人应当列明财产清单,说明财产的名称、数量、价值以及财产存储地点等。遗嘱人在遗嘱中可以处分其全部财产,也可以处分其部分财产。如果遗嘱人在遗嘱中处分其全部财产,需要明确遗产的分配办法或者遗产份额。如果遗嘱人在遗嘱中处分其部分财产,为便于遗产分割,应当"从实物上或价值数额上将该部分遗产从点遗产中特定化、独立化,即指明具体的财产或具体的价值份额"③。

遗嘱人在遗嘱中尚有未指明的财产,或者仅指明财产的一定份额时,未指明的财产或份额应视为遗嘱未处分的财产。如果"遗嘱中对财产的处置前后相互矛盾的,应推定为遗嘱人对该财产未作处分"④。

---

① 王歌雅:《〈民法典·继承编〉立法研究》,黑龙江人民出版社2021年版,第219页。

② 马忆南:《婚姻家庭继承法学》(第4版),北京大学出版社2019年版,第315页。

③ 马忆南:《婚姻家庭继承法学》(第4版),北京大学出版社2019年版,第317页。

④ 郭明瑞、房绍坤编著:《继承法》,法律出版社2004年版,第150页。

遗嘱人在遗嘱中仅指定若干遗嘱继承人和受遗赠人,而未明确遗嘱继承人和受遗赠人对遗产的分配办法或者每人应得的遗产份额时,在一般情况下,遗嘱人的全部遗产按照遗嘱继承办理,并在各个遗嘱继承人或受遗赠人之间做等额分配。①

3. 指明某项遗产的用途或者使用目的

遗嘱人在遗嘱中指明财产的用途或者使用目的,属于遗嘱人的私权处分与意志自由。遗嘱人在遗嘱中指明遗产的用途或使用目的,有利于充分利用、发挥遗产的价值,减少继承纠纷、稳定家庭,保障家庭和睦。同时,也有利于发展公共福利事业,推动社会和谐共荣。如遗嘱人可以利用遗产创办学校、建立医院、设立文学基金、建设养老机构等,推进公共福利事业的发展,助力社会文明和团结友爱。

4. 对遗嘱继承人或受遗赠人设置附加义务

附义务的遗嘱,又称遗托,是指遗嘱人在遗嘱中向遗嘱继承人或者受遗赠人附加的必须履行的某项义务的要求。② 即遗嘱人在遗嘱中向承受遗产的遗嘱继承人或者受遗赠人提出必须履行某项义务的要求,遗嘱继承人、受遗赠人接受继承或者遗赠后应当履行义务。《民法典》第1144条规定:"遗嘱继承或者遗赠附有义务的,继承人或者受遗赠人应当履行义务。没有正当理由不履行义务的,经利害关系人或者有关组织请求,人民法院可以取消其接受附义务部分遗产的权利。"遗托具有如下法律特征③:

其一,遗托以遗嘱形式作出。遗嘱的有效成立是遗托成立的前提;遗嘱是要式法律行为,故遗托也是要式法律行为。

其二,遗托是遗嘱人死后生效的单方民事法律行为。遗托的撤回、变更,基于遗嘱人的意志。

其三,遗托是为遗嘱继承人或者受遗赠人附加的义务。遗嘱人只有赋予遗嘱继承人或者受遗赠人以遗嘱继承权或受遗赠权,才能要求遗嘱继承人或者受遗赠人履行遗托的义务。

---

① 参见王歌雅:《〈民法典·继承编〉立法研究》,黑龙江人民出版社2021年版,第219页。

② 参见蓝承烈、杨震主编:《继承法新论》,黑龙江教育出版社1993年版,第185页。

③ 参见王歌雅:《〈民法典·继承编〉立法研究》,黑龙江人民出版社2021年版,第240页。

其四,接受继承或者接受遗赠必须履行遗托的义务。遗嘱继承人或者受遗赠人同意接受继承或者接受遗赠,则必须履行遗托义务。如果遗托所附的是某种财产义务,那么,义务人一般只在取得遗产的实际价值范围内执行遗托。

遗嘱人在遗嘱中为遗嘱继承人或者受遗赠人附加的义务范围比较广泛,既可以是财产义务或者非财产义务,也可以是为实现公益目的或者为满足个人私益而附加的义务。无论遗托中附加的是何种义务,遗托的适用应满足以下条件:第一,遗托中要求遗嘱继承人或者受遗赠人履行的义务,必须具有实际履行的可能。第二,遗托中要求遗嘱继承人或者受遗赠人履行的义务,不能超过遗嘱继承人或者受遗赠人依据遗嘱所享有的财产权利的限度。第三,遗托中要求遗嘱继承人或者受遗赠人履行的义务,不得违反法律、行政法规的强制性规定,不得违背公序良俗。

"遗嘱内容中附有负担条款的,即构成遗嘱继承人、受遗赠人接受遗嘱人遗产的前提条件。"①如果遗嘱继承人或者受遗赠人放弃继承权、受遗赠权,则不需要履行遗嘱中所负担的义务。反之,则必须履行遗嘱中所负担的义务。《继承编解释(一)》第29条规定:"附义务的遗嘱继承或者遗赠,如义务能够履行,而继承人、受遗赠人无正当理由不履行,经受益人或者其他继承人请求,人民法院可以取消其接受附义务部分遗产的权利,由提出请求的继承人或者受益人负责按遗嘱人的意愿履行义务,接受遗产。"

5. 指定遗嘱执行人

遗嘱执行人,是指"根据遗嘱人的生前指定或者法律的规定而使遗嘱内容得以实现的人"②。遗嘱人可以在其设立的遗嘱中指定遗嘱执行人,以防止因理解遗嘱和分割遗产而产生继承纠纷,确保遗嘱继承的顺利进行。遗嘱执行人分为两类:一是法定遗嘱执行人,二是指定遗嘱执行人。

法定遗嘱执行人,即依据继承法规定而产生的遗嘱执行人,适用于遗嘱人在遗嘱中没有指定遗嘱执行人,或者遗嘱中指定的遗嘱执行人拒绝执行遗嘱,或者遗嘱中指定的遗嘱执行人丧失执行能力等情形。

指定遗嘱执行人,即依据遗嘱人的指定而产生的遗嘱执行人。指定遗嘱执

① 马忆南:《婚姻家庭继承法学》(第4版),北京大学出版社2019年版,第317页。

② 王歌雅主编:《婚姻家庭继承法学》(第2版),中国人民大学出版社2013年版,第215页。

行人的方式包括:一是遗嘱人在遗嘱中指定遗嘱执行人,其属于遗嘱的内容之一;二是遗嘱人在遗嘱之外另行指定遗嘱执行人,其应当视为遗嘱人对其所立遗嘱内容的有效补充;三是遗嘱人在遗嘱中明确委托他人指定遗嘱执行人,即受托人依据遗嘱人的委托而指定的遗嘱执行人,其与遗嘱人亲自指定的遗嘱执行人具有同等的法律效力。①

遗嘱人在遗嘱中指定遗嘱执行人,是遗嘱人的单方民事法律行为,于遗嘱生效时产生法律效力。即继承开始后,遗嘱人指定的遗嘱执行人,应当依据遗嘱履行清理遗产、保管遗产等义务,他人不得干涉、侵害、剥夺指定遗嘱执行人执行遗嘱的权利。诚然,被指定的遗嘱执行人是否接受遗嘱人的指定,不受遗嘱指定的限制和约束,应由被指定的遗嘱执行人自行决定。

(二)后位继承与补充继承

继承开始后,遗嘱继承人依据遗嘱行使继承权利,并取得财产利益,从而实现遗嘱继承的目的。然而,社会生活纷繁复杂,"如同法定继承需设置一定的顺位和代位制度一样,遗嘱人基于自身的愿望或对客观上可能发生的情况的估计,亦可以在指明遗嘱继承人的同时,设立相应的顺位"②。因此,遗嘱的内容比较广泛,在理解遗嘱基本内容的基础上,根据我国继承法理与司法实践,可以在遗嘱中指定前位继承人、后位继承人或者补充继承人,从而引发后位继承或者补充继承。

1. 后位继承

后位继承,亦称次位继承、替代继承,是指"因遗嘱中所规定的某种条件的成就或者期限的到来,由某遗嘱继承人所继承的财产又转移给其他继承人承受"③。即遗嘱人在遗嘱中先指定一人或者数人为遗嘱继承人,同时又在该遗嘱中另行指定一人或者数人为前者的继承人。如《德国民法典》第 2100 条规定:"被继承人可以以被指定的人在另一人已先成为继承人之后才成为继承人的方式,指定某一继承人(后位继承人)。"④其第 2106 条第 1 款规定:"被继承人已指定后位继承人,而未规定后位继承应随之而开始的时点或事件的,遗产在前

① 参见马忆南:《婚姻家庭继承法学》(第 4 版),北京大学出版社 2019 年版,第 317 ~ 318 页。
② 马忆南:《婚姻家庭继承法学》(第 4 版),北京大学出版社 2019 年版,第 315 页。
③ 王歌雅:《〈民法典·继承编〉立法研究》,黑龙江人民出版社 2021 年版,第 221 页。
④ 《德国民法典》,陈卫佐译,法律出版社 2020 年版,第 686 页。

位继承人死亡时归属于后位继承人。”①

在后位继承法律关系中，先被指定承受遗嘱人的遗产的继承人，是前位继承人；后被指定的从前位继承人处取得遗产的继承人，是后位继承人，或称次位继承人。只有在遗嘱中所规定的某种条件成就或者期限到来之际，后位继承人才能从前位继承人处取得遗产，即主观意义上的继承权；在此之前，后位继承人根据遗嘱内容只能享有客观意义上的继承权。

2. 补充继承

补充继承，亦称再指定继承，是指“遗嘱人为防止被指定的继承人先于遗嘱人死亡，或者放弃继承等情况的发生，而在遗嘱中再指定候补继承人”②。即遗嘱人在遗嘱中可以预先指明候补继承人，当被指定的遗嘱继承人因故发生放弃继承、丧失继承权、先于遗嘱人死亡等情形时，其所继承的财产应由候补继承人继承。如《菲律宾民法典》第 857 条规定：“继承人的替补是对另一继承人的指定，以便该另一继承人在遗嘱人原先指定的继承人缺位时可以参加继承。”其第 859 条第 1 款规定：“遗嘱人指定的继承人先于遗嘱人死亡、不想接受遗产或将丧失能力接受遗产的，遗嘱人可以指定一人或不止一人替补此等继承人。”其第 860 条规定：“两人或多人可以替补一个继承人；一人可以替补两个或多个继承人。”③

在补充继承法律关系中，前面所指定的继承人为原遗嘱继承人；后面所指定的继承人为候补继承人或者补充继承人。补充继承人只有在原遗嘱继承人出现放弃继承、丧失继承权、先于遗嘱人死亡等情形时，才能按照遗嘱指定，继承其有权取得的遗产。否则，补充继承人不能成为实际继承人，也不能取得遗嘱人在遗嘱中指定的由其继承的那份遗产。因此，补充继承实质上是附特定前提条件的遗嘱继承。

3. 后位继承与补充继承的区别④

后位继承与补充继承在遗嘱继承制度中具有积极的法律意义，它既直接体现了遗嘱自由原则，也有利于保障自然人积极行使财产所有权，使遗嘱继

① 《德国民法典》，陈卫佐译，法律出版社 2020 年版，第 688 页。
② 王歌雅：《〈民法典·继承编〉立法研究》，黑龙江人民出版社 2021 年版，第 221 页。
③ 《菲律宾民法典》，蒋军洲译，厦门大学出版社 2011 年版，第 120 页。
④ 参见王歌雅：《〈民法典·继承编〉立法研究》，黑龙江人民出版社 2021 年版，第 222 页。

承与法定继承形成有效联动、合力互补，从而有效避免因法定继承的机械性而产生的弊端。但是，后位继承与补充继承存在本质区别，具体体现在以下几个方面：

（1）遗嘱人的意愿不同

在后位继承中，遗嘱人的意愿是希冀后位继承人最终取得遗产。而在补充继承中，遗嘱人的初始意愿是希望原遗嘱继承人取得遗产，为防止和避免原遗嘱继承人出现因故不能继承遗产的情形，遗嘱人才指定补充继承人。因此，补充继承人往往继承不到遗嘱人所指定的遗产。

（2）继承人所享有的权利不同

在后位继承中，前位继承人对取得的遗产无自由处分权。而在补充继承中，原遗嘱继承人在取得遗产的同时，也取得对遗产的完全、充分的所有权。

（3）遗产转移的方式不同

在后位继承中，遗产发生了两次转移：遗产的第一次转移，是从遗嘱人转移到前位继承人；遗产的第二次转移，是从前位继承人转移到后位继承人。所以，后位继承人对遗嘱人的遗产是间接取得。

在补充继承中，遗产只发生了一次转移，当原遗嘱继承人出现放弃继承、丧失继承权、先于遗嘱人死亡等情形时，补充继承人直接继承遗嘱人的遗产。所以，补充继承人对遗嘱人的遗产是直接取得。

《民法典·继承编》对后位继承、补充继承未作规定。为遵循遗嘱自由原则，妥善解决继承纠纷，维护民众继承利益，回应民众继承期待，应当对后位继承与补充继承的基本法理给予法律关注。

二、遗嘱的形式

遗嘱形式设计，蕴含意思自治与权利保障的价值；意思自治体现为遗嘱形式的多维选择，权利保障体现为遗嘱形式的界定完备。同时，遗嘱形式的优位编制，表明遗嘱继承意在实现形式平等与实质平等的有机统一。“因为形式平等是实质平等的基础和前提，也是实质平等的保障和落实。”①

① 王歌雅：《民法典编纂：性别意识与规范表达》，载《中华女子学院学报》2019年第2期。

（一）遗嘱形式概述

遗嘱的形式，是指"遗嘱人处分自己的财产以及有关事务的意思表示的方式"①。即遗嘱人表述自己遗嘱意思的法定方式。遗嘱的法定方式是准确表达遗嘱人真实遗愿的程序保障，也是保障遗嘱效力的重要手段，可以有效预防伪造、篡改遗嘱等情形的发生。

关于遗嘱的形式，各国继承立法均有规定，主要有两种立法例：一是有限的遗嘱形式，即为保障遗嘱形式的严谨、规范，防止伪造、篡改遗嘱等情形的发生，继承立法一般仅规定一至两类遗嘱形式。如《菲律宾民法典》第810条规定："每个人均可以订立亲笔遗嘱，亲笔遗嘱必须全部由遗嘱人自己亲自书写、注明日期和签名。亲笔遗嘱不受其他形式的约束，可以在菲律宾境内或境外订立，并且不需被见证。"②《智利共和国民法典》第1008条第4款规定："要式遗嘱或采用公开方式，或采用密封方式。"③二是多元的遗嘱形式，即为保障被继承人设立遗嘱的自由，继承立法规定了三种以上的遗嘱形式。如《瑞士民法典》第498条规定："被继承人可以采用公证、自书或口述形式设立遗嘱。"④《日本民法典》第967条规定："遗嘱，须以亲笔证书、公证证书或者密封证书的方式订立。但是，允许以特别方式订立的情形，不在此限。"⑤

我国继承立法关于遗嘱形式的规定，采多元的遗嘱形式，属于第二种立法例。《民法典·继承编》规定了六类遗嘱形式，即自书遗嘱、代书遗嘱、打印遗嘱、录音录像遗嘱、口头遗嘱、公证遗嘱。

（二）《民法典·继承编》规定的遗嘱形式

在继承法规定的遗嘱形式范围内，遗嘱人可以自行选择遗嘱方式。根据《民法典·继承编》规定，遗嘱人订立遗嘱，应当符合遗嘱的形式要件。否则，遗嘱不产生订立效力。

1. 自书遗嘱

自书遗嘱，是指遗嘱人亲笔书写的遗嘱。自书遗嘱的特点是简易、便捷，不

---

① 巫昌祯主编：《婚姻与继承法学》（第6版），中国政法大学出版社2017年版，第318页。
② 《菲律宾民法典》，蒋军洲译，厦门大学出版社2011年版，第114页。
③ 《智利共和国民法典》，徐涤宇译，北京大学出版社2014年版，第158页。
④ 《瑞士民法典》，于海涌、赵希璇译，法律出版社2016年版，第181页。
⑤ 《日本民法典》，刘士国、牟宪魁、杨瑞贺译，中国法制出版社2018年版，第245页。

需要见证人在场见证。只要遗嘱人具备相应的文化水平,就可以根据自己的意志自由地订立遗嘱。《民法典》第1134条规定:“自书遗嘱由遗嘱人亲笔书写,签名,注明年、月、日。”遗嘱人采用自书遗嘱订立遗嘱时,应当注意以下问题:

(1)自书遗嘱必须由遗嘱人亲笔书写遗嘱的全部内容

自书遗嘱的形式要件,要求遗嘱的全部内容必须由遗嘱人亲笔书写,即遗嘱中所有的文字、字迹均为遗嘱人本人亲笔所写。具体而言,“亲笔书写”,是指遗嘱只能由遗嘱人亲自书写,既不可以由他人代笔书写,也不可以由打印机打印。“全部内容”,是指遗嘱中的全部文字、字迹,既包括遗嘱人如何处理遗产的主要内容部分,也包括遗嘱的题头、遗嘱人的签名、遗嘱中注明的年、月、日等其他部分。如果遗嘱中存在非遗嘱人亲笔书写的内容,则不能适用关于自书遗嘱的规定。

(2)自书遗嘱必须是遗嘱人生前处分财产的真实意思表示

自书遗嘱不要求必须写明“遗嘱”二字。如果遗嘱人生前在有关文书中,对其死后财产的处理已作出安排,有本人亲笔签名并注明年、月、日,且无其他证据证明其非遗嘱人本人的真实意思表示,则可以按自书遗嘱对待。《继承编解释(一)》第27条规定:“自然人在遗书中涉及死后个人财产处分的内容,确为死者的真实意思表示,有本人签名并注明了年、月、日,又无相反证据的,可以按自书遗嘱对待。”

(3)自书遗嘱必须由遗嘱人亲笔签名

遗嘱人的亲笔签名具有证明效力,既可以证明遗嘱确为遗嘱人本人亲自书写,又可以证明遗嘱确为遗嘱人本人的真实意思表示。遗嘱人在遗嘱上的签名必须是遗嘱人的正式姓名,不能是遗嘱人的笔名、艺名;遗嘱人的正式姓名以户籍身份信息登记为准。同时,遗嘱人必须在遗嘱上亲笔书写自己的姓名,不能以加盖名章或者捺印替代。

(4)自书遗嘱必须由遗嘱人注明年、月、日

自书遗嘱必须注明具体日期,其立法目的为:一是通过确定遗嘱订立的具体日期,可以判定遗嘱人设立遗嘱时是否具有遗嘱能力;二是当遗嘱人立有数份遗嘱时,可以确定遗嘱订立的先后顺序。一般而言,该日期原则上应为遗嘱制作完毕、遗嘱人亲笔签名之日;但是,遗嘱人“并不于签名之日为遗嘱的时间而以其他时间为遗嘱时间的也未尝不可,不过只能以遗嘱中注明的日期为遗嘱

的时间”①。遗嘱人在遗嘱中未注明日期或者注明的日期不具体，且通过遗嘱的其他内容仍无法确定具体日期的，遗嘱不能生效。

2. 代书遗嘱

代书遗嘱，是指遗嘱人委托他人代为书写的遗嘱。当遗嘱人具有一定的文化水平和书写能力，能够用文字准确表达其内心意志时，遗嘱人无须请求他人代为书写遗嘱。如果遗嘱人在无文字书写能力或者由于客观原因而不能亲笔书写遗嘱的情况下，遗嘱人可以请求他人代为书写遗嘱。《民法典》第 1135 条规定：“代书遗嘱应当有两个以上见证人在场见证，由其中一人代书，并由遗嘱人、代书人和其他见证人签名，注明年、月、日。”遗嘱人适用代书遗嘱形式订立遗嘱时，应当注意以下方面。

(1)代书遗嘱中的代书人必须忠实履行代书义务，准确记录遗嘱人的真实意思表示

代书遗嘱是由遗嘱人亲自向代书人口述遗嘱内容，代书人代替遗嘱人书写遗嘱内容的一种遗嘱形式。对遗嘱人而言，遗嘱人需要向代书人准确、清晰地表达订立遗嘱的内容。对代书人而言，代书人需要认真倾听遗嘱人的真实意愿，并将遗嘱人的意愿如实地记录在遗嘱内容中。代书人在书写完成遗嘱后，应当将代书完成的遗嘱交由遗嘱人进行核对。因此，“代书人只是遗嘱人口授遗嘱的文字记录者，而不能就遗嘱内容提出任何意见。代书人须忠实地记载遗嘱人的意思表示，而不得对遗嘱人的意思表示作篡改或修正”②。

(2)代书遗嘱必须有两个以上的见证人在场见证

遗嘱是遗嘱人处分个人财产的重要民事法律行为，继承立法为保障遗嘱人所立遗嘱的真实性以及继承当事人的继承权益，规定遗嘱人在订立代书遗嘱时，应当有两个以上的见证人在场见证。而两个以上的见证人中，其中一人可以为代书人。即不是要求见证人与代书人的人数分别进行计算，而是见证人和代书人的人数总和为两人以上。见证人是与遗嘱继承无利害关系的人，见证人通过对代书遗嘱的过程进行见证，既可以监督代书人的代书过程，防止遗嘱人的真实意思表示被误解、篡改；又可以避免他人干涉、影响遗嘱人设立遗嘱，从

---

① 马忆南：《婚姻家庭继承法学》(第 4 版)，北京大学出版社 2019 年版，第 311 页。

② 马忆南：《婚姻家庭继承法学》(第 4 版)，北京大学出版社 2019 年版，第 312 页。

而保障遗嘱人实现遗嘱利益。

(3)代书遗嘱必须由遗嘱人、代书人和其他见证人签名,并注明年、月、日

代书人在遗嘱书写完毕后,应当向遗嘱人和其他见证人宣读遗嘱内容。经遗嘱人和其他见证人对遗嘱内容核对无误后,由遗嘱人、代书人和其他见证人在遗嘱上亲笔签名,并注明年、月、日。其中,签名必须分别为遗嘱人、代书人和其他见证人本人的亲笔签名,日期必须分别为遗嘱人、代书人和其他见证人本人亲笔书写的年、月、日;上述签名与日期,缺一不可。

3. 打印遗嘱

打印遗嘱,是指"遗嘱内容由电脑排版、打印机输出打印而形成的遗嘱"①。伴随社会经济的发展、科学技术的进步、物质水平的提高,电脑、打印机等机器设配已经成为人们学习、工作、生活的必需品与必备品。继承立法规定打印遗嘱,体现出社会进步和传统书写习惯的变化。与传统手写遗嘱方式相比较,通过电脑排版、打印机输出的遗嘱具有正式、美观、方便等优势。《民法典》第1136条规定:"打印遗嘱应当有两个以上见证人在场见证。遗嘱人和见证人应当在遗嘱每一页签名,注明年、月、日。"遗嘱人采用打印遗嘱形式订立遗嘱时,应当注意以下几个方面。

(1)打印遗嘱必须真实体现遗嘱人处分其自身财产的意愿

与传统手写遗嘱方式不同,打印遗嘱分为两个过程:用电脑书写遗嘱与打印机输出遗嘱。对于电脑书写遗嘱而言,书写人使用何种办公软件、适用何种字体、字号等,继承法并无明确要求。对于打印机输出遗嘱而言,使用何种型号打印机、纸张大小,继承法亦未作出禁止性规定。因此,打印遗嘱仅需遵从书写人的意思自由与行为自由,不要求电脑书写遗嘱与打印机输出遗嘱必须由遗嘱人本人完成。但是,打印遗嘱的内容必须体现遗嘱人生前对其财产处分的真实遗愿,不应被他人伪造、篡改。

(2)打印遗嘱必须由两个以上见证人在场见证

打印遗嘱是依据电脑技术与打印设备制作的遗嘱,遗嘱的内容为打印字迹,而非遗嘱人本人亲笔书写。为保障遗嘱人设立遗嘱的意思自治,防止他人伪造、篡改遗嘱,继承法规定制作打印遗嘱需要两个以上见证人在场见证。即

---

① 王歌雅:《〈民法典·继承编〉立法研究》,黑龙江人民出版社2021年版,第217页。

见证人需要对订立遗嘱的全部过程进行见证，既包括对使用电脑书写遗嘱的过程进行见证，也包括对使用打印机输出遗嘱的过程进行见证。在打印遗嘱制作完成后，遗嘱人与见证人应当对遗嘱内容进行检查、核对，确保遗嘱内容是遗嘱人对其自身财产处分的真实意思表示。

(3)打印遗嘱必须由遗嘱人和见证人在每一页遗嘱上签名，并注明年、月、日

自书遗嘱系遗嘱人亲笔书写，代书遗嘱系代书人代为书写，当发生遗嘱继承纠纷时，可以通过笔迹鉴定方式确定遗嘱真伪。然而，打印遗嘱的特殊性在于遗嘱内容为印刷字体，无法通过鉴定方式确定真伪，故继承法要求遗嘱人和两个以上的见证人必须在遗嘱中签名确认，并注明年、月、日。如果打印遗嘱仅为一页，则遗嘱人和两个以上的见证人须在遗嘱中同一落款处签名并注明年、月、日，用以保证遗嘱内容的真实性、合法性。如果打印遗嘱为两页或者两页以上，则遗嘱人和两个以上的见证人须在遗嘱中的每一页落款处签名并注明年、月、日，用以保证遗嘱内容的完整性、连续性、有效性。

4. 录音录像遗嘱

录音录像遗嘱，是指“以录音录像方式录制下来的遗嘱人的口述遗嘱”①。录音录像技术是现代社会发展的科技成果，录音录像遗嘱作为一种新型的遗嘱方式，是法律与技术的有益结合。具体而言，其分为两种遗嘱形式：录音遗嘱与录像遗嘱。录音遗嘱，是指以录音机、录音笔、录音带等方式录制下来的遗嘱人的遗嘱，这种遗嘱只能记录遗嘱人的声音，无法记录遗嘱人的影像。录像遗嘱，是指以录像机、照相机等可以录制声音和影像的器材所录制的遗嘱人的遗嘱，这种遗嘱既可以记录遗嘱人的声音，也可以记录遗嘱人的影像。②《民法典》第1137条规定：“以录音录像形式立的遗嘱，应当有两个以上见证人在场见证。遗嘱人和见证人应当在录音录像中记录其姓名或者肖像，以及年、月、日。”遗嘱人采用录音录像遗嘱形式订立遗嘱时，应当注意以下几个方面。

---

①　房绍坤、范李瑛、张洪波编著：《婚姻家庭继承法》(第6版)，中国人民大学出版社2020年版，第208页。

②　参见最高人民法院民法典贯彻实施工作领导小组主编：《中华人民共和国民法典婚姻家庭编继承编理解与适用》，人民法院出版社2020年版，第574页。

(1)录音录像遗嘱必须由遗嘱人亲自制作

制作录音录像遗嘱,要求遗嘱人必须亲自口述其所立遗嘱的全部内容,不能由他人代为转述。遗嘱人制作录音录像遗嘱,要求遗嘱人要语言清楚、影像清晰,不能语言含混、影像模糊,从而有效保障遗嘱人准确、完整地表达遗嘱意愿。

(2)录音录像遗嘱必须有两个以上的见证人在场见证

遗嘱人在制作录音录像遗嘱时,必须有两个或者两个以上的见证人在场见证。根据继承法规定,见证人的上限人数法律未作要求,表明见证人越多,越能保障遗嘱人在设立遗嘱时充分表达内心真意。同时,继承法要求见证人须参与录音录像遗嘱的全部录制过程,见证人必须亲自在场,不允许见证人委托他人代为见证。

(3)录音录像遗嘱中必须记录遗嘱人和见证人的姓名或者肖像,并注明年、月、日

制作录音录像遗嘱,遗嘱人首先应说明见证人的姓名,表明见证人的身份和影像,然后在见证人的见证下,完整、无误地口述遗嘱的全部内容,并指明制作录音录像遗嘱的准确地点和年、月、日。然后,两名以上的见证人按照顺序,依次记录姓名或者录制肖像,确保录制的声音或者肖像清楚、清晰,并指明制作录音录像遗嘱的准确地点和年、月、日。最后,为确保录音录像遗嘱的真实性,录音录像遗嘱在制作完成后,应当当场封存,遗嘱人和见证人均应在封存好的录音录像遗嘱的封口处签名,并注明年、月、日。

5. 口头遗嘱

口头遗嘱,是指遗嘱人因生命垂危或者其他危急情况,不能依其他遗嘱形式订立遗嘱时,口头表述遗嘱内容而由见证人予以见证的遗嘱。① 危急情况,是指当遗嘱人处于生命垂危、爆发战争、发生意外灾害等情形时,遗嘱人无法或者无条件设立其他形式的遗嘱。《民法典》第1138条规定:"遗嘱人在危急情况下,可以立口头遗嘱。口头遗嘱应当有两个以上见证人在场见证。危急情况消除后,遗嘱人能够以书面或者录音录像形式立遗嘱的,所立的口头遗嘱无效。"遗嘱人适用口头遗嘱形式订立遗嘱时,应当注意以下方面。

---

① 参见王歌雅:《〈民法典·继承编〉立法研究》,黑龙江人民出版社2021年版,第217页。

(1)口头遗嘱订立的前提条件是“遗嘱人在危急情况下”

遗嘱人只有在危急情况下才能订立口头遗嘱。即遗嘱人在危急情况下,无法以自书遗嘱、代书遗嘱、打印遗嘱、录音录像遗嘱、公证遗嘱等其他形式订立遗嘱,只能通过口头遗嘱方式设立遗嘱。依据继承法理与司法实践,“危急情况”不限于生命危急,只要是会导致无法通过其他形式设立遗嘱的,均为危急情况。如因重病或者急病有生命危险、服军役时因训练或遇有战争而生命遭受危险、乘客在海上遇有危险情况、在传染病疫区、交通阻断等。[①] 如果遗嘱人客观上并未处于危急情况,只是遗嘱人主观上自感危急,则不属于危急情况,此时遗嘱人所立的口头遗嘱应属无效。

(2)口头遗嘱必须有两个以上的见证人在场见证

口头遗嘱是遗嘱人在危急情况下,以口述方式表达处分自身财产的意愿,没有任何记录载体。遗嘱人订立的口头遗嘱需要见证人转述,故见证人应当亲自参与遗嘱人订立口头遗嘱的全部过程,以保证遗嘱人的意思表示能够真实再现。见证人在场见证的方式为“亲耳聆听遗嘱人口述的遗嘱内容,并将其所听到的内容如实记录下来,没有条件进行书面记录的,应该尽量凭借记忆记住遗嘱的内容”[②]。因此,继承法规定口头遗嘱需要由两个以上的见证人在场见证。当遗嘱人发生危急情况时,如果只有遗嘱人一人在场,而没有其他见证人在场见证,则遗嘱人不能通过口头遗嘱的方式订立遗嘱。

(3)口头遗嘱的效力

口头遗嘱是在危急情况下订立的遗嘱,故口头遗嘱也被称为紧急遗嘱或者特别方式的遗嘱。因遗嘱人口述遗嘱的内容不易固定,易被他人伪造、篡改,加之时间的推移,口头遗嘱见证人的记忆会产生偏差,故在危急情况解除后,遗嘱人能够以书面或者录音录像形式订立遗嘱的,应该尽快以书面或者录音录像形式订立遗嘱。如果危急情况解除后,遗嘱人在“时间允许且客观条件充分的情况下,仍旧未订立书面或录音录像遗嘱,那么其之前所订立的口头遗嘱即为无效的遗嘱,亦即在此情况下,法律规定如果遗嘱人消极不作为——不订立书面

---

① 参见房绍坤、范李瑛、张洪波编著:《婚姻家庭继承法》(第6版),中国人民大学出版社2020年版,第209页。

② 最高人民法院民法典贯彻实施工作领导小组主编:《中华人民共和国民法典婚姻家庭编继承编理解与适用》,人民法院出版社2020年版,第579页。

或录音录像遗嘱——则推定其是以自己的行为撤销其之前所立的口头遗嘱”[①]。

6. 公证遗嘱

公证遗嘱，是指经过公证机关公证的遗嘱。与自书遗嘱、代书遗嘱、打印遗嘱、录音录像遗嘱、口头遗嘱相比较，公证遗嘱是形式最为严格的一种遗嘱设立方式。即在公证机构及公证人员的指导下，公证遗嘱更能有效保障遗嘱人的真实意思表示，便于继承开始后遗嘱的执行，并能有效预防伪造、篡改遗嘱行为的发生。因此，在继承司法实务中，相对于其他遗嘱形式而言，公证遗嘱获得了遗嘱人较高的适用选择。《民法典》第1139条规定：“公证遗嘱由遗嘱人经公证机构办理。”遗嘱人适用公证遗嘱形式订立遗嘱时，应当按照以下程序进行。

(1)申请及管辖

遗嘱公证是公证处按照法定程序证明遗嘱人设立遗嘱行为真实、合法的活动。经公证证明的遗嘱为公证遗嘱。[②] 因此，“《遗嘱公证细则》[③]的制定，为遗嘱公证提供了实质要件和形式要件的规范，补充了遗嘱继承制度，有助于指导公证遗嘱的依法设立”[④]。

遗嘱人申办遗嘱公证应当亲自到公证处提出申请。[⑤] 遗嘱人亲自到公证处有困难的，可以书面或者口头形式请求有管辖权[⑥]的公证处指派公证人员到其住所或者临时处所办理。[⑦]

申办遗嘱公证，遗嘱人应当填写公证申请表，并提交下列证件和材料：①居民身份证或者其他身份证件；②遗嘱涉及的不动产、交通工具或者其他有产权凭证的财产的产权证明；③公证人员认为应当提交的其他材料。遗嘱人填写申

---

① 最高人民法院民法典贯彻实施工作领导小组主编：《中华人民共和国民法典婚姻家庭编继承编理解与适用》，人民法院出版社2020年版，第580页。

② 参见《遗嘱公证细则》第3条。

③ 《遗嘱公证细则》2000年3月1日司法部部长办公会议通过，中华人民共和国司法部令第57号。

④ 陈苇、王歌雅：《改革开放三十年中国继承法制建设回顾与展望》，载《杭州师范学院学报（社会科学版）》2009年第5期。

⑤ 《公证法》第26条规定：自然人、法人或者其他组织可以委托他人办理公证，但遗嘱、生存、收养关系等应当由本人办理公证的除外。《公证程序规则》第11条第1款规定：当事人可以委托他人代理申办公证，但申办遗嘱、遗赠扶养协议、赠与、认领亲子、收养关系、解除收养关系、生存状况、委托、声明、保证及其他与自然人人身有密切关系的公证事项，应当由其本人亲自申办。

⑥ 《遗嘱公证细则》第4条规定：遗嘱公证由遗嘱人住所地或者遗嘱行为发生地公证处管辖。

⑦ 参见《遗嘱公证细则》第5条。

请表确有困难的,可由公证人员代为填写,遗嘱人应当在申请表上签名。[①] 同时,申请办理公证的当事人应当向公证机构如实说明申请公证的事项的有关情况,提供真实、合法、充分的证明材料;提供的证明材料不充分的,公证机构可以要求补充。[②]

(2)受理及审查

申请人如果符合申请办理遗嘱公证的条件,公证机构应当受理。申请人如果不符合申请办理遗嘱公证的条件,公证机构应当在3日内作出不予受理的决定,并通知申请人。[③] 公证机构受理公证申请后,应当告知当事人申请公证事项的法律意义和可能产生的法律后果,并将告知内容记录存档。[④]

遗嘱公证应当由两名公证人员共同办理,由其中一名公证员在公证书上署名。因特殊情况由一名公证员办理时,应当有一名见证人在场,见证人应当在遗嘱和笔录上签名。[⑤]

关于遗嘱公证,公证机构应审查下列事项:①遗嘱人身份属实,具有完全民事行为能力;②遗嘱人意思表示真实;③遗嘱人证明或者保证所处分的财产是其个人财产;④遗嘱内容不违反法律规定和社会公共利益,内容完备,文字表述准确,签名、制作日期齐全;⑤办证程序符合规定。[⑥]

(3)办理遗嘱公证

公证机构经审查,认为申请提供的证明材料真实、合法、充分,申请公证的事项真实、合法的,应当自受理公证申请之日起15个工作日内向当事人出具公证书。但是,因不可抗力、补充证明材料或者需要核实有关情况的,所需时间不计算在期限内。[⑦] 公证书应当按照国务院司法行政部门规定的格式制作,由公证员签名或者加盖签名章并加盖公证机构印章。公证书自出具之日起生效。[⑧]

---

① 参见《遗嘱公证细则》第7条。

② 参见《公证法》第27条第1款。

③ 《遗嘱公证细则》第8条规定:对于属于本公证处管辖,并符合前条规定的申请,公证处应当受理。对于不符合前款规定的申请,公证处应当在3日内作出不予受理的决定,并通知申请人。

④ 参见《公证法》第27条第2款。

⑤ 参见《遗嘱公证细则》第6条。

⑥ 参见《遗嘱公证细则》第17条第1款。

⑦ 参见《公证法》第30条。

⑧ 参见《公证法》第32条第1款。

公证遗嘱应当包括以下内容:①遗嘱人的姓名、性别、出生日期、住址;②遗嘱处分的财产状况(名称、数量、所在地点以及是否共有、抵押等);③对财产和其他事务的具体处理意见;④有遗嘱执行人的,应当写明执行人的姓名、性别、年龄、住址等;⑤遗嘱制作的日期以及遗嘱人的签名。[1]

公证遗嘱采用打印形式。遗嘱人根据遗嘱原稿核对后,应当在打印的公证遗嘱上签名。遗嘱人不会签名或者签名有困难的,可以盖章方式代替在申请表、笔录和遗嘱上的签名;遗嘱人既不能签字又无印章的,应当以按手印方式代替签名或者盖章。[2]

(三)遗嘱信托[3]

信托,是指委托人基于对受托人的信任,将其财产权委托给受托人,由受托人按委托人的意愿以自己的名义,为受益人的利益或者特定目的,进行管理或者处分的行为。[4] 信托法律关系中包括三方当事人:投入信用的委托人,受信于人的受托人,受益于信托财产的受益人。遗嘱信托,是遗嘱与信托的法律结合,是委托人以遗嘱方式设立并于其死后生效的信托。如《巴西新民法典》第1951条规定:"遗嘱人可指定继承人或受遗赠人,同时规定,在其死亡时将遗产或遗赠转移给受信托人;此等受信托人死亡、一定期限届满后或特定条件成就的,其权利转移给作为信托受益人的他人。"[5]

1. 遗嘱信托的概念和特征

《民法典》第1133条第4款规定:"自然人可以依法设立遗嘱信托。"遗嘱信托,是指以遗嘱方式设立的信托,即委托人(遗嘱人)以遗嘱方式设立的于遗嘱生效时,将信托财产转移给受托人后,并由受托人依照委托人的意思,为受益人的目的而对信托财产进行管理和处分的信托。遗嘱信托,一般分为遗产管理信托和遗嘱执行信托。

《民法典·继承编》设立遗嘱信托制度,可以保障信托财产的安全,避免被受益人挥霍。对不宜分割的财产,也可通过遗嘱信托保障受益人的财产利益。

---

① 参见《遗嘱公证细则》第13条。
② 参见《遗嘱公证细则》第18条。
③ 参见王歌雅:《〈民法典·继承编〉立法研究》,黑龙江人民出版社2021年版,第218~219页。
④ 参见《信托法》第2条。
⑤ 《巴西新民法典》,齐云译,中国法制出版社2009年版,第303~304页。

遗嘱信托，具有如下法律特征：

第一，遗嘱信托设立后，遗嘱中指定的财产具有独立性。设立信托，必须有确定的信托财产，并且该信托财产必须是委托人合法所有的财产。① 遗嘱中的信托财产，其既独立于委托人遗留的遗产，也独立于受托人与受益人的个人财产。

第二，信托财产所有权与收益权相分离。设立信托，必须有合法的信托目的。② 遗嘱信托生效后，遗产所有权即转移于受托人所有。但受托人的所有权仅为名义所有权，其无权取得信托财产的收益。受益人在遗嘱信托期间，虽无信托财产的所有权，但可享受信托财产的收益。

2. 遗嘱信托的设立与生效

设立遗嘱信托，应当遵守继承法关于遗嘱的规定。遗嘱信托，应采取书面形式设立。③ 口头遗嘱不适宜遗嘱信托的设立。遗嘱信托，自遗嘱人死亡时生效。由于遗嘱是单方民事法律行为，故遗嘱信托的生效，不以受托人承诺为要件。

遗嘱指定的人拒绝或者无能力担任受托人的，由受益人另行选任受托人；受益人为无民事行为能力人或者限制民事行为能力人的，依法由其监护人代行选任。遗嘱对选任受托人另有规定的，从其规定。④

遗嘱人设立遗嘱信托，受托人既需要依据遗嘱人的意愿执行遗产分配，也需要为照顾特定之人而作出财产规划；既能充分地发挥信托制度的财产规划功能，又能有效地预防和减少继承纠纷的发生，进而保障家族财富的代际传承。

(四)遗嘱见证人的资格

遗嘱见证人，是指“受遗嘱人的邀请，协助证明遗嘱人所立遗嘱的真实性的第三人”⑤。即遗嘱见证人是证明遗嘱真实性的第三人。由于遗嘱见证人是遗嘱人订立遗嘱时在场的证明人，遗嘱见证人的证明直接关涉遗嘱效力，进而直

---

① 参见《信托法》第 7 条第 1 款。

② 参见《信托法》第 6 条。

③ 《信托法》第 8 条第 1 款、第 2 款规定：设立信托，应当采取书面形式。书面形式包括信托合同、遗嘱或者法律、行政法规规定的其他书面文件等。

④ 参见《信托法》第 13 条。

⑤ 夏吟兰主编：《婚姻家庭继承法》（第 2 版），中国政法大学出版社 2017 年版，第 260 页。

接影响遗产的处理，故各国继承立法对遗嘱见证人的资格均有所规制。如《日本民法典》第 974 条规定：“下列人不能作为遗嘱的证人或者见证人：1. 未成年人；2. 推定继承人、受遗赠人及此等人的配偶及直系血亲；3. 公证人的配偶、四亲等内的亲属、书记员及使用人。”①《菲律宾民法典》第 820 条规定：“心智健全、年龄为 18 岁或超过 18 岁但不瞎、聋或哑、并具有阅读和书写能力的任一人，都可以作为本法典第 805 条规定的订立遗嘱的见证人。”其第 821 条规定：“下列人员不能作为遗嘱见证人：1. 在菲律宾无固定住所的人；2. 被判有伪造文书罪、伪证罪或虚假证词罪的人。”②

根据《民法典 · 继承编》规定，遗嘱人在订立代书遗嘱、打印遗嘱、录音录像遗嘱、口头遗嘱时，均须两个以上的遗嘱见证人在场见证，这是上述遗嘱生效的重要条件之一。关于遗嘱见证人的资格，《民法典 · 继承编》规定了消极条件。《民法典》第 1140 条规定：“下列人员不能作为遗嘱见证人：(一) 无民事行为能力人、限制民事行为能力人以及其他不具有见证能力的人；(二) 继承人、受遗赠人；(三) 与继承人、受遗赠人有利害关系的人。”即不能作为遗嘱见证人的包括以下三类。

1. 无民事行为能力人、限制民事行为能力人以及其他不具有见证能力的人

民事行为能力以意思能力为基础。③ 无民事行为能力人、限制民事行为能力人，因其不具有完全的民事行为能力，不能成为遗嘱见证人。

遗嘱见证人需要参与制定遗嘱的全部过程，并对制定遗嘱的全部过程进行见证与监督，从而证明遗嘱的真实性、合法性、有效性。遗嘱见证人需要具有认知和理解能力，故遗嘱见证人只能是具有完全民事行为能力的自然人，而不能是法人、非法人组织。见证人是否具有完全民事行为能力，以见证人见证遗嘱订立时的民事行为能力为准。如果遗嘱人订立遗嘱时，见证人具有完全民事行为能力，其后因故丧失行为能力，仍不影响遗嘱见证的效力。

“其他不具有见证能力的人”，是《民法典 · 继承编》新增内容，其指向对象为不具备相应遗嘱见证能力的完全民事行为能力人。完全民事行为能力人虽

---

① 《日本民法典》，刘士国、牟宪魁、杨瑞贺译，中国法制出版社 2018 年版，第 247 页。

② 《菲律宾民法典》，蒋军洲译，厦门大学出版社 2011 年版，第 115 页。

③ 参见魏振瀛主编：《民法》(第 8 版)，北京大学出版社、高等教育出版社 2021 年版，第 56 页。

然可以完全辨认自己的行为，并可以独立实施民事法律行为，但如果不具备相应的遗嘱见证能力，如听、说、读、写等能力，亦不能成为遗嘱见证人。如代书遗嘱的见证人需要阅读、审查遗嘱，则具有完全民事行为能力的盲人不能成为订立遗嘱的见证人；录音录像遗嘱的见证人需要将其本人的名字予以宣读，并说明订立遗嘱的年、月、日，则具有完全民事行为能力的聋哑人不能成为订立遗嘱的见证人。国外继承立法中对此也有类似规定，如《俄罗斯联邦民法典》第1124条第2款规定："如果依照本法典的规则在遗嘱书写、签字、证明时或在送交公证员时应有见证人在场，则下列人员不能作为见证人，也不能代替立遗嘱人在遗嘱上签字：……文盲；因身体缺陷而不能完全理解所发生事情本质的公民；不足够通晓遗嘱所使用语言的人员……"①

2. 继承人、受遗赠人

遗嘱见证人的见证目的，在于保证遗嘱人所立遗嘱的合法、有效。故遗嘱见证人与遗嘱之间不应存在任何利害关系，即凡是与遗嘱有利害关系的人均不符合作为遗嘱见证人的资格。

首先，继承人不得作为遗嘱见证人。"继承人"是指继承法规定的全部的法定继承人。遗嘱人对遗产的分配与继承人的财产利益具有利害关系，其包含两个层面：受益的利害关系与受损的利害关系。无论遗嘱内容对继承人是有益，抑或是致其受损，这些继承人都有可能对遗嘱人施加一些不正当的影响或者在日后的继承纠纷中对遗嘱相关事项作出不符合事实的表述，影响遗嘱继承人的合法权益，故应将遗嘱人的所有继承人排除在外。②

其次，受遗赠人不得作为遗嘱见证人。受遗赠人作为遗嘱的受益人，与遗嘱之间存在直接的利害关系，即遗嘱人在遗嘱中对财产进行处分，直接影响受遗赠人取得财产的多少。同时，为避免受遗赠人与其他继承人在继承开始后，产生不必要的继承纠纷，应排除受遗赠人作为遗嘱的见证人。

3. 与继承人、受遗赠人有利害关系的人

与继承人、受遗赠人有利害关系的人，可能会因利益的驱使，对遗嘱人施加

---

① 《俄罗斯联邦民法典》，黄道秀译，北京大学出版社2007年版，第387～388页。

② 参见最高人民法院民法典贯彻实施工作领导小组主编：《中华人民共和国民法典婚姻家庭编继承编理解与适用》，人民法院出版社2020年版，第592页。

不利影响，阻碍遗嘱人作出真实的意愿表达，甚至可能强迫遗嘱人在违背内心真意的情况下订立遗嘱。为保证遗嘱订立的真实性、客观性、有效性，防止继承人、受遗赠人通过与其有利害关系的人影响遗嘱人设立遗嘱，故继承法规定"与继承人、受遗赠人有利害关系的人"不得成为遗嘱见证人。《继承编解释(一)》第24条规定："继承人、受遗赠人的债权人、债务人，共同经营的合伙人，也应当视为与继承人、受遗赠人有利害关系，不能作为遗嘱的见证人。"

第四节　遗嘱的法律效力

遗嘱的法律效力一般分为设立效力和执行效力。遗嘱的设立效力，是指遗嘱的设立符合法律规定的实质要件和形式要件而产生的法律效力。遗嘱的执行效力，是指"具有设立效力的遗嘱，由于遗嘱人死亡而得以执行"①。遗嘱的设立效力与遗嘱的执行效力，二者相辅相成。凡是合法有效的遗嘱均须具备上述两种效力；否则，遗嘱无效或者不生效。

一、遗嘱的有效

法的秩序是"人类在实践中所创立的法律体系经过有序化的过程形成的结果或状态。法的秩序是以自生自发的秩序为基础而形成的人为的秩序"②。维护遗嘱继承秩序，就是维护合法有效的遗嘱。为切实理解合法有效的遗嘱，需对遗嘱的有效要件与遗嘱发生法律效力的时间，进行梳理分析。

(一)遗嘱的有效要件

遗嘱的有效，是指遗嘱具备法定的有效要件，能够发生法律效力。遗嘱的有效要件包括实质要件和形式要件。遗嘱有效的实质要件，是指合法有效的遗嘱必须具备继承法规定的条件，具体包含四项内容：一是遗嘱人必须具有遗嘱能力，二是遗嘱必须是遗嘱人的真实意思表示，三是遗嘱的内容必须合法，四是遗嘱不得违反必留份的规定。遗嘱有效的形式要件，是指合法有效的遗嘱必须

---

① 王歌雅主编：《婚姻家庭继承法学》(第2版)，中国人民大学出版社2013年版，第213页。

② 杨震：《法价值哲学导论》，中国社会科学出版社2004年版，第179页。

符合继承法律规定的形式，即遗嘱必须符合法定形式。

1. 遗嘱人必须具有遗嘱能力

遗嘱是单方民事法律行为，遗嘱人设立遗嘱时须有遗嘱能力。遗嘱能力，是指“自然人依法享有的设立遗嘱，以依法自由处分其财产的行为能力”[①]。即遗嘱能力是遗嘱人设立遗嘱的行为能力。依据《民法典·继承编》规定，只有完全民事行为能力人，才具有设立遗嘱的行为能力；无民事行为能力人、限制民事行为能力人，不具有设立遗嘱的行为能力。

遗嘱人是否具有遗嘱能力，以遗嘱人设立遗嘱时为准，不以继承开始的时间为准。如果遗嘱人在设立遗嘱时有遗嘱能力，其后因故丧失遗嘱能力，则遗嘱仍为有效。《继承编解释（一）》第 28 条规定：“遗嘱人立遗嘱时必须具有完全民事行为能力。无民事行为能力人或者限制民事行为能力人所立的遗嘱，即使其本人后来具有完全民事行为能力，仍属无效遗嘱。遗嘱人立遗嘱时具有完全民事行为能力，后来成为无民事行为能力人或者限制民事行为能力人的，不影响遗嘱的效力。”

2. 遗嘱必须是遗嘱人的真实意思表示

意思表示真实，是指行为人在自觉、自愿的基础上作出符合其内心意志的表示行为，包括两方面：一是行为人的意思表示须为自愿，即他人不得强迫行为人实施或者不实施某一民事法律行为；二是行为人的意思表示须为真实，即行为人的主观意愿与外在表示应为一致。[②] 故受欺诈、胁迫所立的遗嘱，伪造的遗嘱，被篡改的遗嘱，均为无效遗嘱。而遗嘱是否为遗嘱人的真实意思表示，根据继承法理，应当以遗嘱人最后于遗嘱中作出的意思表示为准。

3. 遗嘱的内容必须合法

遗嘱的内容必须合法，是指遗嘱人所立遗嘱的内容不得违反法律、行政法规的强制性规定，不得违背公序良俗，具体体现在两方面：一是遗嘱人所处分的财产只能是遗嘱人的个人财产；二是遗嘱人所处分的财产必须是合法财产。《继承编解释（一）》第 26 条规定：“遗嘱人以遗嘱处分了国家、集体或者他人财产的，应当认定该部分遗嘱无效。”

---

① 魏振瀛主编：《民法》（第 8 版），北京大学出版社、高等教育出版社 2021 年版，第 761 页。

② 参见魏振瀛主编：《民法》（第 8 版），北京大学出版社、高等教育出版社 2021 年版，第 170 页。

遗嘱的内容是否合法,应以继承开始时为准。如果遗嘱人在遗嘱中指定继承人继承某财产,在设立遗嘱时该财产并非属于遗嘱人所有,则遗嘱人处分他人的财产显然不合法;但是如果遗嘱人于其死亡前取得该财产的所有权,那么继承开始后,遗嘱人所立遗嘱的内容应为合法。

4. 遗嘱不得违反必留份的规定

必留份,是指"遗嘱人用遗嘱处分个人财产时,必须为'双缺乏'继承人保留必要的遗产份额。其是我国继承法中的一项重要制度"①。"双缺乏"继承人,是指既"缺乏劳动能力"又"没有生活来源"的继承人。具体而言,"缺乏劳动能力",是指继承人不具备或者不完全具备独立的劳动能力,不能依靠自身的劳动获取必要的收入,用以维持自身生活。"没有生活来源",是指继承人没有固定的收入或者稳定的经济来源,无法有效地从他人或者社会中获得必要的生活资料。②

继承法规定必留份制度,可以有效防止遗嘱人损害"双缺乏"继承人的继承利益,这是对遗嘱自由原则的必要限制,也是确认遗嘱人所立遗嘱是否有效的法律依据之一。《民法典》第 1141 条规定:"遗嘱应当为缺乏劳动能力又没有生活来源的继承人保留必要的遗产份额。"关于"双缺乏"继承人的判定标准,应以继承开始时为准,而不是以遗嘱人订立遗嘱时为准。《继承编解释(一)》第 25 条第 2 款规定:"继承人是否缺乏劳动能力又没有生活来源,应当按遗嘱生效时该继承人的具体情况确定。"

5. 遗嘱必须符合法定形式

遗嘱的法定形式,是从程序上保证遗嘱有效的重要手段,可以有效预防伪造、篡改遗嘱情形的发生。《民法典·继承编》规定了六种法定的遗嘱形式:自书遗嘱、代书遗嘱、打印遗嘱、录音录像遗嘱、口头遗嘱、公证遗嘱。因此,遗嘱人在设立遗嘱时,应当符合法定的遗嘱形式,且无论采用何种遗嘱形式,均必须遵守有关遗嘱形式要件的规定。而遗嘱是否符合法定的形式要件,应以遗嘱人设立遗嘱时继承法律规定的标准为准。

---

① 杨震:《对我国继承法中必留分制度的探讨》,载《求是学刊》1988 年第 6 期。

② 参见最高人民法院民法典贯彻实施工作领导小组主编:《中华人民共和国民法典婚姻家庭编继承编理解与适用》,人民法院出版社 2020 年版,第 595 页。

（二）遗嘱发生法律效力的时间

遗嘱发生法律效力的时间，是遗嘱继承人、受遗赠人可以按照遗嘱处置遗嘱人遗产的开始时间，具体分为普通遗嘱发生法律效力的时间与特殊遗嘱发生法律效力的时间。

1. 普通遗嘱发生法律效力的时间

关于遗嘱发生法律效力的时间，各国继承立法基本一致，均以遗嘱人死亡的时间作为确认遗嘱发生法律效力的时间。即在遗嘱人死亡时，遗嘱发生法律效力；而在遗嘱人死亡前，遗嘱仅具有设立效力，不发生执行效力。

遗嘱人死亡，分为两种情形：一是自然死亡，或称生理死亡、真实死亡、绝对死亡，是指自然人生命的终结。自然人的死亡时间，以死亡证明记载的时间为准；没有死亡证明的，以户籍登记或者其他有效身份登记记载的时间为准。有其他证据足以推翻以上记载时间的，以该证据证明的时间为准。[①] 二是宣告死亡，是指人民法院通过法定程序确定自然人的死亡。被宣告死亡的人，人民法院宣告死亡的判决作出之日视为其死亡的日期；因意外事件下落不明宣告死亡的，意外事件发生之日视为其死亡的日期。[②] 因此，遗嘱人自然死亡的，遗嘱自遗嘱人自然死亡时起发生法律效力。遗嘱人被人民法院宣告死亡的，遗嘱自人民法院宣告遗嘱人死亡的判决作出之日起发生法律效力。

2. 特殊遗嘱发生法律效力的时间

普通遗嘱，于遗嘱人死亡时发生执行效力。特殊遗嘱，即附条件、附期限的遗嘱何时发生法律效力，应当具体问题具体分析。《民法典·继承编》仅对附义务的遗嘱作出了规定，关于特殊遗嘱未作具体规定。依据《民法典》的立法精神与继承法理，可以按以下原则处理。

（1）附条件遗嘱的生效时间

附条件的民事法律行为，是指在行为中附上一定的条件，并且把该条件的成就或者不成就作为确定行为人的民事权利和民事义务发生法律效力或者失去法律效力根据的行为。[③]

---

① 参见《民法典》第15条。

② 参见《民法典》第48条。

③ 参见魏振瀛主编：《民法》（第8版），北京大学出版社、高等教育出版社2021年版，第171～173页。

按照所附条件对民事法律行为效力所起作用的不同,可将其划分为停止条件与解除条件。停止条件,又称延缓条件,是指民事法律行为中所确定的民事权利和民事义务要在所附条件成就时才能发生法律效力。解除条件,又称消灭条件,是指民事法律行为中所确定的民事权利和民事义务在所附条件成就时失去法律效力。[①] 附条件遗嘱依据所附条件性质的不同,分为附停止条件的遗嘱与附解除条件的遗嘱。

①附停止条件的遗嘱。

如果在遗嘱人生存期间,遗嘱所附停止条件成就的,则遗嘱视为未附条件,遗嘱于遗嘱人死亡时发生法律效力。

如果在遗嘱人死亡后,遗嘱所附停止条件成就的,则遗嘱于条件成就时发生法律效力。

如果遗嘱人表示,使遗嘱所附停止条件成就的效力溯及于条件成就以前的,应当按照遗嘱人的意思表示确定遗嘱发生法律效力的时间,但法律效力不得溯及于遗嘱人死亡之前。

②附解除条件的遗嘱。

如果在遗嘱人生存期间,遗嘱所附解除条件成就的,则遗嘱视为未成立,遗嘱人死亡时遗嘱也不发生法律效力。

如果在遗嘱人死亡之后,遗嘱所附解除条件成就的,则遗嘱在遗嘱人死亡时发生法律效力,在条件成就时失去效力。

如果遗嘱人在遗嘱中明确表示,遗嘱所附解除条件成就的效力溯及于条件成就以前的,应遵从遗嘱人的意愿,但效力不得溯及于遗嘱人死亡之前。

(2)附期限遗嘱的生效时间

附期限的民事法律行为,是指当事人约定一定期限,并把该期限的到来作为行为人的民事权利和民事义务发生、变更、消灭的前提的民事法律行为。[②]

按照所附期限对民事法律行为的效力所起的作用的不同,所附期限可以分为生效期限(始期)和终止期限(终期)。附生效期限的民事法律行为,自期限

① 参见魏振瀛主编:《民法》(第8版),北京大学出版社、高等教育出版社2021年版,第171~173页。

② 参见魏振瀛主编:《民法》(第8版),北京大学出版社、高等教育出版社2021年版,第175~176页。

届至时生效;附终止期限的民事法律行为,自期限届满时失效。① 附期限遗嘱依据所附期限性质的不同,分为附始期的遗嘱与附终期的遗嘱。

①附始期的遗嘱。

如果在遗嘱人生存期间,遗嘱所附始期届至的,则遗嘱视为未附期限,遗嘱于遗嘱人死亡时发生法律效力。

如果在遗嘱人死亡后,遗嘱所附始期届至的,则遗嘱于期限届至时发生法律效力。

②附终期的遗嘱。

如果在遗嘱人生存期间,遗嘱所附终期届至的,则遗嘱不发生法律效力。

如果在遗嘱人死亡后,遗嘱所附终期届至的,于遗嘱人死亡时遗嘱发生法律效力,至期限届满时失去效力。

二、遗嘱的无效

"继承制度需要借助继承法律规范要求的明确化、具体化、稳定化以及强制力,实现对继承行为的普遍规范与法律约束。"②遗嘱继承制度的体系建构,追求规范紧密衔接、内容相互辅助,注重遗嘱效力的法律规制。为全面把握遗嘱的法律效力,在理解有效遗嘱的基础上,还应关注遗嘱的无效与不生效。

(一)遗嘱的无效情形

遗嘱的无效,是指"遗嘱由于欠缺法律规定的生效要件而自始、当然地不发生法律效力,即遗嘱人在遗嘱中所作的意思表示无效,遗嘱人处分自己财产意愿不能实现"③。亦即遗嘱设立时,不符合继承法律规定的实质要件和形式要件,因而不具有设立效力。在继承司法实务中,遗嘱无效的情形多种多样,根据《民法典·继承编》与《继承编解释(一)》的规定,遗嘱的无效主要有以下几种情形。

1. 无遗嘱能力人所立遗嘱无效

《民法典》第 1143 条第 1 款规定:"无民事行为能力人或者限制民事行为能

---

① 参见《民法典》第 160 条。

② 王歌雅:《〈继承法〉修正:体系建构与制度选择》,载《求是学刊》2013 年第 2 期。

③ 陈苇主编:《婚姻家庭继承法学》(第 3 版),中国政法大学出版社 2018 年版,第 327 页。

力人所立的遗嘱无效。”无民事行为能力人、限制民事行为能力人不具有遗嘱能力,故其所立的遗嘱应属无效。即无民事行为能力人、限制民事行为能力人不具有设立遗嘱以处分其自身财产的资格。

无民事行为能力人、限制民事行为能力人即便于其死亡之前,已经取得完全的民事行为能力,成为完全民事行为能力人,但在其不具有完全民事行为能力时所立的遗嘱仍为无效遗嘱,不能因其后来具有完全民事行为能力而使遗嘱有效。

2. 受胁迫、欺诈所立的遗嘱无效

《民法典》第1143条第2款规定:“遗嘱必须表示遗嘱人的真实意思,受欺诈、胁迫所立的遗嘱无效。”即遗嘱人因受到胁迫或者欺诈而设立的遗嘱无效。

受胁迫所立的遗嘱,是指“遗嘱人受到他人非法的威胁、要挟,为避免自己或亲人的财产或生命健康遭受侵害而违心地作出与自己的真实意思相悖的遗嘱”①。《总则编解释》第22条规定:“以给自然人及其近亲属等的人身权利、财产权利以及其他合法权益造成损害或者以给法人、非法人组织的名誉、荣誉、财产权益等造成损害为要挟,迫使其基于恐惧心理作出意思表示的,人民法院可以认定为民法典第一百五十条规定的胁迫。”因此,遗嘱人因受胁迫而导致所立遗嘱无效,可从以下四个方面加以理解:其一,行为人必须在主观上具有胁迫的故意,即行为人意在以胁迫的方式让遗嘱人的内心产生惧怕,迫使遗嘱人订立违背内心真意的遗嘱;其二,行为人必须在客观上实施了胁迫行为;其三,行为人的胁迫行为致使遗嘱人产生恐惧心理;其四,行为人的胁迫行为与遗嘱人违背内心真意设立遗嘱的行为之间具有因果关系。

受欺诈所立的遗嘱,是指“遗嘱人因受他人的歪曲的、虚假的行为或者言词的错误导向而产生错误的认识,作出了与自己的真实意愿不相符合的遗嘱”②。《总则编解释》第21条规定:“故意告知虚假情况,或者负有告知义务的人故意隐瞒真实情况,致使当事人基于错误认识作出意思表示的,人民法院可以认定为民法典第一百四十八条、第一百四十九条规定的欺诈。”遗嘱人因受欺诈而导

① 马忆南:《婚姻家庭继承法学》(第4版),北京大学出版社2019年版,第319页。

② 房绍坤、范李瑛、张洪波编著:《婚姻家庭继承法》(第6版),中国人民大学出版社2020年版,第215页。

致所立遗嘱无效,可从以下四个方面加以理解:其一,行为人必须在主观上具有欺诈的故意,即行为人意在通过实施欺诈的方式,致使遗嘱人作出错误的意思表示;其二,行为人在客观上实施了欺诈行为,既包括积极的欺诈行为——告知遗嘱人虚假信息,也包括消极的欺诈行为——向遗嘱人隐瞒真实情况;其三,因行为人实施的欺诈行为,致使遗嘱人陷入错误的判断;其四,行为人的欺诈行为与遗嘱人因错误认知而设立遗嘱的行为之间具有因果关系。

3. 伪造的遗嘱无效

《民法典》第 1143 条第 3 款规定:"伪造的遗嘱无效。"伪造的遗嘱,是指以被继承人的名义设立,而实际上却并非被继承人意思表示的遗嘱。伪造遗嘱的人,一般是欲从伪造行为中获益,"或者不因遗嘱人亲自处分财产而丧失获益机会的目的而实施伪造遗嘱的行为。但同时需要明确的是,伪造人出于何种目的和动机均不会成为此种无效遗嘱的构成要件"[①]。

由于伪造遗嘱根本无法体现遗嘱人的内心真意,故不论遗嘱的内容如何设定,也不论遗嘱是否损害了继承人的继承利益,伪造的遗嘱均应为无效遗嘱,不能产生遗嘱继承的法律效力。当事人若主张伪造的遗嘱无效,仅需证明该遗嘱并非遗嘱人的真实意思表示即可。

4. 被篡改的遗嘱内容无效

《民法典》第 1143 条第 4 款规定:"遗嘱被篡改的,篡改的内容无效。"被篡改的遗嘱,是指遗嘱的内容被遗嘱人以外的其他人作了更改、删减的遗嘱,如遗嘱的内容被修改、补充等。[②] 伪造遗嘱与篡改遗嘱不同。伪造遗嘱,是指遗嘱的全部内容均不是遗嘱人的真实意思表示;篡改遗嘱,是指更改、删减遗嘱的部分内容,遗嘱中被更改、删减部分的内容不是遗嘱人的真实意思表示。

篡改遗嘱的人是遗嘱人以外的其他人,而非遗嘱人本人。遗嘱被篡改后,被篡改部分的遗嘱已非遗嘱人的真实意愿,而是篡改人的意思表示,故被篡改部分的遗嘱应为无效,不能产生遗嘱的法律效力。但是,遗嘱被篡改后并非全部无效,未被篡改部分的遗嘱内容仍是遗嘱人的真实意思表示,应为有效。

---

① 陈苇主编:《婚姻家庭继承法学》(第 3 版),中国政法大学出版社 2018 年版,第 327 页。

② 参见房绍坤、范李瑛、张洪波编著:《婚姻家庭继承法》(第 6 版),中国人民大学出版社 2020 年版,第 216 页。

5. 遗嘱没有为“双缺乏”继承人保留必要的遗产份额的，对应当保留的必要份额的处分无效

《继承编解释(一)》第25条第1款规定：“遗嘱人未保留缺乏劳动能力又没有生活来源的继承人的遗产份额，遗产处理时，应当为该继承人留下必要的遗产，所剩余的部分，才可参照遗嘱确定的分配原则处理。”因为，“继承，并非单纯的遗产传承与财产接续，而是关涉民众基本生存与人格尊严的法律行为”①。

“双缺乏”继承人必须是既缺乏劳动能力又没有生活来源的人，二者必须同时具备、缺一不可。缺乏劳动能力而有生活来源的继承人，或者有劳动能力而没有生活来源的继承人，均不属于必留份制度予以维护的“双缺乏”继承人。如果遗嘱人在设立遗嘱时，继承人既缺乏劳动能力又没有生活来源，但在继承开始时，继承人已具有劳动能力或者生活来源的，则继承人不受必留份制度的保障。如果遗嘱人在设立遗嘱时，继承人有劳动能力或者生活来源，但在继承开始时，继承人既丧失劳动能力又没有生活来源的，则继承人应受必留份制度的保障。

所谓遗嘱应为其保留“必要的遗产份额”，是指保证“双缺乏”继承人基本生活需要的遗产份额，即保障“双缺乏”继承人能够维持当地社会一般生活水平的需要。而保留多少“必要的遗产份额”，取决于遗嘱人的遗产价值及“双缺乏”继承人的实际生活所需。一般而言，其既可以少于法定继承人均分时的应继份，也可以大于法定继承人均分时的应继份。②

遗嘱人在遗嘱中，如果未给“双缺乏”继承人保留必要的遗产份额，“遗嘱并非全部无效，而仅是涉及处分应保留份额遗产的遗嘱内容无效”③，其余内容仍然有效，按照遗嘱确定的分配原则处理。

(二)遗嘱无效与不生效辨析

遗嘱的不生效，是指“遗嘱人设立的合法遗嘱于遗嘱人死亡时由于一些客观原因的出现致使遗嘱无法执行”④，不能产生法律效力。即遗嘱虽然具有设立效力，但由于嗣后发生的事由而不能执行，因而不具有执行效力。

---

① 王歌雅：《〈民法典·继承编〉的人文观照与制度保障》，载《法学杂志》2020年第2期。

② 参见夏吟兰主编：《婚姻家庭继承法》(第2版)，中国政法大学出版社2017年版，第263页。

③ 马忆南：《婚姻家庭继承法学》(第4版)，北京大学出版社2019年版，第321页。

④ 陈苇主编：《婚姻家庭继承法学》(第3版)，中国政法大学出版社2018年版，第328页。

遗嘱无效与遗嘱不生效，二者之间的相同之处是遗嘱均不发生法律效力。但是，二者之间的法律性质却有明显区别，即遗嘱不发生法律效力的原因不同。遗嘱无效的原因，是遗嘱违反了继承法规定的实质要件或形式要件，故遗嘱不具有设立效力和执行效力。遗嘱不生效的原因，是由于客观原因的出现所导致，与遗嘱本身无关，故遗嘱虽具有设立效力，但不具有执行效力。

依据继承法理与继承司法实践，遗嘱不生效的情形大致包括以下几种：

第一，遗嘱人在遗嘱中所指定的遗嘱继承人或者受遗赠人先于遗嘱人死亡。

第二，遗嘱人在遗嘱中所指定的遗嘱继承人丧失继承权，或者受遗赠人丧失了受遗赠权。

第三，附有解除条件的遗嘱，在遗嘱人生存期间，如果遗嘱所附的解除条件已经成就，则遗嘱不发生法律效力。

第四，附有停止条件的遗嘱，在遗嘱所附的停止条件成就前，如果遗嘱继承人或者受遗赠人已经死亡，则遗嘱不发生法律效力。

第五，遗嘱人死亡时，遗嘱中处分的财产标的已经不复存在。即财产因其他原因而不复存在，遗嘱人又未因财产标的的灭失而享有保险金和损害赔偿金请求权时，则以该财产为标的的遗嘱内容不发生法律效力。①

第五节　遗嘱的撤回与变更

从原《继承法》到《民法典·继承编》，继承立法规范逐步优化、完善。《继承法》第20条②规定了遗嘱的撤销、变更。《民法典》第1142条则将其予以完善，规定了遗嘱的撤回、变更及其效力冲突的解决。继承法律规范的科学表述，实现了继承立法的严谨性与规范性。

---

① 参见房绍坤、范李瑛、张洪波编著：《婚姻家庭继承法》（第6版），中国人民大学出版社2020年版，第217页。

② 《继承法》第20条第1款规定：遗嘱人可以撤销、变更自己所立的遗嘱。

一、遗嘱的撤回与变更的概念与条件

《民法典·继承编》的基本理念即“权利本位、人格尊严、意思自治、自我责任。为实现上述理念,应在充实遗嘱形式的基础上,进一步回应民众的继承诉求”①。因而,遗嘱人依据继承法规范,既有设立遗嘱的自由,也有撤回、变更所立遗嘱的自由。《民法典》第 1142 条第 1 款规定:“遗嘱人可以撤回、变更自己所立的遗嘱。”

(一)遗嘱的撤回与变更的概念

遗嘱的撤回,是指遗嘱人在遗嘱设立后,“依法取消原来所立遗嘱的全部内容的法律行为”②。

遗嘱的变更,是指遗嘱人在遗嘱设立后,“对遗嘱内容的部分修改或变动,即遗嘱人依法改变其原来所立遗嘱的部分内容,并承认修改后的遗嘱将因遗嘱人死亡而发生法律效力的单方法律行为”③。

遗嘱的撤回与变更具有如下特点:

第一,遗嘱人撤回、变更自己所立的遗嘱,在性质上如同遗嘱人设立遗嘱,其均是遗嘱人对其自身财产进行处分而作出的意思表示。遗嘱人设立遗嘱不得由他人代理,遗嘱的撤回、变更亦不能适用民事代理制度。并且,其他任何组织、个人均不可干涉遗嘱人撤回、变更遗嘱。

第二,遗嘱人撤回、变更自己所立的遗嘱,是遗嘱人的意志自由。当遗嘱人认为自己所立遗嘱确有必要取消或者更改,遗嘱人可以自由撤回、随时变更自己所立的遗嘱,不需要他人的认可或同意。

第三,遗嘱人撤回、变更自己所立的遗嘱,继承法对此未作时间限制,即只要是在遗嘱人生存期间,遗嘱人随时可以为之。

(二)遗嘱的撤回与变更的条件

遗嘱的撤回或者变更,只有符合一定的法定条件,才能产生遗嘱的撤回或者变更的法律效力;否则,不产生遗嘱的撤回或者变更的法律效力。

---

① 王歌雅:《〈民法典·继承编〉:编纂争议与制度抉择》,载《法学论坛》2020 年第 1 期。
② 王歌雅:《〈民法典·继承编〉立法研究》,黑龙江人民出版社 2021 年版,第 226 页。
③ 马忆南:《婚姻家庭继承法学》(第 4 版),北京大学出版社 2019 年版,第 321 页。

1. 遗嘱人撤回或者变更遗嘱时必须具有遗嘱能力

遗嘱人撤回或者变更遗嘱时，必须具有遗嘱能力，即要求行为人必须具有完全的民事行为能力。如果遗嘱人在设立遗嘱后丧失遗嘱能力，即遗嘱人在丧失遗嘱能力的情形下撤回或者变更遗嘱，均不能产生撤回或者变更遗嘱的法律效力，遗嘱人原来所立的遗嘱仍然有效。

2. 撤回或者变更遗嘱必须是遗嘱人的真实意思表示

遗嘱人撤回或者变更遗嘱，不论是采用明示的方式，抑或是采用推定的方式——遗嘱人实施能够引起遗嘱撤回或者变更的民事法律行为，均必须真实反映遗嘱人的遗嘱意志。遗嘱人因受胁迫、欺诈等原因而撤回或者变更遗嘱的，不发生撤回或者变更遗嘱的法律后果，遗嘱人原来所立的遗嘱仍然有效。

3. 撤回或者变更遗嘱须由遗嘱人亲自办理而不能由他人代理

遗嘱是遗嘱人自由意志的体现，也是遗嘱人的单方民事法律行为。遗嘱的特殊性决定遗嘱的设立、撤回、变更，只能由遗嘱人亲自办理，不能委托他人代为处理。并且，遗嘱的撤回或者变更只能发生于遗嘱人生存期间。

二、遗嘱的撤回与变更的方式与效力

遗嘱人撤回、变更遗嘱是继承主体的意志自由。"继承主体意志自由的实现，除需依赖相关法制路径外，还需具备相应的保障措施。保障措施，将以一系列的制度架构加以体现。"①故遗嘱人撤回、变更遗嘱的方式应当符合继承法规定，从而产生相应的法律效力。

（一）遗嘱的撤回与变更的方式

遗嘱的撤回或者变更的方式，是指能够反映、体现遗嘱人撤回或者变更遗嘱的意志，依法产生撤回或者变更遗嘱法律后果的具体形式或方法。遗嘱的撤回或者变更，可以采用明示方式或者推定方式。

1. 明示方式

遗嘱的撤回或者变更的明示方式，是指遗嘱人以明确、具体的意思表示撤回或者变更遗嘱。遗嘱人以明示方式撤回或者变更遗嘱，不仅操作便捷、表意明确，也易于被继承当事人理解和把握。其具体方式有两种：一是遗嘱人针对

---

① 王歌雅：《〈民法典·继承编〉的编纂理念与制度构想》，载《求是学刊》2018 年第 6 期。

已经设立的遗嘱,明确表示对遗嘱的全部内容予以撤回或者对部分内容进行变更或修改。二是遗嘱人另行订立新的遗嘱,并在重新订立的遗嘱中明确表示撤回或者变更原来所立的遗嘱。

遗嘱人以明示方式撤回或者变更遗嘱,需要满足三项要求:一是遗嘱人必须亲自作出撤回或者变更遗嘱的意思表示,且意思表示清楚、明确、具体,能够准确表达遗嘱人的真实意愿。二是遗嘱人意思表示的内容必须确为撤回或者变更原来所立的遗嘱。三是遗嘱人通过明示方式撤回或者变更遗嘱,应当依据继承法规定的设立遗嘱的方式做成。不具备遗嘱法定形式的撤回或者变更遗嘱的意思表示,不能发生遗嘱明示撤回或者变更的法律效果。①

2. 推定方式

遗嘱的撤回或者变更的推定方式,是指遗嘱人虽未明确作出撤回或者变更遗嘱的意思表示,但可以依据遗嘱人在遗嘱成立后实际作出的某种行为,推定遗嘱人具有撤回或者变更遗嘱的内心意思,并产生实际的法律后果。② 在继承司法实践中,推定方式一般包括以下几种情形:

第一,遗嘱人生前实行的行为与遗嘱内容相抵触的,推定遗嘱人撤回或者变更遗嘱。遗嘱人虽在遗嘱中已经预先处置了某财产,但遗嘱人通过自己的行为对该财产进行了实际处分,从而改变了该财产的性质与归属。即遗嘱人的自身行为与遗嘱内容发生冲突,致使遗嘱的全部或部分内容在法律效力上无法实现,或者遗产在事实上不能执行,应当推定为遗嘱人撤回或者变更了原来所立的遗嘱。《民法典》第 1142 条第 2 款规定:"立遗嘱后,遗嘱人实施与遗嘱内容相反的民事法律行为的,视为对遗嘱相关内容的撤回。"

第二,遗嘱人立有数份遗嘱,且内容相互抵触的,推定后立遗嘱撤回或者变更了先立遗嘱。《民法典》第 1142 条第 3 款规定:"立有数份遗嘱,内容相抵触的,以最后的遗嘱为准。"

第三,遗嘱人故意销毁遗嘱,或者在遗嘱上进行涂改,应推定为遗嘱人对遗嘱的撤回或者变更。即遗嘱人损毁遗嘱或者在遗嘱上注明"废弃",应当视为遗嘱人撤回遗嘱;而遗嘱人涂改、涂销遗嘱,涂改、涂销的部分应视为遗嘱人变更

① 参见马忆南:《婚姻家庭继承法学》(第 4 版),北京大学出版社 2019 年版,第 323 页。

② 参见陈苇主编:《婚姻家庭继承法学》(第 3 版),中国政法大学出版社 2018 年版,第 329 页。

遗嘱。[1]

(二)遗嘱的撤回与变更的效力

遗嘱的撤回或者变更的效力,自遗嘱人撤回或者变更遗嘱的法律行为符合法定要件之时产生效力。即遗嘱撤回或者变更的效力,主要表现为遗嘱人死亡时,该遗嘱的全部或者部分内容不能产生实际的继承效果,亦不能转变为现实的遗嘱继承法律关系。

遗嘱被遗嘱人撤回的,遗嘱的全部内容失效,不具有法律效力。如果遗嘱人撤回遗嘱后,另行设立新的遗嘱,则应当按照遗嘱人新设立的遗嘱予以执行。如果遗嘱人撤回遗嘱后,未再设立新的遗嘱,则应当认定遗嘱人没有设立遗嘱,遗产按法定继承处理。

遗嘱被遗嘱人变更的,遗嘱的部分内容失效,失效部分不具有法律效力。遗嘱人以变更后的遗嘱内容为其真实意思表示的,应当按照遗嘱人变更后的遗嘱内容予以执行。

第六节　遗嘱的执行

“遗嘱的执行,是指在遗嘱生效后,为实现遗嘱的内容所进行的必要的行为。”[2]遗嘱执行是以实现遗嘱人遗嘱内容为实践目标,满足遗嘱人遗愿为总体追求,通过特定行为和程序达到遗产权利的归属、遗产的顺利流转等特定目的的实践过程。遗嘱执行发生在遗嘱人死亡之后,是遗嘱人生前意思表示的具体实现。遗嘱的有效执行,依赖于执行主体的确定及其职权的法定。

一、遗嘱执行人的概念与确定

遗嘱执行人是遗嘱执行环节的重要主体。遗嘱执行人涵义的明晰与产生路径的明确,能够保证遗嘱执行人主体资格适格,也是遗嘱顺利执行的基础与前提。

---

① 参见张玉敏主编:《继承法教程》,中国政法大学出版社 1998 年版,第 293 页。

② 王歌雅主编:《婚姻家庭继承法学》(第 2 版),中国人民大学出版社 2013 年版,第 214 页。

(一)遗嘱执行人的涵义

遗嘱执行人,是为遗嘱执行所被指定或选任之人。[①] 遗嘱执行人是立法明确创设且为实现遗嘱人生前意思表示的民事主体。[②] 其在遗嘱生效后,有权按照遗嘱人的意愿执行遗嘱。我国继承法规范目前尚没有关于遗嘱执行人的详细规定,仅在《民法典》第1033条、第1045条、第1150条规范中简单提及,从制度的建构以及法条的完备性上看,《民法典·继承编》仍属"粗线条"立法。

《民法典》第1133条第1款规定了被继承人可以通过遗嘱指定的方式确定遗嘱执行人,即"自然人可以依照本法规定立遗嘱处分个人财产,并可以指定遗嘱执行人"。《民法典》第1133条第1款沿用了原《继承法》第16条第1款的规定,除了立法用语有所修改以外,规范的实质内容并未发生变化。从原《继承法》到《民法典·继承编》,遗嘱执行人的规定皆不详细。从法律效果来看,有关遗嘱执行人的简单立法,"难以形成遗嘱执行人与遗产管理人的制度衔接与规范互补。遗嘱执行人是否适格,法律地位如何,任命、就任、辞任、解任、职责、共同执行、报酬等如何处理,尚需明确"。[③]

在社会生活中,遗嘱执行人既可以是法定继承人,也可以由法定继承人之外的人担任。继承开始后,遗嘱执行人即成为遗产管理人,适用《民法典·继承编》第四章有关遗产管理人的规定。[④] 在继承实践中,有关遗嘱执行人的资格或条件可参照适用《民法典·继承编》第1145条至第1149条关于遗产管理人的有关规定。

从法律性质与法律地位来看,我国学术界对遗嘱执行人的认知存在固有权说和代理说两种,每种学说又各自演化为三种差异化的理论,表现在不同国家的继承立法例中。

第一,固有权说。固有权说认为,遗嘱执行人执行遗嘱是基于自身固有的权利。固有权说又细分为以下三类:一是机关说,即认为遗嘱执行人是维护遗嘱人利益和实现遗嘱人意思的机关。二是限制物权说,即认为遗嘱执行人是遗

① 参见史尚宽:《继承法论》,中国政法大学出版社2000年版,第566页。

② 遗嘱执行人仅在立法条文中有简单体现:《继承法》第16条第1款、《民法典》第1133条第1款、《民法典》第1150条。

③ 王歌雅:《〈民法典·继承编〉:制度补益与规范精进》,载《求是学刊》2020年第1期。

④ 《民法典·继承编》中有关遗产管理人的规定集中在第1145~1149条。

嘱人的限制继承人或受托人，在遗产上享有限制的物权。三是任务说，即认为遗嘱执行人如同破产管理人一样，基于其任务有法律上的独立地位。德国的司法实践和日本的理论界有此主张。①

第二，代理说。代理说分为三种，分别是被继承人代理说、继承人代理说及遗产代理说。首先，被继承人代理说认为，遗嘱执行人为被继承人的代理人或者代表人。被继承人代理说强调遗嘱执行人执行遗嘱的目的在于依照遗嘱并以实现被继承人所立遗嘱内容。遗嘱执行人必须受被继承人真实意思所约束且按照遗嘱内容忠实勤勉地执行遗嘱。英国、美国、法国支持此种学说并采取该立法模式。② 例如，《法国民法典》第 1033 条第 3 款规定："遗嘱执行人承担一个无报酬的委托代理人应负的责任。"③体现的就是遗嘱人委托代理人的身份属性。其次，继承人代理说认为，遗嘱执行人为继承人的代理人，代替继承人实施代理行为。继承人代理说否定被继承人代理说的观点，其理由在于民事权利始于出生并终于死亡，而继承又是死因行为，遗嘱人在其死亡后不再具有委托代理的民事权利能力，遗嘱人和遗嘱执行人之间自然不存在民事代理关系。且在继承开始时，遗产的所有权已经发生变动，转归继承人所有，故遗嘱执行人执行遗嘱是出于代理继承人的事务而执行遗嘱并处分遗产。韩国、日本采取此种立法例。《韩国民法典》第 1103 条第 1 款规定："被指定或选任的遗嘱执行人，视为继承人的代理人。"④《日本民法典》第 1015 条规定："遗嘱执行人，视为继承人的代理人。"⑤最后，遗产代理说认为，遗嘱执行人为遗产的代理人，遗产代理说强调将遗产视为特别财产，遗产的地位与法人相同，属于无权利能力的财团。⑥

上述理论观点各有所长，若从民事权利能力基础理论和遗嘱目的的实现角度来看，继承人代理说更具有法理性。毕竟"继承开始后，遗嘱人的主体资格已经消灭，遗嘱执行人的行为后果由继承人承担，故将其视为继承人的代理人较

① 参见蓝承烈、杨震主编：《继承法新论》，黑龙江教育出版社 1993 年版，第 173 页。
② 参见蓝承烈、杨震主编：《继承法新论》，黑龙江教育出版社 1993 年版，第 172 页。
③ 《法国民法典》，罗结珍译，北京大学出版社 2010 年版，第 281 页。
④ 《韩国民法典 朝鲜民法》，金玉珍译，北京大学出版社 2009 年版，第 175 页。
⑤ 《日本民法典》，刘士国、牟宪魁、杨瑞贺译，中国法制出版社 2018 年版，第 254 页。
⑥ 参见蓝承烈、杨震主编：《继承法新论》，黑龙江教育出版社 1993 年版，第 172 页。

为妥当”①。

遗嘱执行人应全面、真实地执行遗嘱。从遗嘱执行人承担的任务看,其无论是遗嘱人的代理人,还是继承人的代理人,遗嘱执行人都要忠实地实现遗嘱人的遗愿,同时保护继承人和其他利害关系人的合法权益。继承开始后,遗嘱执行人应当首先审查遗嘱是否合法真实,明确遗嘱人的真实意思;而后应当清理和管理遗产;最后应当按照《民法典·继承编》的规定和遗嘱的内容处理遗产。遗嘱执行人执行遗嘱的权利受法律保护,任何人不得非法干涉或者妨碍。

遗嘱执行的费用可以从遗产中扣除,遗嘱执行人因过错给继承人或者受遗赠人造成损害的,应负赔偿责任。遗嘱执行人不能忠实履行职责的,有关人员可以请求人民法院撤换遗嘱执行人。

(二)遗嘱执行人的确定

关于遗嘱执行人,我国继承法并未予以详细规定,自然人仅可以通过订立遗嘱的方式指定遗嘱执行人。② 遗嘱执行人的产生方式缺少详细完备的制度规范,将制约遗嘱执行人制度的可操作性。学术界通说认为,遗嘱人有权指定遗嘱执行人或者有权委托他人代为指定遗嘱执行人。原《继承法》和《民法典·继承编》虽均未明确规定遗嘱人拥有委托他人代为指定遗嘱执行人的权利,但依据《民法典·总则编》关于民事行为委托代理的一般原理,在继承实践中,应承认遗嘱人委托他人代为指定遗嘱执行人的权利。

遗嘱执行人的制度完善,可以参考遗产管理人的立法模式。《民法典·继承编》在第四章——遗产的处理部分规定了遗产管理人制度③,其与遗嘱执行人制度构成二分并行的立法模式。在继承开始后,由于遗嘱执行人为遗产管理人,因此有学者认为二者属于同种性质④,也有学者坚持二者存在迥异的制度差别,并认为欠缺遗嘱执行人的制度构建,将“难以形成遗嘱执行人与遗产管理人的制度衔接与规范互补”⑤。

遗嘱执行人与遗产管理人存在以下区别:一是适用范围大小不同。遗嘱执

① 王歌雅:《〈民法典·继承编〉:制度补益与规范精进》,载《求是学刊》2020年第1期。

② 《民法典》第1133条第1款。

③ 《民法典》第1445~1449条。

④ 参见梁慧星主编:《中国民法典草案建议稿附理由:继承编》,法律出版社2013年版,第151页。

⑤ 王歌雅:《〈民法典·继承编〉:制度补益与规范精进》,载《求是学刊》2020年第1期。

行人仅适用于遗嘱继承中，以被继承人立有遗嘱为前提条件；遗产管理人的适用范围则更为广泛，除了遗嘱继承外，其在法定继承、遗赠、无人继承遗产等情形下均存在适用空间，遗产管理人均可发挥相应的职责。二是行为依据不同。遗嘱执行人主要依据遗嘱内容来行使职责；而遗产管理人的行为依据更加全面。一方面，在存有遗嘱时，依据遗嘱内容和法律规定行使职责；另一方面，在没有遗嘱的遗产管理场合，需要依据法律具体规定来行使职责。三是职责范畴不同。遗嘱执行人的职责未被法律明文规定，通常认为遗嘱执行人的职责限于与遗嘱有关的遗产事项，并不包含与遗嘱无关的遗产管理；遗产管理人的管理范围则更加宽泛，一切与遗产有关的财产都在其管理范畴内，并不限于遗嘱中列明的遗产范围，遗嘱之外的遗产同样是遗产管理人的管理范畴。遗嘱执行人的执行范畴除了与遗产相关的财产处理，还包括与继承人相关的身份处理，比如，依照遗嘱内容赋予或废除某一或某些继承人的具体继承权；而遗产管理人的管理事项多为财产处理类事项，少有身份处理类事项。

《民法典·继承编》或继承司法解释应明确遗嘱执行人的产生路径与资格要件。即继承立法不能仅规定通过遗嘱指定的方式确定遗嘱执行人，毕竟在继承实践中遗嘱人未指定遗嘱执行人的情形较为常见。我国早有学者提出过遗嘱执行人确定的制度设计："遗嘱人可以在遗嘱中指定遗嘱执行人，也可以委托他人指定。受托人应当在遗嘱开启后十日内指定遗嘱执行人，并通知已知的遗产承受权利人和其他利害关系人。遗嘱未指定遗嘱执行人，又未委托他人指定的，由继承人协商选定。不能达成一致意见时，由全体完全民事行为能力继承人担任遗嘱执行人。无民事行为能力人、限制民事行为能力人不得担任遗嘱执行人。"[①]如此规定，既能够弥补立法盲点，突出遗嘱执行人的重要地位；又在遗嘱执行人的产生路径上有所建构，在尊重遗嘱人意愿的同时节约立法成本。通过遗嘱人指定或由继承人协商确定遗嘱执行人，也可保障继承人的继承权益。除此之外，继承立法也能够进一步明确其任职的资格或条件，确保了遗嘱执行人的行为能力。[②]

① 杨立新、杨震：《〈中华人民共和国继承法〉修正草案建议稿》，载《河南财经政法大学学报》2012年第5期。

② 参见王歌雅：《〈民法典·继承编〉：制度补益与规范精进》，载《求是学刊》2020年第1期。

域外立法关于遗嘱执行人的产生模式有以下几种：一是多种任命方式并存。如德国，可以由被继承人直接任命，也可以由被继承人委托第三人确定，还可以由被继承人授权共同执行人或继任人任命或者由遗产法院任命。[①] 二是指定为主、选任为辅的确认方式。如日本，遗嘱人可以直接指定或委托他人指定，家庭法院在遗嘱执行人缺失时可以根据利害关系人的请求进行选任。[②]

当然，遗嘱执行人应符合一定的主体资格要求，即多数立法例都明确要求遗嘱执行人应具备完全民事行为能力。如《葡萄牙民法典》第2321规定："一、在法律上具有完全民事行为能力之人方得被指定为遗嘱执行人。二、被指定之人得为继承人或受遗赠之人。"[③]《日本民法典》第1009条规定："未成年人及破产人，不得担任遗嘱执行人。"[④]《意大利民法典》第701条规定："负担义务没有完全能力的人，不得指定为遗嘱执行人。继承人或受遗赠人，亦得指定为遗嘱执行人。"[⑤]《德国民法典》第2201条规定："遗嘱执行人在须就职时系无行为能力人或限制行为能力人，或已依第1896条为处理其财产事务而获得一个照管人的，遗嘱执行人的任命不生效力。"[⑥]《法国民法典》第1025条规定："《法国民法典》第1025条(2006年6月23日第2006-728号法律)规定：遗嘱人得指任一名或数名具有关注或执行其意愿的完全民事能力的人作为遗嘱执行人。接受任务的遗嘱执行人有义务完成其任务。遗嘱执行人的权力不得死因移转。"[⑦]关于遗嘱执行人的资格，我国继承立法未作明确规定。

由于遗嘱执行是一种民事法律行为，是遗嘱人生前意思表示的实现，故其对民事主体的资格要求较高；且遗嘱的本质属性决定了遗嘱的执行过程必然涉及并影响利害关系人的切身利益。因此，从民事主体行为能力角度看，遗嘱执行人只能由完全民事行为能力人担任，限制民事行为能力人、无民事行为能力

---

① 《德国民法典》第2197～2200条规定了遗嘱执行人的任命。参见《德国民法典》，陈卫佐译，法律出版社2020年版，第706～707页。

② 《日本民法典》第1006条第1～3款、第1010条分别规定了遗嘱执行人的指定情形、遗嘱执行人的选任情形。参见《日本民法典》，刘士国、牟宪魁、杨瑞贺译，中国法制出版社2018年版，第254页。

③ 《葡萄牙民法典》，唐晓晴等译，北京大学出版社2009年版，第417页。

④ 《日本民法典》，刘士国、牟宪魁、杨瑞贺译，中国法制出版社2018年版，第254页。

⑤ 《意大利民法典》，陈国柱译，中国人民大学出版社2010年版，第137页。

⑥ 《德国民法典》，陈卫佐译，法律出版社2020年版，第707页。

⑦ 《法国民法典》，罗结珍译，北京大学出版社2010年版，第280页。

人不能担任遗嘱执行人；从民事主体类型角度看，遗嘱执行人并没有限定仅能由自然人出任，法人、非法人组织同样可以成为遗嘱执行人。

二、遗嘱执行人的职责

我国《继承法》《民法典·继承编》均未规定遗嘱执行人的职责，遗嘱执行人仅为遗产管理人的产生方式之一。《民法典》第 1147 条仅规定了遗产管理人的具体职责，故遗嘱执行人的职责同样应当法定化、明确化。结合法理和继承实践，遗嘱执行人的职责应当包含权利与义务。

（一）遗嘱执行人的权利

通常认为，遗嘱执行人在继承开始后具有遗嘱审查权、有限的遗嘱处分权、排除妨碍请求权、报酬请求权等权利，以达到促进遗嘱顺利执行的目的。

1. 遗嘱审查权

继承开始后，遗嘱执行人要忠实勤勉的执行遗嘱。首先，要审查遗嘱是否真实、客观、合法。即遗嘱执行人要审查并掌握遗嘱中各项处分内容的真实含义，审查遗嘱人订立遗嘱时的民事行为能力，遗嘱内容是否出于其真实意思表示，遗嘱处分财产的所有权归属，遗嘱是否为无劳动能力又无生活来源的继承人保留了必要的份额，遗嘱的形式是否完备，是否存在多种或多份遗嘱，遗嘱是否存在涂改、变换或者隐匿等情形。其次，遗嘱执行人还应当了解并掌握遗嘱中涉及的继承人、遗产情况、分配份额等问题。

2. 有限处分权

一般而言，遗嘱执行人对遗产的管理处分权限低于遗产管理人。遗嘱执行人仅有权对遗嘱所涉及的具体遗产进行有效控制。比如，遗嘱执行人有要求其他遗产占有人转移其占有财产的权利；有代为收取遗产所产生孳息的权利；有保留缺乏劳动能力又没有生活来源的法定继承人或胎儿必要的遗产份额的权利；有使用遗产替代被继承人清偿债务和缴纳生前所欠税款的权利；有召集继承人会议的权利；有根据遗嘱的具体分配内容分割遗产的权利；有向受遗赠人处分遗产的权利等。即遗嘱执行人对于遗产的处分权限以必要目的为限度。

3. 排除妨碍请求权

继承立法应当明确遗嘱执行人履行职责时的妨碍排除权利。即“遗嘱执行人执行遗嘱期间，继承人不得处分与遗嘱有关的遗产，不得妨碍遗嘱执行人执行职务”[①]。规定“继承人不得处分与遗嘱有关的遗产”，是指未经清算和按遗嘱分割的遗产。如果继承人擅自处分未经分割的遗产或者有妨碍遗嘱执行人执行职务的行为，遗嘱执行人有权请求人民法院排除妨碍并请求妨碍人承担该行为给自己和其他继承人造成的财产损失的赔偿责任。这一规定具有两点意义：一是可赋予遗嘱执行人妨碍排除的权利，为保障遗嘱的顺利执行创造有利条件；二是通过立法限制了继承人处分遗产这一实践多发情形，能够适当化解继承人与遗嘱执行人之间的冲突。域外继承立法也有类似规定，如《德国民法典》第 2211 条对继承人不得妨碍遗产执行作出了明确规定：“(1)继承人不得处分遗嘱执行人所管理的某一遗产标的。(2)准用对从无权利人处取得权利的人有利的规定。”[②]《日本民法典》第 1013 条同样赋予了遗嘱执行人排除妨碍的权利，即“有遗嘱执行人时，继承人不得为妨碍继承财产的处分及其他遗嘱之执行的行为”[③]。

4. 报酬请求权

《民法典·继承编》关于遗嘱执行人是否可以收取报酬，没有明确规定。司法实践认为，如果被继承人或继承人与遗嘱执行人在遗嘱中或在另行签订的协议中约定给付报酬的，且遗嘱中的报酬约定与签订的合同符合法律的规定，遗嘱执行人获取报酬的权利应当受到法律保护。

(二)遗嘱执行人的义务

在继承实践中，结合遗嘱的执行需求以及继承开始后的遗嘱执行人的通常管理事项，遗嘱执行人主要应履行以下具体义务：

一是及时清理与遗嘱有关的遗产，及时登记并制作遗产清单。从遗嘱订立到遗嘱执行，通常需要经过较长的时间，遗产在此过程中可能发生变化，或者遗产混在夫妻共有财产或者家庭共同财产之中。此时清理遗产颇显重要，甚至在遗产种类和数量较多时，遗嘱执行人需要编制遗产清单，详细载明遗嘱人死亡时应归其所有的全部遗产的名称、数量、价值、债权、债务等内容。遗产清单应限定于交付遗产之前交付或同时交给继承人，继承人也有权请求遗嘱执行人制

---

① 杨立新、杨震：《〈中华人民共和国继承法〉修正草案建议稿》，载《河南财经政法大学学报》2012 年第 5 期。

② 《德国民法典》，陈卫佐译，法律出版社 2020 年版，第 709 页。

③ 《日本民法典》，刘士国、牟宪魁、杨瑞贺译，中国法制出版社 2018 年版，第 254 页。

作和交付遗产清单。

二是管理遗产。遗嘱执行人享有的遗产管理权,来自遗嘱人的指定。即遗嘱中有遗产管理的相关指示时,遗嘱执行人应按照遗嘱人的指示进行遗产管理;遗嘱中没有相关指示时,其管理权限仅限于与遗嘱有关的遗产,其他与遗嘱无关的财产应由继承人或遗产管理人进行管理。

三是参加与遗产有关的诉讼。例如,遗嘱执行人提起遗产的占有返还诉讼,请求返还被占有的遗产。

四是执行遗嘱所必要的其他行为。如排除遗产执行过程中的各种妨碍、办理遗赠动产或不动产的所有权移转登记事项等。

遗嘱执行人的职责并未实现制度化,有学者提出可以通过准用遗产管理人职责规范的方式加以明确,以实现遗嘱执行人职责的法定化,即"遗嘱执行人应当严格依照遗嘱人的意愿,忠实勤勉地执行遗嘱,使遗嘱内容得以实现。遗嘱执行人在执行遗嘱的职责范围内,视为继承人的代理人。遗嘱执行人的职责内容、辞任、解任、共同执行,准用遗产管理人的规定"[①]。如此规定,具有以下意义:一是职责法定化,即遗嘱执行人具有法定职责,且应遵照遗嘱人的意愿忠实勤勉地执行遗嘱;二是明确了遗嘱执行人的法律属性与地位,即其"视为继承人的代理人",并非遗嘱人或遗产的代理人;三是职责体系化,即遗嘱执行人的职责制度设计可与遗产管理人的职责制度相衔接。由于遗嘱执行人的职责与遗产管理人的职责多有类似,通过准用规范的方式既能高效"引致",又能节省立法资源,也能避免制度差异带来的冲突。遗嘱执行人职责的明确,能够促进其忠实勤勉地执行遗嘱。对此,域外的民事立法同样有类似规定。《德国民法典》第 2203 条规定:"遗嘱执行人必须将被继承人的终意处分付诸实施。"[②]《日本民法典》第 1012 条第 1 款规定:"遗嘱执行人,在管理继承财产及其他执行遗嘱时,有为一切必要行为的权利义务。"[③]

---

① 杨立新、杨震:《〈中华人民共和继承法〉修正草案建议稿》,载《河南财经政法大学学报》2012 年第 5 期。

② 《德国民法典》,陈卫佐译,法律出版社 2020 年版,第 707 页。

③ 《日本民法典》,刘士国、牟宪魁、杨瑞贺译,中国法制出版社 2018 年版,第 254 页。

第七节 遗 赠

遗赠是遗嘱继承制度的有力补充。遗赠与遗嘱继承一样,均是将死亡的自然人遗留的财产转移给他人所有的法律制度。遗赠是遗嘱人意思自治、意志自由的重要体现。为正确认知遗赠法律制度,应当明确遗赠的涵义、理解遗赠意思表示的行使方式、剖析遗赠的效力,以便把握遗赠有别于其他继承方式的独特特点。

一、遗赠的概念和特征

《民法典》第 1133 条第 3 款规定:“自然人可以立遗嘱将个人财产赠与国家、集体或者法定继承人以外的组织、个人。”与原《继承法》第 16 条第 3 款相比,《民法典》第 1133 条第 3 款除了在文字上略作修改外,还将“组织”作为受遗赠人,使受遗赠人的法定范围发生了变化。把握遗赠的概念、厘清遗赠的特征,对于掌握遗赠的制度本质颇有助益,也有助于厘定遗赠与遗嘱继承的界限。

(一)遗赠的概念

遗赠,是指“自然人以遗嘱的方式将其个人财产赠与法定继承人以外的民事主体,而于其死亡后发生法律效力的民事法律行为”①。在遗赠民事法律行为中,立遗嘱的自然人为遗赠人,被指定接受赠与财产的民事主体为受遗赠人,遗嘱中指定赠与的财产为遗赠物或遗赠财产。

关于遗嘱继承与遗赠,《民法典·继承编》是根据取得遗产人的身份来进行的制度区分:

第一,取得遗产的主体不同。如果取得遗产的人为法定继承人范围以内的人,则为遗嘱继承;如果取得遗产的人是法定继承人范围以外的人,则属于遗赠。遗赠与遗嘱继承的法律行为模式类似,都是遗嘱人处分个人合法财产的方式,“都是以遗嘱为基础而产生的遗产转移制度。通过我国《民法典》第 1133 条

① 《民法学》编写组:《民法学》,高等教育出版社 2022 年版,第 281 页。

可知,遗赠与遗嘱继承相区分的标志是遗产继受人的不同"①,即二者存在继承主体上的差异。

第二,遗产范围不同。遗嘱继承是概括继承,遗嘱继承人不但继受遗产利益,还要承受遗产债务;遗赠则并非概括继承,受遗赠人仅承受遗产利益,不承受遗产债务,即遗嘱人只能遗赠自己的财产利益给他人。

第三,意思表示方式不同。遗嘱继承人接受继承的意思表示,既可以明示,也可以默示,未在遗产处理前作出意思表示的,视为接受继承;遗赠的接受只能通过明示表示,未在法定期间内作出意思表示的,视为放弃受遗赠。

第四,意思表示的期间不同。遗嘱继承的接受或放弃的意思表示的期间为继承开始后至遗产分割前;遗赠的接受或放弃的意思表示的期间则为在知道受遗赠后的60日内。

第五,取得遗产的方式不同。遗嘱继承人可直接参与遗产的分配;受遗赠人只能间接参与遗产的分配,即从遗嘱执行人处取得受遗赠的财产。

《民法典》第1133条分别规定了遗嘱继承与遗赠,体现了继承立法对遗嘱人意思自治的高度尊重,即遗嘱人有权依法自由处分自己的个人财产,既可以利用遗嘱将遗产分配给继承人,也可以通过遗赠将遗产赠与继承人以外的人,以充分体现遗嘱自由的原则。

(二)遗赠的特征

遗赠作为较为古老的制度,发挥着向受遗赠人转移财产的功能。依据《民法典·继承编》规定,遗赠具有如下特征。

1. 遗赠是单方民事法律行为

遗赠属于源于遗嘱制度的特定方式,即遗赠通过遗嘱将财产赠与他人。由于遗嘱是一种单方民事法律行为,故遗赠也属于单方民事法律行为。即遗赠人的意思表示,并不需要受遗赠人的同意或拒绝。因此,遗赠成立的要求是遗赠人仅需在遗嘱中表达赠与财产的意思,而无论该意思表示是否到达对方或获得了对方的同意。

2. 遗赠是给予受遗赠人以财产或财产权利的行为

遗赠是通过遗嘱对法定继承人以外的民事主体给予财产或财产权利的无

---

① 房绍坤:《〈民法典〉中受遗赠人探析》,载《当代法学》2022年第3期。

偿民事法律行为。遗赠的客体是遗嘱人的个人合法财产或财产权利。即遗赠的客体只能是积极财产,而非消极债务。尽管《民法典》第1144条规定了附义务的遗赠,但受遗赠人履行的义务并非当然为遗赠行为的对价,因为二者并非赠与合同行为,遗赠的财产价值与所附加的义务很难进行价值高低比较。

3. 受遗赠人是法定继承人以外的人

受遗赠人是法定继承人之外的民事主体,具体包括国家、集体或者法定继承人以外的组织、个人。

4. 遗赠是于遗赠人死亡后发生效力的死后行为

遗赠虽然代表了遗赠人生前的主观意愿,但其只有在遗赠人死亡后才能发生法律效力。换言之,遗赠人即便作出了遗赠的意思表示,但只要遗赠人尚未死亡,该遗赠就不发生法律效力,遗赠人随时享有撤回和变更遗赠的权利。

5. 遗赠是只能由受遗赠人接受的行为

遗赠具有明确的受遗赠人,所以遗赠的财产或财产权利只能由受遗赠人接受或享有,不得转让。当受遗赠主体为无民事行为能力人或限制民事行为能力人时,其受遗赠权由其法定代理人代为行使。《继承编解释(一)》第38条规定:"继承开始后,受遗赠人表示接受遗赠,并于遗产分割前死亡的,其接受遗赠的权利转移给他的继承人。"

二、遗赠的接受和放弃

《民法典》第1124条第2款规定了遗赠的接受与放弃的期间,即"受遗赠人应当在知道受遗赠后六十日内,作出接受或者放弃受遗赠的表示;到期没有表示的,视为放弃受遗赠"。

接受遗赠的表示,应以明示的方式作出,故受遗赠人的沉默视为放弃受遗赠。无论是遗赠的接受或放弃,均具有溯及效力,即溯及继承开始之时。此外,遗赠的接受,必须在受遗赠人知道受遗赠后的60日内作出,且60日是除斥期间。

《民法典·继承编》并未要求受遗赠人必须"以书面的形式"作出接受或者放弃的意思表示。因为遗赠属于单方民事法律行为,接受或放弃遗赠均属受遗赠人行使民事权利的行为,故继承立法不宜在形式上作强制性规定。

在继承司法实践中,与遗赠相关的民事诉讼应为必要的共同诉讼。依据

《继承编解释(一)》第44条规定:“继承诉讼开始后,如继承人、受遗赠人中有既不愿参加诉讼,又不表示放弃实体权利的,应当追加为共同原告;继承人已书面表示放弃继承、受遗赠人在知道受遗赠后60日内表示放弃受遗赠或者到期没有表示的,不再列为当事人。”

三、遗赠的效力

受遗赠人按照《民法典·继承编》规定做出接受遗赠的意思表示后,即产生了相应的法律效力,此种法律效力表现为受遗赠人享有交付遗赠财产的请求权。该项请求权应向遗嘱执行人、遗产管理人、遗产占有人等遗赠执行义务人主张。

“遗赠属于单方法律行为,因遗赠导致的物权变动属于基于法律行为的物权变动,应当进行物权变动公示。我国法不承认概括遗赠,不能依此认定遗赠具有物权效力。物权变动模式直接影响遗赠效力,我国法采取的形式主义物权变动模式决定了遗赠仅具有债权效力。”[①]因此,遗赠生效后,受遗赠人可以请求遗赠执行义务人依法交付遗赠财产。

遗赠的法律效力虽能够对抗一般继承人或其他非受遗赠人,但在继承实践中,需要考量税务、债务的优先清偿以及“双缺乏”继承人必留份等特定情形。《民法典》第1162条规定:“执行遗赠不得妨碍清偿遗赠人依法应当缴纳的税款和债务。”因此,遗赠执行义务人应先行清偿被继承人生前所欠的税款及债务,待遗产有剩余时再执行遗赠。遗嘱执行人或遗嘱管理人同样应当遵循必留份制度的要求,为缺乏劳动能力又没有生活来源的继承人保留必要的遗产份额,待遗产有所剩余时再执行遗赠。

第八节 遗赠扶养协议

遗赠扶养协议,是《民法典·继承编》独具特色的制度,是应对我国人口老龄化挑战、优化养老服务供给、推动老龄事业和产业高质量发展的法治武器。

---

① 房绍坤:《遗赠效力再探》,载《东方法学》2022年第4期。

当前我国人口老龄化规模大、程度深、发展速度快，社会养老负担重，确立并完善遗赠扶养协议制度具有养老育幼的现实意义与社会意义。正所谓“赋予有能力扶养者以道德义务与社会责任，并激励其完成既定扶养目标，方能享有获得遗赠的权利。这既是公平的，也是道德的”[①]。

一、遗赠扶养协议的概念和特征

《民法典》第1158条规定：“自然人可以与继承人以外的组织或者个人签订遗赠扶养协议。按照协议，该组织或者个人承担该自然人生养死葬的义务，享有受遗赠的权利。”该规定在原《继承法》第31条规定的基础上，完善了遗赠扶养协议制度。即将“公民”修改为“自然人”；适当扩大了扶养人范围，将其界定为“继承人以外的组织或者个人”；精简了遗赠扶养协议的立法表达。确定继承人以外的组织或者个人均可以成为扶养人，符合我国当前实际国情，有助于调动社会养老机构、民间养老机构参与我国发展养老事业的积极性，有助于促进老年群体生存质量的提升与人格尊严的维护。

（一）遗赠扶养协议的概念

遗赠扶养协议，是指自然人（遗赠人）与其继承人以外的组织或者个人（扶养人）签订的以扶养和遗赠为内容的协议。遗赠人的财产按照遗赠扶养协议在其死后转归扶养人所有；扶养人承担对遗赠人的生养死葬义务。

根据签订主体的不同，遗赠扶养协议分为两类：一类是自然人和继承人以外的组织或者个人签订的遗赠扶养协议。其中的“组织”，不再限定于“集体所有制组织”，而是包括了民间救助机构、社会养老机构等；另一类是自然人和继承人以外的个人签订的遗赠扶养协议，即自然人与自然人之间签订的协议。

遗赠扶养协议是我国继承法规范中特有的制度，其内容是扶养与遗赠的结合，正如学者坦言：“遗赠扶养协议的本质，是将扶养与遗赠通过对价关系加以结合的一种合同安排，与德国法上的继承契约制度十分相似。遗赠扶养协议中的扶养义务部分属于生前债务，遗赠部分则属于死因处分。两者结合在一个合同之中，具有多重属性，既非单纯的债权合同，也非单纯的死因处分合同，理论

---

① 王歌雅：《〈民法典·继承编〉的编纂理念与制度构想》，载《求是学刊》2018年第6期。

上归为继承法上特别规定的合同。”①

（二）遗赠扶养协议的特征

遗赠扶养协议与遗赠不同，遗赠是单方、无偿的法律行为，受遗赠人只需单方面接受遗产的财产性利益即可。遗赠扶养协议则映射出多方面特征，具体如下。

1. 遗赠扶养协议是双方民事法律行为

遗赠扶养协议通过扶养人和遗赠人签订书面合同的方式，确定民事主体间的权利与义务——扶养和遗赠，故其属于双方民事法律行为。遗赠扶养协议中的双方主体具有特殊性：遗赠人是受扶养人，享受生养死葬的利益，其仅限于自然人；扶养人的主体比较多元，可以是自然人、法人、非法人组织。此外，因遗赠扶养协议的订立主体存在法定的资格限制——“继承人以外的组织或者个人”，所以，继承人不能与被继承人订立遗赠扶养协议。

2. 遗赠扶养协议是诺成性、要式民事法律行为

遗赠扶养协议自协议主体意思表示的一致时即可发生效力，属于诺成性民事法律行为，但其主体履行义务、享有权利的时间有先后之分，并非同步。遗赠扶养协议应以书面形式订立，以明确双方的权利义务，故其属于要式法律行为。

3. 遗赠扶养协议是双务、有偿行为

遗赠扶养协议中的双方主体均须承担合同义务，扶养人一方承担受扶养人的生养死葬的义务，受扶养人一方承担将自己的个人财产在其死后遗赠给扶养人的义务。由于遗赠扶养协议中的双方主体既享受权利也承担义务，故其属于双务的民事法律行为。此外，遗赠扶养协议中的权利和义务具有对等、互动的特性。即扶养人享有受遗赠的权利，是基于其对被扶养人履行了生养死葬的义务；而受扶养人享有扶养人的生养死葬的权利，是基于其死后个人财产转归扶养人所有。故遗赠扶养协议具有有偿性，其与遗赠的无偿性存在根本差异。

4. 遗赠扶养协议内容的实现具有次序性

遗赠扶养协议签订后，扶养人履行扶养的义务履行在先，享有受遗赠的权利实现在后；而受扶养人所享有的被扶养的权利履行在先，承担的将财产遗赠

① 孙毅、刘耀东编著：《〈中华人民共和国民法典·继承编〉释义》，人民出版社 2020 年版，第 125 页。

给扶养人的义务实现在后。即遗赠的财产只有在遗赠人死亡时才能发生转移。

5. 遗赠扶养协议具有优先效力

处理遗产的方式多种,如法定继承、遗嘱继承、遗赠扶养协议、遗赠,其中遗赠扶养协议的效力最高。《民法典》第 1123 条通过效力位接逐级递进的方式,明确规定了遗赠扶养协议的优先效力。即“继承开始后,按照法定继承办理;有遗嘱的,按照遗嘱继承或者遗赠办理;有遗赠扶养协议的,按照协议办理”。依据该规定,遗赠扶养协议的效力优于遗嘱继承和遗赠,也优于法定继承。当然,若遗赠扶养协议的内容与遗嘱内容并不冲突,则被继承人的遗产可以分别处理。遗赠扶养协议的优先效力源于立法赋权,法理基础在于遗赠扶养协议中的扶养人存在对价付出,也即遗赠扶养协议的本质是双务、有偿合同;而遗嘱继承和法定继承则均不具有有偿性。在社会实践中,只要遗赠扶养协议中的扶养人履行了生养死葬的义务,其就能对抗受扶养人通过遗嘱指定的继承人、受遗赠人和其法定继承人,最终依据协议获得遗赠的财产。

《民法典·继承编》虽然规定了遗赠扶养协议制度,但其依然不能满足我国当前老人赡养的多层次需要。继承法规范的完善思路在于满足并解决民众的继承需求,并使之成为《民法典·继承编》的功用价值与内在价值之所在。① 关于遗赠扶养协议,有学者曾提出通过“补益遗赠扶养协议规范”②的方式进行制度完善。

首先,在遗赠扶养协议订立方面,“自然人可以与自然人、法人或其他社会组织订立遗赠扶养协议,约定由扶养人对遗赠人承担扶养义务,扶养人享有在遗赠人死亡后取得协议约定的财产的权利。协议没有具体指明遗赠遗产范围的,视为遗赠全部遗产。订立遗赠扶养协议的主体须有完全民事行为能力。遗赠扶养协议应当以书面的形式订立”③。如此规定的意义,在于其明确了遗赠的财产范围,即有约定的按照约定的遗产范围执行,没有约定的推定为遗赠全部遗产。

其次,受《民法典》第 1158 条规定的影响,遗赠扶养协议的主体被严格法定

---

① 参见王歌雅:《〈民法典·继承编〉:编纂争议与制度抉择》,载《法学论坛》2020 年第 1 期。

② 王歌雅:《〈民法典·继承编〉的编纂理念与制度构想》,载《求是学刊》2018 年第 6 期。

③ 杨立新、杨震:《〈中华人民共和国继承法〉修正草案建议稿》,载《河南财经政法大学学报》2012 年第 5 期。

化、范围化，且立法排除了被继承人与继承人签订继承扶养协议的情形。“为发扬赡老、扶老、助老、慰老的传统美德，调动继承人赡养扶助被继承人的积极性，明晰继承人与被继承人之间的权利与义务的内容与范围，界分赡养人即各继承人之间的权利与义务的边界与范畴，应允许继承人与被继承人签订继承扶养协议。”①而“通过增加继承扶养协议来应对赡老扶弱的社会需要，规制继承扶养协议，既可拓宽老人赡养的制度渠道，又可实践亲子关系的意思自治与责任承担”②；“既可调动扶养义务人的扶养积极性，又可保障被扶养人得到良好的扶养”③，以构建遗赠扶养协议制度的晋级路径。

最后，继承扶养协议可通过完善继承法律规范予以实现。即“被继承人可以与继承人订立继承扶养协议，由继承人承担比法定扶养义务更高的扶养义务，并继承约定的遗产。违反继承扶养协议的继承人，除符合丧失继承权的条件外，仍享有法定继承权。本法未规定的，继承扶养协议准用遗赠扶养协议的相关规定”④。至于“继承扶养协议的价值，在于赡老扶弱、生养死葬”⑤。

继承扶养协议与遗赠扶养协议具有如下区别：一是主体不同。前者的订立主体是被继承人与继承人，后者的订立主体是遗赠人与继承人以外的组织或者个人。二是扶养人义务不同。前者中的扶养人履行的是高于法定扶养义务之外的生养死葬义务，后者中的扶养人履行的是约定的生养死葬的义务。三是适用情形不同。前者适用于扶养人较多或者扶养人之间推诿扶养义务的情形；后者适用于遗赠人欠缺扶养人的情形。⑥

二、遗赠扶养协议的效力与解除

遗赠扶养协议具有双重义务，对遗赠人和扶养人的意义重大。扶养效力与遗赠效力并非同步发生，且继承实践中遗赠扶养协议的违约风险较大，关注并完善遗赠扶养协议的效力与解除非常必要。

---

① 王歌雅：《〈民法典·继承编〉：制度补益与规范精进》，载《求是学刊》2020 年第 1 期。

② 王歌雅：《论继承法的修正》，载《中国法学》2013 年第 6 期。

③ 王歌雅：《〈继承法〉修正：体系建构与制度选择》，载《求是学刊》2013 年第 2 期。

④ 杨立新、杨震：《〈中华人民共和国继承法〉修正草案建议稿》，载《河南财经政法大学学报》2012 年第 5 期。

⑤ 王歌雅：《〈民法典·继承编〉的人文观照与制度保障》，载《法学杂志》2020 年第 2 期。

⑥ 参见王歌雅：《〈民法典·继承编〉：制度补益与规范精进》，载《求是学刊》2020 年第 1 期。

（一）遗赠扶养协议的效力

遗赠人与扶养人一经签订遗赠扶养协议，即发生法律效力。扶养义务与遗赠义务的履行，构成了道德与法治的深度互动，也散发着规范本身的法制光辉与人性温暖。

1. 扶养人的义务

遗赠扶养协议中的扶养人应承担的义务，即是对遗赠人的生养死葬。具体而言，“扶养人对受扶养人的义务是自生效时起即具有履行效力，且是继续性的”①，亦即扶养人在遗赠人生前负有扶养的责任。当遗赠人死亡时，负责为遗赠人办理丧事。在遗赠扶养协议履行期间，扶养人应为遗赠人提供稳定且持续地生活照顾与扶养扶助；当扶养人违约未履行或未完全履行扶养义务时，应承担相应的违约责任。

2. 遗赠人的义务

遗赠扶养协议中的遗赠人应承担的义务，即是在扶养人依照协议履行完生养死葬义务后，遗赠人的个人财产按协议约定转归扶养人。在遗赠人死亡之前，遗赠人不得擅自处分遗赠扶养协议中约定的遗赠财产，有学者甚至主张有必要限制遗赠人对遗赠财产的处分权限。② 如果遗赠人擅自处分遗赠财产，则是对扶养人可得利益的严重侵害，也构成对遗赠扶养协议的实质违约。

（二）遗赠扶养协议的解除

《民法典·继承编》未明确规定遗赠扶养协议的解除。《继承法意见》第56条仅规定了遗赠扶养协议解除时应承担扶养费的返还义务。《继承编解释（一）》第40条则规定：“继承人以外的组织或者个人与自然人签订遗赠扶养协议后，无正当理由不履行，导致协议解除的，不能享有受遗赠的权利，其支付的供养费用一般不予补偿；遗赠人无正当理由不履行，导致协议解除的，则应当偿还继承人以外的组织或者个人已支付的供养费用。”《继承编解释（一）》第40条明确了遗赠扶养协议的解除事由、解除后果，为遗赠扶养协议纠纷的解决提供了司法依据，贯彻了权利和义务相一致的原则。

---

① 郭明瑞、房绍坤：《继承法》，法律出版社2004年版，第223页。

② 参见王葆莳：《继承协议中处分行为的约束力及其限制——兼评我国民法典继承编的立法构建》，载《上海政法学院学报》2019年第6期。

遗赠扶养协议具有合同属性。在司法实践中，遗赠扶养协议的解除主要有以下几种情形：一是扶养人未依约履行扶养义务；二是遗赠人拒绝接受扶养人的扶养；三是遗赠财产被处分或灭失；四是遗产管理人或继承人拒绝给付遗赠财产。根据《继承编解释（一）》第 40 条规定，如果遗赠扶养协议的一方主体出现违约行为，导致协议解除的，应当承担相应的法律后果，如“其支付的供养费用一般不予补偿”或“应当偿还继承人以外的组织或者个人已支付的供养费用”。供养费用，通常表现为抚养费的给付、吃穿住行的提供等。需要关注的是，“其支付的供养费用一般不予补偿”，是指通常情况下不予返还，如若“在扶养人已经履行扶养义务较长时间，付出了较多的扶养费用情况下，则可从双方实质公平、过失相抵等角度酌情部分支持扶养人扶养费用返还请求”[①]。

遗赠扶养协议既因双方的自由合意而订立，也可由扶养人和遗赠人根据意思自治通过协商加以解除。“在遗赠人拒绝接受扶养时，扶养人可以行使任意解除权解除遗赠扶养协议。”[②]此外，一旦发生扶养人或遗赠人因违约致遗赠扶养协议不能履行的情形，则应允许他方通过诉讼等程序依法解除遗赠扶养协议。在司法实践中，遗赠人提前转移或处分遗赠财产或扶养人消极不作为未能尽到扶养义务的，均构成对遗赠扶养协议的严重违约，双方也即丧失了继续履行协议的事实基础。因此，应允许他方通过法定诉讼程序解除遗赠扶养协议。解除遗赠扶养协议时，双方应协商解决扶养人已实际支出的供养费用补偿问题。扶养人有严重过错的，已支付的扶养费用可不予退还；遗赠人有严重过错的，应全额返还扶养人已支出的供养费用。

① 最高人民法院民事审判第一庭编著：《最高人民法院民法典继承编司法解释（一）理解与适用》，人民法院出版社 2022 年版，第 383 页。

② 缪宇：《遗赠扶养协议中的利益失衡及其矫治》，载《环球法律评论》2020 年第 5 期。

第四章

遗产的处理

遗产处理的本质,是反映被继承人意志,实现社会财富平等保护和财产代际流传的制度。《民法典·继承编》专章规定了遗产处理环节所涉及的法定程序及具体规则,丰富并完善了有关遗产处理的制度,体现了重大的立法进步。主要增加了遗产管理人制度,明确遗产管理人的产生方式、职责等内容;完善了法定继承的适用范围;纳入了转继承的规定,提升了法律层级;扩大了遗赠扶养协议人范围,满足我国养老形式多样化需求;完善无人继承财产的归属制度,助力公益事业的建设。

第一节 遗产的保管与管理

被继承人死亡后,其不能再对遗产进行管理,遗产面临被侵吞与损坏的危险。妥善保管遗产,是公平保护被继承人、受遗赠人及利害关系人的财产利益的首要措施。[①] 因此,确立和完善遗产的保管与管理制度非常必要。

一、遗产的保管

遗产的保管,是指存有遗产的人在继承开始后对遗产的实际管领。被继承

① 参见郭明瑞、房绍坤、关涛:《继承法研究》,中国人民大学出版社2003年版,第180页。

人死亡时,遗产继承即告开始,曾为被继承人所有的财产开始转归继承人所有。尽管遗产的所有权主体发生了变动,但只要遗产尚未分割,其最终所有仍处于未确定的状态。因此,遗产需要妥善保管。否则,其遗产有毁损、灭失的风险。保管好遗产,有利于维护继承人、受遗赠人及利害关系人的利益。

(一)遗产保管人的确立

《民法典》第1151条规定:"存有遗产的人,应当妥善保管遗产,任何组织或者个人不得侵吞或者争抢。"该规定沿袭了《继承法》第24条规定。

依据上述规定,存有遗产的人应为法定的遗产保管人,负有保管遗产的义务;其他组织或者个人负有对遗产不作为的义务,即不得侵吞或者争抢。《民法典》第1151条规定既是遗产保管规范,也是确保遗产范围与安全的规范,有助于保障继承主体实现继承愿望。《继承编解释(一)》第30条规定:"人民法院在审理继承案件时,如果知道有继承人而无法通知的,分割遗产时,要保留其应继承的遗产,并确定该遗产的保管人或者保管单位。"

遗产保管需要明确的保管主体,关系到遗产价值的维持和继承秩序的维护。在继承实践中,遗产保管人既可能是继承人,也可能是非继承人,故遗产保管人的资格应视不同情况加以确定。

1.继承人或遗嘱执行人

在继承实践中,被继承人生前自己占有财产的比例很大。虽然被继承人生前处分财产的观念和意识在逐年提高,但是受传统思想和社会习惯影响,被继承人在生前真正处分个人财产并完成所有权转移的比例和数量并不大。如果被继承人生前自己占有财产,在其死亡后,遗产保管人应当由知道被继承人死亡的继承人或者遗嘱执行人担任。

2.继承人共同保管或协商保管

被继承人死亡后,倘若所有的继承人都知晓死亡信息,加之继承人都享有法定继承人身份,则应当由所有的继承人共同保管遗产;当然,所有的继承人可以依照实际情况或具体协商选定一个或多个继承人进行遗产的实际保管。

3.有关组织或其他人保管

被继承人死亡后,如果继承人中无人知晓被继承人死亡或者人民法院办理继承案件时无法通知继承人,遗产应当由被继承人的生前所在单位或者遗产所有地的居民委员会、村民委员会负责保管。在司法实践中,人民法院办理继承案件时,如经审查发现被继承人确有继承人而无法通知的,人民法院最终分割遗产时应当保留继承人应继承的法定份额,并同时确定该遗产的保管人或保管单位。

(二)遗产保管的涵义

遗产的价值维护,应由遗产保管人负责,任何存有遗产的人均应负责妥善保管遗产。遗产保管人根据遗产保管实际情况,有权采取必要措施、履行职责义务。遗产保管具有以下涵义。

1. 妥善保管遗产

存有遗产的继承人作为遗产保管人保管遗产既是其权利,也是其义务。客观而言,存有遗产的继承人保管遗产,是基于遗产继承人的地位而产生的权利义务;而存有遗产的非继承人作为遗产保管人,其保管遗产的义务是基于占有而产生的。因此,存有遗产的非继承人的保管义务只能是暂时性的,其可以随时将存有的遗产移交给继承人而免除其保管义务。不论何人存有遗产,都有妥善保管的义务。当然,法律规范中的妥善保管仅要求维持财产正常价值即可。毕竟“保管仅仅是一种消极性的义务,保管人并没有义务确保遗产保值增值”①。由于《民法典·继承编》增设了较为完备的遗产管理制度,故在继承实践中,遗产管理人也可以依照遗产管理职权而要求存有遗产的人向其转交遗产,此时存有遗产的人应当及时将遗产转交遗产管理人进行统一管理,并配合遗产管理人进行遗产的清理、制作遗产清单并依法进行遗产分割。

2. 禁止侵吞或争抢

任何组织或者个人都不得侵吞或者争抢遗产,既是对遗产保管人的要求,也是对其他人的要求。不得侵吞遗产,就是不能将遗产据为己有。遗产占有人必须如实、客观地告知遗产管理人其存有遗产的事实与遗产的详情。不得争抢遗产,是指继承人和继承人以外的人不得通过非法的手段或途径抢夺遗产。当然,不排除行政机关依法征收、征用遗产,但同样需要行政机关依法定程序公开办理,并依法给予补偿。侵吞或者争抢遗产,需要承担相应的法律责任。轻则可能承担民事法律责任,重则可能因侵吞或争抢行为构成犯罪而需要承担刑事责任。

---

① 黄薇主编:《中华人民共和国民法典继承编释义》,法律出版社2020年版,第126页。

3. 遗产保管的期限

从遗产保管期限的长短看，遗产保管包括遗产的临时性保管和遗产的辅助保管。临时性保管，是指被继承人死亡后至继承人或遗产管理人确定前的期间，由于取得或者管理遗产的权利人尚不明确，因此暂由遗产的占有人负责保管。待继承人或遗产管理人确定后，遗产转由有权管理之人管理，临时保管即告结束。继承开始时，被继承人自己占有的财产可以由知道被继承人死亡事实的继承人临时保管，也可由其他无因管理人进行临时保管。无人继承的遗产，可由被继承人生前所在地的基层组织进行临时管理。

遗产的辅助保管，是指遗产占有人为了保全遗产而在必要限度内帮助继承人或遗产管理人保管遗产。辅助保管人类似于德国法中的由法院选任的遗产保佐人。我国的遗产辅助保管可基于委托合同、保管合同、仓储合同等产生。基于遗产的辅助保管产生的民事法律关系可以适用《民法典·合同编》有关规范进行调整。

（三）遗产保管制度的完善

我国应通过立法赋予遗产保管人以报酬请求权，以促使其更好地履行保管义务。当然，如果遗产保管人未能妥善保管遗产，造成遗产价值减损的，应该由其承担相应的民事赔偿责任。此外，遗产保管人制度应与遗产管理人制度相衔接，进而对故意隐匿、侵吞或者争抢遗产的继承人，享有扣减其应继承的遗产份额的权利。

关于遗产的保管，很多国家都有配套的制度规定。例如，《日本民法典》第918条第1款、第2款规定："（一）继承人须以与其固有财产的相同注意管理继承财产。但是，承认或者放弃继承时，不在此限。（二）根据利害关系人或者检察官的请求，家庭法院可以随时命令对继承财产的保存做出必要的处分。"《日本民法典》第940条第1款规定了放弃继承时的财产管理，即"已放弃继承的人，在因其放弃继承而成为继承人的人可以开始管理继承财产前，须以自己财产的相同注意继续管理该财产"①。根据上述立法例，即便是继承人放弃了继承权，该继承人只要实际占有遗产，其同样承担妥善保管遗产的法定义务。

① 《日本民法典》规定了继承的承认与放弃两种模式下遗产的保管制度。参见《日本民法典》，刘士国、牟宪魁、杨瑞贺译，中国法制出版社2018年版，第233～234页、第238页。

根据《民法典·继承编》的规定,存有遗产的人,均有妥善保管遗产的义务。但占有遗产的主体以及遗产的种类则具有多元化的特点。例如,遗产可能在被继承人生前由其直接占有,也可能由继承人占有;有的遗产与他人共有,有的无形遗产被许可他人使用。无论是哪类民事主体实际占有哪类遗产,都有法定义务妥善保管遗产。其中,也包括放弃继承权的法定继承人和受遗赠人。当存有遗产的人与被继承人之间不存在合同关系或其他法律关系,存有遗产的人保管遗产则可能构成无因管理,并依此享有相应的权利和义务。存有遗产的人如果拒绝继续保存遗产,则可在遗产管理人确定后,及时将其移交给遗产管理人。

《民法典》第1151条规定的"遗产保管条款仅为原则性、禁止性规范,并未体现任何惩罚性、制裁性的规范功能"①。为此,《民法典·继承编》在未来的立法完善中,应考虑增强法律的刚性,有学者即提出可以剥夺侵吞、争抢者的继承份额。即"故意隐匿、侵吞遗产的,非经其他继承人宽恕,剥夺该继承人对此遗产继承的份额"②。该观点与《继承编解释(一)》第43条关于"人民法院对故意隐匿、侵吞或者争抢遗产的继承人,可以酌情减少其应继承的遗产"的规定意义相同,有助于更好地维护继承秩序。

二、遗产的管理

遗产管理的核心在于管理,不仅包括对遗产的保管,还包括对遗产的清理、处置。遗产管理制度的立法原则有行政主义原则、请求主义原则、法定主义原则,我国应采法定主义原则。③ 原《继承法》未规定遗产管理制度,《民法典·继承编》则增设了遗产管理制度,完成了遗产由简单事实保管到法治化管理的进阶,"实现了遗产管理的制度化,规范化。在避免遗产毁损、保证遗产安全的同时,贯彻了权利与义务相统一的原则"④。遗产管理的优劣影响继承利益的保障,管理主体的确定、管理职责的确立、不当管理的责任承担和报酬请求权的确认,都表明了我国遗产管理迈上了现代化、制度化、体系化的法治之路。

---

① 王歌雅:《〈民法典·继承编〉的人文观照与制度保障》,载《法学杂志》2020年第2期。

② 杨立新、杨震:《〈中华人民共和国继承法〉修正草案建议稿》,载《河南财经政法大学学报》2012年第5期。

③ 参见王歌雅:《〈继承法〉修正:体系建构与制度选择》,载《求是学刊》2013年第2期。

④ 王歌雅:《〈民法典·继承编〉:制度补益与规范精进》,载《求是学刊》2020年第1期。

(一)遗产管理人的确定

遗产管理人,是对被继承人的遗产进行妥善管理和分配的人。遗产管理人的确定,是贯彻与落实遗产管理制度的起点。遗产管理人的确定主要涉及三个方面:一是遗产管理人的主体资格,二是遗产管理人确定的法定程序,三是遗产管理人确定阶段产生争议的处理。遗产管理人确定程序的法定化,为我国遗产管理制度的完善奠定了主体基础。

1. 遗产管理人的适格

遗产管理人,是指在继承开始后遗产分割前,接受委托或者被依法指定的对遗产负有管理职责并处理涉及遗产有关事务的人。《民法典·继承编》增加了遗产管理人制度,有效弥补了原《继承法》的制度欠缺,符合社会发展和民众维权的实际需要。即伴随我国经济社会的迅速发展,人民的私有财产不断增加,市场经济交易关系日趋复杂,自然人死亡后,通常会留下诸多遗产或遗产债务。遗产的保管、管理、清算、清偿、处理、分割等都需要法治回应,故遗产管理人制度日益重要且必须。根据《民法典》第 1145 条规定,遗产管理人可以是自然人,也可以是法人或非法人组织。

《民法典·继承编》设置遗产管理人制度,既是继承制度完善的内在需要,同时也彰显了法律的人文价值,对我国经济社会的发展具有重大意义。第一,增设遗产管理人制度,有助于确保遗产分配的公平合理,确保继承人、受遗赠人以及债权人之间能够公平公正地分配遗产,避免权益冲突。第二,增设遗产管理人制度,有助于确保遗产的安全、完整。即遗产可以得到及时的保存、管理,保持其财产价值,避免减损。第三,遗产管理人制度符合国家治理的需要。例如,针对被继承人依法应当缴纳的税款,以及应归国家或集体组织所有的遗产的处理,都需要遗产管理人的大力配合与依法处理。因而,遗产管理人应具有管理遗产的主体资格,且应在法定程序下依法产生并依法履职。

当遗产管理人不再适格时,其管理遗产的资格就会终止。例如,遗产管理人违法处分遗产或者管理遗产存在重大过失,造成利害关系人财产权益受损时,继承人有权按照约定解任遗产管理人;继承人、利害关系人也有权请求人民法院予以解任。此外,遗产管理人的资格同样会因为法定情形的发生而终止。例如,遗产管理人死亡或被人民法院宣告死亡、被确定为限制民事行为能力人或无民事行为能力人、法人或者非法人组织机构被撤销或被破产清算等。

2. 遗产管理人的产生

《民法典》1145条规定了遗产管理人的产生方式，即"继承开始后，遗嘱执行人为遗产管理人；没有遗嘱执行人的，继承人应当及时推选遗产管理人；继承人未推选的，由继承人共同担任遗产管理人；没有继承人或者继承人均放弃继承的，由被继承人生前住所地的民政部门或者村民委员会担任遗产管理人"。依据该规定，遗产管理人的确定存在程序上的先后次序。即遗产管理人的产生应遵循如下法定顺序：

第一，遗嘱执行人担任遗产管理人。遗产管理人的确定程序，以遵循尊重私法自治、尊重遗嘱人的生前意志为立法基点。因此，在遗产管理人的确定程序中，遗嘱指定优先于法定选任。即被继承人在遗嘱中指定了遗嘱执行人的，则由遗嘱执行人担任遗产管理人。此外，被继承人还可以在遗嘱外另行委托第三人指定遗嘱执行人。通常而言，遗嘱人通过遗嘱确立遗嘱执行人，有利于选出自己信任的遗嘱执行人亦即遗产管理人。同时，遗嘱执行人对遗嘱的执行，也是对遗产的管理。根据《民法典·继承编》规定，遗产管理人的职责范畴要大于遗嘱执行人。

由遗嘱执行人担任遗产管理人，则无须启动后续的选任程序。首先，遗嘱执行人被遗嘱人所信任，由其管理遗产符合遗嘱人的意愿；其次，如已有遗嘱执行人，则无须另选他人担任遗产管理人。否则，会造成相关职责的重合、矛盾与冲突。因此，《民法典·继承编》首先确立的遗产管理人就是遗嘱执行人。当然，能够直接担任遗产管理人的遗嘱执行人，必须主体适格。如果遗嘱中指定的遗嘱执行人不具有完全民事行为能力，则其因主体不适格而不能担任遗产管理人。因此，遗嘱执行人担任遗产管理人应当主体适格。

第二，继承人推选确立遗产管理人。继承实践中，被继承人未必会通过遗嘱指定遗嘱执行人。即便遗嘱中指定了遗嘱执行人，该遗嘱执行人也可能因为死亡或其他原因不能就职而导致遗嘱执行人缺位。因而，在被继承人死亡后，继承人通常会按风俗习惯或共同协商推选出处理丧葬善后事宜的"负责人"。该被推选的"负责人"往往承担着遗产管理人的职能。依据《民法典·继承编》第1145条规定，没有遗嘱执行人的，继承人应当及时推选遗产管理人。该规定确立了继承人共同推选遗产管理人的制度，并赋予了继承人及时推选遗产管理人的法定权利。被推选的遗产管理人，可以由继承人担任，也可以由非继承人担任；可以推选继承人中的一人或数人担任；也可以推选法人、非法人组织担任。继承人推选遗产管理人的行为，是民事法律行为中的“决议行为”，应当采取多数决的形式，根据《民法典》第 134 条第 2 款规定，决议行为自依法作出时成立，故被推选的人即成为遗产管理人。

第三，继承人共同担任遗产管理人。倘若继承人未能推选出遗产管理人，则由全体继承人共同担任遗产管理人。在继承实践中，经常出现继承人未能推荐出遗产管理人的情况。例如，继承人明确拒绝确立遗产管理人、继承人不能按照多数决确立遗产管理人、继承人超期未能及时推选出遗产管理人、继承人协商一致决定对遗产共同管理。此时，由继承人共同担任遗产管理人并共同管理遗产，有助于共同监督遗产的管理。根据《民法典》第 230 条的规定，因继承取得物权的，自继承开始时发生效力。因而，继承人不仅共同共有全部遗产，而且是共有财产的共同管理人。

第四，有关单位或者组织担任遗产管理人。当被继承人没有继承人或者继承人均放弃继承权时，其遗产将处于无人管理的状态，将对遗产价值的维持与利害关系人权益的维护产生不利影响。为此，《民法典》第 1145 条规定，由被继承人生前住所地的民政部门或者村民委员会担任遗产管理人。该规定既符合生活实际，又便于无人继承遗产的后续处理。

3. 遗产管理人确定争议的处理

《民法典》第 1146 条规定了遗产管理人确定争议的解决路径，即“对遗产管理人的确定有争议的，利害关系人可以向人民法院申请指定遗产管理人”。该规定是《民法典·继承编》的新增规定，弥补了原《继承法》规范不足，也延展了《民法典》第 1145 条的规范内容，提供了遗产管理人确定争议的解决途径。

由人民法院指定遗产管理人，有利于破解遗产管理人确定争议难题。《民法典·继承编》尊重私法自治，依职权指定遗产管理人的原因，即是对遗产管理人的确定有争议，主要包括：一是遗嘱执行人拒绝或怠于担任遗产管理人；二是继承人发生了因遗产管理引发的纠纷；三是其他利害关系人对遗产管理人的确定不认可或者持有异议。如果发生了上述争议，利害关系人可以向人民法院申请指定遗产管理人。因为，遗产管理对继承人、受遗赠人、被继承人的债权人等均有利害关系。申请人民法院指定遗产管理人，可以发生在遗产管理人确定的任何一个程序中。具体而言，《民法典》第 1145 条是对遗嘱人指定或者继承人自行确定遗产管理人的程序和顺序的规范，而《民法典》第1146条则是对利害关系人申请人民法院指定遗产管理人程序的规范，二者不存在前置与后置的次序问题。

(1)指定遗产管理人的原则

人民法院虽然具有指定遗产管理人的司法权，但该司法权的行使不应突破法律规范的限制。首先，人民法院指定的遗产管理人应限制在《民法典·继承编》所规定的遗产管理人范围内，即遗嘱执行人、继承人、民政部门或村民委员会。其次，人民法院指定遗产管理人应当综合裁量。即结合遗嘱人生前所立遗嘱等有关事实、证据材料，充分尊重被继承人的真实意愿，确保指定的遗产管理人具有相应的遗产管理能力。同时，还应考量其与被继承人、受遗赠人的人际交往程度、在继承人之间的公信力等因素。最后，法院也应当根据争议的产生原因与类型分类处理，如多个遗嘱执行人因为担任遗产管理人产生争议的，法院可以指定一名或多名遗嘱执行人担任遗产管理人；遗嘱执行人与继承人之间因为担任遗产管理人产生争议的，法院可以在遗嘱执行人和继承人之间指定一人或多人担任遗产管理人；继承人之间发生遗产管理人确定争议的，法院应当在继承人之间指定一人或多人担任遗产管理人；如果在被继承人生前住所地的民政部门或村民委员会之间发生遗产管理人确定争议的，法院应当审查被继承人死亡时的住所地或者主要遗产所在地，据此选择合适的机构作为指定的遗产管理人。因为，在我国司法实践中，继承案件的管辖实行专属管辖，即由被继承人死亡时住所地或其主要遗产所在地的人民法院进行管辖，故前述“两地”的人民法院与遗产存在密切联系，也便于案件审理与后续遗产的最终处理。

(2)司法指定的特殊程序

人民法院审理遗产管理人的确定争议案件，不宜适用普通的民事诉讼程序，而应参照民事诉讼程序中的“特别程序”进行办理。因为，遗产管理人的指定仅为程序性事项，并非涉及各方主体实际权益的实体处理。故利害关系人应以申请人的身份，向人民法院递交申请书表达指定遗产管理人的请求。鉴于遗产管理人的确定已产生争议，人民法院在案件审理过程中则不应再仅指定某一继承人担任唯一的遗产管理人，而应考虑指定多名遗产管理人，并将具有清算工作经验的专业人士纳入遗产管理人范围内，且遗产管理人的人数应尽量为单数，便于形成遗产管理决议。人民法院经审理后应以裁定书的方式指定遗产管理人。指定遗产管理人的裁定一经作出立即发生法律效力，该特殊程序实行一审终审，不得上诉。

关于遗产管理人的选任，域外立法例呈现了不同的选任方式。例如，《法国民法典》第 812 条规定了由委托代理人管理遗产的路径，即“任何人均可以委托一个或数个自然人或法人以一名或数名已经确定身份的继承人的名义并为他们的利益管理其遗产之全部或一部，但保留赋予遗嘱执行人的权力。委托代理人可以是某个继承人。委托代理人应当具备完全的民事能力；在概括遗产中包含有从事职业的财产时，受托人没有受到禁止管理此种财产的处分。委托代理人不得是负责处理遗产的公证人”①。《德国民法典》第 1981 条规定了以颁布遗产管理命令方式确立遗产管理人的制度安排，即“（1）继承人申请命令遗产管理的，遗产管理必须由遗产法院发布命令。（2）有理由认为遗产债权人之就遗产受清偿为继承人的行为或财产状况所危及的，遗产管理必须根据遗产债权人之一的申请而发布命令。自接受遗产时起已经过 2 年的，该项申请不得再提出。（3）不适用第 1785 条的规定”②。《瑞士民法典》第 554 条规定了主管机关对遗产管理人命令，即“1. 在下列情形下，主管机构应当命令对遗产进行代管：（1）继承人长期不在且没有代理人，为维护其利益确有必要的；（2）主张继承的人不能提供足够的证据证明其权利的，或继承人的存在处于不确定状态的；（3）被继承人的全部继承人尚不明确的；（4）法律规定的其他情形。2. 如被继承人指定了遗嘱执行人，则主管机构应当将遗产交由遗嘱执行人管理。3. 被监护人的财产由监护人管理的，如果被监护人死亡，则由监护人管理其遗产，但主管机关另有命令的除外”③。《意大利民法典》第 508 条建立了依申请或依职权任命财产管理人的遗产管理制度，即“委付的申报已登记时，继承开始地的治安裁判官，基于继承人或债权人或者受遗赠人的请求，或者以职权，依第四百九十八条以下的规范，为采取清算程序应任命财产管理人。任命财产管理人的裁定，应记入于继承登记簿。支付管理的费用及依分配顺位表所定的顺序使债权人及受遗赠人满足之后尚剩有积极财产时，其财产归属于继承人。但在第五百零二条第三

① 《法国民法典》，罗结珍译，北京大学出版社 2010 年版，第 228 ~ 229 页。

② 《德国民法典》，陈卫佐译，法律出版社 2020 年版，第 663 页。

③ 《瑞士民法典》，于海涌、赵希璇译，法律出版社 2016 年版，第 198 页。

项所定的限度内,不妨碍未为申报的债权人及受遗赠人的诉权”①。《意大利民法典》第528条规定了继承人不存在时的财产管理人的任命制度,即“被传唤人未承认继承,而且未占有继承财产时,继承开始地区的治安裁判官,应基于利害关系人的请求,或者以职权,任命继承财产的管理人。任命财产管理人的裁定,应由书记官在该地区的法定告知的报纸上将抄本公示,并在继承登记簿上登记”②。上述立法例具有的不同的立法特质,有待分析、研究、借鉴。

(二)遗产管理人的职责

《民法典》第1147条规定:“遗产管理人应当履行下列职责:(一)清理遗产并制作遗产清单;(二)向继承人报告遗产情况;(三)采取必要措施防止遗产毁损、灭失;(四)处理被继承人的债权债务;(五)按照遗嘱或者依照法律规定分割遗产;(六)实施与管理遗产有关的其他必要行为。”上述遗产管理人的职责规范是《民法典·继承编》的新增规范,弥补了原《继承法》此类规范的欠缺。

遗产管理人确定后,其需要承担相应的遗产管理职责,即需要实施各种遗产管理行为。如无遗产管理人,遗产管理中的清算、处置、分割、移交等具体工作将无法顺利进行。遗产管理人职责的权限与范围的法定化,便于其开展具体管理行为,有助于其依法进行遗产管理工作。因此,《民法典·继承编》通过“列举+概括”的立法模式规定了以下方面的具体职责。

1.清理遗产并制作遗产清单

继承开始后,遗产的种类和数量只有在确定后,才能开始后续的遗产处理。清理遗产并制作清单具有举足轻重的作用,具体职能包含:一是清理遗产,二是制作遗产清单。清理遗产虽然是制作遗产清单的基础与前提,遗产清单也是最后的成果形式,但在继承实践中,二者可同步开展,既可保障遗产清理的准确性,又能提高遗产清单制作工作的效率。“遗产清单,既是继承主体行使继承权的基础,也是遗产管理人分割遗产的保障;同时,也是债权人保障债权的凭证。”③“通过遗产清单的制作,可以查清遗产的范围与负债情况,为遗产债务的清偿与遗产的分割提供财产的边界与保障。”④

---

① 《意大利民法典》,陈国柱译,中国人民大学出版社2010年版,第105页。

② 《意大利民法典》,陈国柱译,中国人民大学出版社2010年版,第108页。

③ 王歌雅:《〈民法典·继承编〉的编纂理念与制度构想》,载《求是学刊》2018年第6期。

④ 王歌雅:《〈民法典·继承编〉:制度补益与规范精进》,载《求是学刊》2020年第1期。

遗产管理人的首要职责就是清理遗产，其应当客观、全面地清查被继承人遗留的所有个人财产，包括不动产与动产、债权与债务、有形财产与财产性权利（如知识产权）等。要"顺应遗产形态的更新与转化……将被继承人享有的人格权衍生的财产利益、互联网中的虚拟财产等纳入财产范围"①。遗产管理人要做到清理遗产的全覆盖，以"全面清理"为原则目标，同时要将被继承人的个人财产与夫妻共同财产进行区分，将个人财产与家庭成员中的他人财产进行区分。此外，遗产管理人在清理遗产过程中如需实施必要的清查行为，其他知晓真实情况的主体应当予以配合。例如，向银行查询存款信息、向继承人了解遗产占有情形等。同时，遗产管理人要制作相应的遗产清单，详细记载被继承人的全部财产和整体债权债务情况。在继承实践中，非因遗产管理人个人原因造成的清理遗漏、错误，遗产管理人可以本人已经忠实勤勉地履行了合理注意义务的抗辩来免除相应的民事责任。

《民法典·继承编》虽然赋予了遗产管理人以制作遗产清单的职责，但对遗产清单的制作程序、时限要求、是否需要公证、异议救济措施等，均未明确规定。如果遗产清单有错误或遗漏，且没有法定的纠错程序，容易引发遗产相关利害关系人合法权益被侵害。因此，《民法典·继承编》的修订或制度配套应重点考虑增设时限程序要求，以完善利害关系人的权益保障制度。首先，要明确制作遗产清单的法定程序。即"遗产管理人应当在就任后六个月内编制遗产清单并进行公证"②。该规定的主要意义在于确定了遗产管理的时限与程序要求。遗产管理人应当在就任后6个月内制作遗产清单并进行公证。通过6个月的时间限制与公证程序的要求，既保障了遗产清点的客观、准确、全面、及时，也保障了利害关系人对遗产的清点与遗产清单的制作进行了解、掌握、关注、监督，可有效避免隐匿、侵吞、私自处分遗产的行为发生，保障继承秩序与维护继承人、债权人、受遗赠人及其他利害关系人的切身权益。其次，增设遗产清单的异议权制度。③"对遗产清单有合理异议的利害关系人可以要求由专业机构对遗产

---

① 王歌雅：《论继承法的修正》，载《中国法学》2013年第6期。

② 杨立新、杨震：《〈中华人民共和国继承法〉修正草案建议稿》，载《河南财经政法大学学报》2012年第5期。

③ 参见王歌雅：《论继承法的修正》，载《中国法学》2013年第6期。

清单进行复核。异议不成立的由该利害关系人承担复核费用。”①此外，继承立法应赋予利害关系人在遗产管理人编制遗产清单过程中更正遗产清单错误记载的请求权，即“遗产管理人应当在就任后六个月内编制遗产清单。利害关系人有证据证明遗产清单错误的，可以请求人民法院予以变更”②。通过上述制度的确立，赋权利害关系人通过提出异议要求第三方专业机构对遗产管理人制作的遗产清单进行复核，既可保障遗产清单的客观性，确保遗产清单无遗漏、无灭失、真实准确，也可实现遗产范围的公开与透明、精准与确定。

2. 向继承人报告遗产情况

遗产清理并制作遗产清单完毕后，遗产管理人负有向继承人披露、报告遗产情况的义务，以便继承人知晓并掌握遗产的范围和种类，这是继承人享有继承权的重要保障。继承人属于有权参与遗产分割的民事主体，与遗产价值有密切的利害关系。继承人的范围首先应当包括全部有继承权利的人，即除法定继承人外，还应包括遗嘱继承人。因此，遗产管理人应向法定继承人和遗嘱继承人报告遗产相关情况。此外，受遗赠人、遗产债权人同样有知晓遗产情况的权利。故在继承实践中，遗产报告的对象是否严格限于法定的全体继承人，而不包括债权人与受遗赠人，值得商榷。考虑继承的目的与相关主体权益的维护，应对报告的对象作目的性扩张解释，即遗产管理人应向继承人、受遗赠人、债权人等其他利害关系人报告遗产有关情况。报告的方式，不仅是口头通知，更应该提交书面报告，并附上遗产管理人经调查核实后制作的遗产清单。遗产清单应包括遗产的种类和数量等情况，还应包括被继承人生前的债权和债务，以便所有继承人及相关利害关系人知晓遗产的全部情况。

3. 采取必要措施防止遗产毁损、灭失

为了维护实物型遗产的价值，积极应对遗产毁损、灭失的自然风险与人为风险，确保继承人的继承利益最大限度地实现，遗产管理人负有积极妥善保管遗产的职责。当遗产管理人发现遗产存在毁损、灭失的风险时，应当采取必要的措施，避免遗产的毁损、灭失。故遗产管理人在接管遗产后，妥善保管遗产是

① 杨立新、杨震：《〈中华人民共和国继承法〉修正草案建议稿》，载《河南财经政法大学学报》2012年第5期。

② 杨立新、杨震：《〈中华人民共和国继承法〉修正草案建议稿》，载《河南财经政法大学学报》2012年第5期。

其最基本的职责。关于遗产的毁损、灭失应作广义理解,既包括物理上的损耗,也包括法律上的风险损失,故遗产管理人应采取适当、有效措施予以保管。例如,对于鲜活易腐食品,遗产管理人应妥善保管以防止其腐败变质,必要时可以及时出售,保存其现金价值。此外,遗产管理人要防止动产类的遗产被第三人善意取得或侵占甚至被盗窃、抢夺、抢劫,遗产管理人可以采取保全、诉讼、仲裁、报警等法律措施予以遗产保障。

4. 处理被继承人的债权债务

被继承人生前既会有积极财产,也会有消极债务。被继承人的债权债务属于权益性遗产。由于继承开始后,遗产会概括转移给继承人,故被继承人的债权债务全部由继承人承受。遗产管理人不但应当管理现存的实物型遗产财物,还应当积极采取措施实现被继承人的债权,清偿被继承人的债务。

对于被继承人的债权,如果在继承开始后已经到期,遗产管理人应当向债务人发出催收通知,督促债务人积极履行还款义务;如果债权尚未到期,遗产管理人应当提示债务人到期履行。遗产管理人还应当清查所有被继承人的债务履行时限,在诉讼时效届满前及时向债务人发出催款通知,以达到中断诉讼时效的法律效果或直接向有管辖权的人民法院提起诉讼。“遗产管理人享有诉讼实施权的实体法基础在于管理权,程序原理为法定诉讼担当。”①如果被继承人存在未决诉讼的,遗产管理人应当以诉讼参与人的身份参加诉讼。以上措施都是遗产管理人妥善处理债权的必要措施,以期形成可供继承分配的更为稳定的遗产。此外,遗产管理人在清理遗产过程,随时发现被继承人生前享有债权的,应当及时依法向债务人主张债权。遗产管理人处理被继承人债权与债务的情况,应当主动向所有继承人及相关利害关系人报告。

对于被继承人的债务,遗产管理人具有清偿的义务。其既可以协助继承人清偿债务,也可以依据遗产管理人的身份直接使用遗产清偿债务。无论采用哪种清偿方式,遗产本身都是清偿被继承人债务的责任财产,且被继承人债务的清偿直接影响遗产偿债后可以用于继承分配的财产数量。相较于债权管理,继承人与受遗赠人可能主观和行为上缺少支持遗产管理人清偿债务的动力。因

① 刘学在、赵贝贝:《遗产管理人的诉讼实施权配置研究——从实体与程序的双重维度切入》,载《中南大学学报(社会科学版)》2022 年第 4 期。

此，遗产管理人应当客观、公正、公平地看待被继承人的现存遗产、被继承人债权与债务的实际情况，审慎处理并依法履职，妥善管控遗产的处置风险，化解处置争议。

5. 按照遗嘱或者依照法律规定分割遗产

遗产分割是实现遗嘱目的并进行遗产处理的关键环节，也是遗产清算和处理的最后一道程序，更是遗产管理人的责任与义务。遗产的分割应当以有效遗嘱为原则，同时要符合《民法典·继承编》关于遗产继承次序的要求。首先，如果被继承人生前订立了遗赠扶养协议，因为遗赠扶养协议的优先效力最高，故遗产管理人应当按照遗赠扶养协议处分遗产，并查明遗赠扶养协议的合法性和扶养人的身份、义务履行等情况。其次，如果被继承人生前订立了遗嘱，遗产管理人要依据被继承人所立遗嘱进行遗产处分。例如，被继承人通过遗嘱指定由特定继承人继承某些遗产，则遗产管理人应当按照遗嘱向相应继承人处分对应的遗产。如果被继承人通过遗嘱将某些遗产遗赠给特定的个人或组织，则遗产管理人应当按照遗嘱向该个人或组织遗赠对应的遗产。再次，遗产管理人要核实继承人的身份、是否存在丧失继承权的情形、哪些继承人放弃了继承、遗嘱中涉及遗产的种类及数量、分割的期限与条件等情况。复次，如果被继承人既没有签订遗赠扶养协议，也没有订立有效的遗嘱，遗产管理人应当按照法定继承规则处分遗产，即按照《民法典·继承编》第二章法定继承所规定的继承人的顺序、遗产分配规则进行遗产分配。最后，在遗嘱继承中，遗嘱执行人要按照遗嘱指定的继承顺位及分配次序确定遗嘱继承人应继承的遗产种类与份额。总之，遗产的部分或全部分割，应当充分尊重被继承人的真实意愿并确保分割程序的正义。

此外，遗产的分割还需要按照法定要求统筹处理好特殊事项。例如，胎儿的继承权维护和特留份的保留、遗产酌分请求权的处理、被继承人所欠税款的缴纳与债务的清偿、无人继承遗产的处理等。对于被继承人遗嘱中未涉及的遗产，遗产管理人应当依法进行分割，即遗产管理人依据《民法典·继承编》中法定继承的规则，在全部法定继承人之间进行遗产分配。

6. 实施与管理遗产有关的其他必要行为

遗产管理人在具体管理遗产过程中，可以实施与遗产管理相关的其他的必要行为，包括但不限于调查遗产的种类、数量、范围；进行取证；查阅相关资料；

询问利害关系人和见证人等。即遗产管理人有权实施与遗产管理相关的具体必要事项，该事项为遗产管理人职责的兜底性规定，具有理论层面的概括性与具体继承实践实施的模糊性。

规范中的“必要行为”的范围不尽相同，表现多元。遗产管理人在管理遗产过程中可能需要应对各种情况，比如，遗产管理人需要查清被继承人是否留有合法有效的遗嘱、法定继承人的人数、法定继承人是否放弃了继承权、通知受遗赠人继承的开始以及告知其在一定时间内做出接受或者放弃受遗赠的意思表示、从占有遗产的主体手中接管遗产、临时保管遗产、采取必要措施防止遗产的毁损和灭失、制作遗产清单并通知继承人及利害关系人、参与遗产相关的诉讼等其他事项。针对其他并不属于前几项规定的情形，遗产管理人也可以采取必要的管理措施，但所采取的措施应以必要为限度，且须满足为了遗产管理的正当目的。由此可见，遗产管理人的任务多、责任大，是遗产管理、分割处置的核心主体。

遗产管理人职责的法定化，有助于明确其职责范围，但《民法典·继承编》有关职责的规定过于简单、略显笼统，不利于遗产的管理或继承纠纷及时的解决，毕竟遗产处理的过程相对复杂。因而，《民法典·继承编》的立法完善，可通过专项立法补充或发布司法解释予以推进。

关于遗产管理的人职责，域外立法也有相关规定。如《德国民法典》第1959条规定了拒绝接受遗产前的事务管理规制，即“（1）继承人在拒绝接受遗产前处理遗产上的事务的，对成为继承人的人，继承人像无因管理人一样享有权利和负有义务。（2）继承人在拒绝接受遗产前处分遗产标的，且不对遗产有不利益就不能延缓处分的，处分的有效性不因遗产被拒绝接受而受影响。（3）须对继承人本人实施的法律行为，系在遗产被拒绝接受前对拒绝接受遗产者实施的，它在遗产被拒绝接收后仍有效力”[①]。《德国民法典》第1960条规定了遗产的保全与遗产保佐人制度，即“（1）以有需要为限，遗产法院必须致力于保全遗产，直至遗产被接受之时。继承人不明或不能肯定继承人是否已接受遗产的，亦同。（2）遗产法院尤其可以命令存放印章，提存金钱、有价证券和贵重物品，以及编制遗产目录，并为成为继承人的人选任一个保佐人（遗产保佐人）。

① 《德国民法典》，陈卫佐译，法律出版社2020年版，第658～659页。

(3)第 1958 条的规定不适用于遗产保佐人"[①]。《日本民法典》第 918 条规定了继承财产的管理规则,即"(一)继承人须以与其固有财产的相同注意管理继承财产。但是,承认或者放弃继承时,不在此限。(二)根据利害关系人或者检察官的请求,家庭法院可以随时命令对继承财产的保存做出必要的处分。(三)第二十七条至第二十九条的规定,准用于依前款规定家庭法院已选任财产管理人的情形"[②]。

(三)遗产管理人的责任

《民法典》第 1148 条规定:"遗产管理人应当依法履行职责,因故意或者重大过失造成继承人、受遗赠人、债权人损害的,应当承担民事责任。"该规定为《民法典·继承编》的新增规范,其针对未依法正当履职的遗产管理人规定了相应的法律责任,旨在保障继承人、受遗赠人及其他利害关系人的继承权益。从规范内容看,其既规定了"构成要件",又规定了"法律后果",实现了法律责任的承担与依法履职之间的有机连接,也是对遗产管理人的制度功能与价值实现的有力保障,具体含义包括两方面:

首先,遗产管理人应当依法履行职责。即遗产管理人应当按照《民法典·继承编》第 1147 条规定依职责权限进行遗产事务管理,具体包括清理遗产并且制作遗产清单、向继承人报告遗产情况、处理被继承人的债权债务、分割遗产等。依法履职要求遗产管理人不得滥用管理权限并要忠实勤勉地完成遗产管理工作,不能违反法律的强制性规定,也不能违背公序良俗。例如,遗产管理人不能为维护继承人的财产利益而故意不缴纳被继承人生前拖欠的税款。遗产管理人也要尊重并遵循被继承人所在地的风俗习惯。

其次,遗产管理人因故意或重大过失导致继承人、受遗赠人、债权人权益损害时,应当依法承担相应的民事责任。包括停止侵害、返还财产、恢复原状、继续履行、赔偿损失等行为责任与财产责任。其中,较常见的是损害赔偿责任。

遗产管理人承担民事责任的要件有三:一是客观性。遗产管理人在客观上实施了不当的遗产管理行为,且利害关系人遭受了损害。如果"遗产管理人的

① 《德国民法典》,陈卫佐译,法律出版社 2020 年版,第 659 页。

② 《日本民法典》,刘士国、牟宪魁、杨瑞贺译,中国法制出版社 2018 年版,第 233 ~ 234 页。

不当行为未造成利害关系人遭受损害,同样不发生损害赔偿责任。但可能产生停止侵害、排除妨碍、继续履行的民事责任”①。二是主观有责性。遗产管理人在主观上存在故意或者重大过失。遗产管理人所承担的责任属于过错责任,过错责任原则要求的可归责原则是存在故意或过失,即有过错则有责任,无过错则无责任。故意,是指遗产管理人明知该遗产管理行为会侵害利害关系人的权益,仍然谋求并实施该管理行为;重大过失,是指违反社会一般管理者应尽的审慎注意义务,在管理中存在严重的过错。倘若遗产管理人在遗产管理过程中没有故意或仅存在一般过失,即便造成了相关人的权益损害,也不用承担民事责任。三是因果关系。即遗产管理人的管理行为与利害关系人的利益受损之间具有因果联系,管理行为造成了遗产损失,进而导致利害关系人权益损害的结果。遗产管理人承担民事责任的,其责任认定、责任承担方式、责任赔偿后果,需要结合并适用《民法典·侵权责任编》有关规定。

(四)遗产管理人的报酬

《民法典》第1149条规定了遗产管理人报酬请求权,即“遗产管理人可以依照法律规定或者按照约定获得报酬”。该规定也是《民法典·继承编》的新增内容。因为,遗产管理人在遗产管理过程中,通常耗时较长且需花费大量精力、物力,且需要忠实勤勉地履职尽责,甚至还可能会承担民事责任。根据权利和义务相一致原则,若不赋予遗产管理人获得报酬请求权,则不利于回应其辛苦劳动的付出,也制约着遗产管理人管理遗产的主观能动性,最终影响继承利益的维护。立法赋予遗产管理人以报酬请求权,也是对其忠实勤勉尽责的积极引导与正向激励。同时,也能最大限度地保障继承人等利害关系人的利益,实现继承利益最大化。至于“按照约定获得报酬”,既包括被继承人在遗嘱中指定报酬的情形,也包括继承人共同与遗产管理人协商确定报酬的情形。

关于遗产管理人享有获得报酬的权利,无论是立法界还是学术界均以达成共识,但有权获得报酬的遗产管理人的范围尚存不确定性。例如,当继承人和遗嘱执行人担任遗产管理人时,是否仍享有报酬请求权。当继承人出任遗产管理人时,虽然其本身既是遗产的共有人,也是遗产管理的实际受益人,如果对其

① 孙毅、刘耀东编著:《〈中华人民共和国民法典·继承编〉释义》,人民出版社2020年版,第91页。

积极履行遗产管理人职责所做出的额外付出给予补偿，较为公平合理。因此，无论遗产管理人的身份如何即由何人担任，其均应享有获得报酬的权利。而当遗嘱执行人出任遗产管理人时，如果其担任遗嘱执行人时已经获得了报酬，可不再给予遗产管理人以报酬。但是，如果遗嘱执行人履职过程是无偿的，则应当赋予其遗产管理的报酬请求权。

关于遗产管理人获得报酬的权利，域外立法例有所规定。如《法国民法典》第 812－2 条规定了受托人的报酬，即“在没有相反约定时，身后遗产的委托管理不取报酬。如规定给付报酬，报酬数额应在委托书中明文确定。报酬数额应当与由受托人实行管理所带来的遗产孳息与收入之部分相一致。在由此产生的孳息不足或者没有收入的情况下，此项报酬可以用本金补足或者采取本金的形式”①。《德国民法典》第 1987 条规定了遗产管理人的报酬，即“遗产管理人可以为其职务的执行而请求适当的报酬”②。

我国《民法典·继承编》与域外立法例都规定了遗产管理人可以依照法律规定或者按照约定获得报酬。法律规范中的立法表述也均为“可以”获得报酬，此类规范在学理上属于许可性规范，而非义务性规范。因此，遗产管理人因管理遗产是否获得报酬是不确定的，即获得报酬还是获取报酬，需要依实际情况而定。遗产管理人自愿接受无偿委托的，当然不存在支付报酬的问题。在有法律规定或者遗产管理人与继承人有明确约定的情况下，遗产管理人应当获得报酬。报酬的多少可以由当事人自由约定，具体标准与数额可以考虑以下因素：被继承人生前住所地居民可支配收入与当地物价水平、遗产管理人的勤勉程度、遗产管理工作的复杂程度、遗产管理人承担的风险与责任等其他需要考虑的情形。如果是在法院指定遗产管理人的情况下，具体报酬可以先交由当事人之间进行自行协商，协商不能达成一致意见的，再由人民法院依法确定。人民法院可以根据遗产的价值、遗产管理人履职情况等因素依职权自由裁量确定报酬数额。一般而言，遗产管理人的报酬应当由继承人先行支付。如果继承人与遗产管理人约定事后支付报酬或分阶段支付报酬的，应当按其约定。

---

① 《法国民法典》，罗结珍译，北京大学出版社 2010 年版，第 229 页。

② 《德国民法典》，陈卫佐译，法律出版社 2020 年版，第 664 页。

在继承实践中，遗产的管理费用与遗产债务可能会存在冲突。如果遗产价值有限，不足以全部偿付二者时，应当按照先支付遗产管理人报酬、后偿付遗产债务的次序履行。因为，遗产的管理费用属于共益费用，犹如我国破产法中所规定的在破产企业清算的情形下，“破产费用”优先受偿于债务人的债务。而破产费用就包括破产管理人的报酬。遗产管理制度与商事破产制度虽非适用同种情境，但却具有规范内涵与职责适用的相似性，可以参照适用。

（五）遗产管理制度的完善

《民法典·继承编》在《继承法》第24条遗产保管制度的基础上，完成了遗产管理制度的建构，增设了遗产管理人的确定、遗产管理人的职责等管理机制，但仍有制度完善的立法空间。例如，关于遗产管理人选任制度的规定，《民法典·继承编》就未能对遗产管理人的职责接受或者拒绝就任、辞任和解任作出规定。为此，继承立法需要进一步完善遗产管理人的辞任和解任规则。“继承人以外的人不愿意担任遗产管理人的，可以辞任。辞任的意思表示应当向继承人做出。指定的遗产管理人不得辞任。遗产管理人怠于履行职责或不正当履行职责的，继承人可以解任或者请求人民法院解任遗产管理人。受遗赠人、遗产管理人或其他利害关系人可以请求继承人或人民法院解任遗产管理人。”①因为，“遗产管理并非听从遗产管理人的任性，而是要遵循相应的遗产管理程序，并要接受法律的规制，以实现国家对个人的责任。而对个人的责任，就是创建严谨且完备的遗产管理制度，确保遗产管理的合法有序，充分维护继承人的权益”②。

《民法典·继承编》建构了遗产管理制度的初步框架。而遗产管理制度的进一步完善，应当体现尊重自治、权利法定、利益协调的价值取向，并应逐步实现相关制度的依法确立——继承权利保障规则细化、遗产执行与管理制度有机衔接、遗产处理程序的规范化及遗产处理过程的监督化。

---

① 杨立新、杨震：《〈中华人民共和国继承法〉修正草案建议稿》，载《河南财经政法大学学报》2012年第5期。

② 王歌雅：《俄罗斯联邦继承法的私权守望与价值追求》，载《俄罗斯中亚东欧研究》2009年第5期。

第二节　转　继　承

转继承是我国继承法律制度中较具特色的制度。原《继承法》对其并未明确规定，仅在《继承法意见》中对其进行了原则规定。转继承制度在法定继承、遗嘱继承等情形下均可适用，既保障了遗嘱人的遗嘱自由，拓宽了继承路径，也贯彻了私法自治原则。《民法典》对转继承制度的完善，有助于通过多元化的遗产继承方式，保障继承人的合法权益，符合我国《宪法》第13条①确立的保护私有财产原则。

一、转继承的概念和特征

《民法典》第1152条规定："继承开始后，继承人于遗产分割前死亡，并没有放弃继承的，该继承人应当继承的遗产转给其继承人，但是遗嘱另有安排的除外。"依据该规定，转继承的概念和特征如下。

（一）转继承的概念

转继承，又称再继承、二次继承、转归继承、连续继承等，"是指继承人在继承开始后，遗产分割前死亡，其应当继承的遗产转给其继承人的制度"②。"转继承一经成立，已死亡的继承人（被转继承人）应取得的被继承人的遗产份额即成为其遗产转由其法定继承人继承，并由转继承人直接参与被继承人的遗产的分配，除非遗嘱另有安排。"③在转继承法律关系中，被继承人死亡后、遗产分割前死亡的继承人，称为被转继承人；有权承受被转继承人应继承的遗产份额的人，称为转继承人。其中，死亡既可以是自然死亡，也可以是宣告死亡。

关于转继承法律关系的客体，学界主要有两种观点：

第一种观点认为，转继承人继承的是继承权。"转继承的客体是被转继承

① 《宪法》第13条："公民的合法的私有财产不受侵犯。国家依照法律规定保护公民的私有财产权和继承权。国家为了公共利益的需要，可以依照法律规定对公民的私有财产实行征收或者征用并给予补偿。"

② 王歌雅：《〈民法典·继承编〉立法研究》，黑龙江人民出版社2021年版，第243页。

③ 魏振瀛主编：《民法》（第8版），北京大学出版社、高等教育出版社2021年版，第753页。

人的继承权，也就是被转继承人接受和放弃继承的权利，而不是以归属于被转继承人的财产。”[①]相应地，被转继承人继承的遗产不应被视为其与配偶的夫妻共同财产。

第二种观点认为，转继承人继承的是遗产份额或遗产权利。“转继承人从被转继承人那里没有取得被转继承人继承第一个继承的继承权，只是取得其遗产所有权。”[②]此种观点为我国学界通说。从被继承人死亡后、继承开始时，其继承人的继承权便从期待权转化为既得权。此时，继承人已经获得了对于遗产的现实权利。且继承权具有人身专属性，属于《民法典》第1122条[③]规定的“根据其性质不得继承的遗产”。因此，转继承法律关系的客体本质上是财产权利，而非继承权。相应地，此种观点认为，被转继承人继承的财产应被视为其与配偶的夫妻共同财产。

对于转继承法律关系的客体，各国立法采用的观点并不一致。部分国家采取了“继承权”观点。如《瑞士民法典》第542条规定：“1. 在继承开始时尚生存且有继承资格的人，才能成为继承人。2. 对于已经死亡的继承人，其继承权在继承开始后转至其继承人。”[④]部分国家采取了“遗产份额”或“遗产权利”观点。如《埃塞俄比亚民法典》第833条规定：“被召集参加继承的人在继承开始后死亡的，他对该继承的权利得转移于其继承人。”[⑤]

（二）转继承的特征

转继承作为一种特殊的继承方式，其时间、主体、客体、适用范围、适用规则等均有易于辨识的法律特征。尽管转继承与代位继承在形式上具有相似之处，但在本质上却存在较大差别。转继承具有如下法律特征。

1. 转继承发生在继承开始后遗产分割前

转继承法律制度的适用前提是被继承人与被转继承人相继死亡。首先，被转继承人在被继承人死亡时具备民事主体资格；其次，被转继承人在被继承人

① 张玉敏：《继承法律制度研究》，法律出版社1999年版，第234～235页。

② 王作堂、魏盛礼：《试论转继承的性质》，载《中外法学》1993年第5期。

③ 《民法典》第1122条：“遗产是自然人死亡时遗留的个人合法财产。依照法律规定或者根据其性质不得继承的遗产，不得继承。”

④ 《瑞士民法典》，于海涌、赵希璇译，法律出版社2016年版，第193～194页。

⑤ 《埃塞俄比亚民法典》，薛军译，厦门大学出版社2013年版，第120页。

死亡后具备继承的主体资格,取得遗产分割请求权;第三,被转继承人在遗产分割前死亡。

2. 转继承法律关系的主体范围较为宽泛

转继承既不受继承顺位的限制,亦不受继承方式的限制。转继承人既可为被转继承人的第一顺位继承人,亦可为第二顺位继承人;转继承人既可为被转继承人的法定继承人,亦可为遗嘱继承人或受遗赠人。被转继承人从被继承人处取得遗产份额后,其应继份额应由转继承人继承。被转继承人取得遗产份额的方式既可以是法定继承,也可以是遗嘱继承。转继承制度充分保障了遗嘱自由,是私法自治的重要体现。

3. 转继承法律关系的客体是遗产份额

在转继承法律关系中,转继承人继承的客体究竟是遗产份额还是继承权,涉及夫妻共同财产的认定问题。由于继承权具有人身属性,并不适于继承。但基于继承权而产生的对于遗产的权利,如遗产分割请求权等则可以继承。因此,"转继承只是被继承人应继承的遗产份额转由其继承人接受,因此应将被继承人应继承的遗产份额作为其与配偶的共同财产"[①]。由此可知,被转继承人死亡时已经享有遗产权利。当被继承人未立遗嘱,或所立遗嘱并未指定遗产由被转继承人一人继承的,其应继份额应作为与其配偶的夫妻共同财产。

转继承与代位继承均为我国继承法律制度中的继承方式。从形式上看,上述两种法律制度均发生了被继承人的继承人死亡的情形,且均从被继承人处取得遗产,但二者在本质上则为不同的继承制度,主要存在以下区别:

(1)转继承与代位继承的性质不同。转继承是因被转继承人的死亡,进而对被继承人遗产连续发生的二次继承,具有连续性。转继承所继承的是被继承人及被转继承人的权利义务关系。而代位继承则是单一的遗产继承关系,由代位继承人代替被代位继承人对被继承人的遗产直接继承,具有替补性。

(2)转继承与代位继承发生的时间不同。转继承发生在继承开始后、遗产分割前;代位继承发生于被代位继承人先于被继承人死亡的情形。

(3)转继承人与代位继承人的范围不同。转继承人的范围既包括被转继承

① 房绍坤、范李瑛、张洪波编著:《婚姻家庭继承法》(第6版),中国人民大学出版社2020年版,第194页。

人的法定继承人，即配偶、父母、子女、兄弟姐妹、祖父母、外祖父母；也包括被转继承人的遗嘱继承人及受遗赠人。而代位继承人的范围必须是被代位继承人的晚辈直系血亲或子女。具体而言，被代位继承人为被继承人的子女的，其代位继承人可以是其晚辈直系血亲，且不受辈数的限制；被代位继承人为被继承人的兄弟姐妹的，则其代位继承人只能是其子女。

（4）被转继承人与被代位继承人的范围不同。被转继承人的范围既包括被继承人的法定继承人，即配偶、父母、子女、兄弟姐妹、祖父母、外祖父母，也包括被继承人的遗嘱继承人及受遗赠人。而被代位继承人的范围仅限于被继承人的子女或其兄弟姐妹。

（5）转继承法律关系与代位继承法律关系的客体不同。在转继承法律关系中，转继承人继承的是被转继承人在继承法律关系中应继承的遗产份额，其行使的是对被转继承人的应继份额的继承权。而在代位继承法律关系中，代位继承人继承的是被继承人的遗产，其行使的是对被继承人的遗产的代位继承权。

（6）转继承与代位继承的适用情形不同。转继承，既可适用于法定继承，也可适用于遗嘱继承。代位继承权，只适用于法定继承。

（7）转继承与代位继承的遗产分配原则不同。在代位继承中，各代位继承人只能共同继承被代位继承人的应继份额，无法与被继承人的其他继承人对遗产进行均等分割。因此，"在代位继承中，不适用同等条件下均等分配等法定继承中通行的遗产分配原则"①。而在转继承中，则可以直接适用法定继承、遗嘱继承的相关处理原则。

（8）转继承与代位继承的立法旨意不同。代位继承的立法主旨，是保护被代位继承人的晚辈直系血亲或其子女的代位继承权；转继承的主旨，是保护被转继承人的继承权。② 在代位继承法律关系中，有权进行代位继承的主体仅限于被代位继承人的晚辈直系血亲或子女；而在转继承法律关系中，有权进行转继承的主体则是被转继承人的一切合法继承人。

---

① 王歌雅：《〈民法典·继承编〉立法研究》，黑龙江人民出版社 2021 年版，第 245 页。

② 参见王歌雅：《〈民法典·继承编〉立法研究》，黑龙江人民出版社 2021 年版，第 44 页。

二、转继承的适用条件

转继承既可以适用于法定继承，也可以适用于遗嘱继承。在不同的继承路径下，被转继承人的遗产归属亦有所不同。

（一）转继承的适用情形

根据《民法典》第1152条规定，转继承的适用情形如下：

1. 被转继承人于继承开始后，遗产分割前死亡。转继承仅可在此特殊期间内发生。"继承人对遗产的权利是体现在应继承的份额上，而不是体现在对具体遗产的所有权上。"①因此，若被转继承人于继承开始前死亡，则其死亡时自身并非继承人；若符合代位继承的条件，则其继承人可取得代位继承权。若被转继承人于遗产分割后死亡，则继承权已经转化为特定的财产权利，并由其实际享有，其继承人可以直接继承，无须进行特别规制。

2. 被转继承人在继承开始后并未以书面形式放弃继承。如被转继承人于继承开始前放弃继承的，其意思表示并不产生法律效力。如被转继承人于继承开始后放弃继承的，则其丧失继承权，转继承权自然无法发生。根据《民法典》第1124条第1款规定②，我国采取了当然继承主义，即未以书面形式明确作出放弃继承意思表示的，视为接受继承。域外立法亦有相似规定，如《德国民法典》第1943条规定："继承人已接受遗产，或就遗产的拒绝接受所规定的期间已过去的，继承人不得再拒绝接受遗产；在期间届满时，遗产视为已被接受。"③

3. 被转继承人未丧失继承权。若被转继承人丧失了继承权，则其即丧失了继承主体资格，对被继承人的遗产不享有权利。此时，转继承法律关系的客体并不存在，转继承自然无法发生。

4. 被继承人的遗嘱无特殊安排。所谓特殊安排，是指被继承人生前所立有效遗嘱中，指定其遗产仅由其继承人承受，不得转继承。若被继承人在遗嘱中指定遗嘱继承人死亡后，由该遗嘱继承人的某一特定继承人继承其遗产，则排

---

① 房绍坤、范李瑛、张洪波编著：《婚姻家庭继承法》（第6版），中国人民大学出版社2020年版，第195页。

② 《民法典》第1124条第1款："继承开始后，继承人放弃继承的，应当在遗产处理前，以书面形式作出放弃继承的表示；没有表示的，视为接受继承。"

③ 《德国民法典》，陈卫佐译，法律出版社2020年版，第655页。

除了转继承的适用。《民法典》通过转继承制度,间接地、附条件地体现了后位继承制度,即“继承开始后、遗产分割前承认后位继承”①。

(二)转继承的适用效果

转继承既可发生在法定继承中,也可发生在遗嘱继承中。因此,转继承遗产的归属可能并非全部归于转继承人。如被转继承人生前存在配偶,根据其二人在婚姻关系存续期间采用的夫妻财产制,亦将造成转继承财产的不同归属。

1. 法定继承中转继承财产的归属

转继承的客体为遗产而非继承权。夫妻共同财产不同,转继承遗产的归属也不同。

(1)夫妻法定财产制下,转继承财产的归属。

法定财产制是由法律直接规定的夫妻财产制。我国《民法典·婚姻家庭编》规定的夫妻法定财产制,是婚后所得共同制。即在婚姻关系存续期间,被转继承人应当继承的遗产应作为夫妻共同财产,由双方共同共有。因此,应将被转继承人的遗产应继份额等分后,将其中的一半作为其配偶基于婚姻关系所分得的夫妻个人所有的财产,剩余的一半作为被转继承人的遗产,由其继承人继承。

(2)夫妻约定财产制下,转继承财产的归属。

夫妻约定财产制充分表达了双方的真实意思表示,故婚姻关系存续期间取得的财产,应按照约定进行处理。在婚姻关系存续期间,被转继承人的应继承的遗产份额,应按照夫妻财产约定进行分配。待分配后,属于被转继承人的遗产由其继承人承受。

2. 遗嘱继承中转继承财产的归属

当被转继承人作为遗嘱继承人时,转继承财产的归属主要取决于被继承人在遗嘱中表达的真实意愿。

(1)若被继承人在遗嘱中,明确表明其遗产仅归被转继承人一方所有,根据《民法典》第1063条规定②,该财产系夫妻一方的个人财产,而非夫妻共同财产。

---

① 房绍坤、范李瑛、张洪波编著:《婚姻家庭继承法》(第6版),中国人民大学出版社2020年版,第195页。

② 《民法典》第1063条:“下列财产为夫妻一方的个人财产:(一)一方的婚前财产;(二)一方因受到人身损害获得的赔偿或者补偿;(三)遗嘱或者赠与合同中确定只归一方的财产;(四)一方专用的生活用品;(五)其他应当归一方的财产。”

此时,被转继承人的应继份额由其个人所有,该遗产份额全部由其继承人承受。

(2)若被继承人在遗嘱中,并未明确表明其遗产仅归被转继承人一方所有,但被转继承人与其配偶采取夫妻约定财产制的,则被转继承人的应继份额应按照夫妻财产约定进行分配。分配后,属于被转继承人的遗产由其继承人继承。

(3)若被继承人在遗嘱中,并未明确表明其遗产仅归被转继承人一方所有,且被转继承人与其配偶也并未就夫妻财产制进行约定。那么,在婚姻关系存续期间,被转继承人的应继份额应作为夫妻共同财产,由双方共同共有。因此,应将被转继承人的应继份额等分后,将其中的一半遗产作为被转继承人的遗产,由其继承人继承。

此外,根据《继承编解释(一)》第 38 条规定:"继承开始后,受遗赠人表示接受遗赠,并于遗产分割前死亡的,其接受遗赠的权利转移给他的继承人。"

第三节　遗产的分割

遗产的分割是在继承开始后,对被继承人生前遗留的个人合法财产,根据继承人及其他有权取得遗产人的应继份额进行分配的法律行为。通过遗产的分割,可以使尚未明确的遗产权利具体、明晰,进而将继承人及其他有权取得遗产人的应继份额转化为个人所有的财产。

一、遗产分割的概念和原则

继承开始后、遗产分割前,各继承人对于遗产的权利状态为共同共有。在对遗产进行分割后,各继承人的遗产应继份额转化为具体的财产权利。此时,各共同继承人基于遗产继承而形成的共同共有关系不复存在,继承人的遗产权利转化为各继承人单独所有的权利。

(一)遗产分割的概念

遗产的分割,"是指继承人依据其应继份额对遗产进行分配,从而使遗产的共有关系归于消灭的法律行为"①。若继承人仅为一人,则被继承人的遗产全部

① 王歌雅主编:《婚姻家庭继承法学》(第 2 版),中国人民大学出版社 2013 年版,第 238 页。

由该继承人继承,不涉及遗产分割问题。当继承人为数人时,则需根据各继承人的继承地位及其应继份额等对遗产进行分割。为实现继承权向所有权的权利转化,继承人将行使遗产分割请求权,即对遗产进行分割。遗产分割完毕后,继承法律关系即告消灭,各继承人结束对遗产的共同共有状态。

对遗产进行分割,首先应明确区分遗产与夫妻共同财产、家庭共同财产的边界。准确界定被继承人的遗产范围,有利于维护继承人以及其他财产共有人的合法权益。

1. 区分遗产与夫妻共同财产

被继承人生前若有配偶,则应注意将其个人遗产与夫妻共同财产进行区分。根据《民法典》第 1153 条第 1 款规定:"夫妻共同所有的财产,除有约定的外,遗产分割时,应当先将共同所有的财产的一半分出为配偶所有,其余的为被继承人的遗产。"因此,对于夫妻共同财产,应先析产,即将被继承人的遗产与配偶的财产进行区分。具体的区分方法视夫妻财产制而异。若采用夫妻约定财产制,则二者的财产依约定区分即可。若采用夫妻法定财产制,则应先将夫妻共同财产进行等分。属于被继承人的财产部分即为遗产,由其继承人继承。

2. 区分遗产与家庭共同财产

若被继承人生前与其他家庭成员形成家庭共同财产的,则应将其个人遗产与家庭共同财产进行区分。《民法典》第 1153 条第 2 款规定:"遗产在家庭共有财产之中的,遗产分割时,应当先分出他人的财产。"如在农村土地承包经营中,由于耕地、林地和草地的土地承包经营以家庭为单位,故其承包经营权及经营收益由家庭成员共同共有。《农村土地承包法》第 32 条第 1 款规定:"承包人应得的承包收益,依照继承法的规定继承。"由此可知,可作为遗产进行流转的仅有承包收益。"按照'增人不增地、减人不减地'的政策,农户内的集体经济组织成员死亡的,不影响具有本集体经济组织成员资格的其他家庭成员享有土地承包经营权,无发生继承的必要。"[①]因此,在分割遗产时,应对家庭承包经营收益进行分割。具体的分割方法可以适用《继承编解释(一)》第 2 条规定,即"承包人死亡时尚未取得承包收益的,可以将死者生前对承包所投入的资金和所付出的劳动及其增值和孳息,由发包单位或者接续承包合同的人合理折价、补偿。

① 王丹:《民法典继承编修改的几个重点问题》,载《人民司法》2020 年第 22 期。

其价额作为遗产”。该遗产,由其继承人继承。

(二)遗产分割的原则

遗产分割的原则,是指在分割遗产时,应秉持的理念与思想。根据《民法典》相关规定,结合继承法理,遗产分割应坚持以下原则。

1. 遗产分割自由原则

遗产分割自由原则,“是指共同继承人得随时行使遗产分割请求权,任何继承人不得拒绝分割遗产”①。关于遗产分割自由原则,域外立法亦有规定。如《意大利民法典》第713条:“共同继承人,不论何时,均得请求分割。”②遗产分割请求权的性质是形成权,不受时效的限制。符合条件的继承人有权随时请求分割遗产,是因基于遗产产生的共同共有关系具有暂时性,此种暂时的共同共有关系以分割遗产为最终目的。基于此种特性,继承人随时请求分割遗产具有必要性。赋予继承人以随时请求分割遗产的权利,有利于更好地满足继承人的生产、生活需要,维护遗产的效用。

当然,遗产分割并非绝对的自由,在特定情况下仍会受到限制。纵观各国立法例,遗产分割自由可因继承人或被继承人的意愿而受到一定限制。具体包括:

第一,共同继承人经协商一致,对遗产不予分割。基于私法自治的理念,若共同继承人均同意遗产不予分割的,则全体继承人对于遗产维系共同共有状态。若共同继承人协商一致,亦可随时解除遗产的共有关系,对遗产进行分割。

第二,被继承人生前所立有效遗嘱禁止分割遗产。遗嘱充分体现了被继承人的真实意思表示,若遗嘱人对遗产分割予以禁止或者附加条件或期限时,遗嘱继承人应予以尊重并执行。当然,遗产若长期处于共有状态,也不利于发挥遗产的最大效用。因此,有些国家对于禁止分割遗产的时间加以限制。如《德国民法典》第2044条规定:“(1)被继承人可以以终意处分排除对遗产或个别遗产标的的分割,或使之取决于是否遵守通知终止期间。(2)自继承开始时起已经过30年的,终意处分即失去效力。但被继承人可以指示:到共同继承人之一自身发生某一特定事件时为止,或者,在被继承人指示后位继承或遗赠的情形

---

① 陈苇主编:《婚姻家庭继承法学》(第3版),中国政法大学出版社2018年版,第356页。

② 《意大利民法典》,陈国柱译,中国人民大学出版社2010年版,第140页。

下，到后位继承开始时或遗赠发生归属时为止，终意处分应有效力。其自身应发生该事件的共同继承人为法人的，仍适用30年的期间。”[①]《日本民法典》第908条规定：“被继承人可以依遗嘱确定遗产的分割方法，或者委托第三人确定，或者确定自继承开始时起不超过5年的期间内禁止分割遗产。”[②]依据上述规定，德国将禁止分割遗产的时间限制为不超过30年，日本则将禁止分割遗产的时间限制为不超过5年。

2. 被继承人意愿优先原则

被继承人意愿优先原则，充分尊重了被继承人的意思表示，符合私法自治的理念。为贯彻这一原则，在遗产分割时，应注意以下两点：第一，若被继承人生前立有合法有效的遗嘱，则应优先按照遗嘱继承的方式对遗产进行分割。若未立遗嘱或者遗嘱无效的，则按照法定继承方式对遗产进行分割。第二，若被继承人生前立有合法有效的遗嘱，则应按照遗嘱中记载的分割方法对遗产进行分割。如遗嘱中委托他人决定遗产分割方法的，则应遵从遗嘱的指定。被继承人意愿优先原则，是私法自治原则在继承法领域的体现，既赋予了被继承人表达真实意思的权利，也充分保障了被继承人的意思自治。

3. 均等原则

《民法典》第1130条确立了一般情形下遗产分割的均等原则，并规定了特殊情况下的不均等情形。《民法典》第1130条第1款规定：“同一顺序继承人继承遗产的份额，一般应当均等。”《民法典》第1130条第2～5款规定：“对生活有特殊困难又缺乏劳动能力的继承人，分配遗产时，应当予以照顾。对被继承人尽了主要扶养义务或者与被继承人共同生活的继承人，分配遗产时，可以多分。有扶养能力和有扶养条件的继承人，不尽扶养义务的，分配遗产时，应当不分或者少分。继承人协商同意的，也可以不均等。”依据上述规定，同一顺序继承人继承遗产的份额一般应当均等。继承人协商同意的，也可不均等。若各共同继承人对各自应享有的遗产份额已协商一致，则应按照共同的意思表示进行处理。对特殊情况下的继承人予以适当照顾或多分遗产，体现了浓厚的家庭伦理观念，树立了家庭成员间和睦、友善的风气。而对被继承人尽了主要扶养义务

---

① 《德国民法典》，陈卫佐译，法律出版社2020年版，第674～675页。

② 《日本民法典》，刘士国、牟宪魁、杨瑞贺译，中国法制出版社2018年版，第231页。

或者与被继承人共同生活的继承人可以多分遗产，或对有扶养能力而不尽扶养义务的继承人不分或者少分遗产，也有助于弘扬赡老扶幼的传统美德，摒弃遗弃、疏于扶养扶助的不良习气。

关于均等原则，域外立法亦有规定。如《埃塞俄比亚民法典》第842条规定："死者的子女得首先被召集继承死者。他们每人得接受相等份额的遗产。当死者的子女或子女之一已经死亡并且留有卑亲属时，死者由此等卑亲属代位继承。"[①]其第843条、第844条分别对第二顺位、第三顺位继承人进行了相似规定。上述规范共同构成埃塞俄比亚关于相同顺位继承人均等取得遗产的规定。《瑞士民法典》第610条规定："在分割遗产时，继承人对遗产中所有的财产具有平等的请求权，但另有规定的除外。"[②]

4.保留胎儿应继份额原则

纵观各国立法例，多数国家均规定，在胎儿出生前不得对遗产进行分割。如《瑞士民法典》第605条第1项规定："如果在遗产的分割中必须考虑胎儿的权利时，应将遗产分割的时间推迟至胎儿出生之时。"[③]《德国民法典》第2043条第1项规定："以应继份因共同继承人之一可预料的出生而尚不确定为限，到不确定性被除去时为止，不得分割。"[④]

《民法典》并未规定在胎儿出生前不得分割遗产，但应保留胎儿的应继份额。《民法典》第1155条规定："遗产分割时，应当保留胎儿的继承份额。胎儿娩出时是死体的，保留的份额按照法定继承办理。"该规定与《民法典·总则编》关于胎儿民事权利能力的规定相呼应。如《民法典》第16条规定："涉及遗产继承、接受赠与等胎儿利益保护的，胎儿视为具有民事权利能力。但是，胎儿娩出时为死体的，其民事权利能力自始不存在。"相较于原《继承法》，《民法典》将"胎儿出生时"修改为"胎儿娩出时"，其规范表达更为严谨。为胎儿保留继承份额，应注意以下三点：第一，不论是法定继承还是遗嘱继承，均应为胎儿保留遗产份额。第二，只要存在胎儿，即应当为其保留应继份额。第三，如胎儿娩出时为死体，则为其保留的遗产份额仍属于被继承人的遗产，该遗产应当按照法

---

① 《埃塞俄比亚民法典》，薛军译，厦门大学出版社2013年版，第121页。

② 《瑞士民法典》，于海涌、赵希璇译，法律出版社2016年版，第213页。

③ 《瑞士民法典》，于海涌、赵希璇译，法律出版社2016年版，第212页。

④ 《德国民法典》，陈卫佐译，法律出版社2020年版，第674页。

定继承办理。第四，如胎儿娩出时为活体，出生后死亡的，则为胎儿保留的应继份额成为胎儿的遗产，由胎儿的继承人根据法定继承的方式进行继承。

5. 谦让协商原则

谦让协商原则，“是指各继承人应本着互谅互让、和睦团结的精神，协商处理继承问题，从而使遗产在谦让、协商的基础上进行遗产分割”①。根据《民法典》第1132条规定：“继承人应当本着互谅互让、和睦团结的精神，协商处理继承问题。遗产分割的时间、办法和份额，由继承人协商确定；协商不成的，可以由人民调解委员会调解或者向人民法院提起诉讼。”该原则要求继承人在分割遗产时，应当相互理解与体谅，对于依照法律规定需要给予特殊关照的继承人，应当适当多分遗产；对于分割遗产的方式、时间、地点等，由各继承人友好协商，达成一致的处理意见。关于该原则，外国立法也有类似规定。如《日本民法典》第907条第1项、第2项规定：“（一）依下条规定被继承人以遗嘱禁止的情形外，共同继承人可以随时以协议分割遗产。（二）遗产分割，共同继承人间没有或者不能达成协议时，各共同继承人可以请求法院分割。”②

6. 物尽其用原则

物尽其用原则，“是指遗产分割时，应当从有利于生产和生活需要出发，不损害遗产的效用，注意充分发挥遗产的实际效用”③。《民法典》第1156条规定：“遗产分割应当有利于生产和生活需要，不损害遗产的效用。不宜分割的遗产，可以采取折价、适当补偿或者共有等方法处理。”此原则与民法基本原则之一的绿色原则相符，即有利于节约资源、发挥遗产的效用。《继承编解释（一）》第42条规定：“人民法院在分割遗产中的房屋、生产资料和特定职业所需要的财产时，应当依据有利于发挥其使用效益和继承人的实际需要，兼顾各继承人的利益进行处理。”上述规定表明，分割遗产时应当物尽其用，确保分割行为不会损害遗产的用途，以使遗产得到充分、合理的利用，实现遗产的经济价值与使用价值。具体内容如下：

第一，遗产分割应有利于生产和生活需要。有利于生产主要包括两方面：

---

① 王歌雅：《〈民法典·继承编〉立法研究》，黑龙江人民出版社2021年版，第249页。

② 《日本民法典》，刘士国、牟宪魁、杨瑞贺译，中国法制出版社2018年版，第231页。

③ 陈苇主编：《婚姻家庭继承法学》（第3版），中国政法大学出版社2018年版，第357页。

一是遗产的分割不能损害遗产自身的用途与性能。二是遗产的分割应根据继承人的职业、生产经营状况等情形,将其分配给能够合理利用遗产的继承人。有利于生活需要,主要是指应将生活性用途的遗产,分配给与被继承人生前共同生活的继承人,保证该继承人能够继续使用该遗产。

第二,遗产分割应发挥遗产的最大效用。"所谓物尽其用就是要根据物本身的属性、特征来分割,确保实现遗产的使用价值、经济价值最大化,充分实现遗产的效用。"①

关于该原则,《日本民法典》第906条规定:"遗产分割,考虑属于遗产的物或者权利的种类及性质、各继承人的年龄、职业、身心状态及生活状况及其他所有情况。"②贯彻物尽其用原则,可以促进生产、生活资料的充分利用,保障遗产的效用,节约社会资源。

7. 特殊情形下的酌减原则

《继承编解释(一)》第43条规定:"人民法院对故意隐匿、侵吞或者争抢遗产的继承人,可以酌情减少其应继承的遗产。"因此,若继承人中有故意隐匿、侵吞、争抢遗产的,人民法院可以酌情减少其应继份额。当上述行为符合侵权责任的构成要件时,则应承担相应的侵权责任。

二、遗产分割的方式和效力

确立遗产分割的原则后,应对遗产分割的具体方式进行规范。对遗产采取合理的方式进行分割,有助于提高遗产的效用,促进实现遗产的经济价值。遗产分割的效力则可分为时间效力和担保效力。

(一)遗产分割的方式

遗产分割的方式,是指各继承人按照遗嘱指定或协商等方式取得应继承的遗产。③ 根据意思自治的原则及《民法典》第1132条规定,若被继承人在合法有效的遗嘱中指定了遗产分割的方式,则应按照遗嘱记载的分割方式分割遗产。若遗嘱中并未指定遗产的分割方式,则由继承人共同协商;协商不成的,可以诉

① 黄薇主编:《中华人民共和国民法典继承编释义》,法律出版社2020年版,第142~143页。

② 《日本民法典》,刘士国、牟宪魁、杨瑞贺译,中国法制出版社2018年版,第231页。

③ 王歌雅:《〈民法典·继承编〉立法研究》,黑龙江人民出版社2021年版,第249页。

诸人民法院进行调解或者通过裁判解决。域外立法亦有类似规定，如《瑞士民法典》第 607 条第 2 款规定："继承人可以自行约定遗产分割的方法，但另有规定的除外。"①

1. 遗产分割的具体方式

《民法典》第 1156 条第 2 款规定："不宜分割的遗产，可以采取折价、适当补偿或者共有等方法处理。"《民法典》第 304 条第 1 款规定："共有人可以协商确定分割方式。达不成协议，共有的不动产或者动产可以分割且不会因分割减损价值的，应当对实物予以分割；难以分割或者因分割会减损价值的，应当对折价或者拍卖、变卖取得的价款予以分割。"依据上述规定，对于适宜分割的遗产，可以采取实物分割的方式；对于实物分割将损害效用的遗产，则可以采取折价、适当补偿或者共有等方法进行处理。具体而言，主要有以下四种分割方式：

（1）实物分割，又称直接分割。实物分割，是指在不损害遗产效用的前提下，对遗产进行物理上的分离，并由各继承人就分割部分享有权利。对于适宜分割的遗产，可以直接采取实物分割的方式，但不得损害遗产的效用。适合采取实物分割方式的遗产，主要是可分物。对可分物进行实物分割后，可依照各继承人的应继份额进行分配。

（2）折价、变价或共有，又称间接分割。对于不适宜采取实物分割方式的遗产，可以采取间接分割法。有些国家立法对于不宜分割的遗产作了规定，如《瑞士民法典》第 613 条："1. 如标的物在性质上不可分割，如继承人中之一人提出异议，则不得对该物进行分割。2. 家族文件和具有情感价值的物品，如继承人中之一人异议，则不得进行变卖。"②上述对家族文件的分割规定，体现了浓厚的家庭伦理情感。

第一，折价分割。折价分割主要针对不可分物，以及如直接分割将严重损害价值的财产。由于不可分物自身的特性，无法对其进行整体分割时，可采取折价补偿的方式；遵循物尽其用的遗产分割原则，对于直接分割将严重损害价值的财产，亦应采取折价补偿的方式。在分割遗产时，可将某物归为某一继承人所有，再由取得物权的继承人依照该物的价值，对其他继承人按照各自的应

---

① 《瑞士民法典》，于海涌、赵希璇译，法律出版社 2016 年版，第 212 页。

② 《瑞士民法典》，于海涌、赵希璇译，法律出版社 2016 年版，第 215 页。

继份额进行折价补偿。意大利民事法律对于折价补偿的分割方式进行了较为详尽的规定。《意大利民法典》第720条规定:“在继承财产中有不易分割的不动产、或者如果细分则将对国民经济上或卫生上发生损害、而且其无整的实体的分割,如不细分则不得实行场合,应使其在对最大的应继分有权利的共同继承人的一人的取得份中、或者于继承人数人共同要求其付与场合,在该继承人数人的取得份中负担其超过分的债务,而作为一个整体优先地包括。共同继承人的某人未被此种所定场合,依拍卖进行卖出。”①据此规定,对于不适宜分割的遗产,可由享有最大份额的继承人取得所有权,亦可由数名提出分配请求的继承人取得所有权,并由取得所有权的继承人对其他继承人进行补偿。若继承人无意愿取得所有权,则应将该遗产进行拍卖。

第二,变价分割。变价分割主要针对的是不适宜进行实物分割的不可分物,且继承人之间无法就由谁取得该物达成一致。实际操作中,可将该物进行变价,再将变价所得价款在各继承人中按照各自的应继份额进行分配。“使用变价分割的方式分割遗产,实际上是对遗产的处分,所以,遗产的变价应当经过全体继承人的同意。”②国外立法对变价分割亦有规定。如《埃塞俄比亚民法典》第1092条规定:“如果在遗产中有某些物不便实物分割,并且如果继承人之间确又不能就他们之中的任何人将在其份额中拥有该物取得一致,可以得出卖该物并分割其价金。”③《瑞士民法典》第612条规定:“……2. 当继承人对某财产的分割或分配给某人无法达成协议时,应将该财产进行变卖,并分割其价金。3. 如继承人中之一人请求对遗产中的财产进行拍卖,则应采用拍卖之方法;在拍卖的情形下,对于公开拍卖或在继承人中拍卖,如继承人之间不能达成协议,则应由主管机构决定。”④

第三,保留共有的分割。保留共有的分割主要针对的是不适宜进行实物分割,且部分继承人都愿意取得所有权的遗产。基于生产、生活等因素的考虑,继承人愿意取得遗产的物权,而非折价、变价后的现金。在此种情况下,可由愿意

---

① 《意大利民法典》,陈国柱译,中国人民大学出版社2010年版,第141页。

② 房绍坤、范李瑛、张洪波编著:《婚姻家庭继承法》(第6版),中国人民大学出版社2020年版,第246页。

③ 《埃塞俄比亚民法典》,薛军译,厦门大学出版社2013年版,第155页。

④ 《瑞士民法典》,于海涌、赵希璇译,法律出版社2016年版,第214页。

取得遗产物权的继承人，对该遗产保留物权，并按照自己的应继份额对遗产按份共有。份额确定后，继承人对于遗产的共同共有关系即告消灭，转化为普通的财产按份共有关系。若存在不愿取得遗产所有权的继承人，则由保留所有权的继承人按照共有物的份额对其进行折价补偿。

2. 遗产的归入与扣除

遗产的归入与扣除，即遗产的归扣。归扣制度能够“尊重民众聚族而居、同居共财的习惯，兼顾共同继承中的继承公平”[①]。我国《民法典》对此未作规定。依照学界通说，同时结合相关立法例，遗产归扣制度的规则如下：

归扣制度的适用前提为存在共同继承人，且共同继承人中有人受有生前赠与。因为，赠与行为会导致被继承人的财产减少，进而致使其他共同继承人能够取得的应继份额减少。若共同继承人中无人接受过被继承人生前赠与的财产，则无须适用归扣制度。

归扣制度的主体，即归扣义务人及权利人，原则上限于共同继承人之间。放弃继承权的人和遗产债权人及受赠人无请求归扣之权利。归扣的权利主体，即“归扣权利人不限于不受特种赠与之其他共同继承人，亦不限于受特种赠与较少之其他共同继承人，只要有人受特种赠与，其他共同继承人无论其是否受有特种赠与，亦不问其所受特种赠与价额多寡，均为归扣权利人”[②]。特种赠与，“是指被继承人生前赠送给继承人的用于其结婚、教育、分家、立业等特定用途的财产”[③]。不管是否受到被继承人的特种赠与，只要是共同继承人，就可以作为归扣权利人请求对遗产进行归扣。至于归扣的义务主体，则为受到被继承人特种赠与的共同继承人。

关于归扣制度的免除规则，通说认为，“由于财产归扣的根据在于生前的赠与具有特留份预付的性质，因此，在分割遗产的时候只有进行财产归扣才符合公平原则”[④]。各国立法大多对遗产归扣的免除进行了规定。总结其规则，即归扣制度“以归入为一般规则，因意思表示而不归入为例外”[⑤]。若继承人从被继

① 王歌雅：《论继承法的修正》，载《中国法学》2013年第6期。

② 张平华、刘耀东：《遗产分割中归扣法律制度研究》，载《法学论坛》2009年第1期。

③ 张华贵：《财产归扣制度研究》，载《现代法学》2006年第4期。

④ 张华贵：《财产归扣制度研究》，载《现代法学》2006年第4期。

⑤ 王歌雅：《〈民法典·继承编〉立法研究》，黑龙江人民出版社2021年版，第43页。

承人处所受赠的财产价值低于其应继份额，则差值部分应从遗产中予以补足。但若继承人从被继承人处所受赠的财产价值高于其应继份额，则差值部分应予以归扣。

（二）遗产分割的效力

遗产分割的效力，主要包括遗产分割发生归属效力的时间及各继承人之间的担保责任。

1. 遗产分割的时间效力

遗产分割后，各继承人对于遗产的共同共有关系归于消灭，其应继份额转化为实际的权利。但各继承人自何时开始对遗产取得单独的权利，涉及遗产分割的溯及力问题，且各国立法主义均有不同规定。

第一种为转移主义，又称不溯及主义。转移主义主张，“以遗产分割为一种交换，各继承人因分割而互相让与各自的应有部分，而取得分配给自己的财产的单独所有权，依此遗产分割有转移或者创设效力”①。即仅在遗产分割后，各继承人才取得各自的遗产实际份额的财产权利，遗产的分割不具有溯及的效力。采取转移主义的国家主要有瑞士、德国、西班牙等。如《瑞士民法典》第634条第1款规定：“遗产分割，自继承份额分配完成并由继承人取得时起，或自分割文书订立时起，对继承人具有约束力。”②

第二种为宣告主义，又称溯及主义。宣告主义主张，“因遗产分割而分配给继承人的财产，视为自继承开始业已归属于各继承人单独所有，遗产分割只是宣告既有的状态，依此遗产分割有宣告的效力或者认定的效力”③。即各继承人自继承开始后，取得对于遗产的单独权利，遗产分割应溯及至继承开始时发生法律效力。国外立法对此亦有规定，如《日本民法典》第909条规定：“遗产分割，溯及至继承开始时，发生效力。但是，不得侵害第三人的权利。”

《民法典》第230条规定：“因继承取得物权的，自继承开始时发生效力。”结合《民法典·继承编》的立法原则及司法实践，通说认为，“遗产分割的效力应当溯及自继承开始，继承人因遗产分割所取得的财产为直接继承被继承人

① 魏振瀛主编：《民法》（第8版），北京大学出版社、高等教育出版社2021年版，第776页。
② 《瑞士民法典》，于海涌、赵希璇译，法律出版社2016年版，第218页。
③ 魏振瀛主编：《民法》（第8版），北京大学出版社、高等教育出版社2021年版，第776页。

的遗产”[1]。

2. 遗产分割的担保效力

遗产分割后，各继承人虽分别取得了财产权利，但对于遗产仍需承担担保责任。各继承人之间的担保责任主要有三种。

（1）瑕疵担保责任

遗产分割后，各继承人仍应对其他继承人因分割所得的遗产，承担与出卖人同样的瑕疵担保责任。瑕疵担保责任主要分为两种：一为物的瑕疵担保责任。物的瑕疵担保责任，“是指标的物的价值、效用或品质存在瑕疵”[2]。若继承人分得的遗产存在物的瑕疵，则该物的实际价值将低于分割时评估的价值。若由分得该瑕疵遗产的继承人单独承担瑕疵责任，则有悖公平原则。因此，应由各继承人共同承担瑕疵担保责任。二为权利的瑕疵担保责任。权利的瑕疵担保责任，“是指分得遗产的全部或者一部属于第三人，或者遗产上负担有第三人合法的权利”[3]。继承人分得的遗产上如存在权利负担（如抵押权），当权利人行使权利时，则该遗产的实际价值将贬损甚至不复存在。由各继承人共同负担权利的瑕疵担保责任，符合继承法中的遗产分割的均等原则。

各共同继承人对遗产承担瑕疵担保责任应符合以下条件：第一，遗产的瑕疵需于遗产分割前就已经存在。因为遗产分割后，各继承人就其应继部分已取得单独的权利，此后产生的任何瑕疵则属于风险负担的范畴，与其他继承人无关。第二，遗产的瑕疵必须是非因取得瑕疵遗产的继承人的过错所致。如瑕疵是因继承人自身过错所致，则应由其承担相关责任。第三，取得瑕疵遗产的继承人于遗产分割时不知瑕疵的存在。若继承人明知瑕疵的存在而取得该遗产，则属于其对自身权利的放弃，不得就该事宜再行主张权利。第四，被继承人未在所立遗嘱中免除各共同继承人之间的瑕疵担保责任。第五，各共同继承人之间未协议免除彼此的瑕疵担保责任。

《民法典》虽未对各继承人间的担保责任进行明确规定，但可参照《民法

---

① 魏振瀛主编：《民法》（第 8 版），北京大学出版社、高等教育出版社 2021 年版，第 777 页。

② 房绍坤、范李瑛、张洪波编著：《婚姻家庭继承法》（第 6 版），中国人民大学出版社 2020 年版，第 247 页。

③ 房绍坤、范李瑛、张洪波编著：《婚姻家庭继承法》（第 6 版），中国人民大学出版社 2020 年版，第 247 页。

典》第304条第2款的规定，对共有物分割下的瑕疵担保责任进行规制，即“共有人分割所得的不动产或者动产有瑕疵的，其他共有人应当分担损失”。纵观各国立法，其对各继承人间的担保责任多有规定。如《日本民法典》第911条规定：“各共同继承人对其他共同继承人，与出卖人相同，按其继承份额负担保责任。”①《瑞士民法典》第637条第1款规定：“在遗产分割终结以后，共同继承人相互之间承担的担保义务，与买卖双方之间的担保义务相同。”②

（2）对债权清偿的担保责任

在遗产分割时，对于债权部分，各共同继承人应根据该部分债权承担担保责任。通说认为，该债权既可以是普通债权，也可以是有价证券。但部分国家排除了共同继承人对于有价证券清偿的担保责任，如《瑞士民法典》第637条第2款规定：“共同继承人之间应当相互担保各继承人根据遗产分配所取得债权的成立，并在债权分摊数额的范围内，对债务人的清偿承担无条件保证之责任，但涉及证券交易所之有价证券除外。”③

各共同继承人对债权清偿的担保责任，主要是指对债务人的清偿能力承担担保责任。该情形下的债权，主要分两种：第一，对于已届清偿期的债权，各共同继承人应当就遗产分割时债务人的清偿能力承担担保责任。如《日本民法典》第912条第1款规定：“各共同继承人，按照其继承份额对其他共同继承人因遗产分割所得债权，担保其分割当时债务人的资力。”④《意大利民法典》第760条规定：“共同继承人的一人被分配的债权其债务人无资力场合，其支付不能。不过在分割之后发生时，不负担保责任。”⑤第二，对于未届清偿期或附停止条件的债权，各共同继承人应当就清偿期届至时债务人的清偿能力承担担保责任。对债权清偿的担保责任，除遗产分割时对债权进行了价值评估外，原则上应当以债权的数额为准。但若债权未能得以清偿的原因系有请求权的继承人过错所致，则其他继承人免于承担担保责任。如《日本民法典》第912条第2款规定：“对于未届清偿期的债权及附停止条件的债权，各共同继承人担保应该提

① 《日本民法典》，刘士国、牟宪魁、杨瑞贺译，中国法制出版社2018年版，第232页。
② 《瑞士民法典》，于海涌、赵希璇译，法律出版社2016年版，第219页。
③ 《瑞士民法典》，于海涌、赵希璇译，法律出版社2016年版，第219页。
④ 《日本民法典》，刘士国、牟宪魁、杨瑞贺译，中国法制出版社2018年版，第232页。
⑤ 《意大利民法典》，陈国柱译，中国人民大学出版社2010年版，第147页。

供清偿时债务人的资力。”①

(3)对遗产被追夺的担保责任

“遗产分割后,各共同继承人对其他继承人所分得的遗产,承担因遗产被追夺的担保责任。”②发生遗产被追夺的情形,主要是由于遗产的物权存在争议,但继承人于遗产分割时并不知情。如遗产本身并非被继承人的财产,或被继承人已经对自身财产进行了合法处分,在此种情形下,各共同继承人应承担对遗产被追夺的担保责任。如《意大利民法典》第758条规定:“共同继承人,关于基于分割前的原因的单纯的纠纷和追夺,互负担保责任。其担保责任,于分割的行为以明示的约款将其排除场合,或者于共同继承人由于自己的过失而受追夺场合不发生。”③共同继承人的担保责任,可由继承人协议约定免除,也可由被继承人在遗嘱中约定免除。各继承人的担保责任,应当秉持限定继承原则,以各继承人因继承取得的财产实际价值为限,按照比例承担。

第四节　被继承人债务的清偿

被继承人死亡后,除留有财产权利外,可能同时留有未履行的财产义务。即便债权债务关系的主体均已死亡,债权债务关系依然存续,其应由各方的继承人继受。继承人未丧失继承权或未放弃继承权的,应在其继承的遗产的实际价值范围内,对被继承人生前留下的债务进行清偿。

一、被继承人债务的概念和范围

被继承人的债务,亦即遗产债务。《民法典》第1159条前半句规定,“分割遗产,应当清偿被继承人依法应当缴纳的税款和债务”。我国继承法采取的是概括继承原则,即继承人在继承积极遗产的同时,也负有清偿遗产债务的义务。根据权利和义务相一致的原则,若继承人放弃继承权,则其无须对被继承人的

---

① 《日本民法典》,刘士国、牟宪魁、杨瑞贺译,中国法制出版社2018年版,第232页。

② 陈苇主编:《婚姻家庭继承法学》(第3版),中国政法大学出版社2018年版,第358页。

③ 《意大利民法典》,陈国柱译,中国人民大学出版社2010年版,第147页。

债务进行清偿。

(一)被继承人债务的概念

被继承人债务,“是指被继承人生前个人依法应当缴纳的税款和完全用于个人生活需要所欠下的债务”①。被继承人债务具有如下特点。

1. 为被继承人生前所欠的债务

被继承人债务,应为被继承人生前所欠的债务。若是继承开始后产生的债务,则为非遗产债务。对于遗产债务,继承人的清偿义务以其继承的遗产实际价值为限。在界定被继承人生前所欠债务时,应注意区分以下债务:(1)因殡葬产生的债务。“继承人中的扶养义务人为被继承人殡葬,是其应尽义务。故继承人因殡葬被继承人所负的债务,是继承人的个人债务,应由继承人以个人财产偿还。”②(2)因继承产生的债务。继承开始后,因遗产管理、遗产分割、遗嘱执行等产生的必要费用,对于各继承人而言,属于为其共同利益而产生的共益债务。对于共益债务,应当优于被继承人的其他普通债务清偿。关于因继承产生的债务的清偿,外国立法亦有规定。如《日本民法典》第885条第1款规定:“有关继承财产的费用从其财产中支出。但是,因继承人的过失产生的费用,不在此限。”③

2. 为被继承人个人所欠的债务

被继承人债务,应为被继承人个人所欠的债务。被继承人个人所欠的债务,既包括其个人债务,也包括共同债务中应由其承担的部分。根据债务的性质与用途,需对个人债务与夫妻共同债务、家庭共同债务进行区分。家庭共同债务,“是指家庭成员共同作为债务人所承担的债务”④。若被继承人所欠债务用于家庭生活需要,或者为增加家庭共同财产、偿还家庭共同债务所欠债务,则为家庭共同债务。家庭共同债务应由家庭共同财产进行偿还。在对个人债务与夫妻共同债务、家庭共同债务进行界定时,应注意债务的实际用途。即便是以被继承人个人的名义欠下的债务,若并非仅为满足被继承人的个人需要,也可能被认定为夫妻共同债务、家庭共同债务。在夫妻共同债务、家庭共同债务

---

① 马忆南:《婚姻家庭继承法学》(第4版),北京大学出版社2019年版,第339页。

② 王歌雅:《〈民法典·继承编〉立法研究》,黑龙江人民出版社2021年版,第252页。

③ 《日本民法典》,刘士国、牟宪魁、杨瑞贺译,中国法制出版社2018年版,第224页。

④ 魏振瀛主编:《民法》(第8版),北京大学出版社、高等教育出版社2021年版,第777页。

中,应由被继承人清偿的部分,应作为被继承人的个人债务,由各继承人以其继承的遗产价值为限进行清偿。

(二)被继承人债务的范围

被继承人债务,属于其遗产中的消极财产,主要包括对国家所负的公法上的税款债务,以及生前对其他民事主体所负的私法上的债务。被继承人债务既包括其个人债务,也包括共同债务中应由其承担的部分。

1. 依照我国税收法律的规定应当缴纳的税款

我国《宪法》第56条规定:"中华人民共和国公民有依照法律纳税的义务。"税收具有强制性,公民的纳税义务不因其死亡而消灭。若被继承人生前尚有未缴纳的税款,则应以其遗产对所欠税款进行清偿。"由于被继承人的财富积聚仰赖于个人勤劳、家族协同和国家支持,故被继承人需用遗产承担道义责任。"①

2. 因合同之债而应承担的债务

被继承人生前与其他民事主体订立合同,其死亡时尚有合同义务未履行完毕的,此为因合同之债而欠下的债务。当然,并非全部的合同之债都可以由继承人直接清偿。若被继承人生前所欠合同之债具有较强的人身属性,即主要依赖被继承人的自身技能或完成相关事务来实现合同目的,如委托合同、加工承揽合同、技术开发合同等,则不适于由继承人直接进行清偿。此时,合同已不具备继续履行的条件,需由合同当事人对合同关系进行清算。清算后,由继承人对被继承人应负的合同之债承担清偿责任。

3. 因侵权之债而应承担的损害赔偿责任

被继承人生前因侵权行为对被侵权人造成损害的,应承担损害赔偿责任,此为被继承人因侵权之债而欠下的债务。对于侵权之债中的金钱债务,由继承人在遗产中直接清偿。对于侵权之债中的非金钱债务,可由继承人与被侵权人协商解决;协商不成的,可通过调解或诉讼的方式解决。

4. 因不当得利而承担的返还不当得利的债务

被继承人生前无法律根据取得不当利益的,受损失的人有权请求其继承人返还不当利益,且应对被继承人取得利益时的主观状态进行区分。若被继承人取得利益时为善意,则其继承人仅负返还现存不当利益的义务;若被继承人取

① 王歌雅:《〈民法典·继承编〉:编纂争议与制度抉择》,载《法学论坛》2020年第1期。

得利益时为恶意,则其继承人应返还全部不当利益并赔偿损失。

5. 因无因管理而对管理人补偿必要费用的债务

被继承人生前为无因管理之债的受益人的,管理人有权请求其继承人偿还因管理事务而支出的必要费用;管理人因管理事务受到损失的,可以请求继承人给予适当补偿。无因管理为准合同行为,若被继承人生前对管理人的行为进行追认,且管理人无其他意思表示的,则无因管理之债转化为合同之债。继承人应按照合同之债的规则,对被继承人的债务承担清偿责任。

6. 其他属于被继承人个人的债务

除上述债务外,被继承人可能存在因其他原因欠下的债务,如合伙债务中应由被继承人承担的部分等。凡属被继承人的其他个人债务,依其性质和法律规定,由继承人在其继承遗产的实际价值范围内予以清偿。

二、被继承人债务的清偿原则和方法

清偿被继承人债务时,应秉持限定继承、保留必留份、清偿债务优先于执行遗赠、继承人连带责任等原则。被继承人生前所产生的税款债务和其他债务,应当在分割遗产之前予以清偿。若在分割遗产之前,不知道被继承人存在遗产债务的,在遗产分割之后,应由继承人以其继承遗产实际价值为限承担清偿责任。

(一)被继承人债务的清偿原则

被继承人债务的清偿原则,是指清偿被继承人的遗产债务时,应当遵循的基本原则。具体包括以下原则。

1. 限定继承原则

限定继承原则,"是指继承人对被继承人的遗产债务的清偿只以遗产的实际价值为限,超过遗产实际价值的部分,继承人不负清偿责任"①。限定继承原则"以社会主义核心价值观为价值基础,可以准确回应现代家庭伦理的文化共识、合理地解决父母继承顺位的立法技术难题、圆满实现规范领域内条款之间的自洽性与协调性,并可有效地发挥家事法的教育功能"②。限定继承原则,是公平原则与权利和义务相一致原则在继承法领域的体现,维护了继承人的合法

---

① 马忆南:《婚姻家庭继承法学》(第 4 版),北京大学出版社 2019 年版,第 340 页。

② 马新彦:《遗产限定继承论》,载《中国法学》2021 年第 1 期。

权益。

《民法典》第 1161 条规定："继承人以所得遗产实际价值为限清偿被继承人依法应当缴纳的税款和债务。超过遗产实际价值部分，继承人自愿偿还的不在此限。继承人放弃继承的，对被继承人依法应当缴纳的税款和债务可以不负清偿责任。"依此规定，限定继承的前提，是继承人未放弃继承权或丧失继承权。继承人应清偿的遗产债务范围，应限于其取得的遗产的实际价值。对于超出遗产实际价值的部分，则为自然债务。共同继承人中的部分继承人自愿偿还自然债务的，法律不加以限制，但对其他继承人不产生效力。此外，若被继承人所负债务，系因继承人有扶养能力而不履行扶养义务所致，则该笔债务也应由继承人偿还，且不以其继承的遗产的实际价值为限。即便遗产不足以清偿债务，继承人也应承担债务清偿责任。《法国民法典》规定了限定继承，同时亦将遗产债务与丧葬费用进行了区分。《法国民法典》第 806 条规定："放弃继承的继承人对遗产的债务负担不负清偿义务，但是，应按照其财力的比例负担支付其放弃继承的直系尊血亲或直系卑血亲的丧葬费用。"①

《民法典》关于债务的清偿，采取的是无条件的限定继承原则。有些国家关于限定继承原则，则采取了一定条件的限制。《日本民法典》第 923 条规定："继承人有数人时，限定承认只能由全体共同继承人共同做出。"②其第 924 条规定："继承人欲做出限定承认时，须在第九百一十五条第一款的期间内向家庭法院提出作成的继承财产目录，并做出以限定承认为意旨的陈述。"③其第 927 条第 1 款规定："限定承认人，须在做出限定承认后五日内，对所有继承债权人及受遗赠人，做出以已做出限定承认及应于一定期间内提出申报请求为意旨的公告。在此情形，其期间不能少于两个月。"④上述规定表明，日本对限定继承进行了限制，即限定承认只能由全体继承人共同作出；限定承认需编制财产目录，并以意思表示为之；对继承债权人及受遗赠人做出公告。

2. 保留必留份原则

保留必留份原则，是指应当为缺乏劳动能力又没有生活来源的继承人保留

---

① 《法国民法典》，罗结珍译，北京大学出版社 2010 年版，第 224 页。

② 《日本民法典》，刘士国、牟宪魁、杨瑞贺译，中国法制出版社 2018 年版，第 235 页。

③ 《日本民法典》，刘士国、牟宪魁、杨瑞贺译，中国法制出版社 2018 年版，第 235 页。

④ 《日本民法典》，刘士国、牟宪魁、杨瑞贺译，中国法制出版社 2018 年版，第 235 页。

适当遗产。《民法典》第1141条规定："遗嘱应当为缺乏劳动能力又没有生活来源的继承人保留必要的遗产份额。"即被继承人在立遗嘱时，应为"双缺乏人"保留必要的遗产份额，以维持其基本的生活需要。至于继承人是否缺乏劳动能力又没有生活来源，则应当以遗嘱生效时该继承人的客观状态为准。"将遗产遗留给其家庭成员，特别是'双缺乏'人，是对'双缺乏'继承人的生活保障，也是对个人利益和公共利益的有效协调；是中华民族赡老育幼美德的实践，也是为国家、社会排忧解难的体现。"①

保留必留份原则，体现于《继承法意见》第61条②规定中，并被《民法典·继承编》第1159条所吸纳，即"分割遗产，应当清偿被继承人依法应当缴纳的税款和债务；但是，应当为缺乏劳动能力又没有生活来源的继承人保留必要的遗产份额"。依此规定，"双缺乏"继承人的生存保障，优于债权人的利益，体现了中华民族家庭伦理至上的观念。该规定弥补了原《继承法》的立法欠缺，明确了分割遗产时"双缺乏"继承人的必留份优先于被继承人所欠的税款和债务，体现了对"双缺乏"继承人的生存保障与人文关怀。③

关于保留必留份原则，其他国家的立法也有相似规定。如《法国民法典》第721条第2款规定："遗产得经死者在不抵触继承人特留份的限度内进行的无偿处分而转移。"④在日本，继承人的特留份亦优先于因继承而产生的费用。如《日本民法典》第885条规定："（一）有关继承财产的费用从其财产中支出。但是，因继承人的过失而产生的费用，不在此限。（二）前款的费用，无须依特留份权利人因扣减赠与而取得的财产支付。"⑤

3. 清偿债务优先于执行遗赠原则

清偿债务优先于执行遗赠原则，是指被继承人既留有债务，又有遗赠时，应当将其遗产优先清偿债务；如有剩余，再执行遗赠。原《继承法》并未对继承人、受遗赠人清偿税款和债务的顺序和比例进行规定。《继承法意见》第62条则规

---

① 王歌雅：《〈民法典·继承编〉立法研究》，黑龙江人民出版社2021年版，第38页。

② 《继承法意见》第61条规定："继承人中有缺乏劳动能力又没有生活来源的人，即使遗产不足清偿债务，也应为其保留适当遗产，然后再按继承法第三十三条和民事诉讼法第一百八十条的规定清偿债务。"

③ 参见王歌雅：《〈民法典·继承编〉立法研究》，黑龙江人民出版社2021年版，第141页。

④ 《法国民法典》，罗结珍译，北京大学出版社2010年版，第204页。

⑤ 《日本民法典》，刘士国、牟宪魁、杨瑞贺译，中国法制出版社2018年版，第224页。

定:“遗产已被分割而未清偿债务时,如有法定继承又有遗嘱继承和遗赠的,首先由法定继承人用其所得遗产清偿债务;不足清偿时,剩余的债务由遗嘱继承人和受遗赠人按比例用所得遗产偿还;如果只有遗嘱继承和遗赠的,由遗嘱继承人和受遗赠人按比例用所得遗产偿还。”《民法典·继承编》在此司法解释的基础上,对继承人及受遗赠人清偿税款和债务的顺序和比例进行了明确。《民法典》第1162条规定:“执行遗赠不得妨碍清偿遗赠人依法应当缴纳的税款和债务。”《民法典》第1163条规定:“既有法定继承又有遗嘱继承、遗赠的,由法定继承人清偿被继承人依法应当缴纳的税款和债务;超过法定继承遗产实际价值部分,由遗嘱继承人和受遗赠人按比例以所得遗产清偿。”上述规定共同构成了清偿债务优先于执行遗赠原则的法律依据,“明确了法定继承、遗嘱继承和遗赠对遗产债务清偿责任承担的顺序、比例,完善了我国的遗产债务清偿制度,有助于继承人、受遗赠人、债权人权益的保障”①。清偿债务优先于执行遗赠原则,可以通过对被继承人的遗赠行为加以限制,有效防止被继承人为躲避债务而转移财产,进而保护国家及债权人的合法权益。但是,该原则中的“遗赠”仅限于遗嘱中的“遗赠”,不包括遗赠扶养协议中的“遗赠”。因遗赠扶养协议本身就是双务合同,遗赠人与扶养人之间互负义务。遗赠人死亡后,扶养人成为遗赠人的债权人,其债权并不劣后于其他普通债权人。

域外继承立法对清偿债务优先于执行遗赠原则亦有规定。如《日本民法典》第931条规定:“限定承认人,非在依前两条的规定向各继承债权人清偿后,不得向受遗赠人清偿。”②《法国民法典》则通过使受遗赠人与继承人位于同一顺序共同承担债务,同时赋予特定财产的受遗赠人以债权人代位权,同时保护了继承人、受遗赠人与债权人的权益。如《法国民法典》第871条规定:“部分概括受遗赠人与各继承人一起,按照其获得的遗赠利益的比例,分担遗产的债务和负担;特定财产遗赠的受领人,除遗赠的不动产上负有抵押请求权以外,对债务与负担不承担义务。”③其第874条规定:“特定财产的受遗赠人在清偿其受遗赠的不动产所负担的债务之后,对诸继承人代位行使债权人的权利。”④

---

① 王歌雅:《〈民法典·继承编〉立法研究》,黑龙江人民出版社2021年版,第142页。
② 《日本民法典》,刘士国、牟宪魁、杨瑞贺译,中国法制出版社2018年版,第236页。
③ 《法国民法典》,罗结珍译,北京大学出版社2010年版,第251页。
④ 《法国民法典》,罗结珍译,北京大学出版社2010年版,第251页。

4. 继承人连带清偿债务原则

继承人连带清偿债务原则，是指共同继承人应对被继承人的遗产债务，承担连带清偿责任。共同继承人对被继承人债务应如何承担责任，各国继承立法则有不同规定，主要有以下几种立法例：(1)按份责任。各共同继承人对遗产债务就自己的应继份承担清偿责任，法国、日本等国民法采取此立法例。(2)连带责任。遗产无论分割与否，各共同继承人对遗产债务均应承担连带责任，德国、瑞士等国民法采取此立法例。(3)折中主义。在遗产未分割以前，各共同继承人对遗产债务承担连带责任；在遗产分割以后，各共同继承人对遗产债务承担按份责任，荷兰、葡萄牙等国采取此立法例。①

我国《民法典》虽未对继承人连带清偿债务原则进行明确规定，但可参照共同共有关系的法律规范加以适用。在遗产分割前，各共同继承人对于被继承人的遗产属于共同共有关系。其中，遗产又包括消极遗产，即遗产债务。因此，各共同继承人应按照共同共有的规则，对遗产债务承担连带清偿责任。根据限定继承原则与权利义务相一致原则，各继承人虽然对外承担连带清偿责任，但对内则应以其继承的遗产实际价值为限承担清偿责任。继承人承担债务超过其应承担部分的，有权就超出部分向其他继承人追偿。

(二)被继承人债务的清偿方法

清偿被继承人债务是否为分割遗产的必要条件，各国立法规定不一。而当被继承人的遗产不足以清偿全部债务时，清偿债务的顺序则尤显重要。

1. 被继承人债务的清偿时间

当被继承人的遗产不足以清偿全部债务，或债务人人数众多时，若不对债务的清偿时间加以明确规定，可能会损害部分债权人的利益。如《瑞士民法典》第 586 条第 1 款规定："在制作遗产清单期间，不得针对被继承人的债务进行执行。"②

我国《民法典》对被继承人债务的清偿时间未作规定。但基于效率与公平的考量，一般应当先清偿债务，后分割遗产。若遗产已经分割完毕，仍有债务尚未清偿的，则应按照《民法典》第 1163 条规定，由继承人按照顺序及所得遗产的

---

① 参见马忆南：《婚姻家庭继承法学》(第 4 版)，北京大学出版社 2019 年版，第 341 页。

② 《瑞士民法典》，于海涌、赵希璇译，法律出版社 2016 年版，第 206 页。

比例进行清偿。实践中,屡有获取信息及时的债权人的债权能够得到提前清偿,而其他债权人则无法得到全部或部分债权的清偿。因为遗产管理人在编制遗产清单时,被继承人的债务总额及财产数额尚未确定,从而导致各债权人的信息往往处于不对称的状态。因此,在编制遗产清单期间,应禁止向部分债权人进行个别清偿。个别清偿行为损害其他债权人利益的,应予追回。

2. 被继承人债务的清偿方法

被继承人债务的清偿方法,主要因清偿债务与分割遗产的顺序而存在差异。各国继承立法关于被继承人债务的清偿方法,主要有以下两种规定。

(1)非经清偿债务,不得分割遗产

此种方法要求应先对遗产债务进行清算,由共同继承人在遗产中先予清偿。而后根据各继承人的应继份额对遗产进行分割。采用此种清偿方法的国家主要有德国、瑞士等。如《德国民法典》第 2046 条第 1 款规定:“遗产债务必须先从遗产中予以清偿。某一遗产债务尚未到期,或它处于争议中的,必须留置对于清偿该遗产债务为必要的数额。”[①]即遗产债务清偿完毕前,不得分割遗产。若存在未到期的债务,或存在有争议的债务,则应将该笔债务数额所对应的遗产价值进行保留,方可分割遗产。此种方法是在遗产分割前即对债务清偿完毕,避免了继承人取得遗产后拒绝清偿债务的情形发生,最大限度地维护了债权人的合法权利,有利于债权人实现债权。

(2)非经清偿债务,亦可分割遗产

采用此种清偿方法的国家主要有法国、日本等。如《法国民法典》第 870 条规定:“共同继承人按照各自从遗产中受领的财产数额比例,分担清偿遗产的债务与负担。”[②]此种清偿方法并不限制清偿债务与分割遗产的顺序,仅概括性地规定共同继承人需承担遗产债务。此种清偿方法显然存在弊端。即继承人取得遗产后如拒绝清偿债务,或者将遗产用尽后无力清偿债务,则债权人的债权难以得到清偿。在继承人为数人的情况下,尽管共同继承人之间对外承担连带清偿责任,但债权人若分别对各继承人求偿,不仅增加了收回债权的成本,也提高了债权无法全额收回的风险。

---

① 《德国民法典》,陈卫佐译,法律出版社 2020 年版,第 675 页。

② 《法国民法典》,罗结珍译,北京大学出版社 2010 年版,第 250 页。

我国《民法典》对被继承人债务清偿的方法并未明确规定，实践中亦存在先分割遗产后清偿债务的情形。

3. 被继承人债务的清偿顺序

被继承人债务的清偿顺序，“是指依据债权的性质所确定的偿还债务的先后次序”①。既包括不同类型债务获得清偿的顺序，也包括不同地位的继承人清偿债务的顺序。

首先，不同类型债务获得清偿的顺序。当被继承人的遗产不足以清偿全部债务时，则仅有部分债权能够得以清偿。《民法典》并未对不同类型债务获得清偿的顺序予以明确规定。根据继承法理及学界观点，不同类型债务清偿的顺序如下：第一，提供担保的债权。此处的担保主要指物上担保，物上担保包括抵押权、质权和留置权。由于担保物权本身具有优先于普通债权的效力，故应列于普通债权之前清偿。但在担保物上优先受偿后，仍未清偿的债权部分，则为普通债权，列于最后顺位进行清偿。第二，为保全和分配遗产而发生的债权。② 为保全和分配遗产而发生的债权具有共益性质，是为各共同继承人及债权人的利益而产生。因此，应当优先清偿。第三，劳务报酬。如被继承人生前与他人存在劳务雇佣关系，且尚有薪资未支付的，为保障提供劳务者的基本生活需要，应当将其薪资列于第三顺位进行清偿。第四，普通债权。在清偿完毕上述前三种类型的债权后，若遗产仍有剩余，则可对普通债权进行清偿。如剩余财产不足以清偿全部普通债权的，则应按各自的债权比例平等受偿。当然，若继承人同时亦是债权人，则其应继财产不得与债权混同。若发生混同，则无异于变相规避了清偿顺位的限制。因此，对被继承人享有债权的继承人应按照上述清偿顺序，与其他债权人同等受偿。

其次，不同地位继承人清偿债务的顺序。《民法典》第1163条规定：“既有法定继承又有遗嘱继承、遗赠的，由法定继承人清偿被继承人依法应当缴纳的税款和债务；超过法定继承遗产实际价值部分，由遗嘱继承人和受遗赠人按比例以所得遗产清偿。”即在继承法律关系中，若分割遗产时并未清偿债务，且同时存在法定继承、遗嘱继承或遗赠的，在清偿被继承人债务时，应当遵循以下规

① 王歌雅：《〈民法典·继承编〉立法研究》，黑龙江人民出版社2021年版，第254页。

② 参见蓝承烈、杨震主编：《继承法新论》，黑龙江教育出版社1993年版，第221～222页。

则：由法定继承人在其继承的遗产实际价值范围内，对被继承人生前所欠税款及债务进行清偿；如不足以全部清偿的，剩余债务部分由遗嘱继承人和受遗赠人按所得遗产的比例，对被继承人生前所欠税款及债务进行清偿。此规定符合“清偿债务优先于执行遗赠”原则及“遗嘱继承和遗赠优先于法定继承”原则。既维护了债权人的合法权益，亦最大限度地保证了被继承人对自身财产的处分自由。“通过明确债务清偿顺序，在不同的利益群体中合理配置遗产、定分止争，维护当事人的利益，修正民众的继承行为。”①

第五节　无人继承又无人受遗赠的遗产的处理

对于无人继承又无人受遗赠的遗产，《民法典》采取了收归国家或集体经济组织所有的处理规则。由于国家及集体经济组织对死者生前提供了一定的社会福利保障，因此，若死者无继承人的，其遗产归国家或集体经济组织所有，符合权利和义务相一致原则。

一、无人继承又无人受遗赠遗产的确认

无人继承又无人受遗赠的遗产，需要根据其含义进行界定，并经一系列法定程序方可确认。

（一）无人继承又无人受遗赠遗产的含义

无人继承又无人受遗赠遗产的含义，需从其概念及范围进行明确。

1. 无人继承又无人受遗赠的遗产的概念

无人继承又无人受遗赠的遗产，又称无人承受的遗产，是指没有继承人以及受遗赠人承受的遗产。② 通常情况下，被继承人死亡后，其遗产转归继承人或受遗赠人继受。若无人继承又无人受遗赠，则需要对被继承人财产的归属进行确认。在对无人继承又无人受遗赠的遗产进行界定时，应注意与相关概念进行区分。

---

① 王歌雅：《〈民法典·继承编〉立法研究》，黑龙江人民出版社 2021 年版，第 85 页。

② 魏振瀛主编：《民法》（第 8 版），北京大学出版社、高等教育出版社 2021 年版，第 778 页。

（1）无人继承又无人受遗赠的遗产与无主财产

第一，无人继承又无人受遗赠的遗产曾存在所有人，只是在所有人死亡后无人继承或无人受遗赠。而无主财产，是指没有所有人或所有人不明的财产。

第二，无人继承又无人受遗赠的遗产无须经过特别程序审理认定，而是直接依照相关法律规定确认其归属。《民法典》第1160条规定："无人继承又无人受遗赠的遗产，归国家所有，用于公益事业；死者生前是集体所有制组织成员的，归所在集体所有制组织所有。"而对于无主财产，则需要根据《民事诉讼法》第198～200条[①]规定，向财产所在地基层人民法院提出申请认定财产无主，并经公告期满后，符合条件的方可确认为财产无主。

（2）无人继承又无人受遗赠的遗产与无人承认继承的遗产

无人继承又无人受遗赠的遗产，是指无继承人或受遗赠人承受的遗产。而无人承认继承的遗产，"是指在继承开始后，有无继承人不明确的遗产，其应经过司法程序确认是否存在继承人或者受遗赠人"[②]。在无人承认继承的遗产经过司法程序确认后，如果确定其不存在继承人或者受遗赠人的，则为无人继承又无人受遗赠的遗产。

2. 无人继承又无人受遗赠的遗产的情形

《民法典》并未对无人继承又无人受遗赠的遗产的情形予以明确界定，根据司法实践总结，无人继承又无人受遗赠的遗产主要包括以下几种情形：（1）被继承人无法定继承人，且生前未立有遗嘱指定受遗赠人，亦未签订遗赠扶养协议的；（2）继承人全部放弃或丧失继承权，且受遗赠人全部放弃或丧失受遗赠权的；（3）被继承人无法定继承人，其所立遗嘱仅处分了部分财产的；（4）被继承人无法定继承人，其所立遗嘱无效的；（5）被继承人虽有法定继承人，但其所立遗嘱剥夺了法定继承人的继承权，且既未指定受遗赠人，又未签订遗赠扶养协议的；（6）被继承人虽有法定继承人，但其所立遗嘱剥夺了法定继承人的继承

① 《民事诉讼法》第198条规定："申请认定财产无主，由公民、法人或者其他组织向财产所在地基层人民法院提出。申请书应当写明财产的种类、数量以及要求认定财产无主的根据。"第199条规定："人民法院受理申请后，经审查核实，应当发出财产认领公告。公告满一年无人认领的，判决认定财产无主，收归国家或者集体所有。"第200条规定："判决认定财产无主后，原财产所有人或者继承人出现，在民法典规定的诉讼时效期间可以对财产提出请求，人民法院审查属实后，应当作出新判决，撤销原判决。"

② 陈苇主编：《婚姻家庭继承法学》（第3版），中国政法大学出版社2018年版，第363页。

权，且其指定的受遗赠人放弃或丧失受遗赠权，又未签订遗赠扶养协议的。

（二）无人继承又无人受遗赠遗产的确认

由于无人继承又无人受遗赠遗产的最终归属为收归国家或集体所有，故对其确认应秉持谨慎的态度，必须严格依照法律程序进行确认。《民法典》并未对此进行明确规定，司法实践中往往参照无主财产的程序进行办理。

有些国家对遗产无继承人的确认程序进行了规定，并确立了“搜寻继承人”制度。如《日本民法典》第958条规定了搜索继承人的公告程序，即“前条第一款的期间届满后，继承人的存在不明确时，法院根据继承财产管理人或者检察官的请求，须发出以如有继承人则应于一定期间内主张其权利为意旨的公告。在此情形，该期间不得少于六个月”[①]。在公示催告的期限内，若有继承人主张权利且得到证实，则被继承人的遗产转归该继承人承受；若公示催告期满后，无人主张权利，或主张的权利得不到证实，则被继承人的遗产被确认为无人继承又无人受遗赠的遗产，按照无人继承又无人受遗赠遗产的规则处理。

二、无人继承又无人受遗赠遗产的归属

对于无人继承又无人受遗赠的遗产，原《继承法》第32条[②]并未规定归国家所有后的用途。《民法典》第1160条则明确规定：“无人继承又无人受遗赠的遗产，归国家所有，用于公益事业；死者生前是集体所有制组织成员的，归所在集体所有制组织所有。”“该规定弥补了原《继承法》第32条有关‘双无遗产’的用途欠缺，强化了‘双无遗产’的公益用途与分类所有；明晰了国家财产的来源与去向；建构了国家利益、集体利益与个人利益三位一体的融合机制与互益格局；在推进国家的公益事业发展的同时，可实现个人利益的最大化与最佳化，进而增进社会繁荣与民众福祉。”[③]

（一）无人继承又无人受遗赠遗产的管理

若继承开始后，被继承人是否存在继承人及受遗赠人尚未可知，为维护私有财产，可参照《民法典》第1145条规定，由被继承人生前住所地的民政部门或

① 《日本民法典》，刘士国、牟宪魁、杨瑞贺译，中国法制出版社2018年版，第243页。

② 原《继承法》第32条规定：“无人继承又无人受遗赠的遗产，归国家所有；死者生前是集体所有制组织成员的，归所在集体所有制组织所有。”

③ 王歌雅：《〈民法典·继承编〉立法研究》，黑龙江人民出版社2021年版，第88页。

者村民委员会担任遗产管理人。为终结遗产继受人的不确定状态,遗产管理人有权向遗产所在地基层人民法院申请认定遗产无人继承又无人受遗赠。由于《民法典》对此无明确规定,故可参照《民事诉讼法》第 198 ~ 200 条关于无主财产的认定程序进行认定。

(二)无人继承又无人受遗赠遗产的归属

各国继承立法关于无人继承又无人受遗赠遗产的归属规定不同,主要存在两种立法主义:

第一,国家继承权主义。国家继承权主义认为,当存在无人继承又无人受遗赠的遗产时,由国家作为死者的法定继承人继受其遗产。根据我国《民法典》第 1160 条规定,我国采用的立法主义接近于国家继承权主义。采用此种立法主义的国家还有德国、埃塞俄比亚等。如《德国民法典》第 1936 条规定:"在继承开始时,不存在被继承人的任何血亲、配偶或同性生活伴侣的,遗产由被继承人在继承开始时的最后住所地州继承,或者,被继承人最后住所不可予以确定的,由其最后惯常居所地州继承。除此以外,遗产由联邦继承。"①《埃塞俄比亚民法典》第 852 条规定:"死者无亲属时,其遗产将转移给国家。"②

第二,国家先占权主义。国家先占权主义认为,国家有优先于其他主体取得无人继承又无人受遗赠的遗产的权利。采取此种立法观点的国家主要有法国、英国、美国、奥地利等。如《法国民法典》第 539 条规定:"死后无继承人的人的财产,或者继承人放弃继承的遗产,属于国家。"③

我国关于无人继承又无人受遗赠遗产的归属,是根据死者生前的身份确定的——若死者生前为集体所有制组织成员,则其遗产归属于其所在的集体所有制组织;否则,归属于国家所有。"如果死者生前是集体所有制组织成员的,因其生前一般都会从集体所有制组织获得土地承包经营权、分红等经济利益,故将其遗产确定归集体所有制组织所有合情合理。且土地承包收益、宅基地上的房产等是具有特殊性质的财产,规定由集体所有制组织所有,也便于集体所有制组织根据本集体的具体情况作出妥善处理。"④无人继承又无人受遗赠的遗产

① 《德国民法典》,陈卫佐译,法律出版社 2020 年版,第 653 页。

② 《埃塞俄比亚民法典》,薛军译,厦门大学出版社 2013 年版,第 122 页。

③ 《法国民法典》,罗结珍译,北京大学出版社 2010 年版,第 174 页。

④ 黄薇主编:《中华人民共和国民法典继承编释义》,法律出版社 2020 年版,第 155 页。

归国家所有后，其用途为公益事业。将无人承受遗产用于公益事业，有利于构建和谐社会，增进社会公众的福祉和利益。

(三)死者债务的清偿及酌给份的给付

根据我国《民法典》第1159条规定，分割遗产，应当清偿被继承人生前所欠税款及债务。因此，国家或集体经济组织取得无人继承又无人受遗赠的遗产后，应在其取得遗产实际价值范围内对被继承人债务进行清偿。

《继承编解释(一)》第41条规定："遗产因无人继承又无人受遗赠归国家或者集体所有制组织所有时，按照民法典第一千一百三十一条规定可以分给适当遗产的人提出取得遗产的诉讼请求，人民法院应当视情况适当分给遗产。"《民法典》第1131条规定："对继承人以外的依靠被继承人扶养的人，或者继承人以外的对被继承人扶养较多的人，可以分给适当的遗产。"当无人承受的遗产将被收归国家或集体所有制组织所有时，遗产酌分请求权人可以提出酌分遗产的请求，并由人民法院根据实际情况适当分给遗产。如遗产有剩余，则其由国家或集体所有制组织继受。国外立法亦有相似规定，如《埃塞俄比亚民法典》第1026条规定："死者的配偶、卑亲属、尊亲属和兄弟姐妹，依以下数条规定的条件，享有生活保持请求权。国家取得遗产时，死者死亡时与其共同生活的人，或由其维持生活的人，依以下数条规定的条件享有生活保持请求权。"①

① 《埃塞俄比亚民法典》，薛军译，厦门大学出版社2013年版，第146～147页。

第五章

继承编适用

《民法典》是一部固根本、稳预期、利长远的基础性法律。习近平总书记在中共中央就“切实实施民法典”第二十次集体学习时强调：“全党要切实推动民法典实施，以更好推进全面依法治国、建设社会主义法治国家，更好保障人民权益。”[①]法律的生命在于实施，《民法典》将社会主义核心价值观作为立法的根本，始终坚持以人为本的发展理念，着眼于满足人民群众对美好生活的需要，是“新时代人民权利的宣言书”，正确深入地研究《民法典》的适用，不仅有利于保障人民群众的合法权益，增强人民群众的获得感、幸福感和安全感，而且还有利于维护国家法制的尊严与权威，促进《民法典》的效用落到实处。

第一节 适用效应关注

继承制度是关于自然人死亡后财富传承的基本制度[②]，具有非常重要的立法价值。因此，《民法典》中的继承立法并非仅是单纯的制度架构与模式选

---

① 中央全面依法治国委员会办公室：《中国共产党百年法治大事记（1921 年 7 月 – 2021 年 7 月）》，人民出版社、法律出版社 2022 年版，第 317 页。

② 参见王晨：《关于〈中华人民共和国民法典（草案）〉的说明》，载中国人大网 2020 年 5 月 22 日，http://www.npc.gov.cn/npc/c35181/202005/f2088c3131704978947b289827ccd7fc.shtml。

择，而是融合了理念、传统、希冀和情怀的价值抉择与利益博弈。[①]《民法典·继承编》的系统立法，承载了继承规范中伦理性和法理性的价值融通与人文观照。[②] 聚焦《民法典·继承编》的适用效应，不仅是对其功用价值能否满足民众继承需要的考量，也是探寻其引领和塑造社会继承风气与文化的内在价值实践。[③]

一、继承编适用概述

曼纽尔·康德曾说："我们不能指望一部由品德优良的人士制定的宪法必定是一部好宪法，反之，因为有了一部好的宪法，我们才能指望出现一个由品德良好的人士组成的社会。"[④]《宪法》尚是如此，《民法典》更应如此。"徒法不足以自行"，故《民法典》的实施不是终点，而是让它从纸面走向生活，彰显强大生命力的起点。关注《民法典·继承编》的适用，对于进一步维护家庭关系的和谐稳定，平等保护继承各方当事人的合法权益，促进社会发展与培育、践行社会主义核心价值观具有重要意义。

（一）继承编适用概览

"中国共产党和中国政府始终尊重和保障人权。"[⑤]《民法典·继承编》的司法适用，正是对涉及民众基本生存与人格尊严的社会主义法治建设的重要考量。[⑥] 社会的良性发展，促进了个人和家庭的财富积累，也使继承纠纷日益增多。"继承领域的权利协调与制度保障至关重要，而良好的制度设计不仅有助于促进个人的福祉，也促进公共福祉；不仅符合个人利益，也符合公共利益。"[⑦]

《民法典·继承编》以四章的体例，在延续原《继承法》中的切实可行的相关制度基础上，既对社会关切的继承诉求作出了回应，同时还深入结合社会主

---

① 参见王歌雅：《〈民法典·继承编〉：制度补益与规范精进》，载《求是学刊》2020年第1期。

② 参见王歌雅：《〈民法典·继承编〉：编纂争议与制度抉择》，载《法学论坛》2020年第1期。

③ 参见张岱年：《文化与价值》，新华出版社2004年版，第21页。

④ ［美］朗·富勒：《法律的道德性》，郑戈译，商务印书馆2005年版，第176页。

⑤ 《习近平致"2015·北京人权论坛"的贺信》，载中国政府网2015年9月16日，http://www.gov.cn/xinwen/2015-09/16/content_2932998.htm。

⑥ 参见王歌雅：《〈民法典·继承编〉立法研究》，黑龙江人民出版社2021年版，第116页。

⑦ 王歌雅：《论继承法的修正》，载《中国法学》2013年第6期。

义核心价值观与时代背景,形成了较为科学严谨、系统完善的继承立法设计,充分阐释了继承立法应有的人文观照与社会需要。最高人民法院也应民之所需、成民之所待,及时清理、修改并整合了相关继承司法解释,颁行了《继承编解释(一)》,进一步阐述了《民法典·继承编》的司法适用规则,推动了社会各界对《民法典·继承编》的理解和适用。

学术界、律师界等为更好地理解、适用《民法典·继承编》的各项制度与法律规范,纷纷开展了关于《民法典·继承编》的阐释、解读等活动,为其适用研究提供了学理与实务的双重智力支持。同时,《民法典·继承编》的司法适用研究,也获得了良好的理论储备和广泛的社会支持。

(二)继承编适用检视

自进入"民法典元年"以来,《民法典·继承编》就因其涉及人身与财产的双重属性,较为频繁地适用于人民法院的审判实务中。截至2022年10月1日,在中国裁判文书网中以"继承"为关键词,共检索出民事涉继承纠纷1,212,777件,其中,《民法典》实施后的继承纠纷371,923件,其主要案件类型分布如图1所示。上述检索表明,《民法典》实施后,继承纠纷案件数量较多且类型多样。

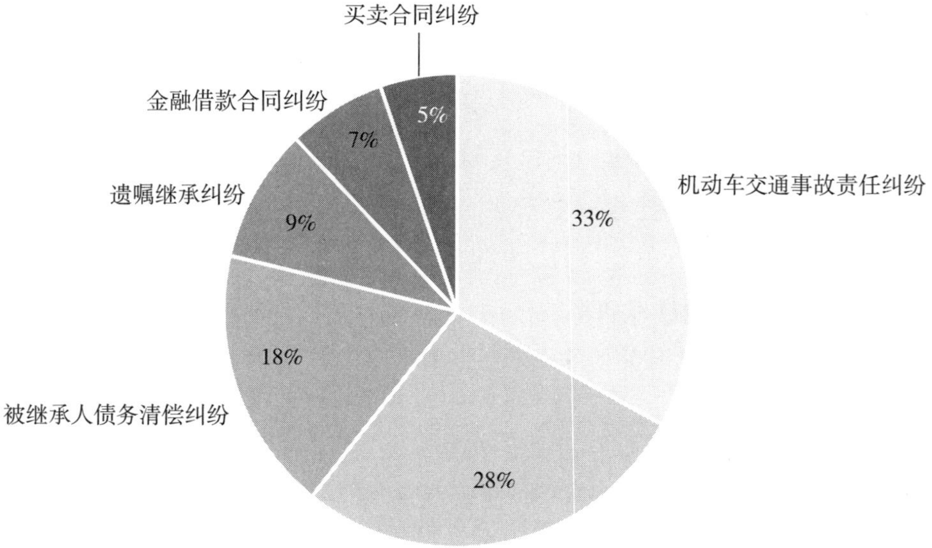

图1　民法典实施后涉继承案件类型分布

1. 继承案件类型

以最高人民法院公布的《民法典》实施两年来的“全国法院司法统计公报”① 数据为对象分析：

(1)横向比较发现,《民法典》实施两年以来,民事一审案件中婚姻家庭、继承案件共收案 3,533,637 件,结案 3,480,048 件,结收比约为 1∶1.02,案件数占民事案件总量的 12% 左右。其中继承纠纷收案 246,461 件,结案 240,135 件,结收比约为 1∶1.03,案件数占婚姻家庭、继承案件总量的 7% 左右。

(2)纵向比较发现,全国法院司法统计公报中共将继承案件分为三大类,即法定继承纠纷、遗嘱继承纠纷以及其他继承纠纷。2021 年三类继承纠纷案件数量较 2020 年均有所增加,继承案件总量增长 7795 件,其中“其他继承纠纷”增幅最为明显,同比增长 6.5%,占案件增长总数的 51%。涉及继承案件的具体类型统计,如图 2 所示。

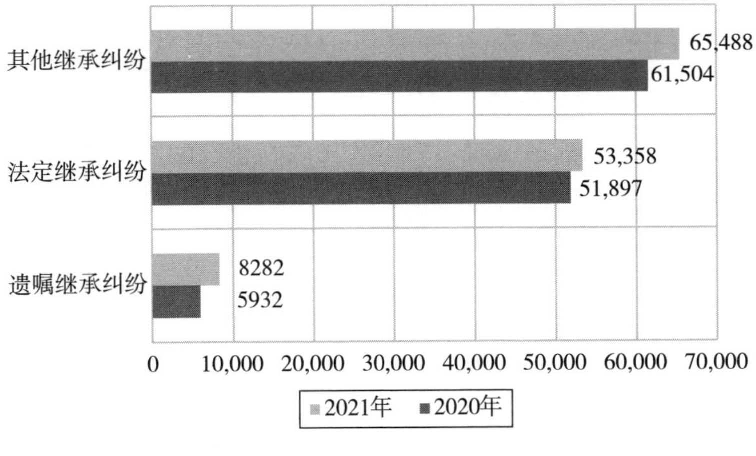

图 2　2020～2021 年全国司法统计公报:继承纠纷类型

2. 继承纠纷类型

通过上述两组数据分析可以看出,《民法典》颁布后,涉及《民法典·继承编》的司法适用案件不仅数量逐年增加,而且案件类型复杂。除司法实践中传统的继承纠纷类型(如法定继承纠纷、遗嘱继承纠纷)外,《民法典》实施后的继

① 参见最高人民法院公布《2020 年全国法院司法统计公报》《2021 年全国法院司法统计公报》,载最高人民法院官网,http://gongbao.court.gov.cn/ArticleList.html?serial_no = sftj。

承纠纷也多与合同、物权以及侵权等领域交叉。因此,《民法典·继承编》的司法适用,相较于其他诸编更具综合性、交叉性等特点。

3. 典型案例释法

习近平总书记在中共中央就“切实实施民法典”第二十次集体学习时强调:“民事案件同人民群众权益联系最直接最密切。各级司法机关要秉持公正司法,提高民事案件审判水平和效率。”①为实施好《民法典》,最高人民法院统一法律适用工作领导小组又提出了“扎实推进统一法律适用各项工作,确保严格公正司法,维护国家法制统一、尊严、权威,让人民群众切实感受到公平正义就在身边”②的司法适用要求。人民法院贯彻适用《民法典》的效应,体现于人民法院的审判水平和效率上,并通过一个个鲜活的案例所展现。而典型案例则是人民法院贯彻实施《民法典》最形象、最具体、最生动的写照。③ 因此,最高人民法院和地方各级人民法院纷纷公布理解和适用《民法典》的典型案例,以案释法,明确《民法典·继承编》的法律适用。

人民法院有关继承的典型案例,大多集中于《民法典·继承编》的新增制度。最高人民法院以《民法典》新设立的侄甥代位继承制度和遗产管理人制度的法律适用为典型,通过“小案件”讲述“大道理”,指引地方各级人民法院统一正确适用《民法典》。地方各级人民法院也积极贯彻最高人民法院有关《民法典·继承编》的司法适用要求。如广东省高级人民法院聚焦《民法典·继承编》增加的“打印遗嘱新形式”这一规定,通过具体案例来解释相关法律适用,为实践中的新遗嘱形式提供了司法适用依据;江西省高级人民法院将民政局作为遗产管理人处理被继承人债务的案例,作为适用《民法典》第1145条维护遗产债权人合法权益的典型案例予以公布;天津市高级人民法院则有针对性地将贯彻实施《民法典》的家事审判典型案例进行汇总公布,其中涉及《民法典·继承编》法律适用的案件占比过半,包含了新遗嘱形式、遗产管理人及代位继承人范

① 习近平:《习近平谈治国理政》(第4卷),外文出版社2022年版,第283~284页。

② 最高人民法院党组书记、院长、院统一法律适用工作领导小组组长周强,出席最高人民法院统一法律适用工作领导小组第一次会议暨裁判要旨梳理提炼部署会时的讲话,《周强:统一法律适用 严格公正司法 让人民群众切实感受到公平正义就在身边》,载中华人民共和国最高人民法院官网2022年1月26日,https://www.court.gov.cn/shenpan-xiangqing-343891.html。

③ 参见最高人民法院发布人民法院贯彻实施民法典典型案例(第一批),载中华人民共和国最高人民法院官网2022年2月25日,https://www.court.gov.cn/xinshidai-xiangqing-347191.html。

围等新规定，并对相关热点、难点的法律适用进行阐述。人民法院作为司法适用的主体，公布典型案例引导司法实践，不仅是严格规范公正文明执法的必然要求，也是提高司法公信力、维护《民法典》法律权威的有效手段。通过典型案例的展示，《民法典·继承编》新增规范的适用得到了明确，也为进一步深化其立法价值和制度内涵发挥了重要作用。

《民法典·继承编》的司法适用，进一步满足了人民群众对公平正义的新期待、新要求，也强化了人民法院的责任感和使命感。对《民法典·继承编》法律规范的正确适用和准确理解，将加快推进统一法律适用的工作改革任务，确保严格公正司法，维护人民合法权益，彰显法典法治力量。

二、继承编适用价值

《民法典·继承编》的颁布实施，解决了继承纠纷解决"有法可依"的问题，但"盖天下之事，不难于立法，而难于法之必行"①。贯彻好、实施好、适用好《民法典》，不仅可以使一个个看似冰冷的法律规范变得鲜活，也可以充分将人民群众对美好生活的新要求、新期待变为现实。列宁曾指出，继承的实质在于"无论私有制或遗产制，都是在各自分立的小家庭已经形成和交换关系已在开始发展的那个社会制度的范畴"②。因而，继承与社会制度、经济发展、家庭关系及个人财产之间都存在密不可分的关系。法律适用研究的目的，在于将主体所需求的法期待价值转化为可以满足主体现实需求的法现实价值。因此，无论是从《民法典·继承编》所涉及的多重社会关系的角度，还是从其背后所蕴含的法价值角度来探讨《民法典·继承编》的司法适用，均具有重要意义。

（一）宣传继承编的立法精神

《民法典》的颁布实施是中国特色社会主义法律体系达到新高度的重要标志。③《民法典》系统整合了中华人民共和国成立70多年来长期实践形成的民事法律规范，汲取了中华民族5000多年优秀法律文化，借鉴了人类法治文明建

① 习近平：《论坚持全面依法治国》，中央文献出版社2020年版，第154页。

② 《列宁全集》（第1卷），人民出版社1955年版，第133页。

③ 参见黄薇：《民法典的颁布实施是中国特色社会主义法律体系达到新高度的重要标志——写在民法典颁布两周年之际》，载全国人大网2022年6月17日，http://www.npc.gov.cn/npc/kgfb/202206/2b0e8d622d1642d097393832b2c4c0a4.shtml。

设有益成果，是一部充分体现我国社会主义性质、符合人民利益和愿望、顺应时代发展要求的民法典。[①] 研究《民法典·继承编》的适用，不仅有利于普及《民法典·继承编》的宣传教育，让纸面上的继承法律制度更加“接地气”，让继承法规范走到群众身边、走进群众心里；还可以引导群众认识到《民法典·继承编》既是保护自身继承权益的法典，也是全体社会成员均必须遵循的继承规范；更有助于阐释《民法典·继承编》有关维护继承秩序、人格尊严、促进家庭和谐的基本要求。

（二）践行社会主义核心价值观

经济发展促进了财富积累，引发了财产观念的转变，也使继承关系逐渐呈现复杂性和多样性的特点。党的十八大以来，党中央高度重视家庭文明建设，倡导努力使千千万万个家庭成为国家发展、民族进步、社会和谐的重要基点，推动形成爱国爱家、相亲相爱、向上向善、共建共享的社会主义家庭文明新风尚。习近平总书记也多次强调：“民法典实施得好，人民群众权益就会得到法律保障，人与人之间的交往活动就会更加有序，社会就会更加和谐。”[②]立法是法价值的表达和确定。[③] 因此，《民法典·继承编》并非仅规范单纯的遗产传承与财产接续，其也关系着千万家庭的和睦与发展，关系着民众的基本生存与人格尊严。[④] 研究《民法典·继承编》的司法适用，不仅是践行社会主义核心价值观、坚持以人民为中心的基本要求，更是切实保障社会公平正义和人民权利，维护人民群众继承权益，进一步促进平等、和睦、文明家庭关系的必然要求。

（三）彰显继承立法价值

萨维尼曾指出：“法律首先产生于习俗和人民的信仰，其次乃假手于法学。”[⑤]且一国的继承制度带有很强的固有法特色。[⑥] 基于继承的特质，《民法

① 参见习近平：《充分认识颁布实施民法典重大意义 依法更好保障人民合法权益》，载中华人民共和国中央人民政府网，http://www.gov.cn/xinwen/2020-06/15/content_5519578.htm。

② 中共中央党史和文献研究院编：《十九大以来重要文献选编》（中），中央文献出版社 2021 年版，第 584 页。

③ 参见杨震：《法价值哲学导论》，中国社会科学出版社 2004 年版，序言第 6 页。

④ 参见王歌雅：《〈民法典·继承编〉立法研究》，黑龙江人民出版社 2021 年版，第 116 页。

⑤ ［德］弗里德里希·卡尔·冯·萨维尼：《论立法与法学的当代使命》，许章润译，中国法制出版社 2001 年版，第 11 页。

⑥ 参见罗冠男：《我国继承制度中的价值取向和利益平衡》，载《法学杂志》2019 年第 10 期。

典·继承编》以满足民众的继承需要为目的,在体系设计与制度建构层面,充分体现了中国继承立法的价值特色。即法律与道德的兼容、关怀与资源的衡平、公平与正义的追求、私益与公益的兼顾。[①] 上述价值特色,较全面地展示了继承伦理特质所延伸出的法价值追求。而法的价值目标,则是法作为客体满足主体需要的终极追求,体现了主体对法价值的追求和企盼。[②] 研究继承编的适用,不仅可以充分彰显继承习俗中的养老育幼、和睦团结的伦理价值,促使继承关系当事人在尊重法治的前提下感受继承伦理规范,也有助于确立与传承继承领域中的公平公正秩序,进一步实现继承纠纷解决中的个人利益与公共利益的兼顾与衡平,进而实现《民法典·继承编》技术理性与价值理性的统一、权益保障与秩序稳定的实现、继承观念与继承文化引领的编纂价值追求。[③]

(四)引导家事司法的公平正义

"努力让人民群众在每一个司法案件中感受到公平正义",[④]是习近平总书记对人民法院工作的总要求。家事司法的公平正义不仅关系到个人,更关系到身份关系下的夫妻、子女、近亲属和家庭的各项利益。继承纠纷与财产相关,在司法审判中容易被财产中心主义思想过度渗透。因此,家事司法审判需要更加谨慎,以实现公平正义这一法治价值追求。法律的生命不在于逻辑,而在于经验。司法裁判对于国家、社会治理有着规则引领和价值导向的作用。[⑤] 研究《民法典·继承编》的司法适用,是检验人民法院是否遵循了法律规范和合理行使了自由裁量权的标准之一,其有助于引导各级人民法院牢固树立新时代正确司法理念,践行司法为民、公正司法的法律适用宗旨,充分发挥人民法院的司法职能作用,保障继承关系当事人的权益实现。贯彻实施《民法典·继承编》,将为实现公平、和谐、民主的继承司法提供路径支持,确保社会正气充盈、正义彰显。

(五)反思与完善继承立法

习近平总书记在《充分认识颁布实施民法典重大意义,依法更好保障人民

---

① 参见王歌雅:《〈民法典·继承编〉立法研究》,黑龙江人民出版社2021年版,第149页。

② 参见杨震:《法价值哲学导论》,中国社会科学出版社2004年版,第172页。

③ 参见王歌雅:《〈民法典·继承编〉:制度补益与规范精进》,载《求是学刊》2020年第1期。

④ 《中共中央关于全面推进依法治国若干重大问题的决定》,人民出版社2014年版,第20页。

⑤ 参见龙翼飞:《编纂民法典婚姻家庭编的法理思考与立法建议》,载《法制与社会发展》2020年第2期。

合法权益》一文中强调:“民法典的颁布实施并不意味着一劳永逸解决了民事法治建设的所有问题,仍然有许多问题需要在实践中检验、探索,还需要不断配套、补充、细化。”改革开放以来,我国民法理论研究和话语体系建设取得了明显成效,但同日新月异的民法实践相比还不完全适应。① 继承编的适用研究,可以帮助检验继承编立法的科学性与严谨性,促进继承编的规范性与适用性的融贯,及时回应民众的继承诉求与司法实践的迫切需要。因此,促进继承立法更加严谨、科学、规范与理性,离不开继承司法适用的研究。通过研究,立法机关可以动态掌握继承法律规范的适用分歧,研判完善继承立法或出台继承司法解释的必要性;而司法实践中积累的司法适用规则,也可为完善继承立法提供思路与经验,增进继承立法的合理性与可操作性,减少继承立法与司法适用之间的落差,以期实现公众的司法预期,促进我国继承立法的完善与发展。

第二节　适用热点聚焦

《民法典·继承编》的实施,使其体系设计、制度设计、规范设计的合理性、严谨性、科学性面临检验。② 聚焦《民法典·继承编》的适用热点,不仅有助于探寻继承法新规所承载的立法价值与希冀,同时也有助于彰显《民法典·继承编》制度设计的法治柔情。③

一、旁系血亲的代位继承权

代位继承旨在解决法定继承人先于被继承人死亡时,继承人的范围确定和遗产份额的分配问题,其法理基础和主要功能在于,维持被继承人家族各支脉之间的利益平衡,使各个支脉家庭能够相对公平地分配被继承人的遗产,不会

---

① 参见习近平:《充分认识颁布实施民法典重大意义 依法更好保障人民合法权益》,载中华人民共和国中央人民政府网,http://www.gov.cn/xinwen/2020-06/15/content_5519578.htm。

② 参见王歌雅:《〈民法典·继承编〉立法研究》,黑龙江人民出版社2021年版,第257页。

③ 参见王涵:《〈民法典颁布两周年〉系列报道③|法治柔情,推动家庭关系平等和谐》,载微信公众号“民主与法制周刊”2022年5月31日,https://mp.weixin.qq.com/s/y_H35fOjWDVTY39K5r_eOg。

因某一子女的死亡而使孙辈之间的继承利益发生失衡。[①] 原《继承法》第11条规定基于当时国情,考虑到每个家庭中的本支内人丁兴旺,有足够的人轮流照顾被继承人,同时为了防止本支系遗产流入他支,保护本支晚辈直系血亲的利益,严格限定了代位继承的范围。[②] 然而,基于人性本源的个人意志,被继承人更倾向于将一生积累的财富在家族内部进行传承,故在原《继承法》对代位继承范围予以严格限定的情形下,财产无人继承的现象大量出现,既有悖于代位继承的制度价值,违背了被继承人的真实意愿,也不利于对私有财产的保护。[③]

《民法典》第1128条在原《继承法》第11条规定的基础上,扩大了代位继承的范围,增加了"被继承人的兄弟姐妹先于被继承人死亡"的情形,实现了代位继承范围的实质性扩充。《继承编解释(一)》第14条在此基础上强调了"被继承人的孙子女、外孙子女、曾孙子女、外曾孙子女都可以代位继承,代位继承人不受辈数的限制"。同时其在第15条明确规定:"被继承人的养子女、已形成扶养关系的继子女的生子女可以代位继承;被继承人亲生子女的养子女可以代位继承;被继承人养子女的养子女可以代位继承;与被继承人已形成扶养关系的继子女的养子女也可以代位继承。"上述规定表明,《民法典》在深入考察中国社会现实的基础上,将立法与中华文化的人伦传统、社会人口结构紧密结合[④],对法定继承制度进行了系统全面的立法设计,扩大了代位继承的范围。同时,也保障了财产在家族中的流转,发挥了财产的抚养和赡养功能。[⑤]

(一)旁系血亲代位继承的适用要点

最高人民法院民法典贯彻实施工作领导小组,在其出版的《中华人民共和国民法典婚姻家庭编继承编理解与适用》一书中,明确了《民法典》第1128条的司法适用要求[⑥],即代位继承的被继承人、被代位继承人及代位继承人必须明确

---

① 参见陈甦、谢鸿飞主编:《民法典评注·继承编》,中国法制出版社2020年版,第66页。

② 参见最高人民法院民法典贯彻实施工作领导小组主编:《中华人民共和国民法典婚姻家庭编继承编理解与适用》,人民法院出版社2020年版,第533~534页。

③ 参见王歌雅、任江:《中华人民共和国继承法评注:法定继承》,厦门大学出版社2019年版,第120页。

④ 参见王丹:《民法典继承编修改的几个重点问题》,载《人民司法》2020年第22期。

⑤ 参见罗冠男:《我国继承制度中的价值取向和利益平衡》,载《法学杂志》2019年第10期。

⑥ 参见最高人民法院民法典贯彻实施工作领导小组主编:《中华人民共和国民法典婚姻家庭编继承编理解与适用》,人民法院出版社2020年版,第534~536页。

依据法条受到限制；被继承人的晚辈直系血亲与被继承人的兄弟姐妹的子女不能同时代位继承；被代位继承人生前必须享有继承权，如被代位继承人基于法定事由丧失继承权，则连带引起代位继承权的消失。[①] 上述适用要点明确了代位继承新规在司法适用中的基本要求，也为司法实践解决旁系血亲代位继承纠纷提供了指导。

（二）法典实施前：代位继承的司法实践

《民法典》颁布实施前，司法适用中关于“代位继承”的法律规范主要为《继承法》第 11 条和《继承法意见》第 28 条。以此为法律适用依据，并在中国裁判文书网以“代位继承”“代位继承人范围”为关键词进行检索，共检索出关联案例 362 个。[②] 在这些关联案例中，多数人民法院在审判中依据《继承法》和《继承法意见》的规定，严格限定代位继承人的范围，否认非在法定范围内的原告享有代位继承权，被继承人的遗产往往因代位继承人范围的限制，最终被认定为无主财产[③]，导致司法裁判结果与代位继承制度保护被继承人财富流转的初衷不符。

在“黄某甲与于某甲代位继承纠纷一案”[④]中，河北省涿州市人民法院为保障被代位继承遗产的合理继承，突破了适用限制，对“被继承人兄弟姐妹的子女”的代位继承权予以确认。

该案案情：被继承人黄一某生前未婚，无儿无女，于 2014 年去世。其兄妹三人，弟弟黄二某已于 2007 年去世，生育二子，长子黄某甲，次子黄某乙；妹妹黄三某已于 2003 年去世，生育一儿一女，儿子于某甲，女儿于某乙。被继承人黄一某生前有一处院落，2004 年经黄一某同意，被告于某甲将西房拆除，北房改

---

① 从这一限制看，司法适用中对代位继承权的定性采代位权说，因此并没有给被代位继承人丧失继承权或者放弃继承权情况留下代位继承的空间，所以继承人丧失继承权的，其晚辈直系血亲不能代位继承。但依据体系解释，该代位继承人生活有特殊困难又缺乏劳动能力或对被继承人尽赡养义务较多或与被继承人共同生活，法律并不绝对排斥其取得被继承人的财产，可以依据《民法典》第 1130 条和第 1131 条适当分给遗产。

② 本数据截至 2022 年 10 月 3 日。

③ 如闫某 1 与阎某、闫某 2 继承纠纷一案，天津市河东区人民法院（2020）津 0102 民初 408 号民事判决书；金某、隋某 1 继承纠纷一案，云南省曲靖市麒麟区人民法院（2020）云 0302 民再 5 号民事判决书；夏某、任某 1 等与任某 3 继承纠纷一案，山东省菏泽市牡丹区人民法院（2019）鲁 1702 民初 5193 号民事判决书等。

④ 河北省涿州市人民法院民事判决书，（2015）涿民初字第 1669 号。

建为鸡房，另建两排鸡房进行养鸡，黄一某随被告于某甲共同生活。黄一某去世后，黄某甲和于某甲因遗产继承问题发生分歧，诉至人民法院。

生效裁判认为，原、被告及第三人均系被继承人黄一某的亲属，依照法律均有代位继承权，第三人于某乙、黄某乙放弃各自应继承的份额，将该份额分别给予被告和原告，符合法律规定，人民法院予以认定……在对被继承人的遗产范围进行明确后，人民法院认为，被继承人黄一某在去世时未有证据留下遗嘱，其遗产应依法继承。被告于某甲对被继承人黄一某所尽赡养义务较多，依法可多继承遗产份额，根据《继承法》第 3 条、第 10 条、第 11 条、第 13 条规定，判决原告黄某甲继承（被继承人黄一某）诉争宅基内房屋一间，该宅基内其他房屋归被告于某甲所有。

从法律适用的角度而言，诉争双方均为被继承人兄弟姐妹的子女，依据原《继承法》第 11 条代位继承人应为"被继承人的子女的晚辈直系血亲"的范围限定，诉争双方均都不具备代位继承的权利。人民法院在裁判中对"原、被告及第三人均系被继承人黄一某的亲属，依照法律均有代位继承权"的认定有误。但从法律解释的角度而言，人民法院在裁判中对案涉旁系血亲代位继承权的确认，不仅符合被继承人希望遗产在血亲范围内向下传递的意愿，也能够与案件中原、被告与被继承人共同生活、承担赡养义务等事实相互印证。在法律效果上，人民法院的裁判避免了被继承人的遗产无人继受情况的发生，遵循了代位继承保障财产的归属和利用的制度本意，保障了继承关系中不同代际之间权利义务的公平正义。因而，人民法院针对"黄某甲与于某甲代位继承纠纷一案"的司法裁判，虽不符合法律规定，但也颇具合理性，作为代位继承制度司法适用中的"例外"，暴露了司法适用中代位继承人范围过窄的问题。

（三）法典实施后：代位继承的适用现状

《民法典》第 1128 条将"被继承人的兄弟姐妹的子女"纳入被代位继承人范围的规定，解决了法典实施前代位继承制度在司法实践中暴露出的代位继承人范围过窄的问题，也回应了民间继承习俗中对旁系血亲代位继承的立法诉求。

在中国裁判文书网以"《民法典》第 1128 条""代位继承"为关键词进行检索，共筛选出符合条件的司法适用案件 26 件[①]，经过对案件的梳理发现，除因涉

---

① 本数据截至 2022 年 10 月 3 日。

及法律溯及力而否认旁系血亲的代位继承权案件外[①]，人民法院对旁系血亲享有的代位继承权，均依据《民法典》第1128条进行了确认，保障了旁系血亲作为代位继承人的继承权利与利益，有利于被继承人遗产的合理流转，较好地实现了代位继承制度的立法本意。围绕《民法典》第1128条的司法实践，最高人民法院公布的“苏某甲诉李某田等法定继承纠纷案”和江苏省高级人民法院公报公布的“王某兵诉李某某、浙商财保惠民支公司机动车交通事故责任纠纷案”，均是旁系血亲代位继承权司法适用的典型。

1. 苏某甲诉李某田等法定继承纠纷案

“苏某甲诉李某田等法定继承纠纷案”[②]，引自最高人民法院公布的“人民法院贯彻实施民法典典型案例（第一批）”，案件聚焦侄甥代位继承。作为最高人民法院公布的贯彻实施《民法典》典型案例，“苏某甲诉李某田等法定继承纠纷一案”是人民法院适用《民法典》第1128条规定最形象、最具体、最生动的写照，其重要性以及法律适用的参考性不言而喻。

本案中的被继承人苏某泉于2018年3月死亡，其父母和妻子均先于其死亡，生前未生育和收养子女。苏某泉的姐姐苏某乙先于苏某泉死亡，苏某泉无其他兄弟姐妹。苏某甲系苏某乙的养女。李某田是苏某泉堂姐的儿子，李某禾是李某田的儿子。苏某泉生前未立遗嘱，也未签订遗赠扶养协议。上海市徐汇区华泾路某弄某号某室房屋的登记权利人为苏某泉、李某禾，即共同共有。苏某泉的梅花牌手表1块及钻戒1枚由李某田保管。苏某泉去世后，苏某甲向人民法院起诉，请求依法继承系争房屋中属于被继承人苏某泉的产权份额及梅花牌手表1块和钻戒1枚。

生效裁判认为，当事人一致确认苏某泉生前未订立遗嘱，也未订立遗赠扶养协议，故苏某泉的遗产应由其继承人按照法定继承办理。苏某甲系苏某泉姐姐苏某乙的养女，在苏某乙先于苏某泉死亡且苏某泉的遗产无人继承又无人受遗赠的情况下，适用《民法典》第1128条第2款和第3款规定，苏某甲有权作为苏某泉的法定继承人继承苏某泉的遗产。另外，李某田与苏某泉长期共同居

① 参见吴某1、蔡某1等继承纠纷一案，厦门市思明区人民法院（2021）闽0203民初12744号民事判决书。

② 参见人民法院贯彻实施民法典典型案例（第一批），载中华人民共和国最高人民法院官网2022年2月25日，https://www.court.gov.cn/zixun-xiangqing-347181.html。

住，苏某泉生病住院期间的护理事宜由李某田负责处理，费用由李某田代为支付，苏某泉的丧葬事宜也由李某田操办，相较苏某甲，李某田对苏某泉尽了更多的扶养义务，故李某田作为继承人以外对被继承人扶养较多的人，可以分得适当遗产且可多于苏某甲。对于苏某泉名下系争房屋的产权份额和梅花牌手表 1 块及钻戒 1 枚，法院考虑到有利于生产生活、便于执行的原则，判归李某田所有并由李某田向苏某甲给付房屋折价款人民币 60 万元。

作为最高人民法院司法适用的典型案例，上述案例不仅针对侄甥代位继承准确适用了《民法典》第 1128 条规定，也结合了《民法典》第 1131 条的遗产酌给规定。对继承人以外的对被继承人扶养较多的人适当分给遗产，体现了权利义务相一致的原则，弘扬了积极赡养老人的传统美德，体现了社会主义核心价值观。

2. 王某兵诉李某某、浙商财保惠民支公司机动车交通事故责任纠纷一案

“王某兵诉李某某、浙商财保惠民支公司机动车交通事故责任纠纷一案”[①]，系江苏省盐城市中级人民法院适用《民法典》审结的第一案，该案并非简单的继承纠纷，而是对《民法典》第 1128 条的类推适用。人民法院在裁判中，通过对死亡赔偿金的属性和价值分析，参照适用《民法典》第 1128 条规定，支持了被继承人的兄弟姐妹的子女要求赔偿死亡赔偿金的请求。该案例后被《江苏省高级人民法院公报》刊载，具有典型意义。

本案发生于 2019 年 12 月 29 日，被告李某某驾驶重型半挂牵引车与王某某驾驶的电动自行车相撞，致王某某死亡。本起事故经交警部门调查认定，双方各负事故的同等责任。被告李某某驾驶的重型半挂牵引车在浙商财保惠民支公司投保了交强险和 100 万元不计免赔的第三者责任保险，案涉事故发生在保险期限内。王某某生前无配偶、子女、孙子女、外孙子女，兄弟姐妹、父母、祖父母、外祖父母也均已去世。原告王某兵系王某某侄子，事故发生前王某某随王某兵一起居住，王某某去世后的丧葬事宜也由王某兵办理并支出相关费用。王某某因案涉事故死亡后，王某兵向人民法院提起诉讼，要求李某某以及浙商财保惠民支公司赔偿其因王某某死亡造成的丧葬费、误工费、交通费、死亡赔偿金

① 参见《江苏省高级人民法院公报》(2021) 参阅案例 14 号：王某兵诉李某某、浙商财保惠民支公司机动车交通事故责任纠纷一案，载《江苏省高级人民法院公报》2021 年第 4 期。

以及精神损害抚慰金等各项损失345,253元。

本案经历两次审理,一、二审法院的判决截然相反。一审法院审理认为,李某某驾驶的重型半挂牵引车与王某某驾驶的电动自行车发生交通事故,致王某某死亡,本起事故经交警部门依法认定双方负事故的同等责任,双方当事人对此未提出异议,应以此作为认定本案基本事实和划分双方责任的依据。本案的主要争议焦点是,王某兵作为赔偿权利人主体是否适格。根据《侵权责任法》第18条(现《民法典》第1181条)规定,被侵权人死亡的,其近亲属有权请求侵权人承担侵权责任。王某某与王某兵系叔侄关系,并非法律规定的近亲属,不属于法定的赔偿权利人,故王某兵无权要求李某某、浙商财保惠民支公司赔偿因王某某死亡产生的死亡赔偿金、精神损害抚慰金等损失。

王某兵不服一审判决,向盐城市中级人民法院提起上诉。二审法院对王某兵的赔偿权利人主体资格进行了认定。二审法院的认定分别从赔偿损失基本属性、遗产继承基本理念、双方关系以及公平正义的基本角度展开。

二审人民法院认为,首先,死亡赔偿金的属性决定了请求权主体范围应为家庭成员,我国立法及司法解释均采纳"继承丧失说",即受害人因人身损害死亡,家庭可预期的未来收入因此减少或丧失,将使家庭成员在财产上蒙受消极损失,家庭成员作为该消极损失蒙受主体可以作为请求权主体。其次,死亡赔偿金的物质财产属性决定其可以参照遗产分配处理。死亡赔偿金并非对生命权丧失的填补,而系对因侵害生命权所引起的亲属各种现实利益损失的赔偿,故死亡赔偿金在本质上是对收入损失的财产损害赔偿,而非精神损害赔偿,可以参照遗产分配处理规则,以尽量在可以继承被侵权人遗产的亲属中流转。最后,根据《民法典》第1128条规定,王某兵系适格的代位继承人。代位继承法律界定范围的不断扩大,是我国法律对死者财产应更多流转在血亲家族的基本人文关怀,有助于保障私有财产在血缘家族内部流转,进而倡导全社会形成尊老爱幼、重视亲情、养老送终的良好风尚。

本案中,王某兵作为王某某的侄子,向王某某提供生前居住场所,负责其死后丧葬事宜,与王某某存在一定的经济牵连、情感依赖关系。根据法律规定,王某兵有权代位继承王某某的相关遗产。在将死亡赔偿金参照遗产分配处理后,侵权人李某某及肇事车辆承保公司浙商财保惠民支公司,依法向死者代位继承亲属赔偿该项损失,符合中国社会老百姓的基本伦理道德认知和公平正义的司法理念。反之,则容易滋长"有损不赔""撞了白撞"等不良价值导向,与弘扬社会主义核心价值观相悖。综上,无论是从基于死亡赔偿金的法理属性、遗产代位继承法律规定看,还是从基本道德情理、私有财产的归属看,王某兵均有权向侵权人主张死亡赔偿金。

"王某兵诉李某某、浙商财保惠民支公司机动车交通事故责任纠纷一案",是对《民法典》第1128条的类推司法适用。人民法院在裁判中对旁系血亲的赔偿权利人主体资格的肯定,充分体现了《民法典·继承编》扩大代位继承人范围的立法价值,也弘扬了公平公正的社会主义核心价值观,有助于引导人们重视亲情,鼓励亲属间的相互扶助、养老育幼、共同守望。

旁系血亲代位继承权的规定,实现了继承立法和继承伦理的融合。就司法适用效果而言,《民法典》第1128条规定达到了保障私有财产在血缘家族内部流转、减少遗产无人继承的立法预期,同时也在司法适用过程中弘扬了社会主义核心价值观,促进了亲属关系的发展,实现了情、理、法的有机统一。

二、丧偶儿媳、女婿的继承权

丧偶的儿媳与公婆之间、丧偶的女婿与岳父母之间是否享有继承权,是家事立法较早面临的法律问题,也是学界争论的焦点问题。基于家庭生活现实,《最高人民法院关于贯彻执行民事政策法律若干问题的意见》(已失效)中,首次规定了丧偶儿媳、女婿的继承权及其条件。我国立法机关高度重视扶养关系在继承活动中的作用①,充分考虑到我国多数家庭的老人赡养需要及家庭供养需求,同时结合儿媳、女婿在丧偶后仍然继续赡养、照料公婆或岳父母的司法实践,通过原《继承法》第12条规定,将尽了主要赡养义务的丧偶的儿媳、女婿作为第一顺位继承人。这一规定凸显了权利和义务相一致原则,鼓励了丧偶的儿媳、女婿承担起赡养公婆或岳父母的责任,发扬了中华民族尊老、爱老、养老和相互扶助的优良传统②,发挥了家庭的养老职能,促进了精神文明建设。因此,原《继承法》第12条被认为是我国继承立法在法定继承规则中的一

① 参见最高人民法院民法典贯彻实施工作领导小组主编:《中华人民共和国民法典婚姻家庭编继承编理解与适用》,人民法院出版社2020年版,第539~540页。

② 参见于恩忠:《浅议丧偶儿媳和丧偶女婿的继承权》,载《政法论丛》1997年第6期。

个突出特色[①],反映了我国立法对扶养关系的侧重[②]。

“继承,在本质上仍然是以身份为前提的,在逻辑上仍旧秉持的是一种取向于身份的伦理逻辑而非取向于财产的市场逻辑。”[③]在《民法典·继承编》立法过程中,针对丧偶的儿媳、女婿存在的继承权身份问题,学界始终存在较多质疑,认为其缺乏理论上的正当性,建议不再将丧偶的儿媳、女婿作为第一顺序继承人,而是通过酌分请求权的方式进行保护。[④] 面对质疑,《民法典》第1129条延续了立法传统,明确规定:“丧偶儿媳对公婆,丧偶女婿对岳父母,尽了主要赡养义务的,作为第一顺序继承人。”尽管立法内容没有实质变化,但却践行了“弘扬社会主义核心价值观”的立法目的。[⑤]

家庭伦理的核心内涵在于构建以婚姻为纽带的亲属关系,在夫妻、亲子之间形成“家庭共同体”,鼓励夫妻、亲子之间相互支持,以共同体形式处理家庭事务,鼓励姻亲之间互相尊重、互相帮助、互相依存,丧偶的儿媳、女婿第一顺位法定继承人的地位正是这种理念的产物。[⑥] 因而,丧偶儿媳、女婿的继承权在司法适用中的效果如何,《民法典》第1129条规范的司法适用能否达到预期的立法效果等,均成为民众关注的热点。

(一)丧偶儿媳、女婿继承权的适用要点

丧偶儿媳、女婿继承权的司法适用,承载着《民法典·继承编》对权利与义务相一致的伦理追求。[⑦]《民法典》第1129条的规定,注重扶养关系与姻亲关系的结合[⑧],即丧偶儿媳、女婿享有“第一顺序继承权利”的同时,也应当“尽了主要赡养义务”。因此,《继承编解释(一)》第18条、第19条严格限定了适用条

① 参见任江:《民法典视角下的继承原则重构——兼评杨立新、杨震〈《中华人民共和国继承法》修正草案建议稿〉》,载《北方法学》2014年第6期。

② 参见陈英:《继承权本质的分析与展开》,载《法学杂志》2017年第6期。

③ 瞿灵敏:《丧偶儿媳、女婿继承权的法理基础与制度完善——兼评〈民法典继承编(草案)〉(第二次审议稿)第908条》,载《法制现代化研究》2019年第5期。

④ 参见杨立新:《民法典继承编草案修改要点》,载《中国法律评论》2019年第1期;梁慧星主编:《中国民法典草案建议稿附理由:继承编》,法律出版社2013年版,第38页等。

⑤ 参见陈甦、谢鸿飞主编:《民法典评注·继承编》,中国法制出版社2020年版,第73页。

⑥ 参见马新彦:《民法典家事财产法制的教育功能——以社会主义核心价值观为价值理念的研究》,载《当代法学》2020年第1期。

⑦ 参见王歌雅:《〈民法典·继承编〉立法研究》,黑龙江人民出版社2021年版,第67页。

⑧ 参见最高人民法院民法典贯彻实施工作领导小组主编:《中华人民共和国民法典婚姻家庭编继承编理解与适用》,人民法院出版社2020年版,第540页。

件：第一，丧偶儿媳、女婿享有继承权，是基于其对公婆、岳父母尽了主要的赡养义务。根据《继承编解释（一）》第 19 条规定，“提供主要经济来源”或在“劳务等方面给予了主要扶助”，是丧偶儿媳、女婿尽了主要赡养义务或主要扶养义务的认定标准。第二，《继承编解释（一）》第 18 条规定：“丧偶儿媳对公婆、丧偶女婿对岳父母，无论其是否再婚，依照《民法典》第一千一百二十九条规定作为第一顺序继承人时，不影响其子女代位继承。”因而，丧偶的儿媳、女婿的继承权不受其子女是否代位继承的限制，也不影响其子女的代位继承权，更不受其是否再婚影响。[①]

（二）丧偶儿媳、女婿继承权的适用样态

《民法典》第 1129 条司法适用的核心，在于是否“尽了主要赡养义务”，这是对司法裁判的重大考验。在中国裁判文书网以“丧偶儿媳继承”“丧偶女婿继承”进行检索发现，符合检索条件的继承纠纷共 2352 件[②]，其中涉及丧偶儿媳继承纠纷的案件较多，约占纠纷总数的 66%。其中，适用“《民法典》第 1129 条”进行裁判的案件 89 件。通过分析符合研究条件的案例发现，适用《民法典》第 1129 条规范进行裁判的案件，所涉纠纷类型较广，牵涉继承、合同等多个领域，具体案件类型分布如图 3 所示。

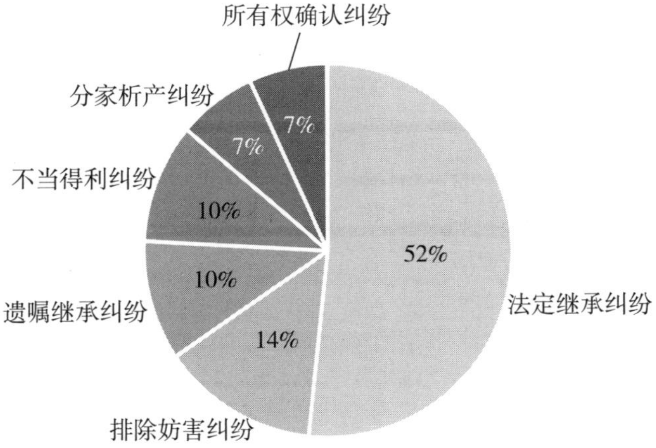

图 3　适用《民法典》第 1129 条裁判的案由分布

① 参见最高人民法院民法典贯彻实施工作领导小组主编：《中华人民共和国民法典婚姻家庭编继承编理解与适用》，人民法院出版社 2020 年版，第 540 页。

② 本数据截至 2022 年 10 月 3 日。

通过对案件的类型化梳理，总结出人民法院认定丧偶儿媳、女婿是否“尽了主要赡养义务”的裁判规则，主要论证角度如表1所示。

表1 人民法院认定“尽了主要赡养义务”的裁判规则

裁判规则	案件名称	裁判要旨
丧偶儿媳、女婿在经济上为老人提供了扶助、供养，老人主要依靠其提供的经济条件生活	袁某1、袁某2等法定继承纠纷一案①	人民法院经审查认为，袁某1申请再审提交邻居联名信，主张其母王某系被继承人陈某英夫妻的丧偶儿媳，王某对被继承人陈某英夫妻尽了主要赡养义务，王某应当享有继承权，应列王某为本案的当事人。人民法院认为，一、二审及在本案的调查中案外人王某认可袁某林、陈某英自2003年租房居住，王某未与袁某林、陈某英共同生活居住，其在再审期间提交的联名信不能证实王某对被继承人的生活提供了主要经济来源或在劳务等方面给予主要扶助，无法证实王某尽了主要赡养义务
对于没有生活来源或者其生活来源不足以维持其基本生活条件的老人来讲，不仅应当从生活上进行照料，而且在经济上也应给予生活费、医疗费等方面的资助	于某乙、于某丙与于某丁、姚某某法定继承纠纷一案②	本案对第三人姚某某是否尽到主要的赡养义务进行如下认定：依《民法典》第1129条和《继承编解释(一)》的相关规定，本案中，第三人姚某某主张其作为丧偶儿媳对婆婆郎某某尽了主要的赡养义务，但因为郎某某生前是自己一个人生活，经济上有退休工资，日常做饭、买东西均能够自理，故本院认为，其提供的证据仅能证实其对被继承人郎某某尽了赡养义务，但不能认定尽了主要的赡养义务。故对于第三人姚某某要求以丧偶儿媳作为第一顺序的继承人继承遗产，人民法院不予支持
为老人日常生活提供帮助，如共同生活，经常照料，为老人做饭、打扫卫生，在老人生病时送医院进行护理等	陈某等法定继承纠纷一案③	关于王某、吴某对陈某新是否尽了主要赡养义务。根据查明的事实，于某蒲去世后，陈某新与王某、陈某2共同生活居住，陈某新虽身体尚好，但王某作为家庭主妇，对陈某新照顾生活亦在情理之中。依照当地风俗，一般情况下，与老人共同生活、供养老人、为其送终，即视为子女对老人尽到主要赡养义务。据此，王某在婆婆于某蒲、丈夫陈某涛去世后20余年，与陈某新及其子陈某2共同居住生活，不仅在生活上精心照料，经济上也给予帮助，为其送终，应视为尽到主要赡养义务，可作为第一顺序继承人继承陈某新遗产

① 山东省泰安市中级人民法院民事裁定书，(2022)鲁09民申5号。

② 吉林省吉林市丰满区人民法院民事判决书，(2014)丰民一初字第159号。

③ 北京市密云区人民法院民事判决书，(2022)京0118民初572号。

续表

裁判规则	案件名称	裁判要旨
对老人的帮助具有长期性、经常性。如果只是偶尔给老人提供经济帮助、照顾老人生活、对老人进行看望、提供有限的劳务帮助等，只能视为对老人有过帮助，不能视为尽了主要赡养义务	宋某与潘某等遗嘱继承纠纷一案①	关于宋某是否可以作为法定继承人继承肖某1和贺某4的遗产，根据《民法典》第1129条规定，丧偶儿媳、女婿只有在尽到主要赡养义务时，才能获得第一顺位继承权。本案中，根据肖某1、贺某4的遗嘱，贺某1长年与其共同生活，且宋某亦自述在贺某6去世后，其只是去探望肖某1和贺某4，且在其配偶去世后，宋某有很长一段时间并未在国内生活，仅在肖某1和贺某4生病时前往探望，因此本案中的丧偶儿媳在丈夫去世后再婚出国，只是在回国和公婆生病期间探视和陪护，未尽到主要赡养义务，不能确定其对公婆的遗产享有继承权

由表1可知，《民法典》第1129条和《继承编解释(一)》第18条、第19条虽然抽象规定了“尽了主要赡养义务”，但人民法院在司法适用中已对其形成了相对全面、客观的裁判标准，同时能够结合案情及证据，对案涉的丧偶儿媳、女婿是否享有第一顺位继承权作出确认，较好解决了有关丧偶儿媳、女婿的继承权纠纷。以下两个案件，是对《民法典》第1129条规范的典型适用。

1. 孙某1、孙某2等继承纠纷一案

孙某1、孙某2等继承纠纷一案②，是人民法院适用《民法典》第1129条对丧偶儿媳、女婿是否享有第一顺位继承权确认的经典案例。通过裁判说理，人民法院阐述了丧偶儿媳、女婿继承权的司法适用内涵，并结合案情和证据，对案涉丧偶儿媳的继承权作出认定，彰显了司法公正。

本案案情：被继承人谷某某于2021年9月24日去世，其配偶孙某3于2018年10月27日去世。谷某某与孙某3共育有三个子女，长子孙某4、次子孙某1、长女孙某5。长子孙某4与郝某育有一女孙某2，孙某4于2017年11月10日死亡。谷某某生前在辽宁诚信公证处办理公证遗嘱，将自己名下的房产遗留给孙女、外孙女，但被继承人谷某某去世时，其名下仍留有银行存款，郝某主张在被继承人配偶去世后曾协助谷某某找保姆，其日常生活均由保姆照顾，保姆费由谷某某自行支付。在谷某某2021年5月重病到9月去世陪同其看病，住

① 北京市第一中级人民法院民事判决书，(2020)京01民终3372号。

② 辽宁省沈阳市中级人民法院民事判决书，(2021)辽01民终21100号。

院到去世17天的时间全程陪同,作为丧偶儿媳对谷某某尽到了主要的赡养义务,要求依法继承谷某某的遗产。

生效裁判认为,关于郝某是否有权作为本案第一顺位继承人参与继承,应依据《民法典》第1129条的规定。该项规定中,丧偶儿媳、丧偶女婿是否“尽了主要赡养义务”是决定其能否成为法定第一顺序继承人的关键。认定“尽了主要赡养义务”应当综合案件的各种具体情况加以准确判断。考虑的因素应当包括照顾的时间:应当具有长期性和经常性;照顾的方式:在生活上与老人共同生活、照料、侍候、洗衣、做饭、卫生打扫,生病期间给予精心护理,经济上扶助、供养等;照顾的程度:在老人最需要的时候,尤其是生病、无自理能力时给予关怀料理等。如果不能满足上述情形,又无其他证明尽到护理、医疗、丧葬等事项的票据等证据,则不构成“尽了主要赡养义务”。

本案中,郝某的丈夫孙某4于2017年11月10日死亡,被继承人谷某某丈夫孙某3于2018年10月27日去世,谷某某在丈夫去世后独自生活,雇佣保姆费用及医疗费均由自己支出,在谷某某去世前郝某曾带其到医院看病,住院17天曾进行护理,只能认定尽到了一般的赡养义务。从上述对于被继承人照顾的时间、方式、程度上看,均不能说明其尽到了主要赡养义务。综合上述分析,郝某未提交充分证据证明其尽到了丧偶儿媳对于公婆的主要赡养义务,不能确认其作为第一顺序继承人享有继承权。

关于该案,人民法院展示了其对“尽了主要赡养义务”认定的裁判逻辑。即在认定丧偶儿媳是否尽到主要赡养义务时,着重考量照顾的时间、方式、程度,根据不同状况下被赡养老人的需求不同综合进行裁判,既立足于案件事实,又兼顾权利和义务相一致的现代民法原则,顺乎人情,又符合法理,是对《民法典》第1129条司法裁判的准确适用。

2. 陈某等与马某3等法定继承纠纷一案

在陈某等与马某3等法定继承纠纷一案①中,人民法院在认定丧偶儿媳是否尽到“主要赡养义务”时,不仅充分依据丧偶儿媳与公婆共同居住的事实,同时还结合丧偶儿媳、女婿继承权制度的立法深意进行说理,通过裁判肯定了丧偶儿媳对公婆的赡养行为,弘扬了养老育幼的社会传统美德,是对社会主义核

① 北京市第二中级人民法院民事判决书,(2021)京02民终2025号。

心价值观的司法践行。

在该案中,马某5与田某某系夫妻,共生育子女三人,分别为马某2、马某3、马某6。马某6与陈某系夫妻,马某6生前,一家三口与马某5、田某某长期共同居住。马某6于2001年11月5日死亡,其去世后,陈某未再婚,并与马某5、田某某夫妇继续共同生活,马某5于2002年10月5日死亡,其死后,陈某仍与田某某共同生活,田某某生前患有抗中性粒细胞胞浆抗体相关性小血管炎、慢性肾功能不全、高血压、高脂血症、肾性贫血等疾病,陈某一直对田某某进行照料。田某某于2019年2月6日死亡。现陈某与马某2、马某3因继承纠纷诉至法院,要求人民法院对陈某的继承权依法确认。

生效裁判认为,本案争议焦点为陈某是否有权继承涉案房产。我国继承法对于丧偶儿媳或丧偶女婿可以继承被继承人之财产之制度设立,系为弘扬社会传统美德,鼓励丧偶儿媳或女婿赡养老人,增进家庭和睦。《继承编解释(一)》明确规定,对被继承人生活提供了主要经济来源,或在劳务等方面给予了主要扶助的,应当认定其尽了主要赡养义务或主要扶养义务。根据本案已查明事实,马某6去世后,陈某与马某5、田某某夫妇共同居住生活,马某5去世后,陈某继续与田某某共同居住生活长达近18年,同时田某某生前患有抗中性粒细胞胞浆抗体相关性小血管炎、慢性肾功能不全、高血压、高脂血症、肾性贫血等疾病,陈某在其生病期间给予精心护理,应当认定陈某对田某某尽了主要赡养义务,可以作为第一顺序继承人享有继承权。

陈某等与马某3等法定继承纠纷一案,体现了人民法院在司法裁判时,对丧偶儿媳、女婿继承权制度立法深意的坚守。人民法院通过《民法典》第1129条的适用以及对“尽了主要赡养义务”进行综合考察,确认了案涉丧偶儿媳继承权人的身份,保障了其对遗产的权利。

人民法院正确适用《民法典》第1129条和《继承编解释(一)》的相关规定,在个案中对“尽了主要赡养义务”的丧偶儿媳、女婿的继承权进行司法确认,不仅是对丧偶儿媳、女婿赡养行为的褒奖和对赡养费用的补偿,更是对丧偶儿媳、女婿与被继承人之间社会身份的一种认可,发挥了传统继承制度的社会功能和养老保障机能①,具有鲜明的中国特色。

① 参见王泽鉴:《中国民法的特色及解释适用》,载《法律适用》2020年第13期。

三、新增遗嘱形式的效力认定

随着人们权利意识的增强，自然人越来越重视对自己生前合法所有的财产的身后归属处分，遗嘱便是其最直接的意志表达。遗嘱处分制度的意义，在于通过赋予自然人自由处分其遗产的权利，充分尊重当事人处分自己财产的意志。[①] 继承立法也充分尊重当事人的意志，规定遗嘱继承优先于法定继承。基于遗嘱对遗产的直接处分效力，对遗嘱的形式要求就更加严格，以保证遗嘱的真实性，确保遗嘱体现的是遗嘱人处分自己死后遗产的真实意思。[②] 然而，《继承法》规定的遗嘱形式过于单一，没有充分考虑到民众的继承观念和继承习惯，也没有与时俱进对新形式的遗嘱及时补充。“法的发展的重心既不在于立法，也不在于法学或司法判决，而在社会本身。”[③]法律服务于社会生活，理应随着社会生活的发展需要而改变。遗嘱形式立法的缺陷引发了司法实践中对遗嘱形式的认定困扰，这一司法适用结果与遗嘱继承的立法本意有距离。

能否为民众提供必要充分的继承法律规范，是《民法典·继承编》编纂的价值取向之一。[④] 针对遗嘱形式的欠缺，《民法典》在编纂过程中充分考虑到目前手机、计算机、打印机的普及程度和多数人的使用习惯，在《民法典》第1136条和第1137条新增了打印和录像两种设立遗嘱的新形式，并明确规定了新增遗嘱形式的生效要件，即：“打印遗嘱应当有两个以上见证人在场见证。遗嘱人和见证人应当在遗嘱每一页签名，注明年、月、日。”“以录音录像形式立的遗嘱，应当有两个以上见证人在场见证。遗嘱人和见证人应当在录音录像中记录其姓名或者肖像，以及年、月、日。”《民法典》第1136条和第1137条的规定，既是对原《继承法》遗嘱形式的增补，也是《民法典》积极回应社会需要的表现，体现了《民法典》立法的时代特征。因此，聚焦新形式遗嘱的司法认定，检验《民法典》第1136条和第1137条的司法适用效果确有必要。

---

① 参见王丹：《民法典继承编修改的几个重点问题》，载《人民司法》2020年第22期。

② 参见杨立新：《自书遗嘱的形式要件与法律效力——对一起违反形式要件要求错误认定自书遗嘱效力的典型案件的分析》，载《法治研究》2014年第10期。

③ [奥]欧根·埃利希：《法社会学原理》，舒国滢译，中国大百科全书出版社2009年版，序言部分。

④ 参见王歌雅：《〈民法典·继承编〉立法研究》，黑龙江人民出版社2021年版，第78页。

（一）新增遗嘱形式的适用要点

关于新增遗嘱形式，《民法典》已通过第 1136 条和第 1137 条对打印和录像形式的遗嘱予以确认。因此，人民法院在司法适用中，应对这两种遗嘱形式进行效力认定，并应重点关注以下两点内容：第一，打印与录像行为不要求本人亲自完成①，但需要有两个以上见证人全程参与，见证人的资格和人数应严格遵循法律规定；第二，打印遗嘱的形式要件严苛，在判断打印遗嘱的效力时，应要求遗嘱人、见证人必须连续签名并署日期，否则会直接影响打印遗嘱的效力认定。②

（二）法典实施前：打印遗嘱的适用效果

在《民法典》颁行前，司法实务中就已经出现了多起因打印遗嘱、录像遗嘱所引发的继承纠纷，但由于当时的继承立法并没有规定打印和录像这两种遗嘱形式，所以人民法院在对这两种形式的遗嘱进行效力认定时容易引发分歧。以打印遗嘱为例，在中国裁判文书网以"打印遗嘱""继承"为关键词检索《民法典》颁行前的案件，共发现符合条件的案件 1120 件③，通过梳理案件裁判要点发现，人民法院在审理这类案件时，裁判思路有较大分歧，主要分为以下两种：一是认定打印遗嘱不符合法定的遗嘱形式，直接否认其效力。④ 二是将打印遗嘱通过制作人的不同，分为自书遗嘱和代书遗嘱进行裁判，即如果有证据证明该打印遗嘱是由遗嘱人本人书写并打印的，则将其作为自书遗嘱对待。⑤

在《民法典》明确规定打印遗嘱之前，司法实践中对打印遗嘱的性质和效力存在着的认定标准，尚未统一裁判标准，损害了司法权威。以孙某甲、孙某乙、

---

① 参见最高人民法院民法典贯彻实施工作领导小组主编：《中华人民共和国民法典婚姻家庭编继承编理解与适用》，人民法院出版社 2020 年版，第 572、576 页。

② 参见最高人民法院民法典贯彻实施工作领导小组主编：《中华人民共和国民法典婚姻家庭编继承编理解与适用》，人民法院出版社 2020 年版，第 571 页。

③ 本数据截至 2022 年 10 月 3 日。

④ 如郭某与田某、张某 1 法定继承纠纷一案民事判决书，北京市西城区人民法院，（2016）京 0102 民初 10481 号；王某 1、王某 2 继承纠纷一案民事判决书，辽宁省大连市中级人民法院，（2019）辽 02 民再 142 号；卜某等与张某 2 继承纠纷一案民事判决书，北京市第三中级人民法院，（2019）京 03 民终 11440 号等。

⑤ 如王某某等诉黄某某、付某某无日期记载遗嘱纠纷一案民事裁定书，浙江省高级人民法院（2008）浙民申字第 104 号；江某与麻某某的继承纠纷一案民事判决书，沈阳市中级人民法院（2015）沈中民一终字第 00284 号民事判决书等。

孙某丙与王某某继承纠纷一案为例,该案经历了一审、二审以及再审,人民法院对打印遗嘱的效力分别作出了不同的司法认定,反映了打印遗嘱效力的认定在司法适用中的混乱与分歧,如表2所示。

表2　孙某甲、孙某乙、孙某丙与王某某继承纠纷一案司法适用分歧

孙某甲、孙某乙、孙某丙与王某某继承纠纷一案	
一审裁判 (2012)鄂武昌民初字第00095号	"……孙某丁邀请两个无利害关系的见证人在医院病房将打印好的遗嘱交给两个见证人,由两个见证人在打印遗嘱上签名;虽然遗嘱由谁打印,不得而知;但两个见证人确认当时孙某丁神志清醒;因此,该打印遗嘱应该系被继承人孙某丁真实意思表示;而王某某无证据证明该打印属于《继承法》第22条规定的遗嘱无效情形;故孙某丁于2011年1月4日所立打印遗嘱有效……"
二审裁判 (2012)鄂武汉中民终字第00723号	"……孙某丁签名、日期为2011年1月4日的打印遗嘱,明显不是公证遗嘱、录音遗嘱或口头遗嘱;因不是孙某丁亲笔书写的,故不是自书遗嘱;因不是见证人代书的,故也不符合代书遗嘱的法定形式,故该份遗嘱不符合法定的遗嘱形式,应当认定为无效遗嘱……"
再审裁判 (2014)鄂监二抗再终字第00022号	"……遗嘱属于遗嘱人处分个人财产的单方民事法律行为。判定民事法律行为是否有效,主要看其是否违反了当事人的意思自治原则和违反了法律、法规的强制性规定。只有民事法律行为违反了当事人意思自治原则或违反了法律、法规的强制性规定的民事法律行为才能确定为无效的民事法律行为。虽然《继承法》第17条规定的自书遗嘱必须由遗嘱人亲笔书写,但该部法律的颁行是在二十世纪八十年代中期。当时电脑等信息技术并未普及,亲笔书写主要表现为笔墨手书,而科技发展到二十一世纪的今天,电脑打印已逐渐成了人们生活中的主要书写方式。书写方式的变化也影响着人们生活方式的改变,人们在生活中以电脑打印的方式立下遗嘱的情形普遍存在。无论是用电脑打印立下遗嘱,还是用笔墨手书立下遗嘱,只要是当事人的真实意思表示,且未违反法律、法规的强制性规定,都应当与时俱进地予以确认,不能因为书写方式的不同而轻易地否定打印遗嘱的有效性,况且《继承法》也未明确禁止采取打印的方式立遗嘱,而对普通公民而言法无禁止即允许。因此,不能简单地认为打印遗嘱不属《继承法》规定的自书遗嘱书写形式就认定打印遗嘱为无效遗嘱,应当结合遗嘱人的民事法律行为是否有效予以综合评定。 本案中,孙某丁所立的第二份遗嘱,虽然是打印的,但遗嘱上有其亲笔签名及手印,并注明了年月日,且系其亲手交给广州军区联勤部武昌武珞路干休所干部吴发春、陈宁两人,并要求两人以见证人的身份签名。吴发春、陈宁两人均向人民法院陈述,孙某丁让他们在见证人栏上签字时神志清醒。陈宁还陈述孙某丁当着见证人之面将打印遗嘱进行了部分修改。作为本案原告的王某某也认可打印遗嘱上的签名为孙某丁所签。因此,从上述证据的表现形式和孙某丁的行为上看,

续表

	人民法院认定第二份打印遗嘱确系孙某丁的真实意思表示。虽然王某某怀疑打印遗嘱内容的真实性,但未向人民法院提交充分的证据予以证明。根据谁主张谁举证的原则,王某某应当承担举证不能的法律后果。王某某认为两位见证人对立遗嘱的情形并不了解,其证言不能作为定案的依据,因两位见证人的证言符合《最高人民法院关于民事诉讼证据的若干规定》的规定,原审判决予以采信并无不当。因此,孙某丁生前所立的第二份打印遗嘱是其真实意思表示,未违反法律、法规的强制性规定,合法有效……"

《民法典》第1136条对打印遗嘱的形式进行了规定,回应了民众的继承立法需求,统一了司法认识,解决了司法实践中因打印遗嘱效力未置可否而引发的同案不同判问题,对统一打印遗嘱效力的司法裁判规则具有积极意义。

(三)法典实施后:遗嘱新增形式的适用现状

在中国裁判文书网上以"遗嘱继承"为关键词,检索《民法典》施行后的案件,共检索到相关民事案例27,821件①,进一步限定"遗嘱形式""效力"为关键词后,相关案例9659件,占案件总数的35%。由此发现司法实务中因遗嘱形式产生继承纠纷的数量不在少数。最后精确到"《民法典》第1136条""《民法典》第1137条",符合检索条件的案件共有29件,其中适用《民法典》第1136条规定裁决的案例占多数,共23件。通过对准确适用《民法典》第1136条和第1137条的29件案例进行梳理发现,《民法典》关于打印与录像遗嘱的规定,较好地解决了遗嘱继承纠纷,即人民法院在裁判过程中遵循法条文义、遵守适用规范;各级人民法院也通过公布典型案例的方式,展现了贯彻实施《民法典》的司法效果。

1. 打印遗嘱效力认定:李某诉黄某月遗赠纠纷案

"李某诉黄某月遗赠纠纷一案"②,是阳江法院公布的贯彻实施《民法典》的典型案例。其是对《民法典》第1136条规定的打印遗嘱的生效要件所作的较为圆满的司法适用阐释。

该案中,黄某浓与李某于2016年12月6日协议离婚,黄某月为黄某浓与前

① 本数据截至2022年10月3日。

② 参见阳江法院贯彻实施民法典典型案例,载阳江法院网2022年7月14日,http://www.gdyjfy.gov.cn/20220714-2141.html。

妻所生育子女。2018 年 6 月 30 日,黄某浓因病情危重住院治疗,其间由李某负责照料。2018 年 7 月 2 日,黄某浓联系律师蔡某和见证人陈某、张某到病房,请求蔡某为其代书遗嘱。蔡某按照黄某浓的意思外出打印遗嘱,陈某、张某在病房等候。2018 年 7 月 3 日,黄某浓经抢救无效死亡。李某因要求按遗嘱继承黄某浓全部财产,而与黄某月发生纠纷,并诉至法院。

生效裁判认为,李某并非黄某浓的法定继承人,故本案的争议焦点为涉案遗嘱是否合法有效。《民法典》第 1136 条规定,打印遗嘱应当有两个以上见证人在场见证,遗嘱人和见证人应当在遗嘱每一页上签名,注明年、月、日。涉案遗嘱由律师蔡某外出打印形成,陈某和张某未见证遗嘱录入电脑和经打印机打印出来的过程,不符合打印遗嘱的形式要求。另外,立遗嘱人黄某浓和见证人陈某、张某虽然都在涉案遗嘱上签名按指印,律师蔡某也在遗嘱上签名并盖上其所在律师事务所的印章,但所有人均没有注明年、月、日,该打印遗嘱欠缺法律规定的形式要件。综上,涉案遗嘱不符合打印遗嘱的法定形式要件,应属无效。一审法院驳回李某的诉讼请求,二审法院驳回上诉维持原判。

这一案件的判决,遵循了《民法典》对打印遗嘱形式的基本规定,使得普通民众通过打印形式订立遗嘱有法可依、有章可循。同时,严格的要式性是判断遗嘱效力必须坚守的原则。在本案中,涉案遗嘱不符合法律规定的形式,人民法院依法判定涉案遗嘱无效,有利于确保打印遗嘱的内容是立遗嘱人的真实意思表示,是对《民法典》第 1136 条司法适用遵循立法本意的体现。

2. 录像遗嘱效力认定:张某一诉赵某等继承纠纷案

"张某一诉赵某等继承纠纷一案"①,是天津高院发布的贯彻实施《民法典》家事审判的典型案例。这一典型案例主要围绕《民法典》第 1137 条所规定的录像遗嘱的效力进行司法适用,具有参考价值。

该案中,被继承人王某、张某生育张某一、张某二、张某三子女三人。王某、张某去世后,张某三随即去世,张某三应继承父母遗产的份额转由其妻子赵某及两个子女继承。张某住院期间,于 2019 年 10 月 31 日,将张某一、张某二、张某三及张某的两个弟弟叫到病房,由张某的两个弟弟作为见证人,经案外人录

① 参见天津高院发布贯彻实施民法典家事审判典型案例,载天津法院网 2021 年 11 月 4 日,https://tjfy.tjcourt.gov.cn/index.shtml。

像,张某口述表示将其名下的房产于过世后留给长女张某一,张某一根据该录像向法院起诉,要求继承张某名下的诉争房产。

生效裁判认为,经审查当事人提交的录像内容,录像现场有立遗嘱人张某及两个见证人的肖像,各方当事人均认可录制时间为 2019 年 10 月 31 日,可以确认录制时间和见证人身份,该录像符合《民法典》第 1137 条规定的录音录像遗嘱的形式要件,应为录音录像遗嘱。根据《时间效力规定》的相关规定,《民法典》施行前的法律事实引起的民事纠纷案件,当时的法律、司法解释没有规定而《民法典》有规定的,可以适用《民法典》的规定,但是明显减损当事人合法权益、增加当事人法定义务或者背离当事人合理预期的除外。录像遗嘱是《民法典》新规定的遗嘱形式,该遗嘱并不存在明显减损当事人合法权益等情形,故本案应适用《民法典》第 1137 条的规定。人民法院认定录像遗嘱有效,并在此基础上确认了张某一应继承的诉争房产份额。

"张某一诉赵某等继承纠纷一案"虽然发生在《民法典》施行前,但是人民法院在裁判过程中合理利用了《时间效力规定》中有关《民法典》溯及力的规定,从保护当事人合法权利、满足当事人合理预期的角度,确认本案可以依法适用《民法典》进行裁判。人民法院通过适用《民法典》第 1137 条的规定,肯定了录像遗嘱的形式,准确适用了录像遗嘱的生效要件,对案涉录像遗嘱的效力予以了认定。人民法院对"张某一诉赵某等继承纠纷一案"的司法裁判,灵活运用了《民法典》对新增遗嘱形式的规定,充分尊重了立遗嘱人的真实意愿,保障了案涉当事人的合法权益。

上述两件人民法院公布的典型案例,清晰地展示了人民法院对新增遗嘱形式的司法适用。人民法院对新增遗嘱形式的准确适用,最大限度地尊重了遗嘱人的内心真意,实现了法官的自由裁量权与当事人意思自治之间的价值调和。

四、遗产管理人的司法指定

《中共中央 国务院关于完善产权保护制度依法保护产权的意见》[①]中指

① 《中共中央 国务院关于完善产权保护制度依法保护产权的意见》(2016 年 11 月 4 日),载中华人民共和国中央人民政府网,http://www.gov.cn/xinwen/2016-11/27/content_5138533.htm?gs_ws=people_636159453811524341。

出："有恒产者有恒心，经济主体财产权的有效保障和实现是经济社会持续健康发展的基础。"社会的发展给公众带来了财富的累积，财产种类的日益复杂导致其所面临的风险也在不断增加。现代社会注重维护遗产债权人利益，因此国家规定遗产管理制度，已经成为继承制度的发展趋势之一。[①]《民法典》颁布前，基于国情和社会财富状况的考虑[②]，原《继承法》并未规定遗产管理人制度。但随着社会财富的急剧增长和人民生活的日渐富裕，围绕着遗产的保管、处分、管理、清算、清偿、分割等，形成了非常复杂的法律关系。[③] 遗产管理人制度的缺失，使被继承人的遗产自继承开始到遗产分割前，处于法律保护的真空地带。因缺乏对遗产分割的监管，导致继承人、债权人的正当权益极易遭受侵害[④]，遗产的安全与完整也无法获得保障。因此，民众对增设遗产管理人制度的立法需求越来越迫切，司法实践也亟待通过遗产管理人制度解决遗产纠纷。

回应继承关切、保障继承利益，是《民法典·继承编》功用价值的实现路径，这既是满足继承需要的前提，也是完善继承立法的基础。[⑤]《民法典·继承编》在遗产的处理规则中新增了遗产管理人制度，是继承编最大的亮点之一。[⑥]《民法典》通过第 1145～1149 条，全面规定了遗产管理人制度，实现了遗产管理的制度化与体系化。由专门的遗产管理人对遗产进行管理，有助于准确查明遗产范围，提高遗产分配的效率，从而减少继承中的纠纷数量。[⑦] 在避免遗产毁损、保证遗产安全的同时，遵循了权利与义务相统一的原则。[⑧]

遗产管理制度能否取得良好的实施效果，取决于遗产管理人的选任是否科

---

① 参见陈苇主编：《外国继承法比较与中国民法典继承编制定研究》，北京大学出版社 2011 年版，第 42 页。

② 20 世纪 80 年代制定继承法时，我国社会生产力比较落后，自然人的个人财富数量有限，绝大多数家庭没有太多的私人财产，导致无论是自然人死亡时能遗留的财产，还是个人生前能够形成的债权债务关系，都非常有限。因此从继承开始到遗产分割之间的过程，不会过于复杂和漫长，不需要专业的遗产管理人。参见王丹：《民法典继承编修改的几个重点问题》，载《人民司法》2020 年第 22 期。

③ 参见陈甦、谢鸿飞：《民法典评注·继承编》，中国法制出版社 2020 年版，第 216 页。

④ 参见汪洋：《遗产债务的类型与清偿顺序》，载《法学》2018 年第 12 期。

⑤ 参见王歌雅：《〈民法典·继承编〉：编纂争议与制度抉择》，载《法学论坛》2020 年第 1 期。

⑥ 参见张鸣起：《民法典分编的编纂》，载《中国法学》2020 年第 3 期。

⑦ 参见王丹：《民法典继承编修改的几个重点问题》，载《人民司法》2020 年第 22 期。

⑧ 参见王歌雅：《〈民法典·继承编〉：制度补益与规范精进》，载《求是学刊》2020 年第 1 期。

学合理。[①]《民法典》第 1145 条虽然规定了确定遗产管理人的途径，但并不意味着当事人即能通过《民法典》第 1145 条规定的方式有效确定最终的遗产管理人。当出现法定程序无法确定或者当事人对遗产管理人的确定存在争议时，需要人民法院对遗产管理人进行司法指定。《民法典》第 1146 条规定："对遗产管理人的确定有争议的，利害关系人可以向人民法院申请指定遗产管理人。"该规定的目的，在于最大程度发挥人民法院公平公正、定分止争的作用，通过确定最适合的遗产管理人，为后续遗产管理人尽职负责继承事项，妥善解决继承矛盾打下基础。因此，《民法典》第 1146 条的司法适用，直观展现着人民法院在指定遗产管理人案件时的裁判质量，并成为社会关注的焦点。

（一）遗产管理人司法指定的适用要点

《民法典》第 1146 条是确定遗产管理人的兜底规定。因此，在司法适用逻辑上，《民法典》第 1146 条具有以下特点：一是被动性。人民法院依利害关系人申请对遗产管理人进行司法指定。二是后置性。申请遗产管理人的司法指定前提是"对遗产管理人的确定有争议的"，而遗产管理人的一般确定规则依据的是《民法典》第 1145 条，因此《民法典》第 1146 条的司法适用具有后置性。三是特殊性。遗产管理人的确定在性质上并不属于普通民事权益争议，因此，人民法院对《民法典》第 1146 条的司法适用应参照民事诉讼中的"特别程序"审理。四是终局性。人民法院对遗产管理人的司法指定具有一审终审的终局效力。五是原则性。人民法院指定遗产管理人应当"秉承着有利于遗产保护的原则，以及维护继承人、遗产债权人利益的原则，结合具体实际情况，选任合适的遗产管理人"[②]。

（二）遗产管理人司法指定的适用现状

以"遗产管理人""指定"作为关键词在中国裁判文书网上进行检索，符合搜索条件的案件 129 件，以"《民法典》第 1146 条"精确检索后，符合搜索条件的案件 18 件。[③] 对这 18 件案件进行类型化梳理后，可以把握人民法院关于指定

---

① 参见最高人民法院民法典贯彻实施工作领导小组主编：《中华人民共和国民法典婚姻家庭编继承编理解与适用》，人民法院出版社 2020 年版，第 622 页。

② 最高人民法院民法典贯彻实施工作领导小组主编：《中华人民共和国民法典婚姻家庭编继承编理解与适用》，人民法院出版社 2020 年版，第 622 页。

③ 本数据截至 2022 年 10 月 3 日。

遗产管理人的裁判规则。

1. 司法指定遗产管理人一般规则的类型分析

通过对适用《民法典》第1146条的案件进行类型化梳理后，可以将司法裁判指定遗产管理人的一般规则分解为以下三个步骤：第一，案件申请人有指定的遗产管理人时，人民法院依据案件事实及证据，可以对申请人指定的遗产管理人予以确认；第二，申请人没有指定的遗产管理人时，人民法院以《民法典》第1145条规定的程序为基础，结合案情确定最有利于遗产保护的遗产管理人；第三，在遗产范围尚未确定时，暂不指定遗产管理人。司法裁判指定遗产管理人的一般规则，可以通过表3进行类型化分析。

表3　指定遗产管理人的司法裁判类型

案件名称	案件简述	裁判要旨	裁判规则
马某与重庆市云阳县民政局申请指定遗产管理人一案①	申请人马某是颜某的债权人，颜某2020年7月19日因事故死亡。颜某生前找申请人借款后一直未予偿还，申请人诉至法院，云阳县人民法院作出（2021）渝0235民初4680号民事判决书，该判决生效后，马某申请执行以颜某的遗产偿还借款。颜某第一、第二顺序继承人均放弃继承权利。申请人申请人民法院执行时无遗产管理人。依法申请人民法院指定云阳县民政局担任颜某的遗产管理人	颜某于《民法典》施行前死亡，但适用《民法典》的规定，能够更加妥善地处理遗产、解决遗产争议、维护债权人的合法权益。因此，本案适用有关遗产管理人的规定。申请人马某作为债权人就颜某生前所欠债务起诉，经人民法院判决偿还，是法律规定的利害关系人，有权向人民法院申请指定颜某的遗产管理人。颜某作为城镇居民，且继承编规定的继承人均已放弃继承权利。其生前住所地的民政部门承担社会救济、社会福利事业、社区服务等工作职责，相对比较了解辖区内公民的家庭关系、财产状况，有能力担任遗产管理人且权威性高。现马某申请依法指定重庆市云阳县民政局为颜某的遗产管理人，符合法律规定，应予支持	继承人放弃权利、无继承人②、被申请人同意时③，依申请人申请指定

① 重庆市云阳县人民法院民事判决书，(2021)渝0235民特951号。

② 详见潘某某与重庆市万州区民政局申请指定遗产管理人一案，重庆市万州区人民法院(2021)渝0101民特847号民事判决书等。

③ 详见赵某某、赵某等申请指定遗产管理人一案，陕西省澄城县人民法院(2022)陕0525民特3号民事判决书等。

续表

案件名称	案件简述	裁判要旨	裁判规则
铜川印台恒通村镇银行股份有限公司申请指定遗产管理人一案①	申请人恒通村镇银行与党某签订《个人借款合同》，约定借款金额为9.5万元，同日，双方签订《最高额抵押合同》，为该笔借款提供抵押担保，并办理抵押权登记。后党某因病去世，其欠款一直未还，党某的合法继承人现下落不明。申请人恒通村镇银行申请人民法院指定遗产管理人	没有继承人或者继承人下落不明的，利害关系人可以向人民法院起诉，申请指定遗产管理人。本案中，申请人作为债权人及抵押权人，与本案有利害关系，为实现其权利，有权向人民法院申请指定遗产管理人。在继承人下落不明时，人民法院参照没有继承人或者继承人均放弃继承的情形，指定由被继承人生前住所地的民政部门担任遗产管理人	继承人下落不明时，参照无继承人、继承人放弃权利时指定遗产管理人
郭某1、郭某2等继承纠纷一案②	被继承人陆某某于2021年因病去世。留下自书材料一份，但该材料并未对遗产进行处理。原告与被告均系陆某某第一顺序合法继承人。现原告向人民法院请求与被告共同管理被继承人陆某某的遗产，并要求被告向原告报告被继承人的遗产情况	由人民法院指定遗产管理人一般是指在遗产范围明确的情况下，在继承人对于由谁担任遗产管理人存在不同意见无法达成一致，且由利害关系人向人民法院提出申请指定的情形。本案中，被继承人陆某某去世后，未有合法有效遗嘱，本案当事人对被继承人的遗产均享有继承权，现当事人对于遗产管理人的确定存在争议，遗产范围亦未完全明确。人民法院在法律文书中不宜对权利义务主体、给付内容尚不明确的申请事项作出实体判决。故本案原告诉求其与三被告共同管理被继承人的遗产并报告遗产情况，理据不足，不予支持	遗产范围尚未完全明确、申请人与被申请人存在遗产诉讼且尚未处置完毕时③，不指定遗产管理人

由上述类型分析可以看出，人民法院在指定遗产管理人的裁判中，遵循《民法典》第1146条规定的司法适用程序，并结合个案进行遗产管理人的指定，不仅实现了遗产管理人制度的立法本意，也充分发挥了人民法院定分止争的司法功能。

① 陕西省铜川市印台区人民法院民事判决书，(2021)陕0203民特4号。

② 河北省沧州市中级人民法院民事判决书，(2021)冀09民终7520号。

③ 详见徐某某与杨某1、杨某2等申请指定遗产管理人一案，上海市嘉定区人民法院(2021)沪0114民特171号民事判决书。

2. 特殊个案规则:竞标确定遗产管理人

在一般规则以外,如果案件存在多名继承人争当遗产管理人的,则需具体案件具体分析,以确定特殊个案规则。最高人民法院公布的“欧某士申请指定遗产管理人一案”[①]就是对《民法典》第1146条规定在特殊个案中的司法适用,该案的典型意义在于:当继承人对遗产管理人有不同意见时,人民法院从最有利于遗产保护的原则出发,巧用《民法典》新创设的遗产管理人制度,创造性地在可查明的继承人中引入管养房屋方案“竞标”方式,令争当遗产管理人的各继承人分别阐述管理遗产的有利条件、能力水平和具体方案,从而确认具有管养维护遗产——房屋优势条件的部分继承人担任侨房遗产管理人,妥善解决了涉侨祖宅的管养维护问题。

案件案情:厦门市思明区某处房屋原业主为魏姜氏(19世纪生人)。魏姜氏育有三女一子,该四支继承人各自向下已经延嗣到第五代,但其中儿子一支无任何可查信息,幼女一支散落海外情况不明,仅长女和次女两支部分继承人居住在境内。因继承人无法穷尽查明,长女和次女两支继承人曾历经两代、长达十年的继承诉讼,仍未能顺利实现继承析产。《民法典》实施后,长女一支继承人以欧某士为代表提出,可由生活在境内的可查明信息的两支继承人共同管理祖宅;次女一支继承人则提出,遗产房屋不具有共同管理的条件,应由现实际居住在境内且别无住处的次女一支继承人中的陈某萍和陈某芬担任遗产管理人。

生效裁判认为,侨乡涉侨房产因年代久远、继承人散落海外往往析产确权困难,存在管养维护责任长期处于搁置或争议状态的窘境,不少历史风貌建筑因此而残破贬损。魏姜氏遗产的多名继承人目前下落不明、信息不明,遗产房屋将在较长时间内不能明确所有权人,其管养维护责任可能长期无法得到有效落实,确有必要在析产分割条件成就前尽快依法确定管理责任人。而魏姜氏生前未留有遗嘱,未指定其遗嘱执行人或遗产管理人,在案各继承人之间就遗产管理问题又分歧巨大、未能协商达成一致意见,故当秉承最有利于遗产保护、管理、债权债务清理的原则,在综合考虑被继承人内心意愿、各继承人与被继承人亲疏远近关系、各继承人管理保护遗产的能力水平等方面因素,确定案涉遗产

① 人民法院贯彻实施民法典典型案例(第一批),载中华人民共和国最高人民法院官网2022年2月25日,https://www.court.gov.cn/zixun-xiangqing-347181.html。

房屋的合适管理人。次女魏某燕一支在魏姜氏生前尽到主要赡养义务，与产权人关系较为亲近，且历代长期居住在遗产房屋内并曾主持危房改造，与遗产房屋有更深的历史情感联系，对周边人居环境更为熟悉，更有实际能力履行管养维护职责，更有能力清理遗产上可能存在的债权债务；长女魏某静一支可查后人现均居住漳州市，客观上无法对房屋尽到充分、周到的管养维护责任。故由魏某静一支继承人跨市管理案涉遗产房屋暂不具备客观条件；魏某燕一支继承人能够协商支持由陈某萍、陈某芬共同管理案涉遗产房屋，符合遗产效用最大化原则。因此，判决指定陈某萍、陈某芬为魏姜氏房屋的遗产管理人。

“欧某士申请指定遗产管理人一案”作为最高人民法院公布的典型案例，是《民法典》第1146条规定适用于特殊个案裁决的生动阐释。人民法院对案涉遗产管理人的司法指定，不仅充分彰显了《民法典》以人为本、物尽其用的价值追求，同时也为侨乡历史建筑的司法保护开创了一条全新路径。

上述两类裁判规则及案例，较为完整地展示了人民法院对《民法典》第1146条司法适用的现状。作为《民法典》的新增规范，人民法院在指定遗产管理人时，不仅严格依据法典规定，同时始终秉承着最有利于遗产保护的原则，从能力水平、与被继承人的亲疏关系程度、公信力等方面综合确定遗产管理人。人民法院对《民法典》第1146条灵活准确的司法适用，不仅公平、有序地实现了遗产管理人的确定，还保障了遗产的完整性和安全性，充分彰显了遗产管理人司法指定的立法价值。

第三节　适用难点研析

“民法既是行为法，又是裁判法。它在司法实践中，作为裁判，功能作用重大。”[①]研究《民法典》的司法适用，不仅是对科学立法、民主立法、依法立法的生动实践，同时也有助于进一步阐释《民法典·继承编》的新规定、新概念、新精神。“法与时转则治。”[②]随着经济社会不断发展、经济社会生活中各种利益关系不断变化，《民法典》在实施过程中必然会遇到一些新情况、新问题。新冠肺

① 王利明：《法学方法论：以民法适用为视角》，中国人民大学出版社2021年版，第47页。

② 《韩非子·心度》

炎疫情防控的实践表明,新技术、新产业、新业态和人们新的工作方式、交往方式、生活方式不断涌现,不仅给民事立法提出了新课题,也给民事司法提出了新挑战。要坚持问题导向,适应社会发展进步新需要,在新的司法实践基础上推动《民法典》不断完善和发展。

一、虚拟财产继承的司法确定

2022 年 8 月 31 日,中国互联网络信息中心(CNNIC)发布——第 50 次《中国互联网络发展状况统计报告》[①],报告显示:“截至 2022 年 6 月,我国网民规模为 10.51 亿,互联网普及率达 74.4%。我国网民规模持续稳定增长,较 2021 年 12 月,新增网民 1919 万;互联网应用也在持续发展,短视频的用户规模增长最为明显,达 9.62 亿,较 2021 年 12 月增长 2805 万,占网民整体的 91.5%。互联网普及率较 2021 年 12 月提升 1.4 个百分点……”随着互联网的高速发展,信息革命不断深入,网络化、数字化、智能化快速融合发展,公众进入了数字时代。由于网络的便利,加上新冠肺炎疫情等不可抗力因素的影响,公众开始频繁借助互联网开展自己的社会活动,如进行线上办公、网上交易以及其他社会交往活动,网络逐渐成为人们社会生活中的重要场所,网络虚拟财产的经济和社会价值,也得到了越发广泛的社会认同。

随着虚拟财产的快速发展与完善,因虚拟财产而引发的纠纷在司法实务中逐渐显现,“李某某诉北京北极冰科技发展有限公司娱乐服务合同纠纷一案”[②]作为“国内首例虚拟财产纠纷案”,反映出公众对虚拟财产维权意识的觉醒。人们开始逐渐意识到网络虚拟财产的价值,并试图通过司法途径保护自己的网络虚拟财产。而人民法院在对“李某某诉北京北极冰科技发展有限公司娱乐服务合同纠纷一案”的司法裁判并不拘泥于法条规定,充分发挥了司法能动性。即认为:“虚拟财产虽然是无形的,且存在于特殊的网络环境中,但并不影响其作为无形财产的一种,理应获得法律上的适当评价和救济。”故依法对案涉虚拟财

---

① 《第 50 次〈中国互联网络发展状况统计报告〉发布》,载中华人民共和国中央人民政府网,http://www.gov.cn/xinwen/2022-09/01/content_5707695.htm。

② 案件详情参见北京市朝阳区人民法院:《首例连连看|首例网络虚拟财产纠纷案——李某某诉北极冰公司娱乐服务合同纠纷案》,载微信公众号“朝阳法苑”2017 年 9 月 19 日,https://mp.weixin.qq.com/s/hAXmFgF3scSVCp1QSmaUUg。

产的价值以及当事人的损害予以了确定。

在“李某某诉北京北极冰科技发展有限公司娱乐服务合同纠纷一案”之后，虚拟财产的价值不断通过司法实践获得确认，实务中涉及虚拟财产的纠纷数量日趋增多，类型也逐渐丰富。其中，虚拟财产的继承问题，因“QQ 号继承案”①和“淘宝店铺继承案”②中的虚拟财产无法被继承而引起热议。“QQ 号继承案”中，当事人要求继承亲属 QQ 号，腾讯公司以“QQ 号码所有权归腾讯，用户只有使用权，不属于遗产继承范畴”予以拒绝。“淘宝店铺继承案”中的淘宝网称：“对于遗产归属转移问题，淘宝网遵循司法部门的判定，只要继承人根据司法部门要求提供相应的材料即可继续经营网店。”细究这两个案件发现，虚拟财产之所以无法被继承原因均在于“法无规定”。既然“虚拟财产应受法律调整和保护”这一结论已经形成共识③，其理应获得继承立法的保护。但是《继承法》第 3 条对遗产范围的规定，采取的是例示主义立法例④，排除了虚拟财产作为遗产适用继承法保护的可能性，虚拟财产的继承保护难以实现。

针对司法实践越来越多的虚拟财产纠纷和审判需求，《民法典》第 127 条规定：“法律对数据、网络虚拟财产的保护有规定的，依照其规定。”该规定明确了我国立法对虚拟财产的民事保护。《民法典·继承编》也顺应财产形式的更新与转化，对遗产范围的规定采取了概括主义立法例，即《民法典》第 1122 条规定：“遗产是自然人死亡时遗留的个人合法财产。依照法律规定或者根据其性质不得继承的遗产，不得继承。”这一规定的变化，不仅是立法技术的优化，更是立法理念的转变。⑤ 根据《民法典》第 1122 条规定，同时结合《民法典》第 127

---

① 2011 年，市民王女士的丈夫徐先生不幸在车祸中丧生。徐先生的 QQ 邮箱中保存了两人的大量照片和信件，王女士想要整理和留存这些珍贵的资料，并且保留丈夫的 QQ 号码。然而，在没有登录密码的情况下，王女士只能求助腾讯公司。但是经过一番交涉之后腾讯方面却称：QQ 号码所有权归腾讯，用户只有使用权，不属于遗产继承范畴。参见《索要去世男友 QQ 资料遇阻，是否立法保护数字遗产有争议》，载搜狐网，https://news.sina.com.cn/o/2010-04-26/114517427121s.shtml。

② 2012 年 7 月 6 日，淘宝店主因过度劳累去世，在她去世后，其亲友希望继承店主生前创办的虚拟店铺，而淘宝网以“店铺只有在法律规定或法律文书裁定且淘宝网同意的情况下才能被继承”为由，予以拒绝。参见《24 岁女店主“过劳死”　老公试图继承网店遭淘宝拒绝》，载中国日报网，http://www.chinadaily.com.cn/dfpd/shehui/2012-08/21/content_15691385.htm。

③ 参见申晨：《虚拟财产规则的路径重构》，载《法学家》2016 年第 1 期。

④ 参见王歌雅：《〈民法典·继承编〉立法研究》，黑龙江人民出版社 2021 年版，第 136 页。

⑤ 参见王歌雅：《〈民法典·继承编〉立法研究》，黑龙江人民出版社 2021 年版，第 136 页。

条规定，对虚拟财产的继承可以进行体系解释，即虚拟财产可以作为遗产被继承人依法继承。《民法典》第1122条的规定，回应了民众对于网络虚拟财产的继承诉求，也为网络虚拟财产继承的制度构建提供了法律支撑，并再度引发了公众对虚拟财产继承的关注。

（一）虚拟财产继承司法适用的演进

2022年3月21日，中华遗嘱库发布《2021中华遗嘱库白皮书》。[①] 根据数据显示，2020～2021年的立遗嘱人群中，"00后"一共有223人，近一年增长了14.42%。根据分析，"90后""00后"人群立遗嘱主要处分的财产以"银行存款""虚拟财产"为主。立遗嘱人群趋向年轻化，在一定程度上促使虚拟财产继承的司法需求持续增长。虚拟财产继承不是新问题，但却一直是司法实践中的难点问题。[②] 在中国裁判文书网搜索《民法典》实施前后近十年的"虚拟财产"案件，共检索到800余件[③]，其中包含"虚拟财产继承"内容的案件43件，排除不具有实质相关性的判决，共获得具有研究意义的判决31件，通过对这些裁判文书进行分析，可以得出如图4的案件类型统计：

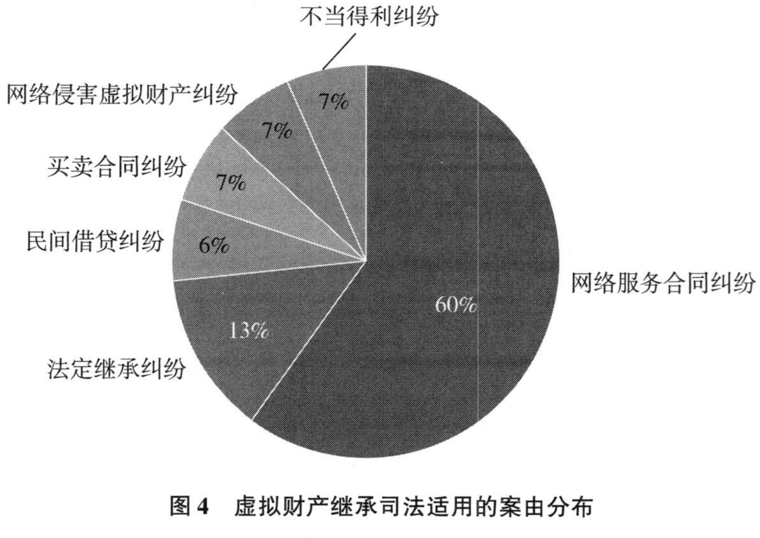

图4 虚拟财产继承司法适用的案由分布

① 参见《〈2021中华遗嘱库白皮书〉发布：不少"00后"开始立遗嘱》，载人民政协网，http://www.rmzxb.com.cn/c/2022-03-22/3078312.shtml。

② 参见邱波：《网络虚拟财产继承纠纷的裁判思路》，载《人民司法》2020年第4期。

③ 本数据截至2022年10月3日。

根据上述虚拟财产在司法适用的案由分布可以看出：在司法实践中，虚拟财产继承纠纷的需求大量存在，大部分案件中的继承诉求，以确认案件中的虚拟财产价值为基础。[①] 与《民法典》实施前的司法裁判没有明确的法律依据不同，《民法典》第 1122 条的规定确认了虚拟财产的继承权利，因此，人民法院在裁判虚拟财产继承纠纷时，就有了较为清晰的司法适用程序与裁判逻辑。[②] 虚拟财产继承的司法适用演进，可以通过下列案件的司法裁判得到释明。

1. 法典实施前虚拟财产的继承确定

李某与杨某网络装备继承纠纷一案[③]，发生在《民法典》实施前。人民法院对案涉虚拟财产能否继承进行判断时，并没有因“法无明文规定”而直接否认，而是在裁判过程中对案涉当事人获得该虚拟财产所付出的时间、金钱等成本进行了价值衡量，最终确认了案涉虚拟财产的财产属性，从而适用了继承立法对继承当事人的合法权益予以的规定。“李某与杨某网络装备继承纠纷一案”后被《上海法治报》刊载，成为司法实践中处理虚拟财产继承纠纷的范例。

案件案情：被继承人陆某因突发心脏病去世。病危时，他告诉妻子李某，自己有很多网游装备，具备一定的价值，可以出售卖钱。陆某去世几个月后，李某准备按照陆某临终前的嘱咐，将陆某网络游戏中的顶级装备“金刀”变卖以补贴家用时，遭到杨某反对。原因在于，“金刀”系杨某与陆某在某网络游戏中共同“制作”得出，李某不能进行变卖。但李某认为，这是老公陆某留给自己的遗产，自己享有处分的权利，于是李某将杨某告上法庭，要求人民法院确认“金刀”属于自己应当继承的遗产范围。

生效裁判认为：陆某作为网络游戏玩家，为这把“金刀”付出了体力及脑力的劳动，还支付了上网费用以及游戏充值卡等费用，有玩家愿出资 5 万元购买这把“金刀”，所以，该装备具有财产的属性，可以被陆某的合法妻子李某继承。但因该

---

① 如徐某与北京世界星辉科技有限责任公司网络侵权责任纠纷一案，北京市第四中级人民法院民事判决书，（2022）京 04 民终 233 号；刘某与趣游时代（北京）科技有限公司网络服务合同纠纷一案，北京互联网法院民事判决书，（2021）京 0491 民初 23950 号；程某与北京世界星辉科技有限责任公司等网络侵权责任纠纷一案，北京互联网法院民事判决书，（2022）京 0491 民初 3802 号等。

② 参见唐某 2、唐某 1 等与高某等法定继承纠纷一案，黑龙江省哈尔滨市呼兰区人民法院民事判决书，（2018）黑 0111 民初 1821 号；田某 1、田某 2 等与田某法定继承纠纷一案，安徽省明光市人民法院民事判决书，（2021）皖 1182 民初 54 号。

③ 参见古晓丹：《虚拟财产的分割和继承》，载《上海法治报》2014 年 1 月 13 日，第 B07 版。

装备是陆某与杨某共同努力获得的,其所有权应归两人共同所有。最终,李某作为陆某的唯一合法继承人,继承该游戏装备中陆某的份额,其余份额归杨某所有。

人民法院在审理"李某与杨某网络装备继承纠纷一案"时,针对案涉虚拟财产能否继承的裁判,遵循了法律价值与社会价值相统一的原则,以审慎、前瞻的态度,对案涉虚拟物品的财产价值予以肯定,保障了继承人的继承利益。但是,上述裁判认定只体现了人民法院在个案中对虚拟财产继承的肯定,并没有在司法适用中形成普遍的裁判规则。

2. 法典实施后虚拟财产的继承确定

司法裁判对社会生活所起的指引作用毋庸置疑。法官对于新的社会现象、面对新型的权利诉求,往往依赖于社会实践的认知和经验的总结,以现行法律为基准,将新生的社会现象与已有的法律知识相结合,运用严密的逻辑推理和法律论证,作出符合客观实际而又具有适当前瞻性的正确裁决。① 因此,在《民法典》第1122条明确规定了对虚拟财产的继承保护后,人民法院在裁判虚拟财产的继承纠纷时,开始"有法可依"。因此,人民法院对虚拟财产继承的司法适用,遵循了"有法必依"的裁判逻辑:第一,依据《民法典》第127条规定确认案涉虚拟财产是否属于法律保护范围;第二,结合《民法典》第1122条规定,对案件展开《民法典·继承编》继承规定的进一步适用和说理。② 此外,在司法实践中,公证虚拟财产成为确认虚拟财产继承的主要方式,依法公证后的虚拟财产能够发生确认财产属性和转移财产所有的作用。③ 以云浮市司法局公布的以案释法指导案例④为例,可以对《民法典》颁布后,依据《民法典》第1122条规定所进行的虚拟财产继承的司法适用效应有着较为完整的了解。

案件中的毛女士致电云浮市法律援助处咨询,称其丈夫因交通事故去世,且生前没有订立遗嘱。其丈夫生前是一名自由职业者,经营着一家皇冠级别的

---

① 参见北京市朝阳区人民法院:《首例连连看|首例网络虚拟财产纠纷案——李某某诉北极冰公司娱乐服务合同纠纷案》,载微信公众号"朝阳法苑"2017年9月19日,https://mp.weixin.qq.com/s/hAXmFgF3scSVCp1QSmaUUg。

② 参见殷某淇、李某华民间借贷纠纷一案,山东省威海市中级人民法院(2021)鲁10民终848号民事判决书;田某1、田某2等与田某法定继承纠纷一案,明光市人民法院(2021)皖1182民初54号民事判决书等。

③ 参见襄阳市襄阳公证处:《新鲜事!虚拟财产可继承!》,载襄阳法治网,http://sfj.xiangyang.gov.cn/sfxz/sjxw/gzgz/202008/t20200817_2233438.shtml。

④ 参见云浮市法律援助处:《【以案说法】虚拟财产继承不再是"虚拟"话题》,载微信公众号"云浮司法"2022年4月25日,https://mp.weixin.qq.com/s/1zGRxhWAbpkdZzEo9CMhUQ。

购物网店和持有一个粉丝流量众多且与多个知名品牌保持合作关系的微博账号。毛女士向云浮市法律援助处咨询,案涉网店和微博账号能否作为其丈夫的遗产被继承。

云浮市法律援助处的工作人员告知毛女士:根据法律的相关规定,在没有订立遗嘱的情况下,按照法定继承的规则,毛女士可与其他第一顺位继承人继承其丈夫名下的个人合法财产。并向她说明根据《民法典》第1122条的最新规定,遗产的范围不再限于公民的收入、房屋、储蓄等7种形式,网店经营权、电子邮箱、手机号、QQ号、微信账号、微博账号、个人网上积分下载权限、游戏账号、游戏金币、游戏装备等虚拟财产亦可以被认定为遗产而继承。所以,毛女士的丈夫生前所拥有的购物网店和微博账号能够认定为其丈夫的遗产而被继承。

云浮市司法局公布的以案释法案例,只是司法实践中适用《民法典》第1122条规定的众多案件中的一个缩影。随着对虚拟财产继承需要的增多,《民法典》第1122条规定的适用,将进一步加强司法裁判对虚拟财产继承的保护力度,顺应了时代需要,体现了《民法典》立法的时代性。

(二)虚拟财产继承中的分歧:以手机号能否继承为例

《民法典》第1122条明确了虚拟财产受继承法保护的准则,是《民法典·继承编》顺应民众继承需要、完善我国继承法意的创举。[①] 但是,基于立法“宜粗不宜细”的特点,《民法典》暂未就虚拟财产的财产类型、内容分割、客体范围等继承问题作细化规定,而虚拟财产的表现形态丰富,不同类型的虚拟财产在内在运作方式和功能上所呈现的价值也不同[②],这就导致了虚拟财产继承的司法适用陷入困境。

按照《民法典》第1122条规定,凡是属于自然人死亡时遗留的个人合法财产,即为遗产。在此规定下,继承人合法继承被继承人的手机号码就具备了可能性。手机号码是一个宽泛的概念,涵盖了多维的经济价值。如实名制政策下的手机号码具备了一定程度的个人识别性;“靓号”作为特殊的电信资源,具备较高的商业价值。[③] 但是,在现阶段,手机号码的虚拟财产属性未被立法明确规

---

① 参见王歌雅:《〈民法典·继承编〉立法研究》,黑龙江人民出版社2021年版,第136页。

② 参见林媛:《虚拟财产继承,不再是个虚拟话题》,载中国法院网2021年7月8日,https://www.chinacourt.org/article/detail/2021/07/id/6139173.shtml。

③ 参见周瑞珏、赵精武:《合同承继抑或物的继承:电话号码继承的模式选择》,载《人民司法》2020年第4期。

定,这就导致了在现有的制度框架内,难以寻求到手机号码继承保护的司法路径。目前,司法实务中针对手机号码继承的裁判分歧,主要集中于手机号码的性质认定,这是手机号码能否继承的关键。通过梳理,司法实践中对手机号码的性质认定存在以下几种观点,如表 4 所示。

表 4　司法适用中手机号码性质认定的裁判观点

观点展示	观点一:码号资源属于国家,不属于遗产范围,不能继承	观点二:手机号码属于虚拟财产,可以继承与分割	观点三:手机号码遗嘱公证后,可以继承	观点四:手机号码具有债权和物权双重属性,可以继承
司法适用说理	“……根据《电信网码号资源管理办法》规定,码号资源属于国家所有,因此手机号码不属于遗产范围,不予支持继承人继承手机号码的主张。”①	“……高某生前使用的中国移动手机号 139××××××××、中国电信手机号码 133××××××××,属于虚拟财产,其使用权在有关部门未禁止继承人使用情况下,可依法分割。现唐某 2 使用中国移动手机号码 139××××××××,仍由唐某 2 使用,中国电信手机号码 133××××××××由高某使用。”②	“……手机号码不是客观实体,要进行公证证明其具有财产属性,并以虚拟财产的名义办理继承。”③	“……手机号码应当具有债权和物权双重属性。从债权的角度看,根据《民法典》第 557 条规定,合同的权利义务并不随着债权人死亡而终止。因此,债权即手机号码使用者对《入网服务协议》享有的权益是可以继承的;另根据民法典规定的物权的延伸,手机号码也具有财产属性,带有“虚拟”财产性质,也可以被继承。 ……手机号码虽只是一串数字,不以实体形式存在,但拥有者享有支配的权利,在当下的市场经济环境下,它兼具具体特定的人身属性及财产属性,具有一定经济价值,所以如果机主死亡,在没有特别规定情形下,手机号码使用权是可以进行继承使用的。”④

从上述司法裁判的观点分歧看,产生虚拟财产继承认定分歧的主要原因在

① 黑龙江省牡丹江市中级人民法院民事判决书,(2014)牡民终字第 303 号。

② 黑龙江省哈尔滨市呼兰区人民法院民事判决书,(2018)黑 0111 民初 1821 号。

③ 温婧、任笑元:《虚拟账号可不可以继承》,载《北京青年报》2018 年 5 月 24 日,第 A10 版。

④ 芝罘法院:《小芝说法 | 手机号码也能“继承”使用吗?》,载芝罘法院公众号 2022 年 2 月 22 日,https://mp.weixin.qq.com/s/pmDAGXaWLfjAVO9tFwTA5g。

于,《民法典》尚未明确虚拟财产的类型、客体范围等内容。因此,人民法院面对类型丰富的虚拟财产,对其定性以及能否适用继承保护分歧较大。人民法院对虚拟财产继承问题的裁判,应建立在对虚拟财产的内涵和外延充分认知的基础上。[①] 在个案中,应综合考量虚拟财产的特征以及继承法规定,合理诠释《民法典》规范,提高虚拟财产继承的稳定性、透明性,避免同案不同判,满足公众对虚拟财产继承的司法期待。

二、继承宽恕的司法认定

继承关系的实质是利益,衡平利益、推己及人是继承立法的宗旨之一。[②] "在传统社会,推己及人主要适用于五伦关系或扩大的亲缘关系。而超越五伦关系之外,推己及人就需要主体具有更强的道德意识。"[③]因此,围绕遗产继承,立法需要从限制个体行为和主动实施两方面实践推己及人原则[④],而完善继承权的丧失条件、新增宽恕制度便是《民法典·继承编》积极实践的产物。

继承权丧失制度,是"任何人不得从其违法行为中获利"和"染血之手不得取得遗产"这两项古老法律原则的体现。[⑤] "继承人对于被继承人或其他应继承人有重大不道德或违法行为或就遗嘱有欺诈行为时,民法上施以民事上制裁,剥夺其继承权,以维持道义。"[⑥]但基于继承人与被继承人之间特殊的血缘、亲属等身份关系考虑,如果在具备一定条件如被继承人宽恕时,继承权可再行恢复,继承宽恕制度由此产生。继承宽恕制度有利于教育、帮助继承人认识和改正错误,促进家庭团结和睦,贯彻养老育幼的原则。[⑦] 同时,继承宽恕制度也是对被继承人真实意志的尊重。[⑧] 因此,继承宽恕对发挥继承制度的价值具有积极意义。

我国原《继承法》并未规定被继承人的宽恕制度,《继承法意见》第 13 条虽对宽恕予以明确,但该条严格限定了继承宽恕的适用范围,即其仅适用于"虐待被继承人

---

① 参见刘俊海:《网络虚拟财产的权利属性及继承》,载《人民司法》2020 年第 4 期。
② 参见王歌雅:《〈民法典·继承编〉立法研究》,黑龙江人民出版社 2021 年版,第 33 页。
③ 曲蓉:《公民道德视阈下推己及人的现代反思》,载《玉溪师范学院学报》2009 年第 1 期。
④ 参见王歌雅:《〈民法典·继承编〉立法研究》,黑龙江人民出版社 2021 年版,第 33 页。
⑤ 参见龙翼飞、阴赵丹:《〈民法典〉继承宽宥的制度价值与法律适用》,载《理论学刊》2022 年第 4 期。
⑥ 史尚宽:《继承法论》,中国政法大学出版社 2000 年版,第 97 页。
⑦ 参见杨立新、朱呈义:《继承法专论》,高等教育出版社 2006 年版,第 79 页。
⑧ 参见佟柔主编:《继承法教程》,法律出版社 1986 年版,第 70 页。

情节严重或遗弃被继承人”的特定情形,同时要求继承宽恕需满足继承人“确有悔改表现”等较为模糊、严格的适用条件。因此,在《民法典》颁布前,继承宽恕制度存在立法技术以及价值选择上的缺陷①,没有发挥出其应有的法律效果与价值。

《民法典·继承编》实现了继承立法的本土超越②,在原《继承法》继承权丧失规定的基础上,根据实践中多发的继承纠纷,在《民法典》第1125条第1款中增加了“隐匿遗嘱,情节严重”和“以欺诈、胁迫手段迫使或者妨碍被继承人设立、变更或者撤回遗嘱,情节严重”两种丧失继承权的情形。同时,《民法典·继承编》吸收了《继承法意见》对宽恕制度的考量,并进行了法典规定的柔化处理③,根据《民法典》第1125条第2款规定,针对“遗弃被继承人,或者虐待被继承人情节严重”、“伪造、篡改、隐匿或者销毁遗嘱,情节严重”和“以欺诈、胁迫手段迫使或者妨碍被继承人设立、变更或者撤回遗嘱,情节严重”这三种丧失继承权的情形,“继承人确有悔改表现,被继承人表示宽恕或者事后在遗嘱中将其列为继承人的,该继承人不丧失继承权”。《继承编解释(一)》第8条进一步明确规定,如果存在《民法典》第1125条第1款规定的“故意杀害被继承人”和“为争夺遗产而杀害其他继承人”的情形,而被继承人立遗嘱将遗产指定由该继承人继承的,确认遗嘱无效,该继承人丧失继承权;其第9条则针对“情节严重”进行了示例解释,即“继承人伪造、篡改、隐匿或者销毁遗嘱,侵害了缺乏劳动能力又无生活来源的继承人的利益,并造成其生活困难的,应当认定为民法典第一千一百二十五条第一款第四项规定的‘情节严重’”。《民法典·继承编》在原《继承法》及《继承法意见》的基础上,对继承宽恕制度进行了立法增补,并通过《继承编解释(一)》细化了司法适用细节,填补了原有继承规则的设计缺陷,构建了较为完善的继承宽恕制度体系。

《民法典》第1125条规定的继承宽恕制度,符合民法保障私权自由的原则精神和家庭财产代际传承的实际需求,体现了“人亲和谐、人性友善、人财共济、人伦正义、人本秩序、人文关怀”的核心法理思想。④ 继承宽恕的确认是对人民法院司法裁判的考验,人民法院如何在司法适用中对《民法典》第1125条规定的“确有悔改表现”和除“事后在遗嘱中将其列为继承人”之外的“宽恕表示”进

① 参见杨立新、和丽军:《关于恢复继承权宽宥制度的重新思考》,载《东南学术》2013年第1期。

② 参见王歌雅:《〈民法典·继承编〉立法研究》,黑龙江人民出版社2021年版,第114页。

③ 参见王丹:《民法典继承编修改的几个重点问题》,载《人民司法》2020年第22期。

④ 参见龙翼飞:《编纂民法典婚姻家庭编的法理思考与立法建议》,载《法制与社会发展》2020年第2期。

行认定,成为贯彻实施《民法典·继承编》的难点。

(一)宽恕制度的适用现状

遗产的流转具有向下的规律。[1] 继承宽恕制度的立法目的,在于避免出现因被继承人的唯一子女丧失继承权,而导致被继承人的遗产由其他顺位继承人继承,甚至无人继承的情况,继而产生不利于家庭财富的代际传承,不符合继承制度的设计初衷。[2] 因此,在对宽恕制度进行司法适用时应当更加谨慎。根据宽恕制度的适用条件,可以将《民法典·继承编》的继承权丧失区分为绝对丧失和相对丧失。能够适用继承宽恕制度的只有相对丧失的情形,即只要是在继承权绝对丧失的情况下,继承人的继承权终局丧失,不再具有恢复可能性。而在继承权相对丧失的情形下,可以根据继承人的悔改表现和被继承人的宽恕意愿,恢复原被剥夺继承权人的继承资格。

以"继承权丧失"为关键词在中国裁判文书网进行检索,共检索到符合条件的民事继承纠纷 192 件[3],其中,《民法典》实施后的关联案例 68 件。在对符合条件的案件进一步分类、梳理后,共检索出涉及"被继承人宽恕""原谅"等相关词汇的案件 31 件,案由涉及继承、所有权的确认和民间借贷等多种类型。其中,适用《民法典》第 1125 条规定的案件 13 件,在现有的检索条件下的案件均否认了原丧失资格的继承人取得了被继承人的宽恕,而裁判理由通常较为简单,即没有达到"确有悔改表现"的认定标准。

虽然宽恕制度在我国司法适用的案例较少,但不可否认的是宽恕制度在未来的继承纠纷解决中仍然存在宽泛的应用空间,且现有的司法裁判已经充分暴露出宽恕制度在司法适用中的问题,即司法实践中对继承宽恕的表现——"继承人确有悔改"和"被继承人宽恕表示"的认定标准尚未统一,导致继承宽恕制度无法发挥其弥合亲属间亲情的立法价值,这与《民法典》中"以人为本"的价值理念背道而驰。因而,继承宽恕制度的司法认定困境亟须解决。

(二)继承宽恕司法认定的分歧

继承权相对丧失是继承宽恕的发生前提。因此,要适用继承宽恕制度,就离

---

① 参见王丹:《民法典继承编修改的几个重点问题》,载《人民司法》2020 年第 22 期。

② 参见龙翼飞、阴赵丹:《〈民法典〉继承宽宥的制度价值与法律适用》,载《理论学刊》2022 年第 4 期。

③ 本数据截至 2022 年 10 月 3 日。

不开对继承权相对丧失的先决判断。然而,继承权丧失制度本身就存在较大的司法适用难点,因为无论是在绝对丧失还是在相对丧失继承权的事由中,均对行为“严重程度”存在着一定的要求,行为的“严重程度”直接关系到继承资格有无。现阶段,人民法院针对如何确认原继承人行为的“严重程度”,已经基本达成共识。即在确认继承权丧失的案件中,人民法院依据《民法典》第1125条规定对继承人的行为是否达到“严重程度”进行判断时,除了综合《继承编解释(一)》第9条规定外,往往还会对继承人实施违法行为的目的是否以争夺遗产为主进行考察,如果继承人的目的在于侵害其他继承人利益,而使自己可以获得更多遗产①,在造成类似于“其他继承人生活困难”的严重后果时②,可以认定为”情节严重”。

相较于继承权丧失制度中对“严重程度”较为统一的司法认识和适用外,司法实践中对宽恕制度的认定则存在较大分歧,而分歧主要集中在人民法院在适用《民法典》第1125条规定的宽恕继承规定时,对“继承人确有悔改表现”和“被继承人宽恕”的司法认定标准不同。

1.“继承人确有悔改表现”的适用标准分歧

“继承人确有悔改表现”是宽恕制度适用的前提。但是,人民法院在认定“继承人确有悔改表现”时经常会面临较多的问题。一是继承多发生于家庭关系内部,具有较强的隐秘性,“确有悔改表现”在举证责任中的证明标准要求严格,家庭关系中的非计算性、伦理性等特征,决定了举证的困难性;二是基于个体之间的主观认识差异,立法者难以对继承人的悔过行为制定统一的客观判断标准,同时人民法院也无法探寻到继承人的“悔过表现”是否是其内心的真意表达。因此,法官在认定“继承人确有悔改表现”时往往凭借个人好恶进行裁判③,导致了“继承人确有悔改表现”的适用标准分歧。

2.“被继承人宽恕”的认定标准分歧

宽恕制度的动因,在于被继承人的宽恕表示。《民法典》第1125条对于被

① 参见最高人民法院民法典贯彻实施工作领导小组主编:《中华人民共和国民法典婚姻家庭编继承编理解与适用》,人民法院出版社2020年版,第521页。

② 人民法院在司法适用中可以依据个案的实际情况进行判断,综合考虑过错继承人手段的恶劣性、影响的深远性以及后果的严重性,力求在个案之中实现法律的公平正义。参见冯宇雷、刘畅:《论被继承人宽宥制度的适用》,载《人民司法》2021年第7期。

③ 参见冯宇雷、刘畅:《论被继承人宽宥制度的适用》,载《人民司法》2021年第7期。

继承人的宽恕表示，采取了意思表示与行为表示双重认定方式，即被继承人宽恕的意思可以通过“被继承人表示宽恕”的意思“或者“事后在遗嘱中将其列为继承人”的行为进行认定。两种认定方式相较，被继承人“事后在遗嘱中将其列为继承人”这一认定方式，明确且具体，在司法适用中具有极强的可操作性；反观“被继承人表示宽恕”这一认定，则带有浓厚的主观判断色彩。不同自然人之间对于自身宽恕意思的外在表现往往存在较大差异①，使得法院在对被继承人是否对继承人“表示宽恕”的认定标准上存在分歧。

3. 继承宽恕司法认定分歧的案例展示

人民法院在裁判“郝某与陈某法定继承纠纷一案”和“姜某甲、周某甲等与戴某刚、戴某甲法定继承纠纷一案”时，对案涉“继承人照顾生病被继承人，并为其购买药品、食品”等表现和“被继承人接受继承人照顾、药品以及食品”等行为，能否被依法认定为《民法典》第 1125 条所规定的“继承人确有悔改表现”和“被继承人表示宽恕”的差异为例，对继承宽恕在司法适用中的“同案不同判”现象进行分析，如表 5 所示。

表 5　继承宽恕司法认定分歧的案例

对比项	案例一：郝某与陈某法定继承纠纷一案②	案例二：姜某甲、周某甲等与戴某刚、戴某甲法定继承纠纷一案③
丧失继承权原因	陈某与郝某 1 夫妇系北京市顺义区南彩镇北彩村村民，二人未生育子女，于 1973 年收养了郝某 1 的外甥郝某。 1994 年，郝某 1 患有脑血栓，半身不遂，需要人照顾，但郝某却携妻子、子女搬回郝某的亲生父母所在的北京市顺义区北小营镇后礼务村居住，弃郝某 1 和陈某而不顾。 1996 年 12 月 1 日，郝某 1 去世，未留有遗嘱。1998 年，郝某将陈某诉至北京市顺义区人民法院，要求解除收养关系，该院于 1998 年 11 月作出（1998）顺民初字第 722 号民事判决书，确认郝某存在遗弃行为判决解除郝某与陈某之间的收养关系	周某戊与毛某甲原系夫妻，双方在婚生女周某凤儿时离婚，周某凤随周某戊及其父母共同生活。毛某甲在周某凤出生 36 天后便离开，自此未再抚养周某凤

① 参见冯宇雷、刘畅：《论被继承人宽宥制度的适用》，载《人民司法》2021 年第 7 期。

② 北京市第三中级人民法院民事判决书，（2016）京 03 民终 5339 号。

③ 浙江省衢州市衢江区人民法院民事判决书，（2013）衢江民再字第 1 号。

续表

继承人表现	在郝某1生病期间,郝某为郝某1购买食品、药物,并在郝某1去世之前三个多月时将郝某1接到家中照顾	1994年,被继承人周某凤被查出患有癌症。此后,毛某甲开始照顾周某凤
被继承人表现	在生病期间,接受郝某在一定期间内的生活照顾,接受郝某为其所购买的药物、食品	接受毛某甲照顾,并接受毛某甲为其所购买的药物与生活用品
法院认定	不认为继承人有悔过表现、不认为被继承人生前对其表示宽恕	证明继承人有悔过表现、被继承人虽未明确表示原谅被告的过错行为,但足以说明被继承人已对被告先前之行为予以宽恕
裁判理由	一审法院:继承人遗弃被继承人的,丧失继承权;如继承人以后确有悔改表现,而且被遗弃人生前又表示宽恕,可不确认其丧失继承权。本案中,郝某1去世时其父母均已去世,且未留有遗嘱,因此其继承人为配偶陈某、养子郝某。但是,郝某在郝某1病重需要照顾时携妻子、子女搬回其亲生父母所在地居住,弃郝某1和陈某而不顾,其行为已经构成遗弃郝某1。 后虽经陈某找郝某交涉,郝某1、陈某在郝某1去世前较短的时间内搬至郝某处居住,但郝某并未提供任何证据证明郝某1生前对其表示宽恕。因此,郝某已经丧失了对郝某1的遗产继承权。郝某现要求继承郝某1的遗产,无事实和法律依据,一审法院不予支持。 二审法院:根据法律规定,已经为人民法院发生法律效力的裁判所确认的事实,可以作为裁判的依据。722号判决已经发生法律效力,其中认定了郝某对于郝某1于1994年患病后迁出养父母住所的事实,并认定郝某的行为对养父母构成遗弃。 尽管郝某称其曾为郝某1购买食品、药品,并在其去世前短暂的时间内接郝某1同住,但郝某上述有限的行为与其作为养子应尽的赡养义务相比较,显然是苍白无力的。此外,在郝某1去世后,从郝某与陈某的关系继续恶化并导致历次诉讼来看,郝某与养父母的矛盾可谓由来已久。一审法院根据综合考虑已经生效判决认定的事实以及双方多年形成的积怨,认定郝某因遗弃被继承人而丧失继承遗产的权利,事实清楚,适用法律正确,本院予以维持	原审法院:虽然周某凤儿时便随周某戊共同生活,且即使毛某甲在周某凤出生36天后便离开周某凤,但毛某甲作为周某凤的生母在周某凤生病时亦对其予以照顾,故毛某甲应为周某凤的第一顺序继承人。 再审法院:毛某甲与周某戊原是夫妻,因感情问题在周某凤儿时离婚,周某凤随周某戊父母及周某戊、姜某甲等人共同生活,毛某甲在离婚以及周某戊又建立新家庭后没有探望周某凤,符合20世纪五六十年代的历史背景。原审原告姜某甲认为毛某甲遗弃周某凤,虽提交三个证人证言,但证人证言仅间接证明毛某甲没有探望周某凤的事实,而没有直接证明原审原告毛某甲具有遗弃的行为,原审原告姜某甲也未提交其他直接证据予以印证。毛某甲作为周某凤生母和没有遗弃周某凤的行为以及在周某凤生病时给予照顾的事实,得到与周某凤共同生活的原审被告戴某乙、戴某甲的认可。周某凤在生前能够接受毛某甲的照顾,可见周某凤与毛某甲之间的母女情分,也可以说明周某凤宽恕了毛某甲之前的所有行为。 即使按照原审原告姜某甲认为其有遗弃行为,但毛某甲能主动照顾周某凤,说明毛某甲有悔改表现;周某凤接受毛某甲的照顾,说明毛某甲得到被继承人周某凤生前的宽恕,也可不确认其丧失继承权

上述案件表明,基于相似的继承人表现和被继承人行为,不同法院对其是否能够构成"继承人确有悔改表现"和"被继承人表示宽恕"的事实认定截然相反,进而影响了人民法院对继承人的继承资格的肯定以及被继承人的遗产分配。"同案不同判"现象的出现,不仅无法保障已悔改继承人的合法权利,也不利于尊重被继承人意思自治,损害了司法权威。

规范遗产份额的剥夺,顺应继承关系是《民法典·继承编》新增继承宽恕制度的道义追求。[①] 但是继承宽恕制度在司法认定上的分歧,不仅难以充分实现该制度协调家庭关系、平衡家庭内部成员权利的立法价值[②],同时也反映了在没有统一的裁判标准下,《民法典》第1125条规定的司法适用效果未尽如人意。继承立法及司法解释应针对"继承人确有悔改"的表现以及"被继承人宽恕"意思的认定,提供较为客观且具有公信力的标准。这将有利于人民法院在适用《民法典》第1125条规定时,统一认定标准,树立司法权威,也将有利于为过错继承人提供明确悔改途径,减少因遗产继承产生不必要冲突,重塑优良家风。

三、遗嘱方式设立居住权的生效规则

居住权(habitatio)一词最早起源于罗马法,是指在一所房子中居住和出租它的权利[③],居住权在性质上与使用权(usus)、用益权(usus fructus)共同隶属于人役权[④]。人役权设立之初的目的,在于保障特定阶层人的生存。而居住权这一制度用意就体现在罗马法的继承制度中,以解决没有继承权但又与被继承人有特殊身份关系的人的基本住所。其立法动议为"无夫权婚姻和奴隶的解放日多,每遇家长亡故,那些没有继承权又缺乏或丧失劳动能力的人生活就成了问题。因此,丈夫和家主就把一部分家产的使用权、收益权等遗赠给妻或被解放的奴隶,使他们生有所靠,老有所养"[⑤]。基于居住权的特殊制度价值,后世各国

---

① 参见王歌雅:《〈民法典·继承编〉立法研究》,黑龙江人民出版社2021年版,第33页。

② 参见冯宇雷、刘畅:《论被继承人宽宥制度的适用》,载《人民司法》2021年第7期。

③ 参见[意]彼得罗·彭梵得:《罗马法教科书》,黄风译,中国政法大学出版社2018年版,第203页。

④ 参见江平、米健:《罗马法基础》,中国政法大学出版社1991年版,第173页。

⑤ 周枏:《罗马法原论》(上),商务印书馆2001年版,第471~475页。

纷纷以罗马法的居住权制度为蓝本,对居住权进行了规定。其中较为典型的立法例,如德国民法在遗嘱继承中规定的先位继承和后位继承制度①、英美法系国家存在的终生地产权(life estate)②等。由于东西方法系上的差异,居住权一直不被东方国家所认可③,我国民事立法也显少有居住权的规定。

《民法典》正式规定了居住权制度,明确居住权人可以通过合同或遗嘱的方式设立居住权。通过遗嘱方式设立居住权,是我国立法对居住权立法原意的体现,也显现出居住权立法对继承制度内涵的伦理价值的肯定。《民法典》对以遗嘱方式设立居住权的立法设计,仅有《民法典》第371条的参照适用规定。在《民法典·继承编》中尤其是遗嘱继承制度中尚未衔接居住权的细节规定。继承司法实践中,通过遗嘱设立居住权往往与遗嘱继承人的权利密切相关,在继承立法没有明确规定的基础上,"参照适用"的规定势必考验人民法院的司法适用能力。因此,以遗嘱方式设立居住权的司法适用面临难题。

(一)法典实施前:以遗嘱方式设立居住权的司法适用

在《民法典》规定居住权制度之前,伴随居住权的现实需要逐渐增多,民众已经开始自发创设以居住为主要内容的权利,且实际应用在合同、赠与、遗产继承等领域。④ 因此,在司法实践中,尤其是在遗嘱继承领域,因遗嘱设立居住权

① 即被继承人先指定某人为继承人,同时约定因某种条件的成就或期限的到来必须将所继承的财产转移给另一继承人的特殊继承制度。其中先被指定的继承人为先位继承人(vorerbe),后被指定的从先位继承人那里取得遗产利益的人被称为后位继承人(nacherbe)。依据德国继承法,如果居住权的设立以一定条件或期限达成为终止,在继承方面以先后继承人的区别在于赋予了先继承人一定的居住权,同时为保障后位继承人的权利不过分受到侵害而设定一定条件使其享有所有权,体现了居住权的立法原意。参见李玉莹:《论家事领域居住权的构建与衔接》,载上海市法学会编:《上海法学研究》(第9卷),上海人民出版社2020年版。

② 权利人在生存期间对地产有所有权,但是死后不能作为其财产由其继承人继承。其中终生所有权存在不同的类型:首先以受让人的寿命来确定终生地产权,即以受让人的寿命为限,在其生存期间享有权利,死后权利即告终止;其次以受让人以外的其他人的寿命来确定终生所有权,该类型类似于美国财产所有权中绝对所有权(feesimple)所规定的以受让人及其继承人的寿命来进行确定,或者出让人约定受让人享有"终生所有权",但附以"不得再嫁""以公益事业为目的"等使用条件为限制。在英美法系中,居住权与财产所有权密不可分,强调了居住权用益物权的价值。参见李玉莹:《论家事领域居住权的构建与衔接》,载上海市法学会编:《上海法学研究》(第9卷),上海人民出版社2020年版。

③ 参见王泽鉴:《民法物权》,北京大学出版社2010年版,第324页。

④ 参见肖俊:《"居住"如何成为一种物权——从罗马法传统到当代中国居住权立法》,载《法律科学(西北政法大学学报)》2019年第3期。

而引发的纠纷十分常见。在中国裁判文书网分别对“居住权”“遗嘱”的关联案件进行检索,选取 2016～2020 年,即《民法典》实施前 5 年的纠纷类型及数量进行分析,如图 5、图 6 所示:

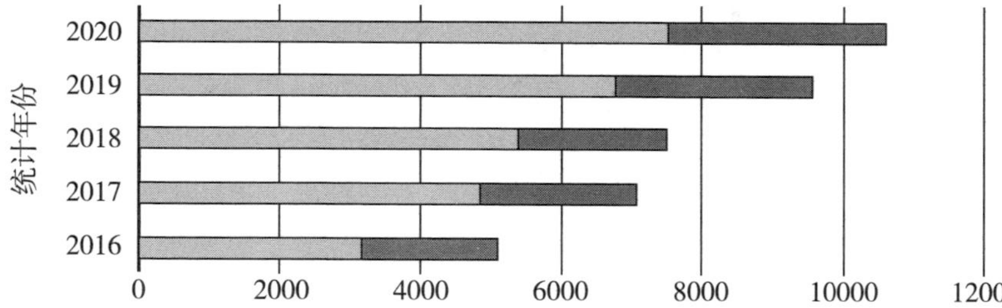

	2016	2017	2018	2019	2020
居住权案件	3173	4821	5382	6748	7516
涉家事	1925	2240	2138	2836	3082

案件数量/件

图 5　2016～2020 年居住权案件类型占比

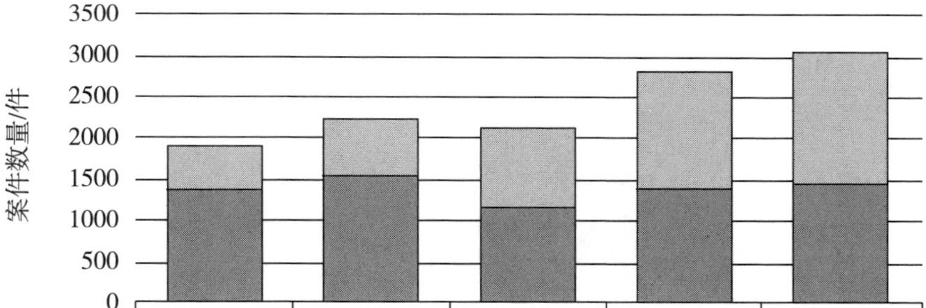

	2016	2017	2018	2019	2020
继承领域	542	699	961	1440	1606
婚姻家庭领域	1383	1541	1177	1396	1476

统计年份

图 6　2016～2020 年继承领域居住权案件占比

由图 5、图 6 数据可知,在《民法典》规定居住权之前,继承领域中就存在大量关于遗嘱设立居住权的纠纷。进一步对涉及遗嘱中设立居住权的裁判进行分析发现,在没有法定居住权的情况下,继承领域中对遗嘱设立居住权的司法适用步履维艰。人民法院主要有以下三种裁判思路:一是以”法无明文规定”为由,直接否认以遗嘱方式设立居住权的效力①;二是将遗嘱中设立的居住权定义为一种当然所有权,通过物权规范进行保护②;三是尝试用柔性解释的方式如利用公序良俗原则等方式,在不违背法律规定的前提下,保障涉案继承当事人的应有权利③。即在法律没有明确规定的前提下,以遗嘱方式设立的居住权并没有得到司法适用与有效保护。

(二)法典实施后:以遗嘱方式设立居住权的司法适用

《民法典》正式规定遗嘱作为设立居住权的方式之一,并参照以合同方式设立居住权的规定适用后,以遗嘱方式设立的居住权终于摆脱了司法适用中"于法无据"的尴尬局面。在中国裁判文书网检索《民法典》实施后的居住权纠纷案件发现,居住权案件数量较法典实施前有了大幅度的增加,其中涉及以遗嘱方式设立居住权的纠纷 2638 件,占居住权纠纷总数的 24%。④ 对以遗嘱方式设立居住权的纠纷进一步分析发现,人民法院支持确认"有权居住使用"的案件 580 件,没有获得支持的为 2058 件。以遗嘱方式设立居住权的司法适用呈现出内容复杂、类型交叉的特点,案件类型及占比如图 7 所示。

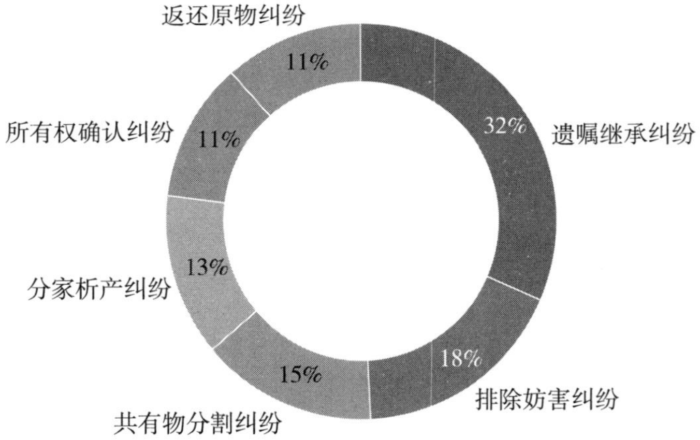

图 7　以遗嘱方式设立居住权的案件类型及占比

---

① 如上诉人于某平、陈某花居住权纠纷一案,河南省驻马店市中级人民法院(2011)驻民一终字第 87 号民事判决书。

② 如刘某清诉陈某荣排除妨害一案,上海市高级人民法院(2018)沪 01 民终 1697 号民事判决书。

③ 如刘某好诉刘某勇、周某容共有房屋分割案,载《最高人民法院公报》2016 年第 7 期。

④ 本数据截至 2022 年 10 月 3 日。

《民法典》规定以遗嘱方式设立居住权后，各级人民法院积极通过发布典型案例的方式，对其司法适用进行阐释。由于《民法典·继承编》并没有直接对居住权进行规定，所以人民法院在司法适用中，通过适用《民法典》第 1133 条“自然人可以依照本法规定立遗嘱处分个人财产”的规定，同时结合《民法典·物权编》关于居住权的规定，综合对以遗嘱方式设立的居住权进行司法确认和权益保护。通过下面两个案例，可以较为清晰的认识人民法院对以遗嘱方式设立居住权的司法适用效应。

1. 董某等与吕某遗嘱继承纠纷一案

董某等与吕某遗嘱继承纠纷一案①，是比较典型的因遗嘱人在遗嘱中设立居住权而引发的纠纷。人民法院依据继承当事人公证遗嘱的内容及效力，将居住权的规定与“遗嘱自由”相结合，对以遗嘱方式设立的居住权进行了准确的司法裁决。

本案中，董某平与吕某系夫妻关系，董某林系二人之子。董某林与马某于 1985 年 10 月 8 日结婚，婚后生育一女董某。董某平于 1979 年 4 月 2 日死亡，董某林于 2018 年 8 月 25 日死亡。董某林生前立有遗嘱一份，内容为：“一、登记于董某林名下 401 号的房产和登记于马某名下 402 号的房产均系本人与配偶马某的夫妻共同财产。本人身故后，上述房产中属于本人所有的部分均由独生女董某继承……三、母亲吕某有生之年可以一直居住于 402 号房屋中，董某应对吕某尽到赡养义务，同我的弟弟妹妹们一起为吕某养老送终……”该遗嘱经北京市长安公证处进行了公证。

原告董某、马某向人民法院提出诉讼请求，要求判令被继承人董某林名下 401 号房屋由董某继承；402 号房屋由马某和董某共同所有。被告吕某对原告董某、马某继承董某林名下 401 号房屋没有异议，但要求确认其在遗嘱中被设立的 402 号房屋的居住权利。

生效裁判认为，遗产是公民死亡时遗留的个人合法财产。根据本案查明事实及在案证据，401 号房屋与 402 号房屋均系董某林与马某婚内购买所得，上述房屋应属董某林与马某的夫妻共同财产，其中一半为马某的个人财产，其余一半为董某林的遗产；董某林以公证遗嘱方式对 401 号、402 号房屋中属于其个人

① 北京市丰台区人民法院民事判决书，(2021)京 0106 民初 6688 号。

部分的财产进行处理,并无不当,人民法院予以确认。因董某林遗嘱中为吕某设定了402号房屋的居住权,董某及马某均对此表示认可并同意吕某享有402号房屋的居住权,吕某亦在本案提出相应主张,故人民法院对此予以确认。依照《民法典》第366条、第371条、第1133条等规定,判决吕某享有402号房屋的居住权,董某、马某应在判决生效之日起10日内协助吕某办理房屋居住权登记手续。

董某等与吕某遗嘱继承纠纷一案中,对遗嘱中设立居住权效力的认定说理较为典型。即人民法院在充分尊重遗嘱自由的基础上,结合以遗嘱方式设立居住权的参照适用规定,既维护了居住权人的居住权益,也要求房屋所有权人协助居住权人办理居住权登记手续,彰显了司法公正。

2. 邵某红、王某玲侵权责任纠纷一案

邵某红、王某玲侵权责任纠纷一案①,是遗嘱内容未涉及居住权的特殊案件。其特殊之处在于,被继承人在遗嘱中并未明确居住权,但通过村委出具的证明内容以及相关证人证言,证实了被继承人同意再婚配偶在涉案房屋内居住到老,基于此,人民法院灵活运用《民法典》规定,并结合居住权制度保障弱势群体居住及生存权益的立法目的,对案涉当事人的居住权益进行了确认和保护。

案件案情:1991年,王某玲与谷某惠登记结婚,二人均系再婚,1994年离婚,2007年6月13日二人复婚,邵某红系谷某惠与前妻婚生女。20世纪70年代,谷某惠在羊角埠村自行建造房屋一套,1989年宅基地证登记在谷某惠名下。1993年前后因经区规划建设,上述房屋拆迁,并按规划自行建造新房。2009年8月23日,谷某惠与羊角埠居委会签订拆迁安置协议,约定将谷某惠房屋拆迁,置换案涉房屋,王某玲与谷某惠一直在案涉房屋居住。2019年11月5日,谷某惠与邵某红签署证明,载明谷某惠与前妻丛某滋育有一女邵某红,现同意将案涉房屋确权至邵某红名下,产权归邵某红个人所有。2020年1月2日,谷某惠去世。2020年8月20日,案涉房屋不动产权登记至邵某红名下,权证号为:鲁(2020)威海市不动产权第0054128号。邵某红在获得案涉房屋后,不承认王某玲对该房屋的居住权,对案涉房屋断水、断电及断暖。原告王某玲诉至法院要

① 山东省威海经济技术开发区人民法院民事判决书,(2021)鲁1092民初18号;山东省威海市中级人民法院民事判决书,(2021)鲁10民终994号。

求恢复其居住房屋的供水、供电、供暖，依法保障自己的居住权。

一审法院认为，案涉房屋系谷某惠的婚前个人财产，其有处分权。其在世时曾将案涉房屋赠与给邵某红，并留有遗嘱将案涉房屋遗留给邵某红，办理了不动产权登记，即邵某红已取得了案涉房屋的所有权。虽谷某惠遗嘱中并未写明居住权，但在办理案涉房屋不动产权登记过程中，羊角埠居委会成员均证实邵某红明确谷某惠曾表示由王某玲在案涉房屋中居住到老，邵某红也表示同意。居委会成员与谷某惠、邵某红均无利害关系，其证言具有较高可信度，可视为邵某红对王某玲在案涉房屋中的居住权已作出承诺，一审法院依法予以确认。保护妇女、儿童、老人的合法权益是《民法典》的基本原则，王某玲无居住房屋，保护其最基本的生活场所符合公序良俗。邵某红作为案涉房屋所有权人，应当保证居住权人的正常生活起居，现其私自停水、电、暖气，给王某玲的正常生活造成了不利影响，其应当消除影响，恢复水、电、暖气的供应。王某玲的诉讼请求，理由正当，一审法院依法予以支持。综上，根据《民法典》第 371 条等规定，判决邵某红于判决生效后 10 日内，协助王某玲恢复威海经济技术开发区台北家园 27 号 204 室房屋的供水、供电、供暖设施。

邵某红不服一审判决，提起上诉。二审法院在对一审法院查明的其他事实予以确认的同时，对王某玲是否享有在案涉房屋中居住到老的权利又进行了以下说理。二审法院认为，案涉房屋系谷某惠婚前所有，后以遗嘱方式将该房屋赠与邵某红，邵某红接受赠与并办理房证，但王某玲与谷某惠婚后一直在该房屋内居住。依据法律规定，居住权可以通过合同方式设立，也可以通过遗嘱方式设立。谷某惠在遗嘱中并未明确居住权，但羊角埠村委出具的证明内容以及该证明的三位见证人的证人证言，能够证实谷某惠同意王某玲在涉案房屋内居住到老，且邵某红对王某玲享有在该房屋居住的事实亦清楚，一审采信证人证言并依据其证明内容确认王某玲享有居住权并无不当。同时，一审支持王某玲的诉请，保护其老有所居的权益亦符合公序良俗，体现了平等、公正、尊老的价值理念，二审法院予以维持。

邵某红、王某玲侵权责任纠纷一案虽历经两次审理，但是人民法院都对居住权人的合法权益进行了确认。该案司法适用的可贵之处在于，两级人民法院都没有仅凭遗嘱内容直接对案涉当事人的居住权进行否认，而是在充分结合案件事实以及证人证言的基础上，对案涉居住权进行了确认和保护。人民法院的裁判不仅彰显了居住权的社会保障功能,而且也是弘扬社会主义核心价值观的司法践行。

上述两个案例表明,《民法典》确立居住权制度,为司法实践中处理以遗嘱方式设立的居住权纠纷提供了一个有效的行为准则。充分保障了家庭内特定群体的居住利益,维护了社会稳定,彰显了《民法典·继承编》的人文情愫。

(三)以遗嘱方式设立居住权的效力分歧

《民法典》虽然规定通过遗嘱方式可以设立居住权,但其继承编并没有对以遗嘱方式设立居住权的规定进行细化。因此,以遗嘱方式设立居住权的司法适用依据,仅有"参照适用以合同方式设立居住权",这就导致了以遗嘱方式设立居住权的法律适用存在问题。

《民法典》第 371 条规定:"以遗嘱方式设立居住权的,参照适用本章的有关规定。"如何参照适用,是司法适用中的难点,分歧度较大。当下,关于以遗嘱方式设立居住权的生效规则,存在以下两种观点:

第一,根据《民法典》第 368 条规定,以合同方式设立的居住权采登记生效主义,自登记时设立。[①] 因此,根据参照适用规定,以遗嘱方式设立的居住权也应采登记生效主义。部分人民法院在裁判案件中采纳了这一观点。以临江林区基层人民法院为例,该院通过以案释法的典型案例[②],明确了以遗嘱方式设立的居住权在登记后生效的裁判规则。该案中,袁女士与白先生组成二婚家庭,两人一起生活十余年后,丈夫白先生不幸因病离世。白先生去世前立下遗嘱,将其个人所有的一套房产,归其与前妻所生的儿子白小某所有,而袁女士再婚

---

① 民事审判理论专委会赞同此种观点,其承认以遗嘱与合同方式设立的居住权适用差异客观存在,但严格适用必然包括登记生效的要求,因此不需要对以遗嘱方式设立的居住权进行区分,在司法适用的过程中以遗嘱方式设立的居住权必须依法履行登记程序。参见中国审判理论研究会民事审判理论专业委员会:《民法典物权编条文理解与司法适用》,法律出版社 2020 年版,第 386 页。中国社科院在其著书中也表示除法院裁判文书设立的居住权直接产生物权效力外,有效的居住权必然建立在登记的基础上。以遗嘱方式设立的居住权其生效时间也不例外,需在对设立居住权的遗嘱进行登记后始生效力。参见孙宪忠、朱广新主编:《民法典评注·物权编(3)》,中国法制出版社 2020 年版,第 246～253 页。杨立新教授表示登记对居住权最大的意义,是为了不与租赁权发生混淆,因此无论是哪种方式获得的居住权,出于这一目的均需要进行登记限制,否则不能生效。参见杨立新主编:《〈中华人民共和国民法典〉条文精释与实案全析》,中国人民大学出版社 2020 年版,第 522～523 页。

② 参见临江林区基层法院:《话说民法典|遗嘱可设居住权 设立应办理登记》,载微信公众号"临江林区基层法院"2022 年 5 月 23 日,https://mp.weixin.qq.com/s/0y7YlE9s2P8lKgWQbEPEVg。

之前仍然可以在这套房子中居住。袁女士担心自己日后与白小某产生嫌隙，居住权无法获得保障，便就这一问题向临江林区基层人民法院进行咨询。临江林区基层人民法院认为，为了保障袁女士的居住权利，袁女士应持身份证明、生效遗嘱、遗嘱人死亡证明等申请材料，与该房产的继承人白小某到不动产登记机构办理房屋的居住权登记，以保障其在该房屋中居住的权利。

第二，以遗嘱方式设立的居住权无须登记即生效。因为登记生效主义违背了《民法典》第230条关于"因继承取得物权的，自继承开始时发生效力"的规定；同时，也与以遗嘱方式设立居住权的私密性、伦理性相冲突。因此，以遗嘱方式设立的居住权，登记仅发挥宣示居住权存在的作用，不影响居住权的设立。[①] 司法实践中，持此种观点的人民法院较多[②]，可以周某某与周某遗嘱继承纠纷一案[③]为例：本案中，周某1、周某2、周某3、周某4、周某5、周某6、周某7系被继承人陶某芳同胞子女。2008年5月24日，双流县万安镇人民政府与周某5签订《拆迁协议书》，载明根据补偿协议，对周某5进行统建房安置，安置人口为4人，面积为70+105平方米，安置共有人为周某5、张某珍、周某刚、陶某芳。2010年12月30日，陶某芳与案涉其他当事人达成协议，载明陶某芳的安置房在周某5的户下，陶某芳在有生之年享有居住权和使用权。后陶某芳与周某5发生矛盾，并诉至四川省双流县人民法院，要求分割安置房屋，经人民法院主持调解，双方达成协议确认，陶某芳在拆迁安置政策允许的范围内享有位于案涉房屋35平方米的使用及居住的权利。

---

① 持这一观点的有贯彻实施《民法典》工作小组，其表示以遗嘱方式设立的居住权在生效时间认定上不能完全参照适用。理由遵循了物权变动的基本法理，即继承的直接物权效力是物权变动规则之一，那么在遗嘱真实有效的前提下，以遗嘱方式设立的居住权同样直接产生物权效力，无须登记。登记行为产生一种法律上的宣告作用，可以对抗受让人。参见最高人民法院民法典贯彻实施工作领导小组：《中华人民共和国民法典物权编理解与适用》，人民法院出版社2020年版，第343～346页。全国人大会法工委也持此种观点，《民法典》第366～370条对合同居住权进行的体系规定已然足够完善，遵循参照适用的规定，遗嘱设立的居住权的相关规定如限制、消灭都参照适用。该释义采取了限制列举的方式，基本明确了遗嘱设立的居住权的生效不在参照适用的范围中，所以应当区分遗嘱设立的居住权的生效时间认定规则。参见黄薇主编：《中华人民共和国民法典物权编解读》，中国法制出版社2020年版，第239页。

② 如王某某与范某、顾某某遗嘱继承纠纷一案，上海市浦东新区人民法院(2021)沪0115民初20868号民事判决书；吴某第等与邬某英居住权纠纷一案，上海市嘉定区人民法院(2021)沪0114民初16641号民事判决书；周某1与周某2继承纠纷一案，广西壮族自治区永福县人民法院(2020)桂0326民初1109号民事判决书。

③ 四川天府新区成都片区人民法院民事判决书，(2021)川0192民初2380号。

2016年1月5日,陶某芳立下遗嘱,将自己所享有的对拆迁安置房35平方米的使用权、居住权转由女儿周某1继承,2018年8月14日陶某芳因病去世。周某1向人民法院提出诉讼请求,要求人民法院确认其对案涉房屋35平方米的使用及居住的权利,周某5以该居住权未进行登记为由提出抗辩。

生效裁判认为,首先,关于案涉遗嘱效力的问题。依据《民法典》第1333条第2款关于"自然人可以立遗嘱将个人财产指定由法定继承人中的一人或者数人继承"及第1136条"打印遗嘱应当有两个以上见证人在场见证。遗嘱人和见证人应当在遗嘱每一页签名,注明年、月、日"的规定。案涉遗嘱系陶某芳的真实意思表示,而且该遗嘱符合法律规定的形式要件,故案涉遗嘱合法有效。其次,根据《民法典》第1123条关于"继承开始后,按照法定继承办理;有遗嘱的,按照遗嘱继承或者遗赠办理;有遗赠扶养协议的,按照协议办理"之规定,本案中,陶某芳对案涉房屋35平方米的使用及居住的权利已经由人民法院达成调解协议并确认,因此其立下遗嘱由周某1继承案涉房屋35平方米的使用及居住的权利,也应依法确认。所以,人民法院对周某1享有案涉35平方米房屋的使用权及居住权的主张予以支持。

通过上述两种适用规则及案例裁判来看,以遗嘱方式设立居住权的生效规则在司法实践中尚未统一,并将引发司法适用困难。涉遗嘱的物权变动规范与合同规范本就存在差异,而遗嘱的私密性与伦理性,也使以遗嘱方式设立居住权的登记规定较难实现。因此,人民法院在司法实践中,应充分考虑以遗嘱方式设立居住权的特殊性及伦理性,结合物权变动的基本原理,对遗嘱方式设立居住权的生效规则进行统一合理的解释,以便更好地保障遗嘱中的居住人的居住利益。

四、遗嘱信托的司法适用

2022年5月25日,公布《2021中国中产家庭资产配置白皮书》。[①] 根据白皮书的统计数据显示:"在宏观环境错综复杂和疫情反复无常的背景下,我国居民对资产配置的重视程度日益提高,财富管理需求显著增长,居民资产配置理念相较于2020年有所改善,财富保障意识有所提升。随着商业银行、资产管

① 参见《普益集团联合普益标准发布〈2021中国中产家庭资产配置白皮书〉》,载南方新闻网2022年5月26日,https://baijiahao.baidu.com/s?id=1733876837158223494&wfr=spider&for=pc。

理、信托、保险等金融机构积极投入到财富管理市场,居民财富管理需求多元化趋势凸显。”在我国居民财富快速积累,个人资产配置多元化的大趋势下,遗嘱信托制度的发展颇具现实意义。公众的继承观念随着财富积累规模与种类的增加而转变,遗产的处分不再是讳莫如深的话题。[①] 遗嘱信托作为遗产处分的新方式,可以实现遗嘱人对于财产管理的意思自治[②],弥补了传统遗嘱继承制度的不足,有利于促进财富的代际转移。

2001 年我国《信托法》首次规定了遗嘱信托。《信托法》第 8 条明确规定了通过遗嘱设立信托的方式,即“设立信托,应当采取书面形式。书面形式包括信托合同、遗嘱或者法律、行政法规规定的其他书面文件等”。其第 13 条对遗嘱信托进行了细节性规定:“设立遗嘱信托,应当遵守继承法关于遗嘱的规定。遗嘱指定的人拒绝或者无能力担任受托人的,由受益人另行选任受托人;受益人为无民事行为能力人或者限制民事行为能力人的,依法由其监护人代行选任。遗嘱对选任受托人另有规定的,从其规定。”但自《信托法》实施以来,其一直未能有效地与我国民法体系相衔接,信托法始终游离于民法之外。[③] 原《继承法》第 16 条虽规定“公民可以依照本法规定立遗嘱处分个人财产,并可以指定遗嘱执行人”,但并没有对遗嘱信托进行规定,遗嘱信托缺乏立法上的体系性和实务中的可操作性。因而,实践中有效成立的遗嘱信托极少,案例并不多见,相关的理论研究也略显不足,遗嘱信托一直没有发挥出其应有的制度价值。

《民法典》第 1133 条规定了遗嘱信托,即“自然人可以依法设立遗嘱信托”。从法律价值而言,该规定赋予了自然人在生前对自己所有的财产享有身后自由处置权,充分体现了《民法典·继承编》对所有人处分其身后财产愿望的人文关照[④],也是其顺应时代发展和保护个人财产所有的应有之义。《信托法》虽早已规定了遗嘱信托,但《民法典》第 1133 条的规定,则让遗嘱信托真正走进大众视野,并受到了公众关注。实务中的遗嘱信托纠纷日趋增多,但有关遗嘱信托的原则性规定,并不能满足司法实务中有关遗嘱信托纠纷的裁判需求,也容易导

---

① 参见靳岩岩:《遗嘱信托制度的司法适用与立法完善》,载《石河子大学学报(哲学社会科学版)》2021 年第 4 期。

② 参见陈一天:《〈民法典〉遗嘱信托的继承法内涵研究》,载《法治论坛》2020 年第 4 期。

③ 参见窦冬辰:《民法典时代信托的制度定位、融入与发展》,载《时代法学》2021 年第 2 期。

④ 参见王歌雅:《〈民法典·继承编〉立法研究》,黑龙江人民出版社 2021 年版,第 117 页。

致遗嘱信托的司法适用分歧。

（一）遗嘱信托司法适用的现状

相较于遗嘱信托发展较为成熟的英美等国，我国的遗嘱信托制度是基于较低的物质水平与简单的遗产形式构建的[①]，其社会实践亦处于初级阶段。《民法典》实施前，在中国裁判文书网中能够检索到的遗嘱信托案件仅有3例[②]，《民法典》实施后，遗嘱信托的案件数量逐渐增加。中国裁判文书网公布的《民法典》实施后有关"遗嘱信托"的案件有241件[③]，其中适用《民法典》第1133条规定解决的纠纷案件有198件。对《民法典》实施后的遗嘱信托案件进行类型分析后，如图8、图9所示，可以对遗嘱信托的司法适用得出以下结论：遗嘱信托涉及的案件类型丰富，主要集中在法定继承领域；人民法院在进行司法裁判时，往往依据《民法典》第1133条规定，对案涉纠纷的遗嘱信托进行确认，继而进行遗产的处理。

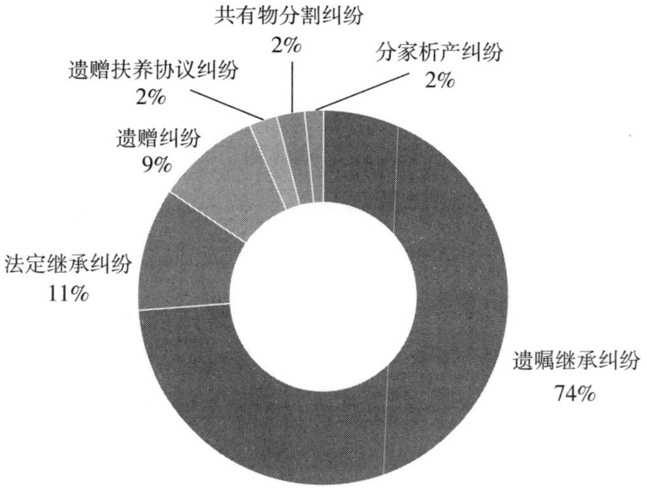

图8　法典实施后涉遗嘱信托的案件类型

① 参见靳岩岩：《遗嘱信托制度的司法适用与立法完善》，载《石河子大学学报（哲学社会科学版）》2021年第4期。

② 除下文中讨论的遗嘱信托第一案以外，还有彭某棣、叶某森委托合同纠纷二审民事判决书，广东省高级人民法院（2016）粤民终1828号；曾某1、抚州市临川区高坪镇新坪村委会曾家组遗嘱继承纠纷再审审查与审判监督民事裁定书，江西省高级人民法院（2016）赣民申392号。（本数据截至2020年10月3日）

③ 本数据截至2022年10月3日。

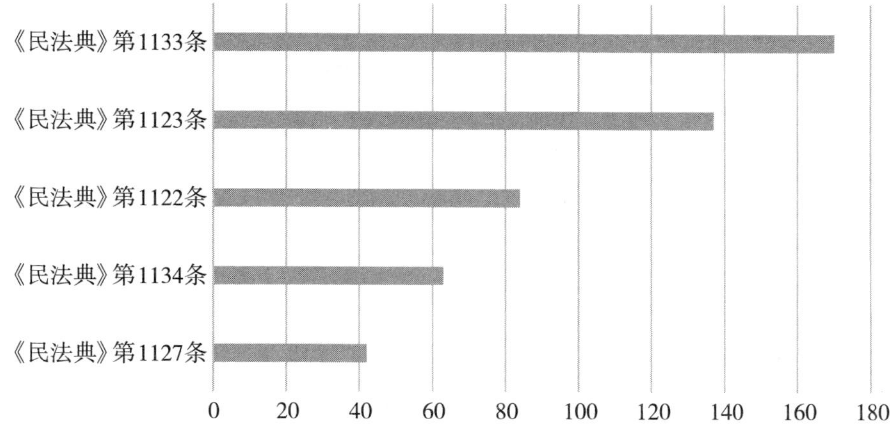

图 9 涉遗嘱信托纠纷的司法适用条款

上述数据表明,《民法典》第 1133 条规定普遍适用于遗嘱信托纠纷,且较好地发挥了解决遗嘱信托纠纷、保障继承财富流转的价值。随着《民法典·继承编》对遗嘱信托的明确规定,人民法院对遗嘱信托的司法适用相较于法典实施前也愈发成熟。

1. 法典实施前:遗嘱信托第一案

"李某 1、钦某某等遗嘱继承纠纷一案"①,是我国首次以司法判决的方式确认了遗嘱信托,开创了财富传承领域司法实践的先河。该案在当时引起广泛关注,被称为我国"遗嘱信托第一案"。② 其司法适用的难点在于:在当时的社会背景下,遗嘱信托属于比较新型的财富传承方式,我国继承立法中无法找到裁判依据,同时,人民法院可以参考的裁判先例几乎没有。因此,人民法院在司法裁判中,既要依据信托法理,还要紧密结合案件事实,综合考量案件所设法律关系是否构成遗嘱信托,并进一步探讨其效力。"李某 1、钦某某等遗嘱继承纠纷一案",对遗嘱信托的司法适用具有较好的指导意义。

在本案中,诉争双方当事人就遗嘱人李某 4 所设立亲笔遗嘱是否构成遗嘱信托产生分歧。案件当事人李某 4 于 2015 年 8 月 1 日写下亲笔遗嘱一份,内容如下:"……一、财产总计:1. 元普投资 500 万元(月月盈)招商证券托管;2. 上海

① 上海市第二中级人民法院民事判决书,(2019)沪 02 民终 1307 号。

② 参见麻爱秦:《从"遗嘱信托第一案"看遗嘱信托的属性与功能》,载《人民法院报》2022 年 3 月 24 日,第 7 版。

银行易精灵及招商证券约500万元;3. 房产:金家巷、青浦练塘前进街、海口房产各一套。二、财产处理:1. 在上海再购买三房两厅房产一套,该房购买价650万元左右,只传承给下一代,永久不得出售(现有三套房产可出售,出售的所得并入李某4家族基金会,不出售则收租金);2. 剩余350万元资金及房产出售款项(约400万元)和650万元房屋和其他资产约1400万元,成立'李某4家族基金会'管理。三、财产法定使用:1. 妻子钦某某、女儿李某2每月可领取生活费一万元整(现房租金5000元,再领现金5000元),所有的医疗费全部报销,买房之前的房租全额领取。李某2国内学费全报。2. 每年钦某某、李某5、李某6、李某7各从基金领取管理费一万元。3. 妻儿、三兄妹医疗费自费部分报销一半(住院大病)。4. 以后有补充、修改部分以日后日期为准。财产的管理由钦某某、李某5、李某6、李某7共同负责。新购650万元房产钦某某、李某2、李某1均有权居住,但不居住者,不能向居住者收取租金……"一审法院认定李某4所设遗嘱,属于遗嘱信托,其裁判理据如下:

首先,人民法院对案涉遗嘱的形式进行了确认。人民法院认为:从遗嘱的内容来看,李某4于2015年8月1日所立遗嘱表达的意思是不对遗产进行分割,而是要将遗产作为一个整体,通过一个第三方进行管理,这个第三方李某4命名为"李某4家族基金会",组成人员为钦某某、李某5、李某6、李某7,管理方式为共同负责管理。李某4还在遗嘱中指定了部分财产的用途,指定了受益人,明确了管理人的报酬,并进一步在购买房屋一事上阐明其目的——"只传承给下一代,永久不得出售",即要求实现所有权和收益权的分离。上述李某4的意思表示,符合信托的法律特征,应当视为李某4希望通过遗嘱的方式设立信托,实现家族财富的传承。

其次,人民法院结合《继承法》《信托法》的规定,对李某4于2015年8月1日所立遗嘱的效力进行认定。人民法院认为:根据《继承法》规定,常规的遗嘱形式包括公证遗嘱、自书遗嘱、代书遗嘱和录音遗嘱。本案所涉李某4于2015年8月1日所立遗嘱为自书遗嘱,李某1、钦某某、李某2均无异议。《继承法》进一步规定,自书遗嘱必须全部由遗嘱人亲笔书写,签名,注明年、月、日。本案所涉李某4于2015年8月1日所立的遗嘱为李某4所立最后遗嘱,符合上述形式要件,且未见存在遗嘱无效的情形,应当认定李某4于2015年8月1日所立遗嘱成立并有效。根据《信托法》规定,信托目的必须合法。李某4的信托目的在于根据其意志管理遗产并让指定的受益人获得收益,符合法律规定。根据法律规定,信托应当采用书面形式,包括遗嘱等。李某4于2015年8月1日所立自书遗嘱,符合书面形式的要求。根据法律规定,信托文件还应当载明信托目的、委托人及受托人姓名、受益人范围、信托财产范围、受益人取得信托利益的形式和方法。李某4于2015年8月1日所立自书遗嘱明确其信托目的为管理遗产,委托人为李某4,受托人为钦某某、李某5、李某6、李某7,受益人为钦某某、李某2、李1,信托财产为其遗嘱中所列举的财产,受益人以居住、报销和定期领取生活费等方式取得信托利益。因此,李某4于2015年8月1日所立的遗嘱符合《信托法》的规定,为有效信托文件。

最后,人民法院根据遗嘱内容对遗嘱信托的执行进行了确认。人民法院认为:根据《继承法》和《信托法》规定,立遗嘱人有权在遗嘱中指定遗嘱执行人,信托的委托人有权指定多个共同受托人。从遗嘱的上下文来看,李某4指定的管理人即为遗嘱执行人和信托受托人。钦某某亦为被指定的管理人之一,但其已向法院明确拒绝该指定,故钦某某不再列为遗嘱执行人、管理人和受托人。李某7、李某6、李某5向法院表示承诺信托,愿意履行相关法律义务,故一审法院确认信托成立,李某7、李某6、李某5为遗嘱执行人、管理人和受托人,有权根据一审判决指定的范围接管李某4的遗产。

综上,一审法院裁判李某4于2015年8月1日所立遗嘱有效,依法成立信托,李某1要求按照遗嘱继承的请求可获支持。李某6、李某5、李某7要求执行遗嘱的请求可获支持,并担任受托人,根据判决指定的范围,按照法律规定以及遗嘱的内容履行受托人义务。

该案部分当事人表示不服,提起上诉。二审法院虽部分撤销了一审法院的裁判,但是对一审法院认定遗嘱信托的裁判予以维持。在一审法院的裁判基础之上,二审法院强调,对行为人实施的无相对人的意思表示行为作解释,不能单纯拘泥于行为人使用的词句,而应当结合有关文本相关条款、行为人行为的性质和目的、生活习惯及诚实信用原则来判定行为人的真实意思。本案中,李某4于2015年8月1日所订立的涉案遗嘱属单方民事法律行为,系无相对人的意思表示行为。一审法院经审理,针对遗嘱的具体内容,分析了其所产生的相应法律效力,进而认为该遗嘱中的财产内容符合信托法律特征,并就遗嘱的效力根据《继承法》和《信托法》的规定进行了认定,本院认为一审法院的观点符合法律对无相对人意思表示行为解释的规范要求。尽管涉案遗嘱中部分文字表述不尽严谨与规范，但一审法院通过对涉案遗嘱通篇内容的把握与解释，将立遗嘱人在遗嘱中的财产安排定性为信托，符合该遗嘱的整体意思与实质内容。同时，在对涉案遗嘱内容解释为信托的基础上，一审法院依据我国《信托法》的相关规定，结合李某4设立信托之目的、形式、内容等对涉案遗嘱作了详尽分析，进一步认定涉案遗嘱为有效信托文件，本院认为于法有据，予以认同。

在李某1、钦某某等遗嘱继承纠纷一案中，人民法院以案释法，充分结合继承和信托的法律规定，对案涉遗嘱信托进行了确认。同时该案司法适用的可贵之处在于，人民法院基于案件中所涉法律关系新颖、缺少先例供当事人参照的司法实际，在裁判中对民事信托中受托人的职责内容和具体义务的履行进行了释明。人民法院通过裁判向当事人释明信托权利义务关系等立法规定的做法，不仅有利于保护当事人的合法继承权利，促使当事人履行义务，同时以案释法，也可发挥减少遗嘱信托纠纷的积极作用。

2. 法典实施后：遗嘱信托的司法裁判

依据《民法典》第1133条规定，人民法院对遗嘱信托案件形成了较为完善的裁判逻辑：首先，人民法院根据《民法典》第1133条规定，确认自然人以遗嘱信托的方式处分遗产的合法性；其次，人民法院结合信托制度的目的和特点，对案涉法律关系是否构成遗嘱信托进行判断；最后，人民法院分别根据《民法典·继承编》和《信托法》规定的生效要件，对遗嘱信托的效力进行判断。

如北京市高级人民法院在"贺某与李某3等继承纠纷一案"①中，对案涉行为是否构成"遗嘱信托"进行再审审查时认为："……依据《民法典》第1133条，公民可以立遗嘱处分个人财产，并可以指定遗嘱执行人，亦可以立遗嘱将个人财产赠给国家、集体或者法定继承人以外的人。从尊重信托目的和委托人意愿的角度来看，被继承人李某5以订立遗嘱方式设定相应权利义务，并就公益基金的成立和慈善事业的投入等意愿和基本方案进行了说明，其间还提及部分需要资助的人员及方式，亦指定了相关执行人，符合遗嘱信托的设立条件，同时结合被继承人李某5所表达的自身对于公益事业的热忱和对部分亲友的照顾关怀之意愿，案涉遗嘱内容中对遗产所作出的处理指示，实质上更符合遗嘱信托

① 北京市高级人民法院民事裁定书，(2021)京民申5415号。

之性质……”

再如“潘某霞、梁某庭等遗嘱继承纠纷”[①]一案中，二审法院从案涉《嘱咐计划如下》的内容和目的入手，认定：“《嘱咐计划如下》订立后，梁某决定将该账户内的 500 万元本金委托梁某豪、梁某庭两人进行监管和处分，并通过一定的财产管理方式使该部分财产保值增值，将增值部分分配给各受益人。符合《信托法》第 2 条、第 8 条的规定，因此可以认定梁某基订立的《嘱咐计划如下》兼具遗嘱和信托的法律特征，符合《民法典》第 1133 条规定的‘以遗嘱方式设立信托’，即‘遗嘱信托’的法律形式……”因而，二审法院纠正了一审法院对《嘱咐计划如下》为委托合同的认定，确认了案涉遗嘱信托的成立。

上述案例表明，有关遗嘱信托的司法适用在《民法典》第 1133 条规定下逐步成熟，良好的司法适用效果不仅使自然人的遗嘱自由得到保障，也使遗嘱信托受益人的权益得到更有效的维护。

（二）遗嘱信托司法适用的难点

《民法典》第 1133 条对遗嘱信托的原则性规定，回应了《信托法》第 8 条“设立信托”的条件规则。[②] 但是，《民法典》第 1133 条仅是起到确认遗嘱信托合法性的作用，《民法典·继承编》及《继承编解释（一）》并未进一步规定具体规则，也没有解决信托规则与遗嘱规则不相衔接的矛盾，从而导致人民法院在解决遗嘱信托纠纷时，对遗嘱信托的定性和规则适用混乱，对法律规则适用存在偏差，从而引发遗嘱信托案件“同案不同判”的现象。

遗嘱信托中信托财产能否遵循遗嘱人的意志进行流转，关键在于受托人。受托人基于遗嘱信托获得了处分信托财产的权利，其处分行为与受益人的信托财产利益息息相关。因此，受托人处分权的行使受到受益人最大利益原则的制约[③]，即遗嘱信托中的受益人有权请求人民法院，对受托人可能损害其信托财产利益的行为进行认定，但是司法实践中对受托人行为效力的裁判缺乏统一的标准。人民法院的认定标准出现分歧，将损害遗嘱信托案件裁决的司法权威。

---

① 广东省佛山市中级人民法院民事判决书，（2020）粤 06 民终 1609 号。

② 参见王建平、何跃：《遗嘱信托制度的构建及其路径——以〈民法典〉第 1133 条为基础》，载《社会科学战线》2021 年第 7 期。

③ 参见赵廉慧：《我国遗嘱继承制度背景下的遗嘱信托法律制度探析》，载《法学杂志》2016 年第 8 期。

司法实践中，人民法院针对遗嘱信托中受托人处分行为的效力认定，可以区分为以下两种司法裁判标准：

一是“遗嘱人文义标准”。即人民法院在对遗嘱信托中受托人处分信托财产行为效力认定上，严格遵循遗嘱人所立遗嘱的意思表示。如“李1、钦某某等遗嘱继承纠纷一案”①中，人民法院对遗嘱人“只传承给下一代，永久不得出售”的意思表示确认，就是以遗嘱文义为基础，并结合遗嘱上下文以及遗嘱目的展开的。人民法院在裁判中认为，“……从遗嘱的目的来看，李某4的目的在于保持其继承人及直系后代能够获得稳定收益，将遗产的处分权与收益权相分离。从上下文来看，李某4在遗嘱中明确要把650万元房产并入‘李某4家族基金会’，由管理人统一管理……因此受托人给予配偶相应收益权的行为，符合‘只传承给下一代，永久不得出售’的文义，受托人的行为有效……”“遗嘱人文义标准”的裁判较为客观，即以遗嘱人的文义作为判断受托人行为效力的唯一标准，最大程度上遵循了遗嘱人的真意，但这样的裁判标准易于限制受托人对信托财产的处分行为，违背遗嘱信托制度流转财富的本意。

二是“受托人自由处分标准”。即承认遗嘱信托的受托人在遗嘱文义以外，对信托财产享有一定“自由处分权”，但应满足“不违反法律规定，且更有利于遗产的收集和管理，最终有利于全体受益人”②的处分要求。最高人民法院在“翁某雅、吕某雯第三人撤销之诉再审一案”中即遵循了这一裁判思路。最高人民法院的裁判认为：“……翁某遗嘱的第7条规定，翁某逝世时拥有的或有资格拥有的不论为何物及坐落何处的全部不动产及动产（包括翁某有权以遗嘱支配之财产），予信托受托人依信托将财产出售变为现款，只要信托受托人使用‘绝对酌情权’认为恰当，可拥有充分的权利延期出售上述财产，并无须承担损失。本案中翁某现已过世，有利公司80%股权继续登记在翁某名下，无法进行遗产管理、处理。且由于种种原因，至今此80%股权未能得到有效管理。因此，翁某芳等四人申请将有利公司80%股权登记在自身名下，有利于实现对遗产的管理与分配……”同时人民法院还认为：“此种裁判在现行遗产管理人制度以及遗嘱信托制度不完善情况下，并不违反法律规定，且更有利于遗嘱的执行以及遗产的

① 上海市第二中级人民法院民事判决书，（2019）沪02民终1307号。

② 中华人民共和国最高人民法院民事判决书，（2020）最高法民再111号。

收集和管理，也最终有利于全体遗嘱受益人……”承认受托人享有一定“自由处分权”的裁判标准，有利于尊重受托人对信托财产的处置权，并承认其在“更有利于遗产的收集和管理”目的下的处分行为。但是“更有利于遗产的收集和管理”的判断标准往往依赖于人民法院的自由裁量，且标准不一；同时享有“自由处分权”的受托人行为，也易于因缺乏监督而存在隐患。

因此，不管是“遗嘱人文义标准”还是“受托人自由处分标准”，从保障遗嘱信托财产、维护信托当事人利益的角度而言都不尽完善，故司法实践中应当采取统一、合理、全面、宽严相济的标准，对遗嘱信托受托人的行为效力进行认定。

有关遗嘱信托中受托人的行为效力认定标准的分歧，只是遗嘱信托裁判分歧在司法适用中的表现之一。家庭财富代际转移的需求，对遗嘱信托乃至整个信托制度的司法适用提出了更高的要求①，但从目前司法适用效果来看，遗嘱信托仅通过《民法典》第1133条这一原则性的规定进行裁决，无法满足司法审判需要，各级人民法院对遗嘱信托的成立、生效以及财产的登记等问题的裁判标准亟待统一②，进而对遗嘱信托纠纷进行准确的司法适用，有效发挥遗嘱信托制度的立法价值。

① 参见靳岩岩：《遗嘱信托制度的司法适用与立法完善》，载《石河子大学学报（哲学社会科学版）》2021年第4期。

② 参见和丽军：《民法典遗嘱信托制度的完善》，载《福建师范大学学报（哲学社会科学版）》2020年第5期。

参考文献

著作

[1]中共中央党史和文献研究院编:《十九大以来重要文献选编》(中),中央文献出版社2021年版。

[2]中共中央文献研究室编:《习近平关于全面依法治国论述摘编》,中央文献出版社2015年版。

[3]习近平:《习近平谈治国理政》(第4卷),外文出版社2022年版。

[4]中央全面依法治国委员会办公室:《中国共产党百年法治大事记(1921年7月–2021年7月)》,人民出版社、法律出版社2022年版。

[5]《民法学》编写组:《民法学》,高等教育出版社2022年版。

[6]魏振瀛主编:《民法》(第8版),北京大学出版社、高等教育出版社2021年版。

[7]王歌雅:《〈民法典·继承编〉立法研究》,黑龙江人民出版社2021年版。

[8]王利明:《法学方法论:以民法适用为视角》,中国人民大学出版社2021年版。

[9]房绍坤、范李瑛、张洪波编著:《婚姻家庭继承法》(第6版),中国人民大学出版社2020年版。

[10]陈甦主编:《中国社会科学院民法典分则草案建议稿》,法律出版社2019年版。

[11]马忆南:《婚姻家庭继承法学》(第4版),北京大学出版社2019年版。

[12]陈苇主编:《婚姻家庭继承法学》(第3版),中国政法大学出版社2018

年版。

［13］巫昌祯主编:《婚姻与继承法学》(第6版),中国政法大学出版社2017年版。

［14］夏吟兰主编:《婚姻家庭继承法》(第2版),中国政法大学出版社2017年版。

［15］［意］彼得罗·彭梵得:《罗马法教科书》,黄风译,中国政法大学出版社2018年版。

［16］杨大文主编:《亲属法与继承法》,法律出版社2013年版。

［17］王歌雅主编:《婚姻家庭继承法学》(第2版),中国人民大学出版社2013年版。

［18］梁慧星主编:《中国民法典草案建议稿附理由:继承编》,法律出版社2013年版。

［19］张作华:《亲属身份行为基本理论研究》,法律出版社2011年版。

［20］李俊主编:《婚姻家庭继承法》,中国政法大学出版社2010年版。

［21］陈苇:《改革开放三十年(1978－2008)中国婚姻家庭继承法研究之回顾与展望》,中国政法大学出版社2010年版。

［22］王泽鉴:《民法物权》,北京大学出版社2010年版。

［23］［奥］欧根·埃利希:《法社会学原理》,舒国滢译,中国大百科全书出版社2009年版。

［24］［美］朗·富勒:《法律的道德性》,郑戈译,商务印书馆2005年版。

［25］杨立新、朱呈义:《继承法专论》,高等教育出版社2006年版。

［26］杨震:《法价值哲学导论》,中国社会科学出版社2004年版。

［27］张岱年:《文化与价值》,新华出版社2004年版。

［28］郭明瑞、房绍坤、关涛:《继承法研究》,中国人民大学出版社2003年版。

［29］郭明瑞、房绍坤:《继承法》,法律出版社2003年版。

［30］［印］阿马蒂亚·森:《以自由看待发展》,任赜、于真译,中国人民大学出版社2002年版。

［31］［德］弗里德里希·卡尔·冯·萨维尼:《论立法与法学的当代使命》,许章润译,中国法制出版社2001年版。

[32]周枏:《罗马法原论》(上),商务印书馆2001年版。

[33]史尚宽:《继承法论》,中国政法大学出版社2000年版。

[34]张玉敏:《继承法律制度研究》,法律出版社1999年版。

[35]张玉敏主编:《继承法教程》,中国政法大学出版社1998年版。

[36]蓝承烈、杨震主编:《继承法新论》,黑龙江教育出版社1993年版。

[37]江平、米健:《罗马法基础》,中国政法大学出版社1991年版。

[38]佟柔主编:《继承法教程》,法律出版社1986年版。

[39]《宋刑统》,中华书局1984年版。

[40]《马克思恩格斯选集》(第3卷),人民出版社1974年版。

[41][英]梅因:《古代法》,沈景一译,商务印书馆1959年版。

[42]《列宁全集》(第1卷),人民出版社1955年版。

[43]李玉莹:《论家事领域居住权的构建与衔接》,载上海法学会编:《上海法学研究》(第9卷),上海人民出版社2020年版。

[44]《乌克兰民法典》,刘鹏译,商务印书馆2022年版。

[45]《德国民法典》,陈卫佐译,法律出版社2020年版。

[46]《日本民法典》,刘士国、牟宪魁、杨瑞贺译,中国法制出版社2018年版。

[47]《越南民法典》,伍光红、黄氏惠译,商务印书馆2018年版。

[48]《秘鲁共和国新民法典》,徐涤宇译,北京大学出版社2017年版。

[49]《瑞士民法典》,于海涌、赵希璇译,法律出版社2016年版。

[50]《智利共和国民法典》,徐涤宇译,北京大学出版社2014年版。

[51]《埃塞俄比亚民法典》,薛军译,厦门大学出版社2013年版。

[52]《西班牙民法典》,潘灯、马琴译,中国政法大学出版社2013年版。

[53]《菲律宾民法典》,蒋军洲译,厦门大学出版社2011年版。

[54]《法国民法典》,罗结珍译,北京大学出版社2010年版。

[55]《意大利民法典》,陈国柱译,中国人民大学出版社2010年版。

[56]《巴西新民法典》,齐云译,中国法制出版社2009年版。

[57]《葡萄牙民法典》,唐晓晴等译,北京大学出版社2009年版。

[58]《韩国民法典 朝鲜民法》,金玉珍译,北京大学出版社2009年版。

[59]《最新阿根廷共和国民法典》,徐涤宇译,法律出版社2007年版。

[60]《俄罗斯联邦民法典》,黄道秀译,北京大学出版社2007年版。

释义书

[1]最高人民法院民事审判第一庭编著:《最高人民法院民法典继承编司法解释(一)理解与适用》,人民法院出版社2022年版。

[2]最高人民法院民法典贯彻实施工作领导小组主编:《中华人民共和国民法典婚姻家庭编继承编理解与适用》,法律出版社2020年版。

[3]黄薇主编:《中华人民共和国民法典继承编释义》,法律出版社2020年版。

[4]孙毅、刘耀东编著:《〈中华人民共和国民法典·继承编〉释义》,人民出版社2020年版。

[5]陈甦、谢鸿飞:《民法典评注·继承编》,中国法制出版社2020年版。

[6]杨立新主编:《〈中华人民共和国民法典〉条文精释与实案全析》,中国人民大学出版社2020年版。

[7]王歌雅、任江:《中华人民共和国继承法评注:法定继承》,厦门大学出版社2019年版。

期刊论文

[1]刘学在、赵贝贝:《遗产管理人的诉讼实施权配置研究——从实体与程序的双重维度切入》,载《中南大学学报(社会科学版)》2022年第4期。

[2]房绍坤:《遗赠效力再探》,载《东方法学》2022年第4期。

[3]房绍坤:《〈民法典〉中受遗赠人探析》,载《当代法学》2022年第3期。

[4]龙翼飞、阴赵丹:《〈民法典〉继承宽宥的制度价值与法律适用》,载《理论学刊》2022年第4期。

[5]马新彦:《遗产限定继承论》,载《中国法学》2021年第1期。

[6]冯宇雷、刘畅:《论被继承人宽宥制度的适用》,载《人民司法》2021年第7期。

[7]窦冬辰:《民法典时代信托的制度定位、融入与发展》,载《时代法学》2021年第2期。

[8]王建平、何跃:《遗嘱信托制度的构建及其路径——以〈民法典〉第1133

条为基础》,载《社会科学战线》2021 年第 7 期。

[9]靳岩岩:《遗嘱信托制度的司法适用与立法完善》,载《石河子大学学报(哲学社会科学版)》2021 年第 4 期。

[10]王歌雅:《〈民法典·继承编〉的人文观照与制度保障》,载《法学杂志》2020 年第 2 期。

[11]王歌雅:《〈民法典·继承编〉:编纂争议与制度抉择》,载《法学论坛》2020 年第 1 期。

[12]王歌雅:《〈民法典·继承编〉:制度补益与规范精进》,载《求是学刊》2020 年第 1 期。

[13]缪宇:《遗赠扶养协议中的利益失衡及其矫治》,载《环球法律评论》2020 年第 5 期。

[14]王丹:《民法典继承编修改的几个重点问题》,载《人民司法》2020 年第 22 期。

[15]陈一天:《〈民法典〉遗嘱信托的继承法内涵研究》,载《法治论坛》2020 年第 4 期。

[16]和丽军:《民法典遗嘱信托制度的完善》,载《福建师范大学学报(哲学社会科学版)》2020 年第 5 期。

[17]邱波:《网络虚拟财产继承纠纷的裁判思路》,载《人民司法》2020 年第 4 期。

[18]周瑞珏、赵精武:《合同承继抑或物的继承:电话号码继承的模式选择》,载《人民司法》2020 年第 4 期。

[19]刘俊海:《网络虚拟财产的权利属性及继承》,载《人民司法》2020 年第 4 期。

[20]龙翼飞:《编纂民法典婚姻家庭编的法理思考与立法建议》,载《法制与社会发展》2020 年第 2 期。

[21]马新彦:《民法典家事财产法制的教育功能——以社会主义核心价值观为价值理念的研究》,载《当代法学》2020 年第 1 期。

[22]王泽鉴:《中国民法的特色及解释适用》,载《法律适用》2020 年第 13 期。

[23]王歌雅:《民法典编纂:性别意识与规范表达》,载《中华女子学院学

报》2019 年第 2 期。

[24]王葆莳:《继承协议中处分行为的约束力及其限制——兼评我国民法典继承编的立法构建》,载《上海政法学院学报》2019 年第 6 期。

[25]罗冠男:《我国继承制度中的价值取向和利益平衡》,载《法学杂志》2019 年第 10 期。

[26]瞿灵敏:《丧偶儿媳、女婿继承权的法理基础与制度完善——兼评〈民法典继承编(草案)〉(第二次审议稿)第 908 条》,载《法制现代化研究》2019 年第 5 期。

[27]杨立新:《民法典继承编草案修改要点》,载《中国法律评论》2019 年第 1 期。

[28]肖俊:《"居住"如何成为一种物权——从罗马法传统到当代中国居住权立法》,载《法律科学(西北政法大学学报)》2019 年第 3 期。

[29]王歌雅:《〈民法典·继承编〉的编纂理念与制度构想》,载《求是学刊》2018 年第 6 期。

[30]陈英:《继承权本质的分析与展开》,载《法学杂志》2017 年第 6 期。

[31]申晨:《虚拟财产规则的路径重构》,载《法学家》2016 年第 1 期。

[32]赵廉慧:《我国遗嘱继承制度背景下的遗嘱信托法律制度探析》,载《法学杂志》2016 年第 8 期。

[33]王歌雅:《疏离与回归:女性继承权的制度建构》,载《政法论丛》2015 年第 2 期。

[34]杨立新:《自书遗嘱的形式要件与法律效力——对一起违反形式要件要求错误认定自书遗嘱效力的典型案件的分析》,载《法治研究》2014 年第 10 期。

[35]任江:《民法典视角下的继承原则重构——兼评杨立新、杨震〈《中华人民共和国继承法》修正草案建议稿〉》,载《北方法学》2014 年第 6 期。

[36]王歌雅:《论继承法的修正》,载《中国法学》2013 年第 6 期。

[37]王歌雅:《〈继承法〉修正:体系建构与制度选择》,载《求是学刊》2013 年第 2 期。

[38]杨立新、和丽军:《关于恢复继承权宽宥制度的重新思考》,载《东南学术》2013 年第 1 期。

[39]杨立新、杨震:《〈中华人民共和国继承法〉修正草案建议稿》,载《河南财经政法大学学报》2012 年第 5 期。

[40]王歌雅:《俄罗斯联邦继承法的私权守望与价值追求》,载《俄罗斯中亚东欧研究》2009 年第 5 期。

[41]张平华、刘耀东:《遗产分割中归扣法律制度研究》,载《法学论坛》2009 年第 1 期。

[42]陈苇、王歌雅:《改革开放三十年中国继承法制建设回顾与展望》,载《杭州师范学院学报(社会科学版)》2009 年第 5 期。

[43]曲蓉:《公民道德视阈下推己及人的现代反思》,载《玉溪师范学院学报》2009 年第 1 期。

[44]张华贵:《财产归扣制度研究》,载《现代法学》2006 年第 4 期。

[45]于恩忠:《浅议丧偶儿媳和丧偶女婿的继承权》,载《政法论丛》1997 年第 6 期。

[46]王作堂、魏盛礼:《试论转继承的性质》,载《中外法学》1993 年第 5 期。

[47]杨震:《对我国继承法中必留分制度的探讨》,载《求是学刊》1988 年第 6 期。

后　记

《中华人民共和国民法典释论》系列丛书，是国家社科基金重大研究专项："社会主义核心价值观融入民法典的理解与适用研究"（20VHJ011）的阶段性研究成果。该系列丛书的出版，既是社会主义核心价值观融入《民法典》的理解与适用的理论探索，也是社会主义核心价值观引领《民法典》的编纂与施行的实践展示。

《中华人民共和国民法典释论》系列丛书在编写过程中，力图深刻领会《民法典》的核心要义与价值主旨、全面展现《民法典》的精神气质与实践追求、系统阐释《民法典》的制度体系与规范逻辑、客观描述《民法典》的编纂进路与司法期待。因为《民法典》在中国特色社会主义法律体系中，既是一部固根本、稳预期、利长远的基础性法律，也是全面依法治国的重要制度载体。习近平总书记指出："民法典实施得好，人民群众权益就会得到法律保障，人与人之间的交往活动就会更加有序，社会就会更加和谐。"①

《中华人民共和国民法典释论》系列丛书的顺利编写，导源于黑龙江大学民法典编纂课题组组长杨震教授的统辖规划与引领推进，厚植于黑龙江大学民法典编纂课题组的智慧付出与成果积淀，得益于黑龙江大学法学院、黑龙江大学民商法学研究中心的云集响应与踊跃输将，仰赖于黑龙江大学民法同道的细心求索和潜力深耕。在此，致敬所有为《中华人民共和国民法典释论》系列丛书倾心助力、孜孜以求的同人！

砥砺奋进，笃行致远。遥望2012年3月那些春风劲拂、桃花缤纷的夜晚，回望2012年5月那些微风低吟、丁香盛开的日子，为起草《中华人民共和国继承法》

---

① 中共中央党史和文献研究院编：《十九大以来重要文献选编》（中），中央文献出版社2021年版，第584页。

(专家建议稿),黑龙江大学民法典编纂课题组在研讨论证、集思广益、思路整合、字斟句酌……杨震、王歌雅、孙毅、申建平、李宏弢、杨振宏、司丹、任江……那些舒展的笑容、生动的面庞、犀利的言语、碰撞的观点、凝练的表达,清晰如昨。

博采众长,匠心独运。2015 年 4 月,又是桃花绽放、丁香四溢的昼夜。为起草《民法典·总则编》(专家建议稿)中民事法律行为和代理两章,为优化民事法律行为和代理的规范表述、制度设计,黑龙江大学民法典编纂课题组在遍阅法典、中西审夺、激扬论辩、唇枪舌剑……杨震、王歌雅、孙毅、申建平、陈彦晶、杨振宏、王睿、王立兵、严诚、杨健、李宏弢、任江、霍原、项定宜、胡东、龚兵、李慵、赵亮、司丹、马千里……那些勤奋的思考、亢奋的表情、严肃的争论、反复的推敲、飞扬的思维,依稀可见。

精诚合作,携手与共。2017 年 6 月至 7 月,在柳絮飞扬、梨花绽放的夏日,为起草《中华人民共和国人格权法》(专家建议稿),黑龙江大学民法典编纂课题组在研讨体例、设计方案、规划日程、逐条审议、精雕细琢、优化表述……杨震、王歌雅、孙毅、申建平、张铁薇、李丹丹、王立兵、杨振宏、李慵、朴顺善、项定宜、龚兵、马千里……那些温煦的表情、和谐的话语、清晰的流程、经典的表述、智慧的启迪,犹在眼前。

在《中华人民共和国民法典释论》系列丛书付梓之际,尤要感谢法律出版社徐菲编辑给予的鼎力支持与真诚鼓励!无论是丛书的策划、设计,还是丛书的编校、审核,均凝聚着徐菲编辑的热忱与付出;不论是反复的沟通、磋商,还是合同的草拟、签订,均体现出徐菲编辑的素养与敬业。

特别感谢黑龙江省教育厅对黑龙江大学民法典编纂课题组的鼎力支持!

感谢所有为《中华人民共和国民法典释论》系列丛书付出心血与热望的人!

感谢所有为黑龙江大学民法典编纂课题组提供支持与帮助的人!

三千星夜兼程,韶华晨露归处!

十年磨一剑,悠韵砺得香!

功崇惟志,业广惟勤!

黑龙江大学民法典编纂课题组

2022 年 5 月 4 日